Die U-Boot-Waffe

Jak Mallmann Showell

Die U-Boot-Waffe

Kommandanten und Besatzungen

Ausbildung - Laufbahnen - Einsatz
Ungewöhnliche Feindfahrten

Motor
buch
Verlag

Einbandgestaltung: Andreas Pflaum unter Verwendung von Abbildungen aus dem Buch.

Die Abbildung auf der Titelseite zeigt Kapitänleutnant Kurt Diggins am Sehrohr von U 458; das Foto auf der Rückseite stellt ein Besatzungsmitglied bei der Bedienung des »Christbaums« dar (siehe auch Seite 62).

Das englischsprachige Originalwerk erschien 1998 unter dem Titel »U-BOAT – COMMANDERS AND CREWS 1935–45« bei The Crowood Press Ltd., Ramsbury, Marlborough, Wiltshire SN8 2HR.

Die teilweise geminderte Bildqualität ist auf das Alter der Abbildungen und die Umstände ihres Entstehens zurückzuführen.

Ins Deutsche übertragen von **Wolfram Schürer**
Deutsche Bearbeitung: **Helma** und **Wolfram Schürer**

ISBN 3-613-02099-8

1. Auflage 2001

Lektor: Martin Benz M.A.
Innengestaltung: Viktor Stern
Druck: Henkel, 70435 Stuttgart
Einband: E. Riethmüller, 70176 Stuttgart
Printed in Germany

Vorwort

In der Nähe des U-Boot-Archivs in Cuxhaven-Altenbruch stehen einige kalte Steine. An ihren Seiten verewigt, stehen die Namen der Toten, die in den beiden Weltkriegen starben. Wer diese Namen zu lesen versucht, stellt fest, dass diese Worte auch ein geheimer Kode sein könnten – Hieroglyphen oder Zeichen einer bedeutungslosen Sprache; aber sie sind es nicht. Es sind die Namen wirklicher Menschen, die einmal gelebt haben und jetzt tot sind.

Wer waren diese Menschen? Warum und wie sind sie gestorben? Wofür sind sie gestorben? Warum sind ihre Namen auf diese Steine geschrieben? Sind sie die letzte Erinnerung an eine Vergangenheit, die besser in Vergessenheit bleibt? Vermitteln sie auch eine Botschaft für unsere Zukunft? Wer diese Fragen stellt, erhält von den Steinen keine Antwort; sie verharren in feierlichem Schweigen.

Im Inneren des U-Boot-Archives kann der Suchende Bilder der Toten finden. Hier kann er feststellen, dass sie wirkliche Menschen mit Persönlichkeit und Gefühlen waren. Er kann die Ereignisse ihres Lebens und ihres Verhaltens nachlesen. Er kann herausfinden, wie sie gelebt haben und wie und warum sie gestorben sind. Im Inneren eines solchen Archives erkennt der Suchende, dass die Toten noch am Leben sind.

Leider sind viele Menschen, die mitgeholfen haben, dieses Buch zu schreiben, inzwischen ebenfalls gestorben. Doch ihre Namen werden auf keinem steinernen Krieger-Ehrenmal erscheinen, denn sie waren Überlebende – auch wenn ihnen der Krieg die besten Jahre ihres Lebens nahm und manchmal auf ihren Körpern seine grausamen Zeichen hinterließ. Sie sind die vergessenen Überlebenden.

Vielleicht wird dieses Buch die schweigenden Steine übertreffen, um jedem ein Ehrenmal zu sein, den das Verhängnis traf, in diesen schrecklichen Kriegsjahren zu leben.

Danksagungen

Viele Informationen in diesem Buch beruhen auf Material, das Horst Bredow in seinem U-Boot-Archiv zusammengetragen hat, und ich bin für die Unterstützung sehr dankbar, die er mir gewährt hat. Daher möchte ich ihm sehr gerne ein öffentliches Wort des Dankes dafür aussprechen, dass er einen so großen Teil seines Lebens der Bewahrung des Andenkens der Geschichte gewidmet hat. Das U-Boot-Archiv wirkt als ein großartiges Mahnmal einer schrecklichen Vergangenheit, die nicht in Vergessenheit geraten darf, und die Räume, die Horst Bredow mit Leben erfüllt hat, sind weit aussagekräftiger als jede Anhäufung toter Steine. Jeder Schritt ins Innere des Archivs führt sehr schnell zur Erkenntnis, dass Geschütze allein nur eine zeitweilige Illusion von Macht vermitteln und dass Kriege nie wirkliche Sieger hervorbringen können – denn es verlieren beide Seiten, die eine Seite weniger und die andere mehr. Es ist eine traurige Auswirkung, dass die Menschen dies noch immer nicht erkannt haben.

Gleichermaßen möchte ich auch dem verstorbenen Professor Gus Britton sowie Commander Richard Compton-Hall vom U Boot-Museum der Royal Navy in HMS »Dolphin« in Gosport für die Erlaubnis danken, in ihren Unterlagen zu stöbern. Ohne ihre Unterstützung wäre es nicht möglich gewesen, dieses Projekt zu beginnen. Besonders dankbar bin ich diesen beiden Archiven, mir zu gestatten, buchstäblich mit Menschen in Berührung zu kommen, die dazu beigetragen haben, Geschichte zu gestalten.

Da es kaum möglich ist, jeden aufzuführen, der einen Beitrag geleistet hat, möchte ich meinen aufrichtigsten Dank gegenüber all jenen zum Ausdruck bringen, die mich unterstützt haben. Ein besonderes Wort des Dankes gebührt den folgenden Personen für das Überlassen von Informationen oder Dokumenten. Meine Forschungsarbeit begann in den 70er-Jahren, und so bitte ich um Entschuldigung, wenn die folgende Aufzählung unabsichtlich infolge der verstrichenen Zeit nicht vollständig ist:

Franz Albert, KptzS. Kurt Baberg, KptzS. Heinrich (»Ajax«) Bleichrodt, Heinrich Böhm, George Clark, Wayne Colwell, Parks/Canada, Rudi Conrad, Mike Coverdale, KptzS. Peter Erich (»Ali«) Cremer, Naomi Desiderio, KptzS. Kurt Diggins, Großadmiral Karl Dönitz, Hans-Wilhelm v. Dresky, Ralph Erskine, Col. Keith Farnes, Victor Felton, Ursula v. Friedeburg, Sepp Fürlinger, Ernst August (»Jumbo«) Gerke, Viktor Gernhard, Kapitän Otto Giese, Konteradmiral Eberhard Godt, Janice und John Hansford, KptzS. Robert Hering (Crew 37 A), Wolfgang Hirschfeld, Georg Högel, Rudolf Hoffmann (Crew 36), Harry Hutson, Walter Illig, Frank Jackson, Geoff Jones, Karl Keller, Fritz Kiemle, Fritz Köhl, KptzS. Otto Köhler und Dr. Erika Köhler, Dr. Heinz Konrad, KptzS. Claus Korth, der verstorbene Flottillenadmiral Otto Kretschmer, Albert Lebasch (frz. Abteilung des U-Boot-Archivs), David Lees (Interessengruppe deutsche Marine der World Ship Society), Elisabeth Lochner, Wes Loney (ehemals RAAF), Christopher Lowe, Kevin Mathews, Edward McLaughlin, KptzS. Hans Meckel, Heinrich Müller, Dr. Timothy Mulligan, Jim Nelson von der World Ship Society, Axel Niestlé, KptzS. Karl-Heinz Nitschke, FKpt. Albert Nitzschke und dem Deutschen Marinebund, Hermann Patzke, Oskar Pfannschmidt, Paul Preuss, Ray Priddey, FKpt. Georg v. Rabenau, Allan Ransome, Gerhard Reichard, Werner Reinke, Prof. Dr. Jürgen Rohwer, Edward Rumpf, Klaus Schäle, Franz Selinger, Knut Sivertsen vom Verteidigungs-Museum Trondheim, Eveline Stock, Siebrand Voss, Karl Wahnig, Charles Walker, Gordon Williamson, Elaine Womack, George Young.

Der **Motorbuch Verlag** dankt **Helma** und **Wolfram Schürer** für fachgerechte Übersetzung und Bearbeitung der deutschen Ausgabe, insbesondere die Vervollständigung und Überarbeitung der Kommandantenliste (Seite 120 ff).

Inhalt

1. Kapitel:

Eintritt und Ausbildung

Eintritt in die Marine

In den 30er-Jahren mussten Freiwillige, um in die deutsche Marine einzutreten, mindestens 17 Jahre alt und nicht älter als 23 Jahre sein (es sei denn, sie wollten zu einem Landtruppenteil, hier lag die Altersobergrenze bei 25 Jahren). Die 1937 erlassenen Vorschriften umfassten weiterhin die Erfüllung folgender Bedingungen: Körperlich und geistig für den Wehrdienst geeignet, gesunde Zähne, die deutsche Staatsbürgerschaft, von arischer Abstammung, ein zufrieden stellendes Schulentlassungszeugnis, unverheiratet, ohne Vorstrafen, Ableistung der Dienstpflicht im Reichsarbeitsdienst, Abschluss einer Lehre sowie die schriftliche Erlaubnis der Eltern bei Minderjährigkeit (unter 21 Jahren). Die Marine legte bei der Einstellung besonderen Wert auf Mechaniker, Maschinenschlosser, Installateure, Techniker, Elektriker und Musiker, auf hohe körperliche Leistungsfähigkeit, insbesondere durch sportliche Leistungen nachgewiesen. Nach den Jahren der Inflation und der Massenarbeitslosigkeit war der Eintritt in die regulären Streitkräfte attraktiv und bedeutete sichere Aussichten sowie gesellschaftliches Ansehen und nur sehr wenige ungelernte junge Männer wurden berücksichtigt.

1932: Eine Koporalschaft der Schiffsstammdivision der Nordsee in Wilhelmshaven. Die Männer sind gerade erst in die Marine eingetreten und das Foto entstand am Anfang der Grundausbildung. Sie tragen das blaue Hemd mit ausgeschlagenem Hemdkragen und die Jacke als Dienst- und Ausgehanzug. Der Matrosenobergefreite in der Mitte ist einer ihrer Ausbilder. Er trägt den blauen Überzieher, im Marinejargon »Collani« genannt, mit kornblumenblauen Kragenpatten und untergeschlagenem Hemdkragen.

Zur Grundausbildung bei der Marine gehörte auch die infanteristische Formalausbildung auf dem Exerzierplatz. Diese Rekruten der Reichsmarine tragen die feldgraue Marineuniform, wie sie beim Exerzierdienst üblich war. Noch fehlt der neue Hoheitsadler an den Mützen und auf der rechten Brustseite. Der Grund zur Heiterkeit scheint der wenig vorteilhafte Sitz der Feldmütze auf den frisch geschorenen Köpfen zu sein.

Junge Männer, die diese Grundkriterien erfüllten, bewarben sich ein Jahr, bevor sie eintreten wollten, beim 2. Admiral der Marinestation der Nordsee oder der Ostsee, um angenommen zu werden. Für die Bewerbung gab es an sich keine Förmlichkeiten; es genügte die Vorlage eines handgeschriebenen Bewerbungsschreibens, in dem jeder Bewerber zumindest folgende Angaben machte: vollständiger Vor- und Zuname, Anschrift, Tag und Ort der Geburt, Religion, Körpergewicht und -größe, etwaige Körperfehler, Einzelheiten zur Schul- und weiteren Ausbildung sowie Beschäftigung, Zeiten der Nichtbeschäftigung, Dienstzeit im Reichsarbeitsdienst, sportliche Leistungen, Mitgliedschaft in der Hitlerjugend und anderen Gliederungen der Partei, etwaige Erfahrungen im Segeln, Kraftfahrerlaubnisse, technische sowie Fremdsprachen-Kenntnisse. Dem Bewerbungsschreiben musste ein »Polizeilicher Führungsschein« mit zwei Passbildern des Bewerbers in Zivilkleidung beigefügt werden. Das nur von der Polizeibehörde ausgestellte Führungszeugnis diente als Bestätigung, dass die betreffende Person keine Vorstrafen hatte und ihre Angaben, wie etwa Tag und Ort der Geburt, durch die notwendigen Dokumente belegt waren.

Die Wartezeit, die auf das Absenden der Bewerbung folgte, endete sehr selten mit einer Ablehnung. Der weitaus größte Teil der jungen Männer erhielt einen Fragebogen und Richtlinien, um sich einer ärztlichen Untersuchung zu unterziehen, gewöhnlich bei einem Arzt, in dessen Nähe der Bewerber wohnte. Der nächste Schritt bestand im Erhalt einer Bescheinigung über die Annahme als Freiwilliger. Mit diesem Formular musste sich der Bewerber bei der örtlichen Wehrbehörde melden. Dort fand eine weitere ärztliche Untersuchung (Musterung) statt. Danach wurden der Zeitpunkt und der Ort der Einberufung mitgeteilt. Die Wehrämter gab es in allen größeren deutschen Städten. Sie waren u.a. für die Durchführung der Wehrpflicht und für die Einberufung in die Wehrmacht zuständig.

Bei erfolgreicher Bewerbung betrug die Verpflichtungszeit vier Jahre zuzüglich einer Ausbildungszeit von nicht mehr als 12 Monaten (Freiwillige, die Unteroffiziere werden wollten, hatten sich für 12 Jahre – im Jargon: »Zwölfender« – und für die Offizierslaufbahn 25 Jahre zu verpflichten). Die Bewerber konnten jedoch ihre Laufbahn nicht auswählen, stattdessen hatten sie sich entsprechend dem Bedarf kurzen Eignungsprüfungen zu unterziehen. 1937 gab es 16 Hauptlaufbahnen mit Unterlaufbahnen (1938 völlig neu geordnet), für die besondere Eignungen galten, wie z.B.:

Wolfgang Hirschfeld in der feldgrauen Marineuniform mit Stahlhelm, nunmehr mit dem goldfarbenen Hoheitsadler der Kriegsmarine auf der rechten Brustseite, während seiner Zeit bei der 1. M.L.A. auf der Marineunteroffiziersschule in Friedrichsort im Winter 1938/39. Auf dem Exerzierplatz lernten die zukünftigen Unteroffiziere das Selbstvertrauen, um Befehle zu geben.

Die Grundausbildung schloss mit der Vereidigung ab. Im Bild die Zeremonie bei der Schiffsstammdivision der Nordsee im Sommer 1933 in Wilhelmshaven. Beachte die hinter der Marine angetretenen Formationen der SA. Danach setzten die Mannschaften ihre praktische Ausbildung andernorts fort. Vor der Wiedereinführung der allgemeinen Wehrpflicht bedeutete dies üblicherweise die Abkommandierung auf ein Minensuchboot mit Kohlefeuerung – ein außerordentlich schmutziges Kommando, aber ideal, um etwas über das Verhalten kleiner Schiffe in See zu lernen.

Im Bild Angehörige der Crew 34 bei einer offiziellen Veranstaltung in der Aula der Marineschule Mürwik. Der Zusammenhalt und die Loyalität unter den Crewkameraden wurde in jedem Stadium der Ausbildung gefördert. Sie in der dienstfreien Zeit mit viel Alkohol zu »ölen« war üblich – wie bei den Crewtreffen auch heute noch. Die Offizieranwärter tragen den Messeanzug mit der schmalen silbernen Schulterlitze, dem Dienstgradabzeichen der Fähnriche. Seeoffizieranwärter wiesen auf den Unterarmen noch ohne Ärmelstreifen den goldgestickten »Seestern« als Laufbahnabzeichen auf.

- *Obermechanikerlaufbahn* (1938: Mechanikerlfb.): Mindestens drei Jahre Lehrzeit mit Gesellenprüfung als Maschinenschlosser, Installateur, Elektrotechniker oder Mechaniker. Hinzu kam eine weitere Sonderausbildung bei der Marine (z.B. als Artillerie- oder Torpedomechaniker).
- *Oberfunkmeisterlaufbahn* (1938: Funklfb.): Gutes Hörvermögen und gute Auffassungsgabe, klare und schnelle Handschrift, Grundkenntnisse in Elektronik.
- *Obersignalmeisterlaufbahn* (1938: Signallfb.): Ausgezeichnetes Sehvermögen mit raschem Erkennen sowie klarer, schneller Handschrift.
- *Obermusikmeisterlaufbahn* (1938: Musiklfb.): Die Anforderungen an das Gehör stellten sicher, dass nur Berufsmusiker angenommen wurden. Besonders Begabten wurde die Gelegenheit geboten, eine dreijährige Ausbildung an der Reichsmusikakademie in Berlin zu absolvieren.
- *Oberfernschreibmeisterlaufbahn* (1938: Fernschreiblfb.): Technische Ausbildung als Mechaniker oder Instrumentenmacher. Zumeist kam eine Verwendung an Land in Frage.

Weitere Laufbahnen waren u.a. die Bootsmanns-, Maschinisten-, Steuermanns-, Feuerwerker-, Verwaltungs-, Sanitäts-, Marineartillerie- oder Schreiberlaufbahn.

Offizieranwärter

Zuzüglich zur körperlichen und geistigen Tauglichkeit hatten Offizieranwärter auch nachzuweisen, dass sie über die Befähigung und die erforderlichen Kenntnisse verfügten, um andere zu führen. Hierfür war der Besuch eines Gymnasiums mit dem Abitur als Abschluss notwendig; andere Schulen wurden nicht akzeptiert, nicht einmal das Zeugnis einer höheren technischen Schule. 1937 hatte der Nationalsozialismus das gesamte Leben in Deutschland bereits weitgehend durchdrungen, und so versteht es sich eigentlich von selbst, dass zu den Einstellungsbedingungen Phrasen wie »volle Unterstützung des Führers und des nationalsozialistischen Staates« gehörten (eine Mitgliedschaft in der Partei war jedoch nicht erwünscht, ja Angehörige von Marine, Luftwaffe und Heer durften der Partei nur in Ausnahmefällen beitreten. A.d.L.). Außer den zuvor genannten gab es natürlich die allgemeinen Bedingungen, wie sie in fast jedem anderen Land üblich waren, wonach Offizieranwärter bereit sein mussten, ihre gesamte Kraft zum Nutzen des Landes und der Streitkräfte einzusetzen. Es ist interessant zu bemerken, dass die »Führer, Volk und Vaterland«-Formel bei den jungen Männern keinen großen Eindruck hinterlassen zu haben scheint. Obwohl es den Grundsatz gab, dass in der Ausbildung auch politischer Unterricht abgehalten werden musste, scheint sich heute niemand mehr daran zu erinnern, was in diesen Pflichtstunden tatsächlich gelehrt worden ist.

Die Grundbedingungen für Offizierbewerber glichen denen für Unteroffiziere und Mannschaften, obwohl sie schärfer gefasst waren. Die Bewerber sollten mindestens 17 Jahre alt, aber nicht älter als 21 Jahre sein, und sie hatten vier Passbilder mit Front- und Seitenansicht einzureichen. Zusätzlich zu den allgemeinen Befähigungen war für Offizieranwärter während ihrer dreijährigen Ausbildungszeit eine finanzielle Unterstützung erforderlich. Hierfür lautete die Vorgabe der Marine auf monatlich mindestens 25 Reichsmark (RM) plus weitere 20 RM für eine Uniform-Beihilfe.

Die Bewerbungsschreiben mussten in deutscher Sütterlin-Schrift und handgeschrieben abgefasst sein. Obwohl die lateinische Schreibschrift (auf Veranlassung der Nationalsozialisten) bereits vor dem Kriege gelehrt wurde, hielt das Schulsystem an der deutschen Schrift in den unteren Klassen fest. An vielen Schulen wurde noch bis in die 50er-Jahre hinein diese Schriftart in einer Kurzunterrichtung gelehrt (interessant ist, dass die Sütterlin-Schrift nach Kriegsende von den Alliierten verboten wurde; denn sie waren der Auffassung, diese Schrift erleichtere es den Deutschen, geheime Informationen weiterzugeben).

Darüber hinaus musste das Bewerbungsschreiben umfangreiche Angaben enthalten, wie etwa der vollständige Name, Tag und Ort der Geburt, Mädchenname der Mutter, Beruf des Vaters, Einzelheiten über die Familie mit den Anschriften der Eltern sowie Informationen über etwaige Geschwister und beide Großelternpaare, Gründe für den Wunsch, in die Marine als Offizier einzutreten, schulischer

Werdegang unter Anführen aller besuchten Schulen und erhaltenen Zeugnisse, sportliche Leistungen, Fremdsprachenkenntnisse sowie die Namen und Anschriften von drei Referenzen (der Leiter der vom Bewerber besuchten Schule durfte nicht darunter sein, da er sowieso befragt wurde).

Dem Brief mussten beigefügt sein: die schriftliche Erlaubnis des Vaters bzw. gesetzlichen Vertreters zum Eintritt in die Marine, Geburtsurkunde, das übliche polizeiliche Führungszeugnis (oben erwähnt), eine Schwimm-Bescheinigung und ein Familien-Stammbaum, der mindestens drei Generationen zurück reichte. Das letztere Erfordernis hatte die Regierung in der Verfolgung ihrer Politik eingeführt, Nichtarier aus dem öffentlichen Dienst auszuschließen. Der Familien-Stammbaum bzw. die Auszüge aus dem Standesregister und den Kirchenbüchern mussten vom Standesamt bzw. vom Pfarramt beglaubigt sein.

Grundausbildung und die Marinestationen

Für den Bereich der deutschen Küsten und ihre Verteidigung sowie für die Ausbildung des Nachwuchses der Marine waren die Kommandos (ab 1. Juni 1935 Kommandierende Admirale) der beiden Marinestationen der Nordsee und der Ostsee in Wilhelmshaven bzw. Kiel zuständig. Aus ihnen gingen am 1. Februar 1943 die Marineoberkommandos (MOK) Nord und Ost hervor. Nicht zu verwechseln mit dem Oberkommando der Marine (OKM) in Berlin, seit dem 1. Juni 1935 Nachfolger der Marineleitung als Spitzenbehörde der Kriegsmarine.

Im Gefolge der Umorganisation der Marine nach dem Ersten Weltkrieg fiel die infanteristische Grundausbildung in die Zuständigkeit der Schiffsstammdivisionen der Nordsee und der Ostsee bei den Marinestationen. Den beiden Divisionen unterstanden das Schiffsstammregiment (S.St.Rgt.) der Ostsee bzw. der Nordsee mit vier Schiffsstammabteilungen (I.–IV. S.St.A. der Ostsee bzw. der Nordsee) in Bataillonsstärke (4 Kompanien, untergliedert in Züge und Korporalschaften) sowie die I. (Eckernförde) und II. Marineergänzungsabteilung (Wilhelmshaven). Anfang 1934 wurden die Schiffsstammdivisionen aufgelöst und an ihre Stelle trat der 2. Admiral der Marinestation der Nordsee bzw. der Ostsee mit Unterstab. Die Schiffsstammabteilungen erhielten Selbstständigkeit und angesichts des großen Personalbedarfs kamen ständig neue hinzu. Bereits 1938 (nunmehr in arabischen Ziffern bezeichnet) bestanden das 1. und 2. S.St.Rgt. sowie die 1.-14. S.St.A. (gerade Nummern Nordsee, ungerade Ostsee – siehe unten). In ihnen erhielten die Rekruten eine drei bis sechs Monate dauernde Grundausbildung.

Alle Rekruten einschließlich der Offizieranwärter hatten sich dieser infanteristischen Grundausbildung zu unterziehen, die für alle Laufbahnen weitgehend identisch war, obwohl bereits eine gewisse Trennung eingetreten war. So war z.B. die II. S.St.A. der Ostsee (später 7. S.St.A. im 1. S.St.Rgt.) auf die Ausbildung von Offizieranwärtern (5 Monate) spezialisiert. Die Grundausbildung konnte auch bei einer Marineartillerieabteilung absolviert werden, wenn auch nicht gerade für späteres Bordpersonal. Mit bis zu zwölf Monaten dauerte diese Ausbildung beträchtlich länger. Der auf die Grundausbildung folgende Abschnitt hing von der Art der gewählten Laufbahn ab. Doch für die Mehrheit schloss sich die Ausbildung auf einem Schulschiff an, ehe der Besuch der speziellen Schulen erfolgte.

Schiffsstammregimenter

Liste der Schiffsstammregimenter nach Nr., Hauptstandort und Bemerkungen:

1.	S.St.Rgt.	Stralsund	vor 1938 S.St.Rgt. der Ostsee, Offizieranwärter-Ausbildung, Januar 1944 aufgelöst.
2.	S.St.Rgt.	Wesermünde (heute Bremerhaven)	vor 1938 S.St.Rgt. der Nordsee, November 1939 aufgelöst, Oktober 1943 in Beverloo/Belgien neu aufgestellt.
3.	S.St.Rgt.	Libau/Lettland	Januar 1943 aufgestellt, April 1943 nach Epinal/F verlegt, April 1944 aufgelöst.

An Bord des Segelschulschiffes NIOBE: Offizieranwärter der Crew 31 beim Knotenschlagen. Vorn rechts im Bild Otto Köhler, der spätere Kommandant von *U 377* und nachmalige Leiter der Horchtorpedo-Ausbildung. Rechts im Bild der Zweite ist Heinrich Lehmann-Willenbrock, der spätere Kommandant von *U 96* und danach Kommandeur der 9. Flottille in Brest. Am 26. Juli 1932 kenterte die NIOBE in einer Gewitterbö. Das Unglück forderte 69 Tote, darunter fast die gesamte Crew 32.

Vor dem Kriege gehörte zur Ausbildung der Offizieranwärter eine Reise in außerheimische Gewässer. Für die Kadetten der Crew 31 bedeutete dies eine zwölfmonatige Auslandsreise, beginnend am 30. November 1931 an Bord des Leichten Kreuzers KARLSRUHE (KptzS. Erwin Waßner). Ihr Eintreffen in südamerikanischen Häfen weckte großes Interesse. Im Bild führt der Erste Offizier die Besatzung einschl. der Kadetten 1932 anlässlich einer Parade (Achtungsschritt!) in Callao an, der sich ein Empfang beim Staatspräsidenten von Peru anschloss. Mitgeführt als Trageflagge wird die Flagge der Reichsmarine.

4.	S.St.Rgt.	Groningen/NL	Oktober 1943 aufgestellt, später nach Steenwijk/NL verlegt.
5.	S.St.Rgt.	Pillau/Ostpr.	Januar 1944 aufgestellt, Februar 1945 aufgelöst.
66.	S.St.Rgt.	Belfort/F	Dezember 1943 aufgestellt, September 1944 aufgelöst.

Schiffsstammabteilungen

Liste der Schiffsstammabteilungen nach Nr., Hauptstandort und Bemerkungen:

1.	S.St.A.	Kiel	Januar 1944 umbenannt in 1. M.E.A. (Siehe 7.S.St.A.)
2.	S.St.A.	Wilhelmshaven	April 1941 nach Norden/Ostfr. verlegt, Januar 1944 in 8. M.E.A. umbenannt.
3.	S.St.A.	Kiel	Januar 1942 nach Eckernförde und September 1942 nach Waren/Müritz verlegt, Januar 1944 in 9. M.E.A. umbenannt. (Siehe 11. S.St.A.)
4.	S.St.A.	Wilhelmshaven	Januar 1944 in 4. M.E.A. umbenannt.
5.	S.St.A.	Eckernförde	April 1943 nach Libau/Lettland und dann nach Epinal/F verlegt, Januar 1944 in 15. S.St.A. umbenannt.
6.	S.St.A.	Wilhelmshaven	Juni 1940 nach Gotenhafen/Danzig verlegt und in 16. S.St.A. umbenannt; Oktober 1940 in Wilhelmshaven neu aufgestellt, April 1941 nach Steenwijk/NL und später nach Wazep/NL verlegt.
7.	S.St.A.	Stralsund	Januar 1944 in 1. S.St.A. umbenannt und nach Epinal/F und anschließend nach Bitsche/Elsaß (Fort Schießeck) verlegt.
8.	S.St.A.	Leer/Ostfr.	Oktober 1944 in 28. M.E.A. umbe nannt.
9.	S.St.A.	Stralsund	Januar 1944 in 3. M.L.A. umbenannt.
10.	S.St.A.	Wesermünde	Januar 1944 in 4. M.L.A. umbenannt.
11.	S.St.A.	Stralsund	Januar 1944 in 3. S.St.A. umbenannt.
12.	S.St.A.	Brake/Weser	Januar 1940 aufgelöst, April 1942 neu aufgestellt, Juli 1942 nach Varel/Ostfr. verlegt, Januar 1944 in 6. M.L.A. umbenannt.
13.	S.St.A.	Saßnitz/Rügen	Oktober 1941 nach Libau, April 1943 nach Pillau und dann nach Epinal/F verlegt.
14.	S.St.A.	Glückstadt/Elbe	September 1940 nach Breda/NL. verlegt.
15.	S.St.A.	Beverloo/Belg.	(ex-5.S.St.A.) anschließend nach Kopenhagen verlegt und in 5. M.L.A. umbenannt.
16.	S.St.A.	Gotenhafen	(ex-6.S.St.A.) Anfang 1944 nach Bergen op Zoom/NL verlegt.
17.	S.St.A.	Memel	August 1941 aufgestellt, Januar 1944 nach Metz verlegt.
18.	S.St.A.	Buxtehude	Oktober 1940 aufgestellt, Mai 1943 nach Husum und Dezember 1943 nach Belfort verlegt, September 1944 dem Heer unterstellt.
19.	S.St.A.	Diedenhofen/Lothr.	Juli 1942 aufgestellt, später nach Beverloo/Belg. und Ende 1944 nach Hansted/Dänemark verlegt.
20.	S.St.A.	Norden/Ostfr.	Juli 1941 aufgestellt, später nach Arnhem/NL und dann nach Harkam (oder Harham?) verlegt.
21.	S.St.A.	Leba/Pommern	Januar 1944 aufgestellt, Dezember 1944 nach Kopenhagen verlegt.
22.	S.ST.A.	Beverloo/Belg.	Juli 1943 aufgestellt, dann nach Almelo/NL verlegt.
23.	S.St.A.	Deutsch-Krone /Pommern	Januar 1944 aus der 3. M.A.E.A. her vorgegangen.
24.	S.St.A.	Groningen/NL	September 1943 aus der 6. M.A.E.A. hervorgegangen.
25.	S.St.A.	Pillau/Ostpr.	Januar 1944 aus der 5. M.A.E.A. hervorgegangen.
26.	S.St.A.	Wazep/NL	August 1943 aufgestellt und dann nach Helchteren/NL verlegt.
27.	S.St.A.	Ollerup/Dänemark	Januar 1944 aus der 7. M.A.E.A. hervorgegangen.
28.	S.St.A.	Sennheim/Elsaß	Oktober 1943 aufgestellt (Ausbildung freiwilliger Ausländer für die Kriegsmarine), Oktober 1944 aufgelöst.
29.	S.St.A.	–	Nicht aufgestellt.
30.	S.St.A.	Wittmund/Ostf.	Juli 1942 aufgestellt.
31.	S.St.A.	Windau/Lettland	Juli 1942 aufgestellt, Dezember 1944 aufgelöst.
32.	S.St.A.	Stralsund	?

Nicht alle der oben genannten Abteilungen haben den gesamten Krieg hindurch bestanden, manche gab es nur für eine kurze Zeit.

Die wichtigsten Marineschulen bei Kriegsausbruch

Chemisch-Physikalische Versuchsanstalt, Kiel
Lehrgruppe E-Meß-Ausbildung, Saßnitz/Rügen
Lehrgruppe Küstenartillerieausbildung, Swinemünde/Pommern
Marineakademie, Kiel (bis Kriegsbeginn, ab Mai 1943 Marinekriegsakademie, Berlin)
Marineflugabwehr- und Küstenartillerieschule, Wilhelmshaven
Marinegasschutzschule, Kiel
Marinelehrwerkstätten, Kiel und Wilhelmshaven
Marinenachrichtenschule Aurich, Aurich
Marinenachrichtenschule Mürwik, Mürwik
Marinesanitätsschule, Kiel
Marineschulen der Schiffsmaschinen-Inspektion, Kiel und Wilhelmshaven
Marineschule Mürwik, Mürwik (ab Mai 1943 Marinekriegsschule)
Marinesportschule, Mürwik
Marineunteroffiziersschulen:

- 1. M.L.A. in Friedrichsort
- 2. M.L.A. in Wesermünde
- 3. M.L.A. in Plön

Schiffsartillerieschule, Kiel
Sperrschule, Kiel
Steuermannsschule, Mürwik
Torpedoschule, Mürwik
Unterseebootsschule, Neustadt i.H.

Unteroffiziersausbildung

Bis Ende 1920 war die Kaiserliche Marine auf den Umfang verringert worden, der durch die Beschränkungen des Versailler »Diktates«, wie dieser »Vertrag« in Deutschland empfunden wurde, auferlegt worden war. Eine neue Marine war entstanden, die ab dem 1. Januar 1921 den Namen *Reichsmarine* führte. In Deutschland herrschten noch beträchtliche Unruhen und das Fehlen der politischen Richtung war im Marineausbildungswesen besonders spürbar. Hier führte dies zu Ausbildungsnotprogrammen. Anfangs erhielten die Unteroffiziere ihre Ausbildung ebenfalls an der Marineschule Mürwik, an der seit 1910 die Offiziersausbildung stattfand. Doch trotz dieser Orientierungsprobleme wurde sehr rasch deutlich, dass das Personal der kleinen Reichsmarine von außerordentlicher Qualität sein musste, wenn es aus den veralteten, noch verbliebenen Waffensystemen das Beste herausholen und von der neuen Technik einen maximalen Gebrauch machen sollte.

Das Fehlen einer Sonderausbildung für Unteroffiziere war als ein Mangel erkannt worden, der in der Kaiserlichen Marine zu größeren Problemen geführt hatte. Viele Fehlschläge des Großen Krieges wurden Männern zugeschrieben, die nicht auf der Höhe des letzten technischen Entwicklungsstandes gewesen waren. Dieser Mangel an Kenntnissen bei den Unteroffizieren führte zur Erteilung zweifelhafter Befehle. Gegen das Ende des Krieges zu ergab sich die klare Erkenntnis, dass Unteroffiziere in ihrem jeweiligen Bereich ein hervorragendes Spezialwissen, ein gutes Allgemeinverständnis für Marineangelegenheiten und die Doppelfähigkeit brauchten, ihre Männer sowohl zu begeistern als auch zu führen. Die Angehörigen dieser wichtigen Gruppe der Besatzungen einfach aus dem Mannschaftsstand heraus zu befördern, wie dies während des Ersten Weltkrieges häufig geschehen war, stellte sich als ein unbefriedigendes Verfahren dar. Einer der ersten Schritte, die von der Marineleitung der neuen Reichsmarine unternommen wurden, um diese Erfahrungen umzusetzen, bestand in der Beseitigung dieses Missstandes. Daher sollte das Unteroffizierkorps aus Fachleuten mit einer Verpflichtung zu mindestens 12 Jahren Dienstzeit bestehen.

Wenn auch die Führung der Reichsmarine die Bedeutung der neuen Rolle erkannt hatte, die die Unteroffiziere nunmehr übernehmen sollten, so wurde dennoch kein unmittelbarer Versuch unternommen, um genau festzulegen, wie sie ausgebildet werden sollten. Darüber vergingen drei Jahre und erst im Winter 1924/25 schloss Kptlt. Werner Lindenau eine detaillierte Denkschrift zum Thema der Unteroffiziersausbildung ab. Die Hauptthese seiner Untersuchung lautete, dass für die Unteroffiziere eine fachliche Sonderausbildung statt der allgemeinen *Ad-hoc*-Ausbildung erforderlich war, die sie in der Vergangenheit erhalten hatten. Lindenau legte dar, dass es am wichtigsten war, dieser Gruppe ein Gefühl der Identität und einen starken Korpsgeist zu vermitteln. Er erklärte das seitherige Ausbildungssystem für hoffnungslos veraltet und nach einer Analyse der Themen, die in Zukunft gelehrt werden sollten, unterbreitete er Vorschläge für Verbesserungen.

Lindenaus Empfehlungen beruhten auf seiner festen Überzeugung, dass Unteroffiziere eine Kombination aus technischer Fachkenntnis und erstklassigen Führungsqualitäten brauchten. Schließlich schlug er vor, dass das Ausbildungssystem einer ähnlichen Linie folgen sollte, wie sie für die Erziehung der Schiffsjungen in der Kaiserlichen Marine üblich gewesen war. Die Einstellung von Schiffsjungen – Freiwillige für den Nachwuchs an seemännischen (nicht technischen) Unteroffizieren und Deckoffizieren im Alter zwischen 14 und 17 (ab 1901: 14½ und 18) Jahren – wurde 1914 mit dem Herannahen des Ersten Weltkrieges aufgegeben. Aus den frühen Tagen, als diese jüngsten Angehörigen einer Besatzung ein beschwerliches Leben geführt haben müssen, gab es zahlreiche Geschichten über die grobe Behandlung. Bereits Kaiser Wilhelm II. war klar geworden, dass diese jungen Burschen einen entscheidenden Funken für die Zukunft der Marine darstellten, und er erließ strengere Vorschriften für eine gerechte Behandlung. Er erhob die Misshandlung von Schiffsjungen zu einem strafbaren Delikt und verbot ihre Verwendung zu schmutzigen und niedrigen Arbeiten. Trotz dieser Verbesserungen ergab sich immer noch eine Ausfallrate von 35%, hauptsächlich auf Heimweh zurückzuführen.

Erich Raeder war Inspekteur des Bildungswesens der Marine und später Chef der Marinestation der Ostsee, in derem Bereich diese Inspektion angesiedelt war, ehe er am 1. Oktober 1928 zum Chef der Marineleitung berufen wurde.

Er nahm die Denkschrift Lindenaus mit großer Begeisterung auf und gestaltete auf ihrer Grundlage die Unteroffiziersausbildung neu, noch ehe die Tinte trocken war. Die Unteroffiziere als das entscheidende Bindeglied zwischen der höheren Führungsstruktur und den Mannschaften ansehend, empfahl Raeder, die meisten Vorschläge Lindenaus unmittelbar in Kraft zu setzen. Da der Versailler Vertrag den Peronalbestand der Marine auf 15.000 Mann reduzierte und die meisten Gebäude aus kaiserlicher Zeit unangetastet blieben, war es möglich, Lindenaus Vorschläge aufzunehmen, ohne ein groß angelegtes Bauprogramm in Gang zu setzen. Welcher Platz hätte sich zudem besser eignen können, als das alte Gebäude der Schiffsjungen-Division in Friedrichsort bei Kiel? Der Gebäudekomplex wurde modernisiert, die Unterbringung erfuhr Verbesserungen, Aufenthaltsräume kamen hinzu und in weniger als einem Jahr konnten die ersten Unteroffiziersanwärter einziehen.

Am 1. November 1926 wurde die Marineunteroffiziersschule durch ihren ersten Kommandeur, KKpt. Robert Witthoeft-Emden, offiziell in Betrieb genommen. Der Doppelname hatte eine Geschichte: Der Kaiser erkannte die beeindruckende Kriegsleistung des Kleinen Kreuzers EMDEN zunächst nicht, verlieh den Zusatz jedoch später. Die Marineführung hatte die von seiner Besatzung erbrachten Opfer nicht richtig eingeschätzt. Statt den Kommandanten, FKpt. Karl Müller, auszuzeichnen, drohte sie ihm für den Verlust seines Schiffes mit dem Kriegsgericht. Diese Haltung führte zu einem Skandal beträchtlichen Ausmaßes und die Marineführung anerkannte schließlich, dass die EMDEN wahrscheinlich einen größeren Kriegsbeitrag als jedes andere Schiff geleistet hatte.*

VAdm. Robert Witthoeft-Emden war vom November 1933 bis zum Dezember 1941 Marineattaché an der Deutschen Botschaft in Washington. Für das neue Projekt in Friedrichsort war er die ideale Wahl, um es in Gang zu bringen. Sein Improvisationstalent kam ihm gut zustatten, um all das zu beschaffen, was auf offiziellem Wege nicht geliefert wurde. Es dauerte nicht lange, da konnte er stolz verkünden, dass seine Schule eine der am besten ausgestatteten Einrichtungen dieser Art war.

Im Gegensatz zu den Offiziersbewerbern konnten die jungen Männer nicht als Unteroffizieranwärter in die Marine eintreten. Stattdessen wurden die für den Besuch der Unteroffiziersschule vorgesehenen Soldaten besonders ausgewählt, nachdem sie bereits eine Reihe von Jahren gedient und bewiesen hatten, dass sie geeignet waren und die Disziplin sowie den erforderlichen Ehrgeiz besaßen. Sie hatten die Grundausbildung bei einer Schiffsstamm- oder Marineartillerieabteilung schon längere Zeit hinter sich und inzwischen bereits zwei bis vier Jahre Borddienstzeit abgeleistet. Entsprechend ihrer Eignung wurden sie dann für den Besuch einer Laufbahnschule für weitere drei bis zehn Monate ausgewählt, ehe sie nach Friedrichsort entsandt wurden. Vor ihrem Eintreffen dort befanden sie sich in einer einzigartigen Lage, denn sie besaßen zu diesem Zeitpunkt mehr Erfahrung als jeder Offizieranwärter.

Wenn auch der Schwerpunkt der Ausbildung mit jedem neuen Kommandeur geringfügig variierte, so blieb doch insgesamt das Ausbildungsziel der Schule gleich. Das Grundziel bestand darin, den jungen Männern die entsprechenden Fachkenntnisse zu vermitteln, damit sie ihr berufliches Fachgebiet beherrschten; insbesondere sollten sie die vorhandene technische Ausrüstung eigenständig, verlässlich und fähig bedienen können. Der Lehrplan gliederte sich in vier Grunddisziplinen: Unterricht, nautische und infanteristische Ausbildung sowie Sport. Regelmäßig fanden schriftliche, mündliche und praktische Prüfungen statt.

Von den Unteroffizieren wurde nicht nur erwartet, Männer zu befehligen, sondern sie auch mit Selbstvertrauen zu

Ein Auszubildender an der 1. U-Bootschule (später 1. U.L.D.) in Pillau übt mit dem Tauchretter der Fa. Dräger im Tauchtank. Dieses Luftreinigungs- und Atemgerät diente der Selbstrettung aus U-Booten. Der Gummibeutel enthielt einen Sauerstoffzylinder sowie einen Filter, um das CO_2 aus der ausgeatmeten Luft zu absorbieren. Das Atmungsgerät mit geschlossenem Kreislauf lieferte für etwa 60 Minuten Atemluft. An der Wasseroberfläche angekommen, konnte der Beutel aufgeblasen und als Rettungsweste benutzt werden.

* Anm.d.Ü.: Erst 1921 erhielten alle Besatzungsangehörigen offiziell durch die preußische Regierung (die übrigen Landesregierungen zogen nach) mit Zustimmung des Reichswehrministers das Recht, auf Antrag den Zusatz »Emden« an ihrem Familiennamen zu führen. Die Verleihung eines solchen Rechtes durch den Kaiser ist n i c h t nachweisbar, ausgenommen eine Einzelerlaubnis aus dem Exil für den ObltzS. Prinz Franz Joseph v. Hohenzollern lediglich nach dem Hausgesetz der Hohenzollern (siehe auch den Erlass des Preußischen Ministers des Inneren vom 18.11.1933). Der Reichspräsident dehnte dieses Recht durch VO vom 16.3.1934 auf die Angehörigen verstorbener Besatzungsangehöriger aus. Vgl. hierzu Hildebrand/ Steinmetz/ Röhr »Die deutschen Kriegsschiffe«, Bd. 2, S.70. Eine Darstellung der Kaperfahrten der EMDEN, des berühmtesten aller kreuzerkriegführenden Kleinen Kreuzer mit einer Bilanz von verrsenkten 16 Handels- und 2 Kriegsschiffen (zusammen über 74.000 BRT) findet sich auch bei John Walter: Piraten des Kaisers – Deutsche Handelsstörer 1914-1918. Motorbuch Verlag, Stuttgart 1996 (vergriffen).

führen. Daher lag eine starke Betonung auf dem Drill und dem Erteilen präziser Befehle. Die hohe Qualität der Ausbildung wurde durch die Tatsache unterstrichen, dass viele hochrangige Besucher, die Zeuge von Demonstrationen waren, mit der Überzeugung weggingen, dass sie eher eine besondere »Schaustellergruppe« der Marine als eine gewöhnliche Klasse von Unteroffizieranwärtern gesehen hatten.

Hitlers Aufkündigung des Versailler Vertrages und die Wiedereinführung der allgemeinen Wehrpflicht am 16. März 1935 führten in Friedrichsort zu großen organisatorischen Problemen, da die dortigen Einrichtungen mit einer derart großen Personalsteigerung nicht fertig werden konnten. Infolgedessen kam es zu einer Aufteilung der Unteroffiziersausbildung zwischen den beiden Marinestationen, und in Wesermünde (heute Bremerhaven) wurde eine neue Schuleinrichtung geschaffen. Gleichzeitig änderte sich die Bezeichnung in »Marineunteroffizierlehrabteilung« (MLA): I. MLA in Friedrichsort und II. MLA in Wesermünde (ab 1938 arabische Nummern). Nicht nur die größere Anzahl Auszubildender sondern auch die zunehmende Kompliziertheit der Ausbildung erzeugten die Notwendigkeit, die Schuleinrichtungen zu verbessern. 1938 kam eine zweckgebaute Schule für die Unteroffiziersausbildung hinzu: die 3. MLA in Plön/Holstein. Diese Schule gibt es bis zum heutigen Tag, wenn auch die Einrichtungen zwischen 1945 und der Aufstellung der Bundeswehr Mitte der 50er-Jahre nicht genutzt wurden.

Die »Crew« und die Offiziersausbildung

Der Ausdruck »Crew« bezeichnet in der deutschen Marine bis heute den jährlichen Einstellungsjahrgang an Offizieranwärtern aller Laufbahnen. Besonderer Wert wurde darauf gelegt, diese Crews in funktionierende Gruppen zu verwandeln, und ihre Angehörigen identifizieren sich selbst dann noch mit ihrer Crew, wenn auch der Abschluss ihrer Ausbildung schon lange zurückliegt – wie dies z.B. auch bei den Jahrgangsklassen an der US-Marineakademie in Annapolis der Fall ist. (Erst kürzlich meinten einige Angehörige einer deutschen Crew der Vorkriegszeit, sie könnten ein Regionaltreffen ohne Erlaubnis des ältesten Crewangehörigen nicht organisieren.)

Die Laufbahnen

Der genaue Ausbildungsgang zwischen dem Eintritt in die Marine und der Beförderung in den untersten Offiziersrang eines Leutnants bzw. Marineassistenzarztes unterschied sich nach dem Jahr des Eintritts und der gewählten Laufbahn. 1938 vollzog sich der Ausbildungsgang wie folgt:

Seeoffiziers-Laufbahn

Laufbahnabzeichen: ein goldener Stern (»Seestern«) oberhalb der Ärmelstreifen auf beiden Unterarmen.

1. Grundausbildung: 5 Monate
2. Segelschulschiff: 4 Monate
3. Beförderung zum Seekadett
4. Schulschiff (in der Regel mit einem Schulkreuzer Ausbildungsreise in außerheimische Gewässer): 9 Monate
5. Offizieranwärterprüfung – bei erfolgreichem Abschluss: Beförderung zum Fähnrich zur See
6. Heimaturlaub: 15 Tage
7. Marineschule Mürwik mit der Offizierhauptprüfung als Abschluß: 7 Monate
8. Beförderung zum Oberfähnrich zur See
9. Waffenausbildung an verschiedenen Spezialschulen: 5 Monate
10. Dienst bei der Flotte: 6 Monate
11. Beförderung zum Leutnant zur See (nach insgesamt drei Dienstjahren)

Ingenieuroffizier-Laufbahn

Laufbahnabzeichen auf Schulterstücken und Unterarmen oberhalb der Ärmelstreifen: ein Zahnrad. Hinter dem Dienstgrad der Zusatz »(Ing.)«.

1. Grundausbildung: 5 Monate
2. Marinelehrwerkstätten: 4 Monate
3. Beförderung zum Kadett (Ing.)
4. Schulschiff (wie oben): 9 Monate
5. Wie oben: Beförderung zum Fähnrich (Ing.)
6. Wie oben
7. Wie oben
8. Beförderung zum Oberfähnrich (Ing.)
9. Marineschule (der Schiffsmaschineninspektion) in Kiel bzw. Wilhelmshaven mit Ingenieursprüfung: 5 Monate
10. Dienst bei der Flotte: 6 Monate
11. Beförderung zum Leutnant (Ing.).

Waffenoffizier-Laufbahn

Laufbahnabzeichen auf Schulterstücken und Unterarmen oberhalb der Ärmelstreifen: Ankertaumine (Sperrwaffen), zwei gekreuzte Kanonenrohre (Artilleriewaffen). Hinter dem Dienstgrad der Zusatz »(W.)«.

1. Grundausbildung: 5 Monate
2. Waffentechnische Ausbildung: 4 Monate
3. Beförderung zum Kadett (W.)
4. Schulschiff (wie oben): 9 Monate
5. Wie oben: Beförderung zum Fähnrich (W.)
6. Wie oben
7. Wie oben
8. Beförderung zum Oberfähnrich (W.)
9. *Artilleriewaffen* — Schiffsartillerieschule Kiel: (6 Monate); *Sperrwaffen* — Minenwerkstatt (2 Monate), Sperrschule Kiel (4 Monate)
10. Ausbildung bei der Marinewerft (Marinenarsenal): 6 Monate
11. Spezielle Waffenlehrgänge: 5 Monate
13. Dienst bei der Flotte: 6 Monate
14. Beförderung zum Leutnant (W.)

Zusätzlich zu diesen Laufbahnen gab es u.a. noch die Verwaltungs- und die Sanitätsoffizier-Laufbahnen. Erstere dienten nicht auf U-Booten und Sanitätsoffiziere hatten nach ihrer Beförderung zu Marineassistenzärzten in den letzten Kriegsjahren nur wenige ausgewählte Boote bzw. die großen U-Boote vom Typ IX oder die Versorgungs-U-Boote vom Typ XIV an Bord, als Verwundungen, besonders durch Luftangriffe, immer häufiger wurden.

Die ersten Ausbildungsmonate

Das Leben in der Marine begann für einen angehenden Offizier vor dem Bahnhof von Stralsund. Direkt nördlich von

Übernahme von Übungstorpedos auf *U 35* (Kptlt. Lott). Die große weiße Kenn-Nummer am Turm der U-Boote wurde bei Kriegsausbruch entfernt. Mehr oder weniger waren diese Übungswaffen mit den gefechtsmäßigen Torpedos identisch; sie enthielten lediglich keinen Gefechtskopf und nach dem Abschuss sammelten die Torpedofangboote sie wieder ein. Zum besseren Erkennen trug der Übungskopf des Torpedos einen rotweißen Anstrich und – in diesem Falle – auch den Namen der 2. U-Flottille: »Saltzwedel«. Zuweilen hatte der Übungskopf sogar eine kleine Lampe, um in der Dunkelheit den Weg des Torpedos verfolgen zu können.

Berlin liegt die kleine Ostseestadt auf der Festlandseite eines schmalen Streifen Wassers – des Strelasundes –, der Rügen zu Deutschlands größter Insel macht. Ein Omnibus brachte die versammelte Gruppe über den Rügendamm auf die kleine Insel Dänholm im Strelasund, der Heimat der Schiffsstammabteilung, die auf Offiziersausbildung spezialisiert war. Von diesem Augenblick an hatte sich der Offizieranwärter nur noch einer ärztlichen Untersuchung sowie einem kurzen Gespräch zu unterziehen, und danach musste er, um die Marineuniform zu erhalten, bereits die erste Hürde hinter sich bringen: Eine zwei Tage dauernde Auswahlprüfung. Diese Prüfung, die zur Aussonderung von etwa 25% der Bewerber führte, bestand aus einem harten sportlichen Teil sowie aus einer intensiven Befragung. Auch jene, die im Laufen nicht die erforderlichen Zeiten erreichten, wurden nach Hause geschickt; wenn auch viel versprechenden jüngeren Burschen oft gesagt wurde, in einen Sportverein oder zur Hitlerjugend zu gehen, um sich später erneut zu bewerben, sobald sie sich sportlich verbessert hätten. Die für die körperliche Ertüchtigung verantwortlichen Unteroffiziere waren sich der Tatsache voll bewusst, dass sie eines Tages dem Kommando jener zu unterstehen hatten, die sie jetzt ausbildeten; sie hatten nicht die Absicht, Mittelmäßigkeit im System zu dulden.

Diejenigen jungen Männer, die diese beiden Tage in ihrer privaten Sportausrüstung überstanden hatten, erhielten ein Bett zugewiesen und wurden einer Ausbildungskompanie zugeteilt. Danach bekamen sie bei der Einkleidung u.a. eine blaue Marineuniform, eine feldgraue Marineuniform sowie einen Drillichanzug als Arbeitskleidung. Erst danach begrüßte sie der Kommandeur als »Seeleute«. Spätestens zu diesem Zeitpunkt gab sich keiner mehr von ihnen dem Gedanken an ein bequemes Offiziersleben hin.

Die Crew des Jahres 1936 (»Crew 36«) hatte sich am 1. April am Bahnhof von Stralsund versammelt und exakt einen Monat später trat sie auf dem Sportplatz der Ausbildungseinheit an, um als Soldaten der Kriegsmarine vereidigt zu werden. Zweieinhalb Wochen danach sahen alle erwartungsvoll dem Augenblick entgegen, ihre Seesäcke zu packen, um den nächsten Ausbildungsabschnitt in Angriff zu nehmen. Dann fuhr die Crew mit dem Zug nach Kiel. Dort brachte sie ein Boot die kurze Strecke vom Bahnhof zur Blücherbrücke an der Kieler Förde. Heute steht fast die gesamte Westseite der Förde dem allgemeinen Verkehr offen und nur das Gelände des Oslo-Kais ist eingefriedet. In der Vorkriegszeit war der größte Teil dieses Areals eine militärische Zone mit begrenztem öffentlichen Zugang.

Hoffnungen, bereits in Stralsund geschlossene Freundschaften weiter zu vertiefen, erfüllten sich nicht, da die Auffassung der Marine eine Cliquenbildung nicht gestattete. Die Ausbildungsprogramme schrieben sogar vor, dass alle Crew-Angehörigen so viel wie möglich in der Zusammenarbeit wechseln sollten, und während sie auf der Pier neben ihrem ersten Schiff angetreten waren, wurde die Crew aufs Geratewohl in zwei Gruppen eingeteilt. Obwohl die Grundausbildung in den Vorkriegsjahren ziemlich konsequent verlief, erfuhr dieser nächste Ausbildungsabschnitt beträchtliche Veränderungen. 1932 war es noch möglich gewesen, die gesamte Crew auf einem Schulschiff gemeinsam auszubilden. Doch die Personalvermehrung in Verbindung mit dem Untergang des einzigen Segelschulschiffes erforderte eine neue Verfahrensweise.

Das Segelschulschiff NIOBE der Reichsmarine war 1913 als der dänische Viermast-Gaffelschoner MARTEN JENSEN vom Stapel gelaufen. Nach einem ausdehnten Umbau wurde die nunmehrige Schonerbark 1923 in Dienst gestellt. Trotz des Entfernens eines Mastes blieb eine Neigung zur Topplastigkeit und in einer plötzlichen Gewitterbö kenterte die NIOBE am 26. Juli 1932 und sank innerhalb von Minuten. Es gab nur wenige Überlebende, die sich an Oberdeck oder in seiner Nähe aufhielten. Von den 75 Offizier- und Unteroffizieranwärtern sowie den 34 Angehörigen der Stammbesatzung verloren 69 ihr Leben. Auf flachem Wasser vor der Insel Fehmarn liegend, wurde die NIOBE zur Bergung der Toten gehoben. Nach der Untersuchung wurde das Wrack am 18. September 1933 durch das Torpedoboot JAGUAR mit Torpedoschuss versenkt. Inzwischen hatte sich in Deutschland eine erregte Kontroverse über die Rolle von Segelschulschiffen erhoben.

Politiker und eine schlecht informierte Öffentlichkeit forderten ein Ende dessen, was sie als die überholte Extravaganz der Segelschiffsausbildung bezeichneten. Die Marine hielt jedoch an ihrem Grundsatz fest, dass die schlimmsten Feinde eines jeden Seemannes stets die See

Angehörige des 64. Kommandanten-Lehrgangs in Memel an der Ostsee im Februar 1944. Die in verschiedenen Stützpunkten durchgeführten Lehrgänge dauerten drei bis vier Monate, abhängig von der Erfahrung und den Fortschritten. Im Bild von links nach rechts: ObltzS. Ernst-August Gerke (*U 382, U 673, U 3035*), Kptlt.d.R. Dr. Karl-Heinz Frischke (*U 881*), ObltzS. Prosper Ohlsen (*U 855*) und ObltzS. Albert Kneip (*U 1223*). Gerke und Kneip waren zu diesem Zeitpunkt erst 22 Jahre alt. Doch ihre Kriegsabzeichen und das EK I ließen erkennen, dass sie als Wachoffiziere bereits Kriegserfahrung auf U-Booten hatten. Beide überlebten den Krieg, jedoch Frischke und Ohlsen nicht. Der Letztere fiel fünf Tage später, nachdem er im September 1944 mit *U 855* zum ersten Male ausgelaufen war.

und das Wetter sein werden und dass ein Segelschiff der beste Ort von allen ist, um dies zu lernen. Daher entstanden in der Marine Pläne, um bessere und sicherere Segelschiffe zu bauen.

Nachdem fast die gesamte Crew 32 dem Unglück zum Opfer gefallen war, wandte sich Admiral Erich Raeder, der Chef der Marineleitung, an die führenden deutschen Reedereien und ersuchte sie um Unterstützung, damit sich als Ersatz gute Handelsschiffsoffiziere (HSO) freiwillig zur Reichsmarine melden sollten. Die späteren U-Bootkommandanten Günther Prien und Heinrich Bleichrodt gehörten zu den 15 HSO's, die 1933 in die Marine eintraten, aber mit verkürzter Ausbildung in die Crew 31 eingestuft wurden. Sie wurden häufig als Crew 31/33 bezeichnet.

Bis Mitte 1936 war nur ein Segelschulschiff, die GORCH FOCK, vom Stapel gelaufen und lediglich ein Teil der Crew 36 konnte untergebracht werden. Daher fiel die Entscheidung, diejenigen Offiziersanwärter auf das Segelschulschiff zu schicken, die sich freiwillig für eine zusätzliche Ausbildung als Seeflieger entschlossen hatten, während die restliche Crew auf dem alten Linienschiff SCHLESWIG-HOLSTEIN eingeschifft wurde. Obwohl das neue Segelschulschiff weit sicherer war, ging die Segelschiffsausbildung nicht ohne Verluste vonstatten. Es war üblich, zumindest ein bis zwei Mann zu entlassen, weil sie nicht schwindelfrei waren. Fritz Neumann von der Crew 37 stürzte zu Tode, als er aus der Takelage fiel. Zur Segelschiffsausbildung gehörte einiges an Übungen in Kiel und üblicherweise eine Ausbildungsreise in außerheimische Gewässer.

Der nächste Abschnitt im Ausbildungsgang der jetzigen Kadetten umfasste eine lange Auslandsreise auf einem Leichten Kreuzer oder Linienschiff. Zu diesem Zweck standen der Bildungsinspektion in Kiel verschiedene Kadettenschulschiffe zur Verfügung. Die Crew 31 ging auf den Leichten Kreuzer KARLSRUHE, während die Crew 37 auf die Linienschiffe SCHLESIEN und SCHLESWIG-HOLSTEIN sowie auf den Leichten Kreuzer EMDEN kam. Da die letztere während des Bürgerkrieges für kurze Zeit vor der spanischen Mittelmeerküste zum Einsatz kam, konnten die Kadetten nicht in Kiel eingeschifft werden und wurden mit dem Frachter AUGUST SCHULTZE nach Süden gebracht. Trotz harter Arbeit vermittelten Veteranen den Eindruck, dass diese Reisen im allgemeinen genossen wurden. Sie stellten mit Sicherheit eine Erfahrung für das ganze Leben dar, und dies zu einer Zeit, in der es sich nur sehr reiche Leute leisten konnten, in ferne Länder zu reisen. Bei der Rückkehr nach Deutschland wurde der Gedanke, die Offizieranwärterprüfung ablegen zu müssen, durch das Wissen erleichtert, dass hinter ihr die Beförderung zum Fähnrich und zwei Wochen Urlaub standen. Für die meisten Kadetten war dies die erste Gelegenheit, seit dem Eintritt in die Marine 18 Monate zuvor nach Hause zu kommen. Dieser Heimaturlaub war für viele so etwas Ähnliches, wie im Mittelpunkt der Aufmerksamkeit bei einem Staatsbesuch zu stehen, während sich die Familie, Freunde und Nachbarn ringsum drängten, um die Uniform zu bewundern und den Erlebnissen zu lauschen.

Die Marineschule Mürwik

Die Anfänge der Offiziersausbildung können bis zur Gründung der preußischen Marinekademie 1851 in Stettin zurückverfolgt werden. Die Akademie führte eine Art Nomadenleben, zog aber 1888, 16 Jahre nach der Schaffung der Kaiserlich Deutschen Marine, in ein neues Gebäude im Kieler Stadtteil Düsternbrook ein. Heute befinden sich dort Büros der schleswig-holsteinischen Landesregierung. Erst nach diesem Umzug setzten die Einführung des Dampfantriebs und weiterer technischer Neuerungen zusammen mit dem Einfluss Kaiser Wilhelm II. eine wirklich professionelle Einstellung zur Offiziersausbildung durch.

Zwölf Jahre nach dem Umzug nach Düsternbrook und kurze Zeit nach der Wende zum 20. Jahrhundert gab Wilhelm II. den Startschuss für eine Architektengruppe unter Walter Kelm, eine neue Offiziersschule zu bauen: Die immer noch ihrer Bestimmung dienende Marineschule Mürwik an der Kelmstraße in Flensburg-Mürwik. Der Hauptgrund, die Schule so weit nach Norden zu verlegen, bestand darin, dass das Bauland in der Nachbarschaft der Haupthäfen knapper geworden war und das Gelände in Mürwik bereits durch Schenkung im Eigentum der Marine stand. Am 21. November 1910 weihte der Kaiser den großen roten Backsteinbau der neuen Schule ein. Das sehr eindrucksvolle Gebäude im streng neugotischen Stil sollte als »Rote Burg an der See« bekannt werden, lange bevor die »Seelords von Mürwik« ihre Gegenwart spüren ließen. Der starke Glaube Wilhelm II., dass Deutschlands Zukunft durch den Seehandel bestimmt werden würde, war in einer einzigartigen Darstellung seines Wappenschildes eingefangen, gemalt an die Decke der Aula der Schule; denn er hatte darauf bestanden, den Kopf des Adlers verkehrt herum blicken zu lassen, so dass dieser seinen Blick seewärts statt binnenwärts richtete.

Die Seeoffiziere der ersten Crew, die durch die Portale von Mürwik geschritten waren, hatten kaum ihr Patent zum Leutnant zur See erhalten, als der Erste Weltkrieg ausbrach. Nur fünf Jahre später zogen 1919 britische Besatzungstruppen ein und benutzten das Gebäude als Unterkunft. Der unmittelbar nach dem Krieg folgende Zeitraum war für die deutsche Marine so turbulent, dass beträchtliche Anstrengungen unternommen werden mussten, um die Selbstständigkeit zurückzugewinnen und zu verhindern, dass die Seestreitkräfte dem Heer angegliedert wurden. Im Laufe des Jahres 1920, als es der Marine schließlich gelungen war, unter dem neuen Namen »Reichsmarine« in geordnete Bahnen zu gelangen, war auch die »Rote Burg an der See« wieder zu ihrer Schulfunktion zurückgekehrt und bildete in ihren Räumlichkeiten sowohl Offizier- wie auch Unteroffizieranwärter aus.

Der Kurs der Marineführung war genauso wenig vorhersagbar wie jener der neuen Reichsregierung, und dies hatte zur Folge, dass der Neubeginn der Ausbildung mit einer Anzahl heftiger Sprünge und ohne eine klare Linie begann. Dies war weitgehend dem Erkennen der Führungsfehler während des Großen Krieges zuzuschreiben, aber die Marineführung war in der Frage unsicher, wie die Verbesserungen vorgenommen werden sollten. Einige Admirale schlugen vor, am besten wäre es, das britische oder das amerikanische System einzuführen, aber Admiral Paul Behnke, der erste Chef der neuen Marineleitung, bestand darauf, nichts zu verändern, ehe nicht die Ergebnisse einer detaillierten Studie über die Rolle der Offiziere im Ersten Weltkrieg zur Verfügung standen.

Die Feststellungen dieser Studie waren für die traditioneller eingestellten Offiziere niederschmetternd. Vieles am alten Bildungssystem wurde verworfen und der Bericht schlug ein völlig neues Verfahren vor. Einer der negativsten Punkte bestand darin, dass die Offiziere in ihren Kommandostellungen isoliert gewesen waren und infolgedessen oft keinen Bezug zur Realität besessen hatten. Die Studie legte dar, dass die Mehrheit der Offiziere zu wenig Verständnis dafür hatte, wie die normale Bevölkerung in Europa lebte, und fast alle Offiziere wussten von den Männern nichts, die sie führten. Um dem abzuhelfen, wurde der Vorschlag gemacht, dass alle Offizieranwärter im Rahmen ihrer Laufbahnausbildung zumindest ein Jahr im Mannschaftsstand dienen sollten. Als ob dies noch keine ausreichend erniedrigende Aussicht für eine Standesklasse war, die von der Erwartung ausging, aufgrund des Geburtsrechtes zu führen, empfahl die Studie weiterhin eine Aufnahmeprüfung, um die Offizieranwärter mehr auf der Grundlage der Fähigkeiten als nach finanziellem oder gesellschaftlichem Status auszuwählen. Dies war das zur damaligen Zeit revolutionärste Konzept überhaupt. Noch 1922 soll FKpt. Werner Tilleßen, der Kommandeur der Marineschule, in einem offiziellen Bericht geschrieben haben: »Männer können nicht zum Offizier ausgebildet werden; sie müssen für diese Aufgabe geboren sein.«

Tilleßens Haltung war bis in die zweite Hälfte der 20er-Jahre hinein ausschlaggebend. Zudem begann für die Marineschule das neue Jahrzehnt mit beträchtlichen Problemen der Disziplin. Die Mehrheit der Lehrgangsteilnehmer bestand aus viel versprechenden jungen Männern, die in den turbulenten Kriegsjahren aus dem Mannschaftsstand aufgestiegen waren. Viele von ihnen hatten den früheren Marinebrigaden angehört, die in die blutigen Aufstände der unmittelbaren Nachkriegsjahre verwickelt gewesen waren. Obwohl die Marineoffiziere jetzt der Weimarer Republik dienten, hingen in den 20er-Jahren noch viele von ihnen an den Traditionen des alten Kaiserreiches. Was die Sache für die Dozenten noch schlimmer machte, war die Tatsache, dass diese jungen Männer befördert worden waren, weil sie die Initiative gezeigt hatten, sich an die rasch wechselnden Forderungen des Krieges anzupassen. Dies war kaum der richtige Ausgangspunkt für eine lernbegierige Zuhörerschaft.

1922 führte aufsässiges Verhalten zu mehr als 50 größeren Zwischenfällen von Disziplinlosigkeit, wobei 49 Beteiligte Arreststrafen erhielten. Aus der 120 Mann starken Crew wurden 23 Beteiligte entlassen, mehrere begingen Selbstmord und einer verschwand; von ihm wurde nie wieder etwas gehört. Die von der Marineleitung vorgenommene Untersuchung dieser Vorfälle an der Marineschule ergab zweifelsfrei, dass die jungen Leute mit dem Handeln der Regierung in Berlin nicht übereinstimmten, und trotz ihrer Kriegserfahrungen waren ihre eigenen Leistungen weit davon entfernt, lobenswert zu sein. Viele höhere Offiziere beklagten sich über die zu geringe Qualität des neuen Nachwuchses, während andere offen die Frage stellten, wie die Marine zulassen konnte, dass einige von ihnen in den Offiziersrang gelangten. In dieser Zeit ordnete der 1922 zum Inspekteur des Bildungswesens ernannte KAdm. Erich Raeder nicht nur die Unteroffiziersausbildung neu (siehe oben), sondern auch die Ausbildung der Offiziere. Er gab dem gesamten Erziehungs- und Bildungswesen der Reichsmarine ein neues Profil und verlieh den Besorgnissen der höheren Offiziere Ausdruck.

KAdm. Martin Hosemann, der Nachfolger Raeders als Chef der Bildungsinspektion, äußerte seine tiefe Betroffenheit über die Ziele und Absichten der Marineschule und war der Auffassung, die Absolventen wüssten zu wenig über viel zu viel. In der Folge führte dies zu mehreren größeren Änderungen im allgemeinen Studienplan und einer starken Betonung streng wissenschaftlicher Prinzipien. Seemannschaft, Navigation, praktische Mathematik und Englisch erhielten einen höheren Stellenwert. Dieser neue Studienplan war jedoch kaum eingeführt worden, als Druck von außen eine Kürzung des sehr umfangreichen Ausbildungsganges erzwang. Die 4$^{1}/_{2}$-jährige Ausbildung der Crew 30 wurde auf drei Jahre verkürzt, und dies bedeutete, dass die Ausbildungszeit an der Marineschule Mürwik von einem Jahr auf sieben Monate verringert wurde. Manche Kritiker behaupteten, dass dies eine tiefe Auswirkung auf die Offizierausbildung bei Fächern wie Physik, Mathematik und Sprachen gehabt hätte, in denen eine solide theoretische Grundlage erforderlich war.

Während des Zweiten Weltkrieges führten diese Kürzungen zu Spannungen innerhalb der U-Bootbesatzungen; denn einigen Offizieren fehlte das Verständnis für die technischen Begrenzungen ihrer Ausrüstung, und sie schrieben jede Unzulänglichkeit der vermuteten Inkompetenz der Bedienenden zu. So gab z.B. »Ajax« Bleichrodt lange Zeit nach dem Kriege zu, dass er die Auswirkungen bei den Veränderungen der Temperatur und des Salzgehaltes auf das Gruppenhorchgerät zur passiven Schallortung nicht begriffen hatte. Als Folge davon gab es Zeiten, in denen er voller Zuversicht auftauchte, weil die Unterwassermikrofone keine Geräusche feststellten, um dann in unmittelbarer Nähe ein Schiff vorzufinden.

Die Ergebnisse der am Ende des Studiengangs abgelegten Offizierhauptprüfung trugen dazu bei, die Abkommandierung der jetzigen Oberfähnriche auf ihre neuen Posten wesentlich zu beeinflussen. Vor dem Kriege erfolgte eine Veröffentlichung der Rangfolge (Rangnummer der Crew) in der Rangliste der deutschen Marine. Es ist oft gesagt worden, dass die Zukunft eines Offiziers in mehr als einer Hinsicht von diesen Ergebnissen abhing – die Mehrheit der potentiellen Schwiegermütter stand im Rufe, mit einem Exemplar des Buches unter dem Kopfkissen zu schlafen.

U-Bootausbildung

Obwohl heute häufig angenommen wird, die U-Bootfahrer wären allesamt Freiwillige gewesen, hatte sich eine beträchtliche Anzahl von ihnen durchaus nicht völlig frei zur U-Bootwaffe gemeldet; sie waren sanft zu dieser Entscheidung gedrängt worden. Wie dies auch immer gewesen sein mag, jeder musste sich nach seinem Eintreffen in der U-Bootschule einer ärztlichen Untersuchung unterziehen, ob er für den harten Dienst auf den U-Booten tauglich war. Der nächste Schritt bestand im Durchlaufen der U-Bootgrundausbildung, die für alle Teilnehmer gleich war, und eine allgemeine Unterrichtung umfasste, zu der auch der Gebrauch des Tauchretters gehörte. Dem schloss sich der Besuch eines Speziallehrgangs an, der bei einer der vier während des Krieges aufgestellten U-Bootlehrdivisonen (1.–4. U.L.D.) stattfand, wozu auch der Einsatz von Simulatoren zählte. Für die Mehrheit der Teilnehmer bedeutete dies in der einen Hälfte des Tages praktische Ausbildung auf einem Schulboot sowie Vorlesungen in der anderen. Danach kamen einige der Absolventen mit gutem Abschluss sofort auf Frontboote, wenn auch die Mehrheit mit ihrer Spezialausbildung fortfuhr.

Künftige Kommandanten, Wachoffiziere und Leitende Ingenieure nahmen an einer technisch/taktischen Ausbildung bei einer der speziellen Ausbildungsflottillen teil (in der deutschen Marine war die »U-Flottille« ein Landkommando, der die Boote truppendienstlich und nicht taktisch bzw. operativ unterstanden. Letzteres war die Aufgabe der U-Bootführung). Hierzu gehörten üblicherweise Angriffe unter Wasser bei Tage und über Wasser bei Nacht, obwohl vor dem Kriege der Schwerpunkt bei den ersteren lag. Zu dieser Zeit verlief das Ausbildungsprogramm auch noch weitaus gemächlicher. Es blieb viel Zeit für abendliche Diskussionen, um die Ereignisse des Tages bei ein paar Flaschen Bier oder beim Wein zu besprechen.

Nach dem Abschluss der U-Bootsausbildung schlugen die Teilnehmer einen der drei möglichen Wege ein: Direkte Abkommandierung auf ein Frontboot, Abkommandierung auf ein U-Boot, das zu einer Schulflottille gehörte, oder Versetzung zu einer der drei während des Krieges aufgestellten U-Bootausbildungsabteilungen (1.–3. U.A.A.). Diese hatten nichts mit Ausbildung zu tun, sondern stellten die Personalreserve dar, um die frei werdenden Stellen mit qualifizierten Männern zu besetzen. Im Großen und Ganzen versuchte die Marine zu vermeiden, die Männer direkt von der U-Bootschule mit einem Frontboot auf Feindfahrt zu schicken. Die Mehrheit kam auf ein Boot, das zunächst noch die »Technische Ausbildungsgruppe für Front-U-Boote« (Agru-Front) durchlief. Damals betrachteten sich viele der zu den Ausbildungseinheiten versetzten Männer als beiseite geschoben und waren oft auf jene neidisch, die direkt auf die Frontboote kamen. Heute müssen die Überlebenden dankbar einräumen, dass ihnen diese glückhafte Abkommandierung vermutlich das Leben rettete.

Die Ausbildung verschaffte den Männern die Gelegenheit, die komplizierte Dienstverrichtung auf U-Booten wirklich von der Praxis her kennen zu lernen, während den Booten noch nicht die Aufmerksamkeit eines entschlossenen Gegners zuteil wurde. Direkt von der U-Bootschule oder einer U.L.D. auf ein Frontboot kommende Männer empfanden sich oft als überflüssig, und selbst jene mit einer besonderen Qualifikation beklagten sich, dass sie wie »kleine Lehrlinge« behandelt würden – denen nur erlaubt war, aufzupassen und hinter den erfahrenen Besatzungsangehörigen aufzuräumen. Im späteren Verlauf des Krieges gab es natürlich auf den meisten Booten kaum mehr erfahrene Männer.

2. Kapitel:

Die U-Bootbesatzung

Laufbahnen, Dienststränge, Dienstgradbezeichnungen und Dienstgradabzeichen waren in Reichs- und Kriegsmarine häufigen Änderungen unterworfen, so dass nur allgemeine Aussagen möglich sind.

Laufbahnen

Die Schaffung der Reichsmarine nach dem Ersten Weltkrieg führte zur Einführung eines neuen Laufbahnsystems für
a) Offiziere (im Wesentlichen fünf Laufbahnen: siehe oben Seite 14 sowie für
b) Unteroffiziere und Mannschaften, das 1938 neu geordnet wurde und (bis 1943) 18 Hauptlaufbahnen (röm. Ziffern) mit einer Reihe von Unterlaufbahnen (Buchstaben) umfasste.

Unter b) waren in der U-Bootwaffe hauptsächlich folgende Laufbahnen vertreten:
- Bootsmanns-Laufbahn (I),
- Maschinisten- oder Maschinen-Laufbahn (II), oft (inoffiziell) mit Zusatz »E-« oder »Diesel-«,
- Steuermanns-Laufbahn (II),
- Funk-Laufbahn (IV Fk),
- Signal-Laufbahn (IV Sig),
- Funkmess-Laufbahn (IV E),
- Feuerwerker-Laufbahn (VI)
- Artilleriemechaniker-Laufbahn (VII A),
- Torpedomechaniker-Laufbahn (VII B),
- Sperrmechaniker-Laufbahn (VII Spr),
- Sanitäts-Laufbahn (XI).

Dienstränge und ihre Bezeichnungen

Mannschaften

Bei den Mannschaften gab es 1938 folgende Dienstränge:

Matrose	Hauptgefreiter
Gefreiter	Stabsgefreiter
Obergefreiter	Oberstabsgefreiter (ab 1940).

Die Bezeichnungen »Heizer« und »-gast« wurden 1938 einheitlich durch »Matrose« ersetzt. Ab Gefreiter wurde die Laufbahn vorgesetzt (Ausnahme Bootsmann-Laufbahn: Vorsatz »Matrosen-«) und die Dienstgradbezeichnung lautete z.B. Matrosengefreiter, Maschinenobergefreiter, Mechanikerhauptgefreiter, Funkstabsgefreiter.

Der Maschinenmaat Friedrich Kiemle trägt den Überzieher über dem untergeschlagenen Hemdkragen mit kornblumenblauen Kragenpatten, wie er auch von den Obermaaten und den Matrosen bis zum Oberstabsgefreiten getragen wurde. Sein Rang als *Maschinenmaat* ist an der einzelnen silberfarbenen Tresse auf den Kragenpatten (ab Dezember 1939 eine goldfarbene sowie eine ebensolche Kragentresse) und an dem goldenen Ankerabzeichen mit dem Zahnrad als Kennzeichen der Maschinenlaufbahn auf dem linken Oberarm zu erkennen.

Unteroffiziere ohne Portepee

Sie waren nicht berechtigt, die Seitenwaffe mit silberner Quaste (Portepee) zu tragen. Ihre Dienstränge lauteten: Maat und Obermaat. Die Dienstgradbezeichnungen setzten sich aus Laufbahn und Dienstrang zusammen: Bootsmannsmaat, Oberfunkmaat, Obermaschinen(maschinisten)maat, Signalmaat, Obersteuermannsmaat, Torpedomechanikersmaat usw.

Unteroffiziere mit Portepee
Sie hatten das Recht, den Marinesäbel oder Marinedolch mit Portepee zur entsprechenden Uniform zu tragen. Ihre Dienstränge lauteten:

Feldwebel	Stabsfeldwebel
Oberfeldwebel	Stabsoberfeldwebel

Die Dienstränge in Verbindung mit der jeweiligen Laufbahn ergaben die Dienstgradbezeichnungen, wie z.B.:
- Bootsmann, Stabsbootsmann, Oberbootsmann, Stabsoberbootsmann
- Maschinist, Stabsmaschinist, Obermaschinist, Stabsobermaschinist
- Steuermann, Stabssteuermann, Obersteuermann, Stabsobersteuermann
- Funkmeister, Stabsfunkmeister, Oberfunkmeister, Stabsoberfunkmeister.

Offizieranwärter
- Matrose (in der Grundausbildung), anschl. Seekadett, Marinesanitätskadett bzw. Kadett bei den übrigen Laufbahnen (zu den Mannschaften gehörend).
- Fähnrich (zu den Unteroffizieren ohne Portepee gehörend) nach der Offizieranwärterprüfung mit Laufbahnzusatz »zur See, (Ing.)« oder Marinesanitätsfähnrich.
- Oberfähnrich (zu den Unteroffizieren mit Portepee gehörend) nach der Offizierhauptprüfung mit Laufbahnzusatz »zur See, (Ing.)« oder Marineunterarzt.

Offiziere
Die Dienstgradbezeichnungen bei den Seeoffizieren lauteten:

Leutnant zur See (LtzS.)	Kapitän zur See (KptzS.)
Oberleutnant zur See (ObltzS.)	Konteradmiral (KAdm.)
Kapitänleutnant (Kptlt.)	Vizeadmiral (VAdm.)
Korvettenkapitän (KKpt.)	Generaladmiral (GenAdm.)
Fregattenkapitän (FKpt.)	Großadmiral (GAdm.).

Offiziere anderer Laufbahnen führten hinter dem Dienstrang den Laufbahnzusatz (Ing.), (W.) oder (V.) ohne »z.S.«. Sanitätsoffiziere trugen die Dienstgradbezeichnungen: Marineassistenzarzt, -oberassistenzarzt, -stabsarzt, -oberstabsarzt (entspr. LtzS.-KKpt.) usw.
U-Bootkommandanten standen im allgemeinen entweder im Dienstrang eines Kapitänleutnants oder seltener eines Oberleutnants z.S.

Dienstgradabzeichen

Die Dienstgradabzeichen bestanden aus einer Kombination von Rangabzeichen und Laufbahnabzeichen. Es führten:

Mannschaften
Ab Gefreiter (siehe oben Dienstränge) auf dem linken Oberarm: Ein bis drei Winkel bzw. ein bis zwei geflochtene Winkel mit Stern und darüber jeweils das Laufbahnabzeichen.

Unteroffiziere ohne Portepee
Neben der goldfarbenen Kragentresse (ab 1939) Litzen auf den kornblumenblauen Kragenpatten und Ankerabzeichen (Laufbahnabzeichen) auf dem linken Oberarm:
- Maat: Ankerabzeichen, 1 Litze;
- Obermaat: Ankerabzeichen mit Winkel darunter, 2 Litzen.

Unteroffiziere mit Portepee
Schulterklappen mit dem Laufbahnabzeichen in der Mitte und Rangsternen über bzw. unter dem Abzeichen (ü.A. bzw. u.A.).
Ab Bootsmann, Maschinist, Steuermann usw. (s. o. entsp. den 4 Dienstgradbez.): Fw. 1 Stern u.A., Oberfw. 2 Sterne nebeneinander u.A., Stabsfw. 2 Sterne: je einer u.A. und ü.A., Stabsoberfw. 3 Sterne: 2 nebeneinander u.A. und einer ü.A.

Offizieranwärter
- Kadett: Laufbahnabzeichen auf dem linken Oberarm.
- Fähnriche trugen Uniform wie die Portepee-Unteroffiziere mit Schulterlitzen und Laufbahnabzeichen in der Mitte (ausgenommen Seeoffizieranwärter): Fähnriche ohne, Oberfähnriche mit zwei Sternen.

Offiziere
Sie trugen entsprechend den Diensträngen (siehe oben ab Leutnant) Schulterstücke mit dem Laufbahnabzeichen (ausgenommen Seeoffiziere) oder Ärmelstreifen mit dem

Auf den Kragenpatten des Überziehers über dem untergeschlagenen Hemdkragen sind auf diesem Vorkriegsfoto die beiden goldfarbenen Tressen für den Dienstgrad *Obermaat* zu sehen. Noch fehlt die goldfarbene Kragentresse als Kennzeichen der Unteroffiziere ohne Portepee.

Laufbahnabzeichen (Seeoffiziere ein Stern) darüber auf beiden Unterarmen:

- Subalternoffiziere: silberfarbene glatte Schulterstücke mit bis zu 2 Rangsternen oder 1, 2 und $2^{1}/_{2}$ Ärmelstreifen,
- Stabsoffiziere (ab KKpt.): silberfarbene geflochtene Schulterstücke mit bis zu 2 Rangsternen oder 3, $3^{1}/_{2}$ und 4 Ärmelstreifen,
- Admirale: geflochtene gold- und silberfarbene Schulterstücke mit bis zu 3 Rangsternen (GAdm: 2 gekreuzte silberne GAdm.-Stäbe) oder ein breiter mit bis zu 4 schmaleren Ärmelstreifen darüber.

U-Boot-Päckchen
Maate und Obermaate nur allgemeine Kennzeichnung (Kragentresse bzw. Tressenwinkel), Portepee-Unteroffiziere Schulterklappen, Fähnriche oft Schulterlitzen und Offiziere Schulterstücke. Im Übrigen war die Trageweise spärlich und uneinheitlich.

Zusammensetzung einer U-Bootbesatzung 1943

Um eine repräsentative Vorstellung von den Diensträngen und Laufbahnen zu vermitteln, aus denen sich eine typische U-Bootbesatzung zusammensetzte, wird hier die Besatzung von *U 377* wiedergegeben, einem Boot des Typs VII C, ehe es zu seiner zwölften Feindfahrt im Herbst 1943 auslief. Zur Besatzung gehörten 5 Offiziere, 4 Portepee-Unteroffiziere, 17 Unteroffiziere und 31 Mannschaften (siehe auch Seite 94):

Kommandant: ObltzS. Gerhard Kluth
I. Wachoffizier: LtzS. Ernst-August Gerke
II. Wachoffizier: LtzS. Wolfgang Herpich oder LtzS. Kurt Menger
Leitender Ingenieur: Lt.(Ing.) Karl-Heinz Nitschke und als »LI-Schüler« Lt.(Ing.) Erich Altesellmeier
Obersteuermann Martin Weidmann
Stabsobermaschinist Jak Mallmann
Obermaschinist Willi Schulz
Obermaschinenmaate Herbert Dorn, Kurt Göllnitz
Maschinenmaate Willi Hiß, Johannes Hilbert, Helmut Hofstede, Paul Jaguttis, Arthur Allenstein
Maschinenobergefreite Helmut Bachmann, Heinz Badstüber, Karl Guth, Arthur Kobs, Norbert Pampusch, Hans Pfeiffer, Herbert Richter, Gerhard Sikorski, Alfred Schultze, Karl Schulz, Paul Ziwiski
Maschinengefreite Wolfgang Blümel, Peter Fehlhaber, Otto Fröhlich, Heinz Hannecke, Hermann Stehning
Oberfunkmaate Siebrand Voss, Paul Czinczoll, Heinz Neugebauer
Funkobergefreiter Helmut Schaar
Funkgefreite Artur Meiser, Heinz Panning
Oberbootsmannsmaate Hermann Patzke, Albert Jungclaus
Bootsmannsmaate Erich Köhler, Otto Schnell
Matrosenobergefreite Otto Diening, Harry Eydam, Bruno Merkel, Horst Michel, Horst Ober, Richard Reißner, Otto Sommerer
Matrosengefreite Kurt Dams, Stefan Istvanitz, Wilhelm Wiederhold
Obertorpedomechaniker Heinrich Böhm
Torpedomechanikersmaate Werner Reinicke, Jacob Möhl

Maschinenobergefreiter Alfred Schultze 1942. Er trägt den Überzieher als Dienst- und Ausgehanzug. Auf seinem linken Oberarm zeigen zwei goldfarbene Winkel mit dem Zahnrad als Symbol der Maschinenlaufbahn seinen Dienstgrad an. Darunter befindet sich das rote Abzeichen einer Sonderausbildung. Im Knopfloch ist das schwarz-weiß-rote Band des EK II und auf der linken Seite sind das U-Boots-Kriegsabzeichen und das Sportabzeichen zu erkennen. Vor dem Kriege konnte am Mützenband das Schiff, die Einheit oder die Dienststelle abgelesen werden, zu welcher der Träger der Mütze gehörte. 1939/40 ersetzte aus Sicherheitsgründen die einheitliche Aufschrift »Kriegsmarine« die friedensmäßige Regelung.

Torpedomechanikerobergefreiter Karl-Heinz Schütt
Torpedomechanikergefreiter Erich Weinert
Sanitätsobermaat Bruno Günther.

Uniformen und Schutzkleidung

Um nicht die detaillierten Vorschriften der »Bekleidungs- und Anzugsbestimmungen für die Kriegsmarine« zu wiederholen, soll in diesem Kapitel weitgehend auf Fotos der verschiedenen Anzugsarten und Bekleidungen zurückgegriffen werden, die von den U-Bootoffizieren und ihren Besatzungen im Frontdienst getragen wurden.

Nach 1935 gab es in der Kriegsmarine zwei grundsätzliche Uniformarten, wenn auch damalige Fotos viele Beispiele von Marinesoldaten zeigen, die Bekleidungen tragen, die in den offiziellen Vorschriften nicht erwähnt werden. Bei diesen beiden Arten handelte es sich um die feldgraue und die blaue Marineuniform.*

Die feldgraue Marineuniform
Auf Schwarzweißfotos ist sie leicht mit der Heeresuniform zu verwechseln. Sie bestand aus einer Feldbluse (»Waffenrock«) mit vier Taschen sowie Hosen im keilförmigen Zuschnitt, zu denen Marschstiefel (»Knobelbecher«) getragen wurden. Von der Heeresuniform unterschied sie sich

*Eine umfassende und ausführlichere Darstellung der Uniformierung findet sich bei *Adolf Schlicht / John R. Angolia: Uniformierung und Ausrüstung der Wehrmacht. Band 2: Die Kriegsmarine.* Motorbuch Verlag, Stuttgart 1995. Siehe auch *Mallmann-Showell: Kriegsmarine 1939-1945. Organisation – Strukturen – Einsatz.* Motorbuch Verlag, Stuttgart 2000 (Seite 257 ff).

Die blauen Schulterklappen, ringsum mit goldfarbener Tresse besetzt, lassen mit den aus gekreuzten Ankern bestehendem Laufbahnabzeichen und den beiden silberfarbenen Rangsternen den *Obersteuermann* erkennen, ein Portepee-Unteroffizier (PUO) im Range eines Oberfeldwebels, der auf dem U-Boot für die Navigation verantwortlich war und in der Regel als III. Wachoffizier fungierte. Der Kommandant, links im Bild mit der weißen Mütze, sieht wie Kptlt. Adalbert Schnee an Bord von *U 201* aus. Doch das Abzeichen an der linken Seite seiner weißen Mütze lässt erkennen, daß es sich um *U 558* und somit vermutlich um Kptlt. Günther Krech handelt.

hauptsächlich durch Zubehör und Abzeichen. Feldgrau trugen die Landtruppenteile der Marine, wozu vor allem auch die Einheiten für die Grundausbildung gehörten. Gegen Ende des Krieges gab es auch viel »gestrandetes« Marinepersonal, das in Feldgrau eingekleidet und an der Landfront eingesetzt wurde. Dies erklärt Fotos mit Uniformen, die jenen der Infanterie glichen, und mit U-Boots- und S-Bootskriegsabzeichen dekoriert waren.

Die blaue Marineuniform

1935 gab es offiziell für die Trageweise der blauen Marineuniform acht verschiedene Anzugsarten, die in ihrer Mehrheit natürlich nicht auf U-Booten getragen wurden. Im alltäglichen Dienst herrschte neben dem Arbeitszeug bzw. dem »U-Boot-Päckchen« der »Kleine Dienstanzug« in Blau vor. Er bestand bei den Mannschaften und Maaten aus der flachen Mannschaftsmütze, dem Hemd mit abnehmbaren Hemdkragen (»Nelson-Kragen«) und dem zum Knoten gebundenen Halstuch aus schwarzer Seide sowie der Tuchhose. Für die Sommertragezeit und für besondere Anlässe gab es eine weiße Version. Weiße und blaue Trageweise wurden bei Mütze, Hemd und Hose bisweilen auch kombiniert. Zum ähnlichen »Ausgehanzug« gab es noch die blaue Jacke, eine kurz geschnittene »Paradejacke« mit zwei dekorativen Knopfreihen vorn und an den Unterärmeln. Unter ihr wurde das weiße Hemd mit darüber ausgeschlagenem Hemdkragen und dem seidenen Halstuch getragen. Auf Vorkriegsaufnahmen mit U-Bootpersonal im Hafen ist die »Affenjacke« noch zu sehen. Mit Kriegsbeginn hörte u.a. auch ihre Trageweise auf. Bei kühlem Wetter hatten die »Seelords« über dem blauen Hemd den langen Überzieher (»Collani«) aus blauem Tuch mit zwei Knopfreihen an. Auf dem Kragen befanden sich kornblumenblaue Patten, bei den Maaten (ab 1939) mit goldfarbenen Litzen und Kragentressen. Auch die Mannschaftsmütze wurde bereits zu Anfang des Krieges durch die blaue bzw. weiße Bordmütze (»Käppi«) ersetzt, die in der Enge eines U-Bootes viel praktischer war. 1941 wurde für den Einsatz in südlichen Gewässern eine braune Tropenuniform eingeführt. Sie bestand für U-Bootbesatzungen aus Feldmütze, kurzer und langer Hose sowie Hemd.

Offiziere und Portepee-Unteroffiziere trugen neben dem U-Boot-Päckchen alltags im allgemeinen in blauer oder weißer Version Schirmmütze, Jackett mit zwei Knopfreihen und darunter ein weißes Hemd mit Umlegekragen und schwarzem Langbinder sowie die Tuchhose. Die Bordmütze für Offiziere hatte um den oberen Rand der Klappe einen goldfarbenen Vorstoß. Wenn Fotos Offiziere auf U-Booten zeigen, die Jacketts an Bord tragen, vor allem wenn sie nach einer Feindfahrt in den Hafen einlaufen, dann handelte es sich zumeist um ältere und abgenutzte Uniformstücke, die in See getragen wurden. Dasselbe galt für die Schirmmütze; sie wurde oft als einziges sichtbares Merkmal für den Rang aufgesetzt. Viele U-Bootfahrer schienen auf einen möglichst abgenutzten Zustand stolz zu sein.

Sonderbekleidung

Eingeschifftes U-Bootpersonal trug die normalerweise grauen Lederanzüge, bestehend aus Jacken und Hosen. Das seemännische Personal besaß zweireihige, lange Jacken mit breiten Umlegekragen und großen Revers für einen maximalen Schutz gegen das Wetter, während das Maschinenpersonal, das seine Aufgaben im Inneren des Bootes erfüllen musste, kürzere und einreihige Jacken ohne Revers und mit nur einem schmalen Kragen anhatte, um Verhaken in den Maschinenräumen zu vermeiden.

Das Wechseln der Uniformen während des Dienstes auf U-Booten war infolge des knappen Raumes zur Aufbewahrung, der schmutzigen Arbeitsbedingungen und der Länge, die U-Boote in See blieben, nur begrenzt möglich. Obwohl auf Fotos aus der Kriegszeit gelegentlich Teile der blauen Marineuniform zu sehen sind, konzentrierten sich doch ab 1940, als die längeren Feindfahrten häufiger wurden, alle Dienstränge der Besatzung darauf, eine bequeme und praktische Bekleidung zu tragen. So wurde auch das braune bzw. graue »Arbeitszeug« der Marine aus der Vorkriegszeit – ein einreihiges offenes Kragenjackett mit Hemdtaschen und Arbeitshose – immer noch in See genutzt. Nach dem Fall Frankreichs trieb die Marine im Sommer 1941 auf der Suche nach Bekleidung für die in den neuen Stützpunkten eingetroffenen U-Bootmänner umfangreiches Beutegut auf, das anscheinend andere Waffengattungen nicht gebrauchen konnten, darunter die gestreiften Unterhemden französischer Seeleute. So wurden auch ziemlich große Bestände an britischen Heeresuniformen vorgefunden, und die khakifarbenen Hosen und kurzen Jacken des lockeren »Battle dress« mit den vielen Taschen wurden sofort an einige U-Boote als Arbeitszeug ausgegeben. Diese Uniformen erwiesen sich als sehr praktisch. Von ihrer Trageweise gibt es Fotos, wie z.B. von Otto Kretschmers *U 99* und seiner Besatzung Anfang August 1940.

Die U-Bootbekleidung schlechthin, die dem britischen »Battle dress« ähnelte, war jedoch das kurz vor dem Kriege für den Dienst an Bord eingeführte *»U-Boot-Päckchen«*, bestehend aus einer kurzen Bluse und langen Hosen aus grauem bzw. graugrünem Drillich. Zusammen mit den grauen Lederanzügen wurde diese Bekleidung zum Kennzeichen der U-Bootfahrer. Auf Fotos von Frontbooten ist eine fast grenzenlose Vielfalt an Pullovern, Hemden, Jacken, Seestiefeln, Segeltuch- und Gummischuhen, Handschuhen, Schals sowie anderen dienstlich gelieferten und privaten Bekleidungsstücken zu sehen. Persönliche Vorlieben und praktische Gesichtspunkte wogen mehr als Dienstvorschriften und oft bestand das einzige identifizierbare Bekleidungsstück in der öligen, zerdrückten Bordmütze.

An Bord ausgegebene Ausrüstung

Eine Reihe von Bekleidungsstücken und Ausrüstungsgegenständen wurden aus den Beständen der U-Boote oder der Flottillen dann ausgegeben, wenn dies erforderlich war.

Regenschutzbekleidung stand in geringem Umfange zur Verfügung und musste geteilt werden. Da eine Vielzahl von Herstellern beteiligt war, gab es beim »Ölzeug« auch die unterschiedlichsten Versionen aus gummiertem Stoff, einer Art Wachstuch meist in dunkler Farbe. Das Aussehen variierte von Hosen, Mantel und Südwester bis zu Hosen in hohen Wasserstiefeln und einem großen Mantel mit riesiger Kapuze. Im Marinejargon hieß die Schlechtwetterkleidung »Kleiner oder Großer Seehund«.

Jak Mallmann, der Vater des Verfassers, 1933 auf seinem ersten Heimaturlaub. Er trägt die blaue Marineuniform: Mannschaftsmütze, unter der Jacke das weiße Hemd mit ausgeschlagenem Hemdkragen sowie die Tuchhose, Schuhe und graue Handschuhe. Die Jacke mit ihren vielen Knöpfen sah gut aus, war jedoch etwas unpraktisch und durfte ab Anfang September 1939 für die Dauer des Krieges – außer auf Befehl – nicht mehr getragen werden. Auf dem linken Oberarm ist das Abzeichen der Maschinenlaufbahn gerade noch zu erkennen, während auf der rechten Brustseite die Schützenschnur in einer der vielen Stufen zu sehen ist, wobei das obere Ende unter dem Kragen angeknöpft wurde. Die untere Schnurschlaufe wurde bei der Jacke am rechten Knopf der Schäkelkette eingeknöpft. Die deutsche Marine kopierte den breiten, abnehmbaren Hemdkragen der Royal Navy (siehe auch die Fotos auf der nächsten Seite), den »Nelson-Kragen«, dessen drei weiße Streifen an die Seesiege Nelsons bei Aboukir, Kopenhagen und Trafalgar erinnern sollten, während der Knoten die Trauer um Nelson symbolisierte. Für die deutsche Marine hob die weiße Schleife (die »Fliege«) diese Trauer wieder auf.

Vor dem Kriege war außerhalb der Kommandotürme das Tragen von Rettungsgürteln zu sehen, wurde aber kurz nach Kriegsbeginn aufgegeben. Verschiedenartige Schwimmwesten wurden weiterhin getragen, wenn die Männer an Oberdeck Arbeiten verrichten mussten. Wie die Fotos zeigen, wurde jedoch mit dem Fortgang des Krieges das Dräger-Atemgerät immer beliebter, vermutlich wegen seiner Vielseitigkeit. Der Tauchretter konnte benutzt werden, um aus einem getauchten Boot zu entkommen oder um eine Notbeatmung im Bootsinneren sicherzustellen oder um als Rettungsweste zu dienen. Von den Dräger-Werken in Lübeck gefertigt (die auch die Rettungsatemgeräte für den britischen Kohlenbergbau geliefert hatten), bestand dieses Gerät aus einem großen, aufblasbaren Beutel, der um den Hals geschlungen auf der Brust getragen wurde und gewöhnlich aus orangebraunem Gummistoff hergestellt war. Im Inneren befand sich ein kleiner Zylinder, der genügend Sauerstoff enthielt, um über ein geschlossenes Kreislaufsystem durch Absorbieren des Kohlendioxyds etwa eine Stunde lang zu atmen. An der Wasseroberfläche konnte der Beutel vollständig aufgeblasen werden, wobei ihn entweder der Sauerstoff aus dem Zylinder oder das Hineinblasen von Luft über das Mundstück auffüllte. Normalerweise hatte jedes Boot genügend Tauchretter an Bord, um jeden Mann aus der Besatzung damit auszustatten.

Zusätzlich zu den Tauchrettern führten die U-Boote einen Vorrat an so genannten »Kalipatronen« mit, um bei län-

Links: Matrose Otto Giese von *U 405* im Sommer 1942 in der blauen Marineuniform mit blauem Hemd beim Ausgang, auf dem linken Oberarm das Abzeichen der Bootsmannslaufbahn. Auf der linken Brustseite befindet sich unter dem ovalen *U-Boots-Kriegsabzeichen* das seltene runde *Abzeichen für Blockadebrecher.* Giese war auf dem Blockadebrecher ANNELIESE ESSBERGER Handelsschiffsoffizier gewesen und musste, als er am 22. Dezember 1941 in die U-Bootwaffe eintrat, wieder ganz unten anfangen. Nach einer kurzen Zeit auf *U 405* wurde er auf *U 181* Offizier für eine Feindfahrt in den Fernen Osten. Dort erwies sich seine Handelsschiffserfahrung von großem Wert.

Rechts: Matrose Wolfgang Hirschfeld kurze Zeit nach seinem Eintritt in die Marine. Das Binden des seidenen Halstuches unter dem Hemdkragen zum Knoten erforderte beträchtliches Geschick und viele Landgänge wurden im letzten Augenblick zunichte, weil die diensthabenden Unteroffiziere Seeleute mit schludrig gebundenen Knoten nicht passieren ließen. Der blaue Streifen auf dem quer liegenden Teil des Knotens musste aus Sicht des Trägers von rechts oben nach links unten verlaufen. Um sich zu unterscheiden, banden die Seeleute der Marinestation der Ostsee ihre Knoten vorschriftswidrig von links oben nach rechts unten.

gerem Tauchen die verbrauchte Atemluft zu reinigen. Hierzu war das Mundstück des Atemschlauchs mit einem Kasten von 1 kg Gewicht verbunden, der eine Chemikalie zum Absorbieren des CO_2 enthielt. Wenn auch ziemlich wirksam, waren die heiß werdenden Kästen und die Federspange zum Zuklemmen der Nase sehr lästig und hinderlich. Als in späteren Jahren längeres Tauchen zur Regel wurde, erhielten die Boote ein eingebautes Gerät mit einem ähnlich arbeitenden Luftreinigungssystem.

Auch Doppelgläser (Ferngläser) befanden sich nur in geringer Anzahl an Bord. Der Kommandant, die Wachoffiziere und der Obersteuermann hatten gewöhnlich ihr eigenes Glas, während die Ausgucks der jeweiligen Wache die an Bord ausgegebenen Gläser bekamen. Deutsche Ferngläser besaßen keine Spezialfilter; hierin unterschieden sie sich von den britischen und amerikanischen. Stattdessen führten die U-Boote für die verschiedenen klimatischen Bedingungen eine Anzahl Schutzbrillen mit. (Obwohl die Auffassung bestanden hat, dass Brillenträger gegen Ende des Krieges zum Dienst in der U-Bootwaffe angenommen wurden, scheint dies nicht zu stimmen. Kürzliche Nachforschungen hatten nur den Sonderfall eines Ingenieuroffiziers als Brillenträger ergeben. Die auf den Fotos von Männern auf den Türmen von U-Booten getragenen Brillen hatten sich als Schutzbrillen herausgestellt.) Es gab auch besondere, für Doppelgläser entworfene Okulare zum Einsetzen. Diese hatten den Vorteil, dass die Lichtstärke über Systeme, die das Licht im Inneren des Doppelglases filterten, nahezu dieselbe blieb, wenn das Fernglas von den Augen zum Reinigen abgesetzt wurde – etwas, das verhältnismäßig oft geschehen musste. Der britische Marinenachrichtendienst hatte ausgerechnet, dass ein Ausguck während seiner vierstündigen Wache insgesamt 30 Minuten mit dem Auswischen der Gläser verbrachte.

U-Boots-Kriegsabzeichen und U-Boots-Frontspange

Nur zwei offizielle Auszeichnungen gab es ausschließlich für die U-Bootwaffe: Das berühmte ovale *U-Boots-Kriegsabzeichen* und die 1944 eingeführte *U-Boots-Frontspange.**

Siehe dazu *Kurt-G. Klietmann: Auszeichnungen des Deutschen Reiches 1936-1945.* Motorbuch Verlag, Stuttgart 1996 (8. Auflage, Seite 125 ff) oder bei *Mallmann-Showell: Kriegsmarine 1939-1945. Organisation – Strukturen – Einsatz.* Motorbuch Verlag, Stuttgart 2000 (Seite 254 ff).

Ersteres war ursprünglich auf Befehl von Kaiser Wilhelm II. während des Ersten Weltkrieges geschaffen worden. Am 13. Oktober 1939 wurde das Kriegsabzeichen erneut eingeführt – an dem Tag, an dem *U 47* (Kptlt. Günther Prien) auf dem Grund der Nordsee lag und auf die Dunkelheit wartete, um in Scapa Flow einzudringen, den Flottenankerplatz der Royal Navy. Mit seinem Entwurf folgte Paul Casberg dem Kriegsabzeichen des Ersten Weltkrieges. Er wechselte lediglich die Kaiserkrone am Lorbeerkranz gegen den Adler mit Hakenkreuz aus und wählte als Motiv ein moderner aussehendes U-Boot. Die ersten Exemplare – verschiedenartig aus feuervergoldeter Bronze, Messing, Neusilber und Tombak durch die Fa. Schwerin & Sohn in Berlin hergestellt – wurden gegen Mitte November ausgeliefert. Da der Bedarf später zunahm, waren weitere Firmen an der Fertigung der bronzenen Abzeichen beteiligt. Infolgedessen tauchte eine Vielfalt voneinander abweichender Entwürfe auf. Es gab sogar ein goldgesticktes Tuchabzeichen.

Das *U-Boots-Kriegsabzeichen* erhielten U-Bootfahrer, die an mindestens zwei Feindfahrten teilgenommen hatten. In Fällen außerordentlicher Tapferkeit oder Verwundung durch Feindeinwirkung wurde auf dieses Kriterium verzichtet. Im späteren Verlauf des Krieges führte der Oberbefehlshaber der Kriegsmarine eine – weder offiziell gestiftete noch im eigentlichen Sinne verliehene – besondere Ausführung aus vergoldetem Silber mit neun kleinen Diamanten besetzt ein, bestimmt für U-Bootkommandanten, die bereits das Eichenlaub zum Ritterkreuz des Eisernen Kreuzes erhalten hatten und eine weitere Auszeichnung verdienten. Diese Version wurde nur 29mal verliehen, darunter an Dönitz in seiner Eigenschaft als BdU.

Die *U-Boots-Frontspange* in Bronze stiftete GAdm. Dönitz am 15. Mai 1944 für U-Bootfahrer ein, die die Verleihungsbedingungen für das U-Boots-Kriegsabzeichen mehrfach übererfüllt hatten. Eine Empfehlung durch den Flottillenchef ausgenommen, gab es für die Verleihung der Frontspange keine besonderen Bedingungen; sie musste von GAdm. Dönitz persönlich genehmigt werden. Die Verleihung der ursprünglichen Frontspange aus Bronze erfolgte immer öfter, so dass am 24. November 1944 eine Version in Silber hinzu kam.

Sowohl das Kriegsabzeichen wie auch die Frontspange wurden auf der linken Brustseite getragen: Das erstere unterhalb des Trageortes für das EK I und die letztere oberhalb davon auf gleicher Höhe mit dem Hoheitsadler. (Noch eine dritte speziell auf U-Boote bezogene Auszeichnung könnte angeführt werden: Das *Werftleistungsabzeichen.* Eine kleine Anstecknadel zeigte ein U-Boot in einem Zahnrad mit dem Hoheitsadler darüber. Das Abzeichen sollten zivile Werftarbeiter und -angestellte erhalten, die mit dem Bau, der Instandhaltung, der Reparatur oder der Ausrüstung von Kriegsschiffen befasst waren, wobei es keine Rolle spielte, ob es sich um U-Boote oder Überwasserschiffe handelte. Da das Abzeichen jedoch erst Ende 1944 eingeführt wurde, arbeitete der Großteil des Personals der Werften an U-Booten, da es nur noch wenige Überwasserschiffe gab.)

Das Eiserne Kreuz

Obwohl die verschiedenen Klassen und Stufen dieses Ordens an alle Wehrmachtsangehörigen verliehen werden konnten, ist es trotzdem angebracht, sie an dieser Stelle zu behandeln, da viele Kommandanten und Besatzungsangehörige von U-Booten diese Tapferkeitsauszeichnungen erhielten. Als im September 1939 die Erneuerung des Eisernen Kreuzes erfolgte, wurde der Orden in drei Klassen geschaffen:

- Eisernes Kreuz II. Klasse (EK II),
- Eisernes Kreuz I. Klasse (EK I),
- Ritterkreuz des Eisernen Kreuzes.

Zum Letzteren kamen später vier Stufen hinzu: 1940 das Eichenlaub, 1941 die Schwerter und später die Brillanten sowie Ende 1944 das Goldene Eichenlaub zum Ritterkreuz. (Letzteres wurde nur einmal an den Luftwaffenoberst Rudel verliehen. Gleiches galt für das an Hermann Göring verliehene Großkreuz, das als Kampfauszeichnung irrelevant ist.)

Der Maat Hans Kalo von *U 145* trägt die ausgeprägteren Tressen eines Unteroffiziers ohne Portepee, wie sie im Dezember 1939 eingeführt wurden: Goldfarben und neben der bisherigen einzelnen Tresse auf den kornblumenblauen Kragenpatten die neue Kragentresse. Unter dem Überzieher ist der untergeschlagene Hemdkragen zu sehen.

Links: U 35 (Kptlt. Werner Lott) zur Zeit des Spanischen Bürgerkrieges unterwegs nach Spanien. An der Vorderseite des Turms wie auch auf dem Vorschiff sind die aufgemalten schwarz-weiß-roten Nationalfarben als Erkennungszeichen der Internationalen Seekontrolle der NIC zu erkennen. Der Hoheitsadler ist vermutlich gold- oder gelbfarben und schwarz abgesetzt. Die Seeleute scheinen das einreihige Drillich-Jackett mit vier Knöpfen des braunen Arbeitszeugs der Vorkriegszeit, Lederhosen und dunkelblaue Unterjacken mit Umlegekragen zu tragen. Beachte, dass die flache Mannschaftsmütze (hier mit weißem Bezug) alle Mannschaftsdienstgrade trugen.

Gegenüber oben links: Ein Offizier und ein Portepee-Unteroffizier im Kleinen Dienstanzug mit dem Dolch am Dolchstander des Unterschnallkoppels (unter dem Jackett). KKpt. Rolf-Heinrich Hopmann von *U 405* zeichnet einen seiner Wachoffiziere mit dem EK II aus. Die Offiziere waren an den Ärmelstreifen auf beiden Unterarmen und dem darüber angebrachten Laufbahnabzeichen sowie am gezackten Streifen oder der Eichenlaubranke in Goldstickerei auf dem Mützenschirm zu erkennen. Der PUO in der Mitte trägt Schulterklappen, die seinen Rang ausweisen, und sein Mützenschirm ist ohne Stickerei (das an seinem Dolch angebrachte Portepee ist aus Mattsilber). Auf seiner linken Brustseite befindet sich unter dem U-Boot-Kriegsabzeichen das für Minensuch- und U-Jagdverbände, seine vorherige Tätigkeit anzeigend.

Gegenüber oben rechts: Oberleutnant zur See Helmut Kandzior im Dienstanzug. Die Schärpe, ein Leibgurt aus gewebter Silbertresse mit rundem Schloss, wurde nur bei bestimmten Anlässen getragen, wie hier bei der Indienststellung von *U 743* am 15. Mai 1943. Zwei goldene Ärmelstreifen markieren seinen Dienstrang und der Stern als Laufbahnabzeichen darüber kennzeichnet ihn als Seeoffizier. An Auszeichnungen hat er das EK II (Band im Knopfloch) sowie auf der linken Brustseite das EK I, das U-Boot- und das Minensuch-Kriegsabzeichen.

Links: Großadmiral Dönitz trägt hier anlässlich der Musterung von U-Bootmännern den bei kalter Witterung üblichen langen Tuchmantel, der von Offizieren und Portepee-Unteroffizieren außer Trägern von Halsorden im Dienst bis oben geschlossen sein musste. Admirale trugen die innen mit kornblumenblauem Tuch besetzten Brustklappen ausgeschlagen, d.h. die obersten drei Knöpfe geöffnet. Zum Mantel gehörten der Dolch in untergeschnallter Trageweise sowie statt der Ärmelstreifen als Dienstgradabzeichen Schulterstücke.
Der zweite Offizier von rechts scheint ObltzS.v.d.Esch (*U 863*) zu sein. Nach der Ausbildung zum Marineoffizier ging er zu den Seefliegern, wurde Flugzeugführer und flog zu Kriegsbeginn bei der Luftwaffe – daher die Frontspange für Aufklärungs- und Seenotrettungsflieger über der linken Brusttasche und das Flugzeugführerabzeichen neben dem EK I. Ganz links ist KptzS. Hans-Rudolf Rösing (F. d. U. West) und rechts von Dönitz KKpt. Ernst Kals (Chef der 2. U-Flottille) zu erkennen.

Jede höhere Klasse bzw. Stufe konnte nur nach der Auszeichnung mit der vorhergehenden verliehen werden.

Daneben gab es noch für Verdienste hinter der Front das Kriegsverdienstkreuz (KVK I, KVK II) sowie das Ritterkreuz zum KVK, ebenfalls mit Schwertern (z.B. Adm. v. Friedeburg am 17.1.1945 als Kommandierender Admiral der U-Boote). Im allgemeinen bezieht sich jedoch der Ausdruck »Ritterkreuz« auf das zum Eisernen Kreuz.

Über 2,3 Millionen Eiserne Kreuze II. Klasse, aber nur etwa 300.000 der I. Klasse wurden im Verlaufe des Zweiten Weltkrieges verliehen. Dies lässt einen deutlichen Unterschied zwischen den beiden Auszeichnungen erkennen. Obwohl manchmal gesagt worden ist, die EKs wären gegen Ende des Krieges wie die Verpflegung ausgegeben worden, kam die Verleihung des Ritterkreuzes weitaus seltener in Betracht. Von den rund 7200 Verleihungen im Zweiten Weltkrieg gingen nur 318 an Marineangehörige. Unter ihnen befanden sich 145 Ritterkreuzträger der U-Bootwaffe. Daher stellte das Ritterkreuz tatsächlich eine Auszeichnung für herausragende Tapferkeit oder Leistung dar.

Obwohl ursprünglich nur als Auszeichnung für Kommandanten ins Auge gefasst, überzeugten die Umstände das OKM später, das Ritterkreuz auch an niedrigere Ränge zu verleihen. Der erste, der es auf diese Weise für hervorragende Leistungen erhielt, war am 21. Oktober 1940 Oblt.(Ing.) Gerd Suhren (der LI von *U 37* unter Kptlt. Victor Oehrn). Nur kurze Zeit später wurde am 3. November sein Bruder, der ObltzS. Reinhard Suhren (besser unter dem Spitznamen »Teddy« bekannt), als Erster Wachoffizier von *U 48* ebenfalls mit dem Ritterkreuz ausgezeichnet. Dies geschah, nachdem sein Kommandant, Kptlt. »Ajax« Bleichrodt, bei der U-Bootführung beträchtlichen Wirbel veranstaltet hatte.

Nach einem Funkspruch von Dönitz, der Bleichrodt informierte, dass *U 48* ein Ritterkreuz zu erwarten hätte, frug dieser zurück: »Wer bekommt das Ritterkreuz?« Der B.d.U. mit seiner üblichen Ungeduld bei offensichtlich dummen Fragen antwortete: »Ritterkreuze werden nur an Kommandanten verliehen.« Als das Boot später in den Stützpunkt eingelaufen war, ging die Auseinandersetzung mündlich weiter. Bleichrodt wies darauf hin, dass Suhren mehr Schiffe als irgendein anderer versenkt hätte, und bestand darauf, dass er ebenfalls mit dem Ritterkreuz ausgezeichnet werden sollte. Dönitz ging darüber hinweg, rief aber einen Tag später Bleichrodt an und forderte ihn auf, ein schriftliches Gesuch vorzulegen. Infolgedessen erhielt »Teddy« Suhren als erster Wachoffizier das Ritterkreuz. (In diesem Zusammenhang ist die Anmerkung interessant, dass Gerd Suhren der erste von 14 Ingenieuroffizieren war, der diese Auszeichnung bekam. Doch nur ein weiterer Wachoffizier wurde mit dem Ritterkreuz ausgezeichnet. Dies war ObltzS. Johann Limbach von *U 181* unter KptzS. Kurt Freiwald, der die Auszeichnung am 6. Februar 1945 in Penang/Malaya erhielt.)

Während des gesamten Krieges bekamen nur sieben Portepee-Unteroffiziere der U-Bootwaffe das Ritterkreuz; von ihnen war Stabsobersteuermann Heinrich Petersen von *U 99* (Kptlt. Otto Kretschmer) der erste und Obersteuermann Karl Jäckel (*U 29, U 160* und *U 907*) der letzte. Er wurde am 28. Mai 1945 ausgezeichnet – Tage später, nachdem Dönitz und seine Regierung bereits verhaftet worden waren. Trotz dieser Tatsache wurde am 8. Juni 1945 noch ein weiteres Ritterkreuz an Kptlt.d.R. Hans Lehmann von *U 997* verliehen.

Als weitere Stufe des Ritterkreuzes wurde ab Juni 1940 das (silberne) Eichenlaub hinzugefügt, das während des Krieges insgesamt nur 881-mal verliehen wurde. Ab Juli 1941 kamen unten an das Eichenlaub zwei silberne gekreuzte Schwerter hinzu, die lediglich 159mal an Wehrmachtsangehörige vergeben wurden, darunter nur fünfmal an Marineoffiziere. Einen Monat später führte Hitler das Ritterkreuz des Eisernen Kreuzes mit Eichenlaub, Schwertern und Brillanten ein, das nur 27 Wehrmachtsoffiziere erhielten. Diese außerordentlich kostbare Auszeichnung erhielten in der Marine nur zwei Offiziere: 1943 KKpt. Wolfgang Lüth von *U 181* und 1944 KKpt. Albrecht Brandi von *U 967*. Neben diesen beiden Offizieren wurden mit den »Schwertern« noch KKpt. Otto Kretschmer (*U 99*), KKpt. Erich Topp (*U 552*) und Kptlt. »Teddy« Suhren ausgezeichnet.

Ritterkreuze wurden für herausragende Tapferkeit oder Leistungen und nie durch Günstlingswirtschaft verliehen, wenn auch ein paar Angehörige der U-Bootwaffe behaupteten, sie wären auch für weit überschätzte Angaben an versenkter Tonnage vergeben worden. Der Schwiegersohn von Dönitz erhielt zunächst kein Ritterkreuz, obwohl er in Frage gekommen wäre. GAdm. Erich Raeder musste erst als Ob.d.M. ein kurzes Schreiben mit folgendem Inhalt an Dönitz richten: »Wenn der Befehlshaber der U-Boote Kptlt. Heßler nicht für das Ritterkreuz vorschlägt, dann werde ich dies persönlich tun.« Dönitz' Entschiedenheit, die Angehörigen seiner Familie und enge Freunde nicht zu begünstigen, ging so weit, dass er seinem Sohn Peter gestattete, als Wachoffizier auf *U 954* (Kptlt. Odo Loewe) zu fahren, trotzdem er unter den Folgen einer ernsten Verwundung litt. Sie hätte ausgereicht, um jeden anderen als kriegsdienstuntauglich zu entlassen.

Oben: ObltzS. Heinz Nagel, I.W.O. auf *U 586*, trägt eine vom Seewasser mitgenommene Schirmmütze und einen Überzieher. Bei den Offizieren zierten den Mützenschirm in Goldstickerei: bei Subalternoffizieren (bis Kptlt.) ein innen stumpf (rund) gezackter Streifen, bei Stabsoffizieren (KKpt. - KptzS.) eine Eichenlaubranke und bei Admiralen einschl. Kommodore* eine doppelte Eichenlaubranke. Die auf vielen Fotos von U-Bootfahrern zu sehenden karierten Hemden sind häufig als privat gekaufte Zivilkleidung bezeichnet worden, wurden aber tatsächlich für das Tragen in See offiziell ausgegeben. Zur Zeit der Besetzung Dänemarks und Norwegens im April 1940 begannen sie in großer Zahl aufzutauchen. In See bedeutete Wasserknappheit an Bord, dass sich fast alle U-Bootfahrer auf Feindfahrt einen Bart wachsen ließen.

Oben rechts: Obersteuermann Willi Kronenbitter von *U 48* hat eine Sonnenbrille auf, eines der vielen Modelle, entworfen, um bei verschiedenen Wetterbedingungen das Fernglas zu benutzen. Außerdem trägt er einen Überzieher. Sein Dienstgrad und seine Laufbahn sind an den blauen Schulterklappen für Unteroffiziere mit Portepee zu erkennen, ringsum mit goldener Tresse besetzt.

Rechts: Johann »Hannes« Limbach, ObltzS. und I.W.O. auf *U 181*, einer der beiden Wachoffiziere, die das Ritterkreuz des Eisernen Kreuzes erhielten. Der aus dem Mannschaftsstand aufgestiegene Kriegsoffizier scheint den Schirm seiner Mütze mit einem selbst verfertigten Streifen versehen zu haben – sich mit Bordmitteln zu behelfen, war in See nicht ungewöhnlich.

*Kommodore war in der deutschen Marine eine Dienststellung und kein Dienstgrad, daher »KptzS. und Kommodore«.

Links: Drei Portepee-Unteroffiziere der Marine und als Besucher ein Feldwebel der Luftwaffe aus einer in See geretteten Flugzeugbesatzung im Sommer 1942 an Bord von *U 405* in Norwegen. Die U-Bootmänner haben sich im Hafen herausgeputzt: Dienstlich geliefertes weißes Oberhemd mit schwarzem Langbinder unter einer kurzen Bluse mit langen Hosen aus graugrünem Drillich, dem sog. *U-Bootpäckchen*, das bereits vor dem Kriege eingeführt worden war.

Unten: KKpt. Rolf-Heinrich Hopmann erstattet Generaladmiral Rolf Carls, dem Befehlshaber des Marinegruppenkommandos Nord, an Bord von *U 405* Meldung, zurückgekehrt nach dem Einsatz gegen den Russland-Geleitzug PQ 18 im September 1942 im Nordmeer. Das U-Boot-Päckchen wurde von allen Dienstgraden getragen. Nach Kriegsausbruch wurde es bei den U-Bootkommandanten Brauch, dass sie an Bord allein eine Schirmmütze mit weißem Oberteil trugen, obwohl dies einige Kommandanten ablehnten.

Rechts: An Bord von *U 181*. Angehörige der Besatzung mit Bordmütze, auch »Schiffchen« oder »Käppi« genannt, und der zweireihigen grauen Lederjacke des seemännischen Personals mit dem breiten Umlegekragen, um den Hals ein Frotteehandtuch gegen die Nässe geschlungen. Die fast knielange Jacke war sehr beliebt und wurde von Offizieren bisweilen auch an Land getragen. Jacke und Hose waren aus grauem Leder und hatten durchgehend ein graues bis schwarzes Wollfutter. Das Leder war imprägniert, um es mehr oder weniger wasserundurchlässig zu machen.

Links: Maschinenpersonal gegen den Turm eines Bootes der 7. U-Flottille (KKpt. Sohler) im Herbst 1940 in St. Nazaire gelehnt. Sie sind vermutlich gerade mit dem Eisernen Kreuz II. Klasse ausgezeichnet worden; denn am Tage der Verleihung – oder zur Paradeuniform (große Ordensschnalle) – war es üblich, das Kreuz am Band zu tragen. Ansonsten war das EK II nur am Band im Knopfloch zu erkennen. Die normal langen, einreihigen Jacken mit niedrigem Stehkragen und die langen Hosen der Lederbekleidung identifizieren sie als Angehörige des Maschinenpersonals ihrer Besatzung. Unter den Jacken trugen sie die dunkelblaue, wollene Unterjacke, die einen Brustschlitz mit drei Knöpfen und einen angestrickten Umlegekragen hatte.

Links: Bootsmannsmaat Eduard Maureschat von *U 109* in winterlicher Kleidung. Er hat eine lederne Pelzmütze auf, wie sie in den Polarregionen üblich war. An Bord von Frontbooten auf Feindfahrt konnte eine breite Vielfalt an praktischen Kopfbedeckungen beobachtet werden.

Unten links: Ein einteiliger, gefütterter Lederoverall mit Umlegekragen, wie ihn Geschützbedienungen der Artillerie und Flak sowie Torpedopersonal an Bord von Überwasserschiffen trugen, ist hier bei einem Ausguck mit Pelzmütze an Bord von *U 405* auf der Suche nach Geleitzügen in nördlichen Gewässern zu sehen. Man beachte die Reichskriegsflagge an der Achterkante des »Wintergartens«, der Fla-Geschützplattform.

Unten: U 181 (FK Freiwald) Ende 1943 auf Feindfahrt in den Fernen Osten. Beachte die doppelte Passe der Lederjacke des Seemanns und den eingenähten Halbgürtel auf dem Rückenteil. Auf U-Booten waren verschiedenartige Doppelgläser in Gebrauch. Dies hier weist einen dicken Gummischutz gegen Beschädigungen auf. Es handelt sich um das *U-Bootglas 7 x 50*, das die Firma Zeiss in Jena im Hinblick auf für die speziellen Anforderungen der U-Bootwaffe (besondere Stabilität und Wasserdichtigkeit) entwickelte. Für Kommandanten wurde ab 1943 das so genannte *Kommandantenglas 8 x 60* gebaut.

Oben: Zwei Seeleute an Bord von *U 405* während eines kurzen Aufenthalts auf dem »Wintergarten«, um frische Luft zu schnappen und einen seltenen Zug aus der Zigarette zu nehmen. Auf dem Kopf tragen sie die blaue Wollmütze, die sog. »Pudelmütze«, gestrickt aus dicker, dunkelblauer Wolle.

Oben rechts: Ausgucks auf dem Turm in See. Zwischen dem Sehrohrblock und der Turmwand sind die Sicherheitssperren eingeklinkt; denn offensichtlich ist die Witterung noch nicht so rau, um das vollständige Sicherheitsgeschirr anzulegen. Die Ausgucks tragen als Schlechtwetterkleidung die so genannte Version *Kleiner Seehund,* bestehend aus dem *Ölzeug* in Form von Hose, Jacke und »Südwester«. Wird statt des Letzteren der Umhang übergestülpt – eine Kapuze aus gummiertem Stoff, die weit über die Schultern reichte und Ärmelschlitze aufweisen konnte –, dann lautete diese Ausführung *Großer Seehund.*

Rechts: Die durchnässte Seewache an Bord eines Atlantikbootes im Winter 1942/43. Der Maat trägt zu seiner grauen Lederjacke jedoch von der schwarzen Regenschutzkleidung aus gummiertem Stoff, dem *Ölzeug,* lediglich Hose und Hut, den sog. *Südwester.* Am Kragen seiner Lederjacke sind winkelförmige Ecken aus Metall aufgenäht, um die Kragentresse eines Unteroffiziers zu simulieren. Auf Leder aufgenäht, war dies ungewöhnlich, konnte aber oft – aus verschiedenartigem Material improvisiert – bei Arbeitsoveralls beobachtet werden.

Nächste Seite, oben: Kptlt. Carl Emmermann von *U 172* trägt einen nicht aufgeblasenen Tauchretter als Rettungsweste, obwohl das Atemgerät in erster Linie für das Entkommen aus gesunkenen U-Booten bestimmt war. Der schwarze Griff des Sauerstoffzylinders im Inneren des Gummibeutels ist im Bild rechts vom Fernglas deutlich zu erkennen. Hiermit konnte der Beutel aufgeblasen werden. Falls ein U-Bootmann über Bord ging und auf das Boot wartete, um ihn beim *Mann über Bord*-Manöver zu retten, sollte der Mann das Mundstück benutzen, um die Schwimmweste aufzublasen. Über dem Ritterkreuz ist vom Hemdkragen halb verdeckt das Eichenlaub zu sehen, mit dem Emmermann am 4. Juli 1943 ausgezeichnet worden war.

Rechts: Vermutlich ist dies *U 103* im Juli 1941 beim Einlaufen, nachdem auf dem Boot in See ein FT eingegangen war, dass KKpt. Victor Schütze das Eichenlaub zum Ritterkreuz erhalten hatte. Beachte am Turm die Zeichnung eines von Eichenlaub umgebenen Kreuzes mit der (unrichtigen) Gesamttonnage an versenkten Schiffen darüber, die auch die Siegeswimpel am ausgefahrenen Sehrohr symbolisieren. Die Männer an Oberdeck tragen keine Tauchretter mit einem Beutel, sondern Schwimmwesten mit zwei getrennten Beuteln, vorn miteinander verbunden, wie sie bei Jagdfliegern der Luftwaffe in Gebrauch waren. Die meisten Kommandanten bestanden darauf, dass die Männer Schwimmwesten zu tragen hatten, wenn sie an Oberdeck kamen, solange das Boot unterwegs war. Schützes Nachfolger auf *U 103*, Kptlt. Werner (»Reddel«) Winter, erhielt ebenfalls das Ritterkreuz. Bei Kriegsende diente das Boot als Notstromaggregat vor Hamburg-Finkenwerder am Südufer der Elbe.

Oben links: ObltzS. Otto Giese von *U 181* im U-Bootstützpunkt Penang, Malaya, im kurzärmeligen Kakihemd der Tropenuniform. Beachte die vergoldete Ansteckversion des Hoheitsadlers auf seiner rechten Brustseite. Auszeichnungen bzw. Kriegsabzeichen sind ebenfalls zu sehen, aber keine Dienstgradabzeichen. Zu dieser Uniform gehörten ferner die kurze Kakihose, kurze Socken, braune Segeltuchschuhe und schwarze Decksschuhe aus Gummi. Bisweilen war auch eine Marineversion der kakifarbenen Feldmütze (mit Schirm) des Afrika-Korps festzustellen. Teile dieser Uniform wurden auch in den tropischen Zonen des Südatlantik getragen.

Links: FKpt. Kurt Freiwald zeichnet den Funkmaat Michalski mit dem EK I aus. Er trägt die weiße Version der Bordmütze mit dem leuchtenden, kornblumenblauen Hoheitsabzeichen. Auf der rechten Brustseite befindet sich auf dem Kakihemd ein Hoheitsadler in gelber Stickerei auf einem dreieckigen Untergrund.

Oben: Ganz oben ein feuervergoldetes *U-Boots-Kriegsabzeichen* in Bronze. Der Entwurf, vom Maler und Grafiker Paul Casberg überarbeitet, ist dem *U-Boots-Kriegsabzeichens* des 1. Weltkriegs nachempfunden. In See fertigten U-Bootmänner oft Abzeichen mit Bordmitteln an, wenn über Funk eine Verleihung an Bordkameraden durchkam. Die in der Mitte abgebildete schwere Kopie eines *U-Boots-Kriegsabzeichens* schuf der Vater des Verfassers an Bord von *U 377* (vgl. S. 61), als über Funk die Nachricht kam, dass dem Kommandanten das Abzeichen nach Rückkehr des Bootes verliehen werden sollte. Kptlt. Otto Köhler bewahrte später das Abzeichen in seinem an Bord hergestellten Holzkästchen zu Hause in Dresden auf. Als er nach den schweren Luftangriffen auf die Stadt im Februar 1945 heimkam, fand er seine Wohnung zerstört und seine Tochter tot vor. Obwohl das Kästchen bis zur Unkenntlichkeit verkohlt und die angelötete Anstecknadel geschmolzen war, hatte das Abzeichen selbst überdauert.
Unten eine *U-Boots-Frontspange* in Bronze; geschaffen nach einem Entwurf des Berliner Malers und Grafikers Ernst Peekhaus.

Die inoffiziellen Bootsabzeichen

Die deutsche U-Bootwaffe brachte während des Zweiten Weltkrieges eine große Anzahl inoffizieller Bootsabzeichen hervor. Sie schmückten weitgehend die Seiten oder die Vorderseite der Kommandotürme. Begonnen hatte dies als eine reine Modetorheit – vermutlich 1939 –, aber es ist jetzt kaum mehr möglich zu ermitteln, welches Bootsabzeichen das erste gewesen war. Es gibt Fotos als Beweis, die das Einlaufen von *U 48* nach seiner ersten Feindfahrt zeigen. Auf dem Kommandoturm waren die versenkte Tonnage und wahrscheinlich auch der berühmte schwarze Kater aufgemalt. Es ist jedoch auch möglich, dass zu diesem Zeitpunkt Georg Högel den Kommandoturm von *U 30* bereits mit der Zeichnung eines Hundes versehen hatte. Obwohl die mit Abzeichen verzierten Boote von der U-Bootführung toleriert wurden, gab es Anweisungen, wonach Kennzeichnungen, die ein Identifizieren in See zuließen, nicht zu führen waren. Dieser Befehl scheint jedoch in späteren Jahren weitgehend ignoriert worden zu sein. Einige Boote führten mehrere verschiedene Abzeichen; dies ist für den Historiker nützlich, um alte Fotos identifizieren und datieren zu können.

Die U-Bootfahrer brachten auch eine große Vielfalt inoffizieller Abzeichen hervor, die hauptsächlich an den Mützen getragen wurden. Die meisten glichen den am Kommandoturm aufgemalten Emblemen und die Qualität ihrer Ausführung variierte von einfachen, an Bord gefertigten Exemplaren bis hin zu speziell in Auftrag gegebenen Kunstwerken.

Links: **Ein japanischer Rundfunkreporter in Europa interviewt KKpt. Manhardt v. Manstein, der später beim Angriff auf den Geleitzug HX 237 fiel. Der Blumenstrauß in seiner Hand lässt erkennen, dass er mit seinem Boot gerade von Feindfahrt zurückgekehrt ist. An der Seite seiner Mütze trägt er das inoffizielle Bootsabzeichen von *U 753*, einen Totenkopf. Beachte den Sonderführer in blauer Marineuniform in der Bildmitte. Er ist an den goldfarbenen unklaren Ankern auf beiden Kragenecken des Jacketts kenntlich. Vermutlich handelt es sich um einen Lt.(S) als PK-Berichter (Propaganda-Kriegsberichterstatter).**

Oben: **Die Kombination der beiden Bootsabzeichen – Edelweiß und Frosch – am Kommandoturm zeigen an, dass es sich hier um *U 124* handelt, das unter den erfolgreichsten Booten an vierter Stelle rangierte. Der vor dem ausgefahrenen Sehrohr im Turm stehende Offizier scheint Kptlt. Georg-Wilhelm Schulz zu sein, der erste Kommandant des Bootes. Vermutlich bringt er *U 124* im Winter 1940 in den westfranzösischen Hafen von Lorient hinein, den Stützpunkt der 2. U-Flottille. Der Flaggenstock für den Kommandantenwimpel, im Bild rechts vom Sehrohr, hätte entfernt werden können, da er nicht gebraucht wird.**

Die Motive und ihre Herkunft sind so verschieden wie die Entwürfe selbst; sie lassen sich bei manchen ohne detaillierte Kenntnis der Bootsgeschichte kaum feststellen. Zum Beispiel: Nach dem Untergang von *U 64* (Kptlt. Wilhelm Schulz) während des Norwegenfeldzuges retteten Gebirgsjäger des Heeres mit dem berühmten Edelweiß-Abzeichen an ihren Bergmützen die Überlebenden. Der Großteil der geretteten Besatzung blieb zusammen und übernahm mit *U 124* ein neues Boot. Zu seiner Indienststellung lud die Besatzung ihre Retter ein und malte das alpine Emblem auf den Kommandoturm. Bei *U 99* (Kptlt. Otto Kretschmer) tummelten sich Hufeisen auf dem Kommandoturm, weil sich eines Tages zwei von ihnen in der Ankerkette verheddert hatten, als das Boot in Kiel den Anker lichtete. Auch das

Rechts: *U 567* erhält am Turm den schnaubenden »Stier von Scapa Flow« als Abzeichen. Das Boot führte zunächst Kptlt. Theodor Fahr, dem später Kptlt. Engelbert Endraß (im Bild oben) nachfolgte, der auf Priens *U 47* bei dessen berühmtem Eindringen in Scapa Flow I.W.O. gewesen war. Danach hatten alle Boote der 7. U-Flottille in St. Nazaire das Emblem von *U 47* übernommen. Ein derart kompliziertes Kunstwerk hinzubekommen, ist nicht gerade einfach. Daher findet eine Schablone Verwendung.

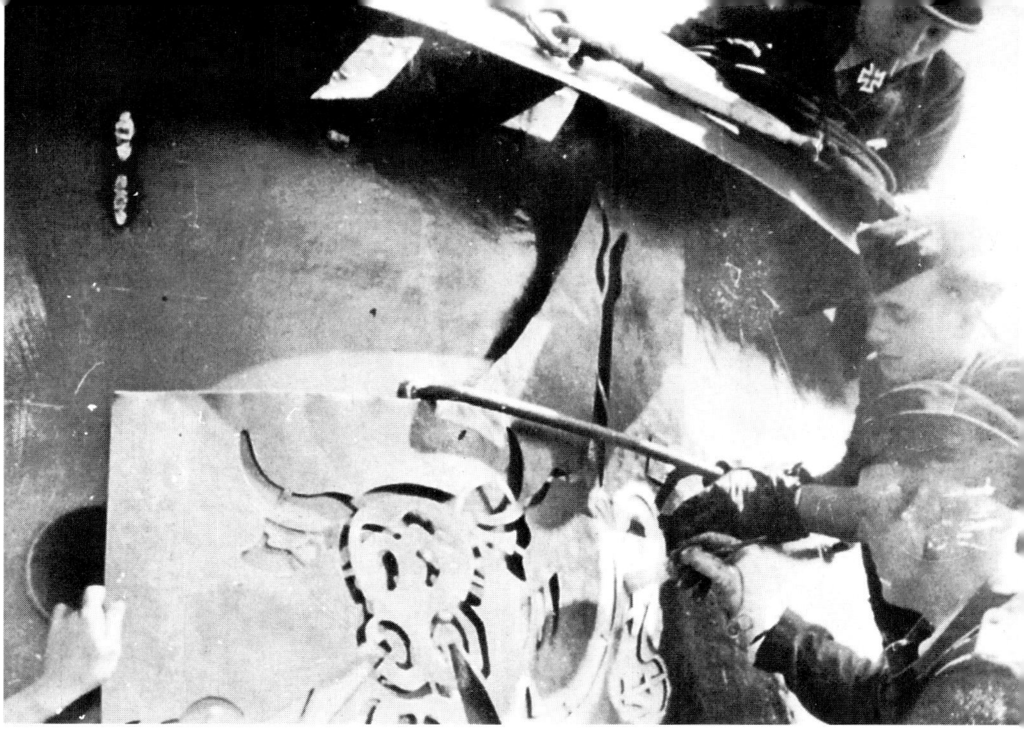

Unten: Der weiße Stier, wie er die Kommandotürme aller Boote der 7. U-Flottille zierte.

Emblem von *U 69* (Kptlt. Jost Metzler) hatte eine ungewöhnliche Herkunft. Als das Boot zur 7. U-Flottille in St. Nazaire stieß, befahl sein Kommandant, den Kommandoturm mit dem Emblem der Flottille zu versehen. Dies war der »Stier von Scapa Flow« von *U 47* (Kptlt. Günther Prien), den die Boote der gesamten Flottille übernommen hatten. Bedauerlicherweise fand sich jedoch unter der Besatzung von *U 69* kein künstlerisches Talent. Die Lösung des Problems ergab sich, indem einfach das Bild einer lachenden Kuh auf einer französischen Käsepackung kopiert wurde: Das Warenzeichen der beliebten Käsemarke »La vache qui rit«. Danach versuchten die Männer, die Kuh in einen schnaubenden Stier zu verwandeln. Der Versuch misslang gründlich. So wurde *U 69* als »Die lachende Kuh« bekannt.*

*Anm.d.Verfassers: Die in diesem Buch auf Seite 36 wiedergegebenen Zeichnungen der Bootsembleme auf den Kommandotürmen stammen entweder aus dem früheren Buch des Autors »U-Boote gegen England« (deutsche Ausgabe: Motorbuch-Verlag, Stuttgart 1974) oder wurden von Georg Högel gezeichnet, einem ehemaligen U-Bootfunker, der diesem faszinierenden Thema ein lebenslanges Studium widmete. Seine Zeichnungen hat er in seinem ausgezeichneten Werk *Embleme, Wappen und Malings deutscher U-Boote 1939-1945* (Koehlers Verlags GmbH, 3., erweiterte Auflage, Hamburg 1996 veröffentlicht.

Links: LtzS. Meyring von *U 586* in einer neuen Bluse seines *U-Boot-Päckchens,* zu der als Dienstgradabzeichen bei Offizieren Schulterstücke gehörten. An der Seite seiner Bordmütze mit goldfarbener Paspelierung ist als Bootsabzeichen eine gepanzerte Faust zu erkennen. Die Wahl fiel auf dieses Abzeichen, weil im Verlaufe eines Wasserbombenangriffs irgendjemand bemerkte, dies klänge, als ob eine eiserne Faust gegen den Bootskörper hämmere.

Unten: Das Emblem mit dem Bug eines Wikinger-Langschiffes lässt darauf schließen, dass es sich hier um *U 404* unter KKpt. Otto v. Bülow handelt, obwohl das Abzeichen später von der 6. U-Flottille in St. Nazaire übernommen wurde. Der Höcker vor dem Turm beherbergte einen Magnetkompass sowie die Einlässe für Brennstoff, Schmieröl und Frischwasser. Der Rudergänger saß in der Zentrale direkt unter dem Höcker, so dass er den beleuchteten Magnetkompass durch ein Spezialperiskop sehen konnte. In der Regel wurde jedoch nach dem beständigerem Kreiselkompass gesteuert. Der Saum an der Oberkante des Turms war der Windabweiser (das sog. *Schwalbennest*) und unterhalb in der Turmmitte befand sich der Spritzwasserabweiser. Direkt über diesem ist vorn am Turm die Zuführung ins Turminnere für eine der am vorderen Netzabweiser befestigten Funkantennen zu erkennen. Gut sichtbar ist auch das teilweise ausgefahrene Angriffssehrohr.

Rechts: Kptlt. Otto v. Bülow trägt das Abzeichen mit dem Wikinger-Bug deutlich sichtbar an der linken Seite seines Mützenbandes. Sein Bordkamerad hat neben dem Bootsabzeichen ein zweites Abzeichen an die Bordmütze geheftet, vermutlich von seinem früheren Boot.

Eine kleine Auswahl an inoffiziellen Bootsabzeichen:

A = *U 34*,
B = *U 40*: vorn am Turm,
C = *U 40*: links und rechts am Turm,
D = *U 201*: KKpt. Adalbert Schnee,
E = *U 270*: vorn am Turm,
F = *U 370*: Wappen von Karelien,
G = *U 371*: Wappen von Mönchengladbach,
H = *U 481*,
I = *U 481*: Mützenabzeichen,
J = *U 475*: Wappen von Düsseldorf,
K = *U 763*: Abzeichen von 1944,
L = *U 857*.

Die Farben der meisten Abzeichen sind nicht bekannt. Schwarz und Weiß waren vermutlich allgemein üblich, aber einige Embleme, wie die Wappen von Städten, scheinen farbig gewesen zu sein. Einflüsse von Wetter und See sorgten dafür, dass die Abzeichen von Zeit zu Zeit erneuert werden mussten. Dies wiederum führte zu manchen Variationen.

A

B

C

D

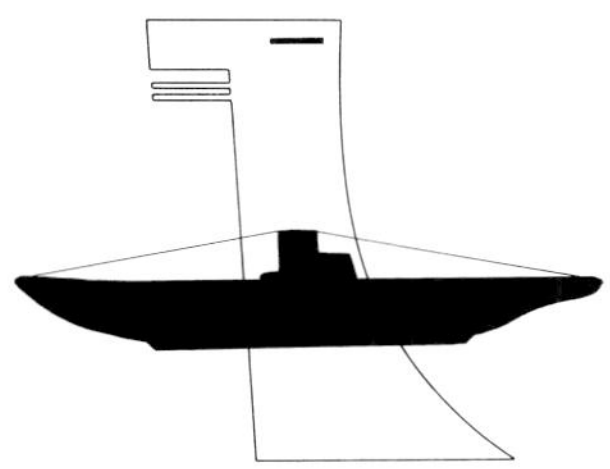
E

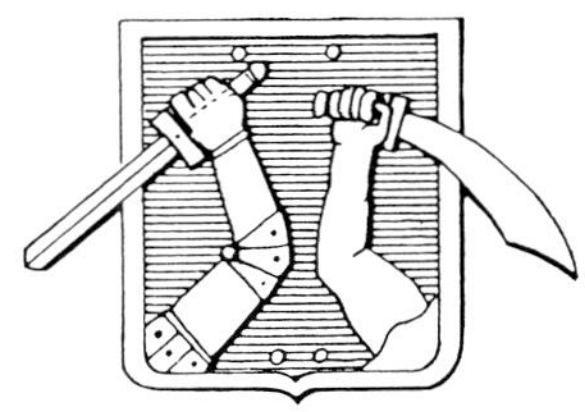
F

G

H

I

J

K

L

3. Kapitel:

Die U-Boote ziehen in den Krieg

Von der Bauwerft an die Front

Die Besatzungen für die neuen Boote wurden üblicherweise nach und nach auf der Bauwerft versammelt, wobei der Leitende Ingenieur und sein Maschinenpersonal den Anfang machten. Dort hatten die Männer Gelegenheit, einander kennen zu lernen, während sie von der Bauaufsicht und den Werftingenieuren belehrt wurden und mit dem Werftpersonal zusammenarbeiteten. Während dieser Baubelehrung begleiteten die Männer schrittweise den Baufortgang einschl. der Ausrüstung bis zur endgültigen Fertigstellung. Sie krochen in die entferntesten Ecken, während Schauer rotglühender Funken vom Schweißbrenner noch über das unfertige Gewirr von Stahl niederregneten. In der Endphase der Fertigstellung begannen dann Vorräte, Unterlagen und transportable Ausrüstungsgegen-

Nach Ausrüstung und Werfterprobung kam als letzter Schritt die Indienststellung des neuen Bootes. Im Bild *U 333* (Kptlt. Peter Erich Cremer) am 25. August 1941. Mit dem Heißen von Flagge und Wimpel wurde das Boot durch die Marine förmlich übernommen.

4. September 1941: Die Indienststellungsfeier im Bugtorpedoraum von *U 586* (Kptlt. Dietrich von der Esch). Hierzu wurden in der Regel die Vertreter der Bauwerft und gelegentlich auch Veteranen vom Vorgänger-Boot des Ersten Weltkrieges eingeladen.

stände am laufenden Band einzutreffen und die genervten Offiziere und Männer mussten damit zurechtkommen.

Nach dem Abschluss der Arbeiten wurden die neuen Boote in der Regel im Ausrüstungsbecken der Werft in Dienst gestellt. Es entsprach früher allgemeiner Praxis, dass die auf Marinewerften gebauten Schiffe und Boote ihre Probefahrten nach der Indienststellung vornahmen, während die auf Privatwerften gebauten ihre Probefahrten zuvor absolvierten. Während des Krieges galt diese Regel nicht, da die Werften nicht mehr über das erforderliche Fachpersonal verfügten. Die gründliche Erprobung verbunden mit der ersten Ausbildung der neu in Dienst gestellten U-Boote erfolgte beim U-Bootabnahmekommando (U.A.K.).

U-Boote, die auf Werften an der Ostseeküste vom Stapel liefen, brauchten nur eine verhältnismäßig kurze Strecke über die offene See zurückzulegen, um ihre Erprobungen vor Kiel, Stettin oder Danzig durchzuführen. In Hamburg oder an der Weser gebaute Boote sahen sich zunächst der Aufgabe gegenüber, nach dem Verlassen der Flussmündungen die navigatorisch schwierigen Küstengewässer und anschließend den Kaiser-Wilhelm-Kanal zu passieren, ehe sie mit ihren Erprobungsfahrten beginnen konnten. Für die gefährlicheren Abschnitte standen den Booten Fluss- und Kanallotsen zur Verfügung. Trotz der Tatsache, dass nur relativ kurze Entfernungen zurückgelegt werden mussten, dauerte es sechs bis neun Stunden, um elbeabwärts und danach durch den Kaiser-Wilhelm-Kanal zu gelangen. Eine solche Fahrt erforderte das An-Bord-Nehmen von drei verschiedenen Lotsen für einzelne Abschnitte der Strecke. Kommandanten, die das Fahrwasser kannten, brauchten keinen Lotsen mitzunehmen, obwohl viele diese zusätzliche Hilfe vorzogen. Letzteren war es lieber, die Leistungen der Besatzung und die Maschinenanlage wachsam im Auge zu behalten, statt sich auf das Führen ihrer Boote konzentrieren zu müssen.

Zu den Trimm- und Krängungsversuchen kam das Entmagnetisieren des Bootes gegen Magnetminen, das Justieren des Kreiselkompasses sowie die Geschwindigkeitserprobungen über die gemessene Meile in der Eckernförder oder Danziger Bucht. Eine weitere wichtige Station waren die Fahrgeräusch-Erprobungen mit dem getauchten Boot vor Rönne auf der Insel Bornholm. Hierbei passierte das Boot mit wechselnden Geschwindigkeiten eine Anzahl Unterwasser-Mikrofone. Mit ihnen sollte feststellt werden, ob die Fahrgeräusche leise genug waren, um einer gegnerischen Ortung zu entkommen. Auch die Erprobungen der einzelnen Waffen gehörten dazu: Torpedoschießen beim T.E.K. in Kiel, Schießübungen mit den Decks- und den Fla-Geschützen sowie das Justieren ihrer Visiereinrichtungen. In dieser Phase kehrte die Mehrzahl der Boote wieder in die Bauwerft zurück, um kleinere Reparaturen und Modifizierungen durchzuführen. Diese Erprobungszeit variierte zwischen einigen Wochen und mehreren Monaten, abhän-

Links: Ausrüsten des Bootes zur Feindfahrt. Das breite Oberdeck und das noch vorhandene 10,5-cm-Schnellfeuergeschütz lassen erkennen, dass es sich hierbei um große Boote für Fernunternehmen handelt, aufgenommen vor dem Sommer 1943. Die Männer sind offensichtlich bei der Übernahme von Torpedos und Vorräten. Die mit Leinen belegten Poller im Vordergrund werden nach dem Ablegen in der Decksverkleidung versenkt. An den Türmen hängen hufeisenförmige Rettungsringe, die ebenfalls nach dem Auslaufen im Bootsinneren verschwinden; sie sind nicht zur Dekoration da. Das Arbeiten an Oberdeck war auch im Hafen ziemlich gefährlich, besonders wenn sich die Holzbeplankung mit der Zeit vollgesaugt hatte und schlüpfrig geworden war. Beachte den geringen, zur Verfügung stehenden Raum, um den Torpedo durch das vordere Torpedoluk nach unten zu bringen.

Unten: Ein Maat beim Wäschewaschen. Er genießt die ungewöhnliche Freiheit, um an Oberdeck von *U 405* (Kptlt. Rolf-Heinrich Hopmann) während einer Pause in einem norwegischen Hafen seine Zigarre zu rauchen.

gig davon, wie umfangreich die sich daraus ergebenden Restarbeiten waren.

Sobald ein U-Boot technisch zufrieden stellend funktionierte, folgte die technische und taktische Ausbildung der Besatzung. Diese brachte eine »Schießstandatmosphäre« mit sich; denn der auf der Besatzung lastende Druck war hoch und die Männer befanden sich abends stets am Rande der Erschöpfung. Für den Aufenthalt bei den verschieden spezialisierten Ausbildungsflottillen war keine Reihenfolge vorgeschrieben; denn zwischen Kiel über Hela bis Memel hatten im Verlaufe des Krieges eine wachsende Anzahl dieser Flottillen ihre Standorte und die Boote wechselten ihre Aufenthaltsorte häufig. So waren z.B. die 20. U-Flottille in Pillau und die 27. in Gotenhafen auf taktische Ausbildung spezialisiert, während sich die Boote bei der 23. in Danzig auf Unterwasserangriffe und bei der 25. in Memel auf die Artillerie konzentrierten. Hingegen lehrte die 19. U-Flottille in Pillau die Tauchmanöver und das Verhalten der Ausgucks. Übungsangriffe unter und über Wasser wurden bei Tag und bei Nacht durchgeführt. Hierzu mussten die Boote oft bis spät abends in See sein. Nach dem Einlaufen folgten für den Kommandanten, die Wach- und Ingenieuroffiziere eingehende Übungsbesprechungen. Wenn sie Glück hatten, konnten sie vor dem Auslaufen zur nächsten Übung noch »eine Mütze voll Schlaf nehmen«.

Die Ausbildung unter simulierten Frontbedingungen bei der Agru-Front, die von Hela aus geleitet wurde, stellte einen Höhepunkt dar. Hierzu kamen fronterfahrene U-Bootoffiziere als Ausbilder an Bord. Ihre Vorgaben erstreckten sich von Maschinenstörungen der verschiedensten Art, über Personalausfälle bis zu Schadenseintritten und Alarm-

_U 181_ (FKpt/KptzS. Kurt Freiwald) unterwegs in den Fernen Osten. Blick auf das breite Vorschiff ohne 10,5-cm-Decksgeschütz. Diese Boote vom Typ IX D_2 hatten eine sehr große Seeausdauer. Durch die Größe bedingt, war ihre Tauchzeit viel länger als bei VII-C-Booten. Angesichts der Gefahr ständiger Luftangriffe erhielten einige Boote ein verengtes Oberdeck, um schneller tauchen zu können. Schon bei ruhiger See war das Arbeiten an Oberdeck gefährlich, aber der Gürtel mit der nicht sehr starken Sicherheitsleine war nur bedingt zuverlässig. Die beiden Seeleute im Bild tragen nicht einmal Schwimmwesten.

tauchen: Situationen im Kriege, mit denen Offiziere und Mannschaften fertig werden mussten, so gut sie dies konnten. Nach dem Ende eines abschließenden kleinen Kriegsspiels, zumeist einer Geleitzugübung, erhielten die Boote und ihre Besatzungen das Prädikat »Frontreif« – einsatzbereit, um dem Gegner entgegenzutreten. Danach verlegten die Boote zur 4. U-Flottille nach Stettin oder 5. nach Kiel, die für die Endausrüstung und Versorgung neuer Boote zuständig waren. *U 106* unter Kptlt. Jürgen Oesten war von der Indienststellung bis zu diesem Augenblick 11mal zwischen Bremen, Wilhelmshaven, Kiel, Danzig, Gotenhafen, Stettin und Memel hin und her gefahren. Von hier aus gingen dann die Boote mit ihrer Besatzung zur ersten Feindfahrt in See, um später auf dem Rückmarsch vom B.d.U. den Befehl zum Einlaufen in den Stützpunkt einer Frontflottille zu erhalten. (Erneut muss darauf hingewiesen werden, dass die Zugehörigkeit zur »Flottille« keine operative sondern lediglich eine truppendienstliche Unterstellung war. Die operative Führung der Boote aller Flottillen in See, auch die Bildung der U-Bootgruppen, erfolgte durch den B.d.U. – siehe unten.)

Claus Korth erinnerte sich an die unangenehme Zeit als Ausbilder bei der Agru-Front. Obwohl die Boote mehrere Tage lang ununterbrochen in See standen, dachten die Kommandanten oft nicht an die Notwendigkeit, für den Ausbilder der Agru-Front eine Koje bereitzustellen; im Gegenteil, nicht wenige brachten unumwunden zum Ausdruck, dass sie seine Anwesenheit eher als ein zusätzliches Ärgernis als eine Hilfe betrachteten. Sie waren mutig, den Gegner anzugreifen, sahen aber nicht die Erforderlichkeit für diese umfassende Ausbildung ein. Korths Reaktion bestand darin, über diese Dinge hinwegzugehen; denn mit einer verlängerten Übungszeit hatten sie bessere Chancen, um zu überleben.

Die Zeit der Vorbereitung, mit den Booten an die Front zu gehen, ist noch kaum analysiert worden. Dennoch muss dies eine der wichtigsten Zeiträume im Dasein einer U-Bootsbesatzung gewesen sein. Karl Dönitz legte großen Wert auf eine gute Ausbildung und nach Kriegsbeginn ist das Kriegstagebuch des B.d.U. voller Kommentare, wonach die von den U-Booten erzielten guten Erfolge direkt der ausgezeichneten Vorkriegsausbildung zugeschrieben werden konnten. 1940 erklärte er, dass für alle zur See errungenen Erfolge stets die Fähigkeiten der Kommandanten ausschlaggebend sein würden. Als jedoch die Zeit fortschritt und die Kämpfe auf den atlantischen Geleitzugrouten immer schwerer wurden, gerieten auch die Ausbildungsprogramme immer kürzer. Bei 20 stichprobenhaft ausgewählten Booten ergab sich, dass die in der Ostsee verbrachten Zeiträume von der Indienststellung bis zum Auslaufen zur ersten Feindfahrt zwischen vier und neun Monaten betragen hatten – sehr kurze Ausbildungszeiten angesichts der Tatsache, dass in dieser Zeit auch die auf den Bauwerften noch durchzuführenden Restarbeiten erledigt werden mussten. Die genauen Inhalte der Ausbildung bedürfen noch einer detaillierteren Untersuchung. Daher muss bei einer Bewertung in Betracht gezogen werden, dass die folgenden Aspekte unvollständig sind.

Lag ein zu großer Schwerpunkt bei der Ausbildung der Besatzungen im Vermitteln eines rein technischen Könnens zur Handhabung des Bootes, ohne ausreichend unter Frontbedingungen zu üben? Es ist umstritten, ob ein paar Wochen des Umherfahrens in der Ostsee jungen und unerfahrenen Besatzungen die erforderliche Grundlage gaben, um mit der unermesslichen Weite des Atlantiks fertig zu werden – gejagt von einem starken, entschlossenen und zunehmend besser ausgerüsteten Gegner sowohl über Wasser als auch aus der Luft zumindest vom ausgehenden Frühjahr 1943 an. Ein einfaches Beispiel war die Herausforderung der Tauchfahrt beim »Schnorcheln«. Bis 1943 hatten die U-Boote so viel Zeit wie möglich im Überwassermarsch mit Dieselantrieb zugebracht, um auch die Batterien für die

An Bord von *U 382*. Ein Mann arbeitet am Draht der Funkantenne und die Leine seines Sicherheitsgürtels ist am Netzabweiser eingeklinkt. Beachte die Rückseite des angelegten Tauchretters.

Unterwasserfahrt mit den E-Motoren wieder aufzuladen; denn nach etwa 24 Stunden Tauchfahrt mussten sie auftauchen und die Dieselmotoren anwerfen, um die Batterien aufzuladen. Doch 1943 wurde der »Schnorchel«- oder Luftmast eingeführt: Ein beiklappbarer Mast am Turm mit einem Zuluft- und Abgasrohr sowie Absperrventilen im Schnorchelkopf, der aufgerichtet aus dem Wasser ragte, um getaucht mit den Dieselmotoren zu fahren. Die Schnorchelfahrt war kompliziert und gefährlich; denn wenn der Schnorchelkopf durch eine Welle unterschnitt, wurde fast augenblicklich von den Dieselmotoren die gesamte Luft aus dem Boot gesaugt, ein schmerzhafter und erschöpfender Zustand, der an ein Vakuum grenzte.

Die Schnorchelfahrt wurde in der Ausbildung geübt, und von den Besatzungen wurde angenommen, dass sie das »Schnorcheln« beherrschten und seine Auswirkungen verstanden hatten, ehe sie mit ihren Booten in den Atlantik ausliefen. Doch draußen herrschten völlig andere Bedingungen auf See. Die Bedrohung durch gegnerische Flugzeuge existierte ständig, d.h. die Feindfahrten erforderten längere Zeiten ununterbrochenen Fahrens unter Wasser, in denen sich Abschnitte dreistündigen »Schnorchelns« wiederholten, ein Vorgang, der sich über Tage oder sogar Wochen hinziehen konnte. Unter diesen unnatürlichen Bedingungen mussten die Männer nicht nur mit den Unbequemlichkeiten und Gefahren der Schnorchelfahrt selbst fertig werden, sondern sie mussten auch den erbärmlichen Gestank und den sich häufenden Abfall im Inneren des Bootes bei langer Tauchfahrt hinnehmen – und gleichzeitig ihre Wachsamkeit und einsatzbereite Leistungsfähigkeit auf diesem gnadenlosen Schlachtfeld aufrechterhalten, auf dem stets mit dem Auftauchen eines unbemerkten Gegners gerechnet werden musste.

Die Absichten und Zielvorstellungen der Ausbildung im Ostseeraum sind ebenfalls ziemlich anzuzweifeln und bedürfen einer weiteren Analyse. So lassen z.B. die Kriegstagebücher von Booten in der Ausbildung im Winter 1944/45 erkennen, dass Gruppen- bzw. Rudelangriffe geübt worden sind – obwohl die Bedingungen an der Front in den vergangenen 18 Monaten jedes dichte Herankommen an einen Geleitzug verhindert hatten. Dönitz ignorierte kühl einige der späteren Misserfolge. In seinem KTB vermerkte er, dass die U-Bootführung den jungen Kommandanten in See ständig Ratschläge übermitteln musste, weil die wenigen Monate der Ausbildung nicht zuließen, all das zu erlernen, was früher über einen Zeitraum von mehreren Jahren eingeübt worden war. Dies lässt die Frage aufkommen, ob die katastrophalen Verluste hätten geringer sein können, wenn die Männer für die Aufgabe, die auf sie zukam, besser vorbereitet worden wären.

Sobald die neuen Frontboote in ihren Stützpunkten eingetroffen waren, gehörte es zur Zuständigkeit der Flottillenchefs, die Kriegsbereitschaft der U-Boote sicherzustellen. Bei dieser Aufgabe unterstützte sie der für den jeweiligen Operationsraum zuständige Führer der Unterseeboote (F.d.U.). Ab 1936 hatte diese Dienststellung Karl Dönitz inne, die jedoch am 17. Oktober 1939 in B.d.U. umgewandelt wurde, während später zu seiner Unterstützung die Dienststellen des F.d.U. West, Mitte (bis August 1944), Norwegen/Nordmeer, Italien/Mittelmeer und Ost geschaffen wurden. Die Führung der U-Bootwaffe (ab Mitte 1942 auch truppendienstlich) oblag bis Kriegsende ausschließlich Karl Dönitz als B.d.U. Für die gesamte operative Führung war die überraschend kleine Operations-Abteilung (B.d.U.op, ab Juni 1944 2/Skl.B.d.U.op.) zuständig. Daneben war für alles andere, wie z.B. Personal, Waffen, Versorgung, Ausbildung, die Organisations-Abteilung (B.d.U.org.) verantwortlich.

Kampfbereitschaft und Wartezeit

Von Mitte August 1939 an standen von den 57 vorhandenen U-Booten etwa 46 (darunter 22 Atlantikboote) einsatzbereit zur Verfügung und bis Ende des Monats hatte eine Anzahl von ihnen rund um die Britischen Inseln Warteposition bezogen. Dies war nichts Neues; denn die U-Bootwaffe war bereits bei früheren Gelegenheiten kriegsbereit gewesen, wenn zu erwarten stand, dass Spannungen in Europa den Punkt von Feindseligkeiten erreichen könnten. Doch diesmal war die Lage eine etwas andere. Die Langeweile des unentdeckten Verbleibens in See verschärfte ein akuter Informationsmangel hinsichtlich dessen, was vor sich ging. Die U-Boote mussten nicht nur Funkstille wahren, sondern es hatte auch den Anschein, als ob ihnen das Oberkommando wesentliche Nachrichten vorenthielt, um mögliche Entwicklungen um sie herum beurteilen zu können.

Ein weiterer beunruhigender Faktor in dieser Wartezeit war eine ständige und entschiedene Flut aufhetzender Kommentare der deutschen Rundfunksender über behauptete Gräueltaten der Polen. Kptlt. Herbert Emil Schultze schrieb, dass dieses demagogische Gerede über den Äther ziemlich durchsichtig war und bei allen an Bord von *U 48* Niedergeschlagenheit und Verbitterung hinterließ. Die Männer begannen sogar mit dem Rundfunksprecher ihren makabren Spaß zu treiben: »Wie viele Kinderhände haben die Polen heute abgehackt?« Schultze war der Auffassung, dass nunmehr von deutscher Seite aus dieselbe alberne Propaganda verbreitet wurde, mit der Großbritannien vor dem Beginn des Ersten Weltkrieges Europa (mit Erfolg) aufgehetzt hatte. Doch die eigene politische Führung hätte anscheinend vergessen, dass die Welt seitdem viel besser informiert wäre. Gleichzeitig lobte er die britische Propaganda und bemerkte, dass die Nachrichten der BBC und die Art und Weise, wie sie dargeboten würden, einen ausgezeichneten Eindruck hinterließen. Nach seiner Ansicht wäre es für Deutschland weitaus besser gewesen, die genauen Gründe zu veröffentlichen, warum es seine östlichen Gebiete, die von den Alliierten nach dem Ersten Weltkrieg abgetrennt worden waren, zurückhaben wollte.

(Während des ganzen Krieges war es den Kriegsschiffen gestattet, ausländische Rundfunksendungen abzuhören, obwohl dies in Deutschland selbst verboten war. Durch die Wahl des Sendezeichens, mit dem die BBC den Beginn jeder Sendung für ihre Freunde in Europa ankündigte, erschwerte sie das Einschalten des Senders für ihre heimlichen Hörer sogar noch. Die tiefen Trommelschläge des »V« aus dem Morse-Alphabet für »Victory« – dreimal kurz, einmal lang – waren kaum zu überhören. Sie drangen leicht durch Fenster, Türen und sogar durch Wände aus Ziegelsteinen.)

Anfängliche Operationsbeschränkungen

Sobald der Krieg begann, sanken die Operationen der U-Boote zur Bedeutungslosigkeit herab, denn ihre Kommandanten sahen sich der Aufgabe gegenüber, die Vorschriften der als Reichsgesetz in Kraft getretenen Prisenordnung vom 29. August 1939 zu beachten. Hierbei handelte es sich um die fast wörtliche Wiedergabe eines sehr komplizierten Regelwerkes aus dem Londoner U-Bootprotokoll von 1936, dem Deutschland im selben Jahr als eine der Bedingungen des Deutsch-Britischen Flottenabkommens vom Juni 1935 beigetreten war. Zur Unterrichtung der Marineoffiziere hatte das OKM ein spezielles Handbuch zur Anwendung der Prisenordnung herausgegeben. Für ihre Handhabung war jedoch sogar diese Zusammenfassung noch zu kompliziert. Offiziere mit Borderfahrung empfanden die Einzelheiten selbst dann als schwer verständlich, wenn sie den Inhalt in Ruhe an Land durchgingen. Unter Kampfbedingungen in See betrachteten sie dies als hoffnungsloses Unterfangen. Daher war eine viel einfachere Darstellung erforderlich, und tatsächlich brachte die Marine eine Art Schieber heraus, auf dessen Skala die Kommandanten die einzelnen Bedingungen einstellen und dann ablesen konnten, wie sie vorzugehen hatten.

Der Grundgedanke der Prisenordnung bestand darin, ein warnungsloses Versenken der Handelsschiffe zu verhindern. Die Regeln hatten jedoch Politiker entworfen, die von

Es gab Zeiten, da passierten die U-Boote »sichere« Seegebiete und die Männer konnten sich den Luxus der Erholung erlauben. Auf der Brücke schliefen nicht nur Männer und der Nachmittagskaffee wurde dort getrunken, sondern an Oberdeck wurde auch geduscht oder im Meer gebadet. Der Blick vom »Wintergarten« nach achtern zeigt ein 2-cm-Fla-Geschütz sowie zwei »Netzabweiser«-Drahttaue, die vom Turm nach achtern verlaufen, während nach vorn zum Bug nur ein einziges Drahttau verlief – ursprünglich, um den Feuerbereich des Decksgeschützes nicht einzuschränken. (Später, als die vorderen Turmbereiche Funkmessantennen erhielten, hatten einige Boote auch vorn zwei Drahttaue.) Die Netzabweiser rührten aus dem 1. Weltkrieg her, als sie das Durchschlüpfen eines getauchten U-Bootes unter einer Netzsperre unterstützen sollten. 1935 erhielten damalige Boote am Bug noch Netzschneider. Obwohl später kaum U-Boote mit Netzen in Berührung kamen, blieben die Drahttaue und dienten als Befestigung von Funkantennen sowie der Sicherheitsleinen, wenn in rauer See Männer an Oberdeck arbeiteten.

Von Feindfahrt zurückkehrende U-Boote führten an einer Leine am ausgefahrenen Sehrohr üblicherweise sog. »Siegeswimpel« (im Bild), wenn sie in den Hafen einliefen, um die Anzahl der versenkten Schiffe zu verkünden. Die Zahlen auf den Wimpeln zeigten die versenkte Tonnage ihres Opfers in BRT an.*

der Realität der Seekriegsführung kaum eine Ahnung hatten. Danach sollten die U-Boote beim Sichten eines möglichen Zieles auftauchen, das Handelsschiff anhalten und nach möglicher Kriegskonterbande durchsuchen. Falls das Schiff solche an Bord hatte, konnte es nur versenkt werden, nachdem der Angreifer für die Sicherheit der Besatzung und etwaiger Passagiere gesorgt hatte. Als eine unzureichende Vermutung ihrer Sicherheit galt sogar, wenn sie auf hoher See in ihre eigenen Rettungsboote gingen. Doch das Londoner U-Bootprotokoll hatte nichts darüber ausgesagt, was die U-Bootbesatzung zu ihrer Sicherheit unternehmen sollte. Jedem, der einmal einen Fuß in das Innere eines U-Bootes gesetzt hat, dürfte bekannt sein, dass es unmöglich war, dort Gefangene unterzubringen. Auf diese Weise wurden die U-Bootkommandanten einem unlösbaren Dilemma überlassen.

Ein weiterer unsinniger Punkt ergab sich daraus, dass vom U-Boot erwartet wurde, das U-Bootprotokoll zu befolgen, so weit Dönitz diese Regeln verstand, selbst wenn das Handelsschiff bewaffnet war. Die U-Boote sollten anscheinend unter den Mündungen der Geschütze auftauchen, das Handelsschiff zum Beidrehen auffordern und dann ein Prisenkommando zur Untersuchung an Bord senden. Die einzigen Handelsschiffe, die der Schutz des Protokolls ausnahm, waren Schiffe, die von Kriegsschiffen oder Flugzeugen eskortiert wurden, Angriffshandlungen begingen oder Widerstand leisteten. Auch Truppentransportschiffe konnten warnungslos angegriffen werden. Doch es gab keine Anzeichen dafür, wie ein U-Bootkommandant den Unterschied zwischen einem gewöhnlichen Passagierschiff und einem solchen Schiff mit Truppen an Bord erkennen sollte.

Nachdem Jahre verstrichen sind, ist es heute allgemein anerkannt und wird auf alliierter Seite von zahlreichen Zeugen bestätigt, dass es zu Beginn des Krieges viele Beispiele menschlichen Verhaltens der U-Bootkommandanten gab. So hielt z.B. Herbert Emil Schultz (*U 48*) nach der Versenkung des britischen Frachters ROYAL SCEPTRE sein nächstes Opfer an und befahl dem Kapitän, die Überlebenden seines ersten Ziels an Bord zu nehmen. Kptlt. Hans-Wilhelm v. Dresky (*U 33*) torpedierte in den Nachmittagsstunden des 7. September 1939 den 4060 BRT großen Frachter OLIVEGROVE, der anschließend innerhalb von Minuten sank. Danach schleppte Kptlt. v. Dresky die Rettungsboote mit 17 Überlebenden mehrere Stunden lang näher an die Küste heran. Sie im ersten Licht des folgenden Tages verlassend, kehrte er kurz vor Einbruch der Nacht wieder zurück und schoss sogar später ein eigenes Notsignal, um die Aufmerksamkeit eines vorbeifahrenden neutralen Schiffes zu wecken.

Diese und viele andere Beispiele bemerkenswert anständigen Verhaltens in den ersten Kriegsmonaten waren teilweise dem Versuch der Kommandanten zuzuschreiben, diese fast unmöglich einzuhaltenden Prisenregeln zu beachten. Die deutsche Führung gab erst zwischen dem 6. Januar und dem 28. Mai 1940 schrittweise den uneingeschränkten U-Bootkrieg, d.h. den vollen Waffeneinsatz gegen alle Schiffe, in bestimmten Zonen rund um die Britischen Inseln

*Anm.d.Ü: Zu den Versenkungserfolgen schrieb Victor Oehrn *(U 37):* »Ich hatte insgesamt 123.000 BRT und ein Kriegsschiff versenkt gemeldet. Nach dem Kriege ergaben die Ermittlungen neutraler Stellen, dass es nur 105.000 BRT waren. Ich halte den Schätzfehler [einschl. eines versenkt gemeldeten, aber nur beschädigten Schiffes von 10.000 BRT] nicht für allzu groß, wenn man bedenkt, dass die Nacht, der Beladezustand, die Spannung usw. doch alle Schätzfehler begünstigen. „Wir wollen eine solide Firma sein", sagte uns Dönitz immer wieder, „wir dürfen uns selbst nichts vormachen."« (Unveröffentliches Manuskript »Navigare necesse est! – DÖNITZ nahe gesehen«, S. 26.)

Rechts: Einer der »Grauen Wölfe« kehrt in einen der massiven U-Bootbunker aus verstärktem Beton in einem der westfranzösischen Atlantikhäfen zurück – vermutlich in St. Nazaire, dem Stützpunkt der 6. und 7. U-Flottille. Die Decken hatten anfangs eine Dicke von 3 - 5 m. Nach den Luftangriffen von »Lancaster«-Bombern der 617. Squadron der RAF mit »Blockbuster«Bomben begann ein Programm, um die Betondecken auf eine Dicke von 8 m zu verstärken.

Unten rechts: *U 471* (Kptlt. Friedrich Kloevekorn) läuft in einen Doppelunterstand des massiven U-Bootbunkers in Brest ein, Stützpunkt der 1. und 9. U-Flottille. Das Boot in die richtige Position zum Anlegen zu manövrieren, war relativ einfach, denn die Betonwände trugen aufgemalte Markierungen, die der Kommandant in eine Linie mit dem Kommandoturm bringen musste. Nach dem Festmachen diente gewöhnlich ein am Turm hängendes Schild mit der Kenn-Nummer des Bootes zu seiner Identifizierung.

und vor der französischen Atlantikküste frei. Das Seegebiet westlich der Britischen Inseln (bis 20° West) wurde sogar erst am 17. August 1940 zum Operationsgebiet erklärt. Die Schlussfolgerung hieraus, gestützt durch viele weitere Beweise, kann nur lauten, dass Hitler tatsächlich immer noch darauf hoffte, mit Großbritannien einen Verhandlungsfrieden zu schließen.

Lebensbedingungen in See

Die Regeln der Prisenordnung betrafen kaum die Unteroffiziere und Mannschaften der U-Boote. Sie betrachteten die über den Rundfunk verbreiteten politischen Phrasen häufig als Witz. Für die große Mehrheit in der Besatzung bestand das Dasein einfach darin, langweilige Routineaufgaben zu erfüllen, beschränkt auf eine unglaublich beengte und unbequeme Umgebung. Diese physischen Probleme begannen sogar schon, noch ehe das Boot in See ging.

Etwa 20 t Proviant im Inneren eines U-Bootes zu verstauen, war ein weit größeres Problem, als Brennstoff, Schmieröl und Frischwasser zu ergänzen oder Torpedos und Munition zu übernehmen. Bis zum späten Erscheinen der großen »Elektroboote« vom Typ XXI gab es keine besonderen Möglichkeiten, um Proviant zu verstauen. Er musste dort untergebracht werden, wo Platz war – und in umgekehrter Reihenfolge, damit der zuletzt verstaute zuerst verbraucht wurde. Um den Vorgang noch mehr zu erschweren, musste beim Ausrüsten des Bootes zur Feindfahrt alles durch ein kreisrundes Luk von etwa 50 cm im Durchmesser, das sich in der »Decke« des Bootsinneren befand, nach unten gebracht werden. Wenn sich dann die U-Bootmänner abmühten, um in einer Kette Säcke, Kisten, Fässchen usw. weiterzureichen

In den Anfangsjahren des Krieges konnte ein von erfolgreicher Feindfahrt zurückkehrendes U-Boot mit einem stürmischen Empfang rechnen, vervollständigt durch Vorgesetzte, andere Wehrmachtsoffiziere, eine Musikkapelle, Blumen, Champagner und eine Schar gut aussehender Marinehelferinnen. Zudem bestand Admiral Dönitz auf dem Verleihen der Auszeichnungen unmittelbar nach dem Festmachen. Hier hatte der Kommandant (mit weißer Mütze), Kptl. Georg Schewe von *U 105*, nach dem Einlaufen gerade das Ritterkreuz erhalten. Von Mitte 1943 an verliefen solche Begrüßungen wesentlich gedämpfter.

und in den unmöglichsten Ecken und Winkeln zu verstauen – oder wenn sie später ein von der Deckunterseite wie wild schwingendes schweres Proviantnetz bei kabbeliger See von den Beinen riss –, dann bestand der einzige Trost darin, dass die Qualität der zugeteilten Verpflegung sehr gut war. U-Bootbesatzungen erhielten Lebensmittel, die Zivilisten und selbst Angehörige anderer Waffengattungen der Wehrmacht selten zu Gesicht bekamen (sogar gegen Ende des Krieges, als die deutsche Zivilbevölkerung an außerordentlichem Mangel und Verknappungen litt, gehörten zu den Marschpapieren der U-Bootmänner Bezugsscheine, die ihnen das Privileg von zwei bis drei Eiern pro Woche gewährten). Natürlich gab es gelegentliche Probleme. Auf *U 30* (Kptlt. Fritz-Julius Lemp) wurde festgestellt, dass das Dosenbrot falsch etikettiert war, denn die Dosen enthielten stattdessen Kondensmilch – dem Vernehmen nach sehr nahrhaft, aber kaum geeignet, ein Boot voller Seeleute an Geist und Körper in Form zu halten.

So gut die Verpflegung auch war – vor allem am Beginn einer Feindfahrt, wenn noch Frischproviant zur Verfügung stand –, so bedeutete die Schwierigkeit, sich unter diesen beengten Verhältnissen in See bewegen zu müssen, dass viele Männer unter chronischen Verdauungsstörungen litten, und zwar so stark, dass sie kaum noch ihre Verpflegung genießen konnten. Aus Mangel an lichter Höhe in den Abteilungen, in denen sie lebten und arbeiteten, konnten groß gewachsene Männer nicht richtig aufrecht stehen, wie sie sich auch nicht in voller Länge an dem ihnen zugewiesenen Schlafplatz ausstrecken konnten. Selbst sich im Inneren des Bootes fortzubewegen, war ein großes Problem. Ehe sich ein Mann aus einem Teil des Bootes in einen anderen begeben konnte, bedurfte er wegen des Trimms der Erlaubnis. So verbrachte die Besatzung den Großteil einer Feindfahrt in der Enge ihres dunklen und zunehmend ungesunden Bootes.

Die Unterbringung der Besatzung im Bootsinneren war außerordentlich primitiv. Die höheren Ränge schliefen in Kojen, aber nur der Kommandant und später noch der Koch hatten eine eigene. Andererseits herrschte das System der »warmen Koje« vor, d.h. der eine kam von Wache und ging in die Koje, die sein auf Wache gehender Bordkamerad gerade frei gemacht hatte. Die unteren Ränge ruhten in Hängematten und manche hatten überhaupt keinen eigenen Platz. Sie schliefen stattdessen auf dünnen, über die metallen Flurplatten gelegten Matten. Im Bugraum, in dem der Großteil der Mannschaften untergebracht war, herrschte oft große Betriebsamkeit und die Belange des Dienstbetriebes hatten vor dem Wunsch der Männer nach Ruhe Priorität. Bequemlichkeit war kaum vorhanden und eine Privatsphäre gab es überhaupt nicht.

Selbst Waschen war so gut wie unmöglich und die Männer mussten sich gewöhnlich mit einem Lappen begnügen, durchtränkt mit Kölnischwasser. Es gab Zellen mit Waschwasser an Bord, aber der Unterschied zwischen diesen und den Trinkwasserzellen bestand nur darin, dass die letzteren aus einem Fass und die ersteren aus einem Feuerlöschhydranten gefüllt worden waren – das Wasser selbst war in der Regel dasselbe. Das Sparen von Trinkwasser hatte Priorität vor dem Waschen, denn sein Vorrat entschied darüber, wie lange ein Boot in See bleiben konnte. Die Besatzung wusste, dass die Lage problematisch wurde, wenn der Kommandant befahl, die Handgriffe von den Wasserzellen zu entfernen, weil der Wasservorrat zur Neige ging. Zum Durst kamen in der Regel hohe Temperaturen hinzu, denn die kälteren Regionen lagen dichter an den Stützpunkten und die Boote blieben daher nicht für so lange Zeiten draußen. Der Durst machte das Dasein fast unerträglich – es war nichts Ungewöhnliches, wenn im Bootsinneren über 50°C herrschten, heiß wie in einem Backofen. Den gegen das Ende des Krieges hin lebensrettenden Schnorchel erfand Kptlt. J.J. Wichers von der KNiedM sogar als eine spezielle Möglichkeit, um mit den hohen tropischen Temperaturen in Niederländisch-Ostindien fertig zu werden. Die Boote konnten mit den Dieselmotoren unter Wasser fahren.

Auch der Gang zur Toilette war eine Prozedur voller Schwierigkeiten. Die erste bestand schon darin, sie benutzen zu können. Obwohl die größeren U-Boote zwei Aborte hatten, wurde der eine zumeist als zusätzliche »Speisekammer« benutzt, d.h. über 50 Mann mussten sich in einen einzigen teilen. Zu Beginn des Krieges konnte der Abort nur benutzt werden, wenn sich das Boot an der Wasseroberfläche oder in geringer Wassertiefe befand. Hochdruck-Klosetts – schreckliche Anlagen, die schwierig zu bedienen

Hier begrüßt GAdm. Karl Dönitz, Befehlshaber der U-Boote bis Kriegsende, nach seiner Ernennung zum Oberbefehlshaber der Kriegsmarine eine zur Musterung angetretene U-Bootbesatzung. Obwohl noch im kunterbunten Aufzug des Bordalltags in See, sehen die Offiziere für U-Bootfahrer bemerkenswert sauber aus. Sie hatten anscheinend Gelegenheit für ein schnelles Zurechtmachen gehabt, ehe sie sich dem B.d.U. präsentierten.

und zumindest die Ursache für den Verlust eines Bootes waren – kamen erst später zum Einbau, als es zur Regel wurde, dass die Boote längere Zeit in größeren Tiefen verbringen mussten. Leere Blechdosen dienten als Notbehelf, wenn das winzige »Örtchen« besetzt war. Dies alles ergab zusammen mit den verottenden Abfällen, die nicht immer über Bord geworfen werden konnten, den Ausdünstungen von 50 schwitzenden und seit langem nicht gewaschenen Körpern sowie dem Gestank des Dieselöls von den Motoren den so charakteristischen Geruch: Den berüchtigten »U-Bootmief«, erträglich nur für den, der Gleichgültigkeit dagegen entwickeln konnte.

Auf der Brücke zu rauchen, wenn das Boot im Überwassermarsch fuhr, war gewöhnlich für die Männer die einzige Möglichkeit, zuweilen die klaustrophobische Enge des Bootsinneren zu verlassen. Nicht wenige aus der Besatzung fingen einfach deswegen an zu rauchen, weil dies die einzige Möglichkeit war, einmal außerhalb Luft zu schöpfen. Die Batterien der U-Boote waren Bleiakkumulatoren – ähnlich einer Autobatterie, nur sehr viel größer –, die eine hochexplosive Mischung aus Sauerstoff und Wasserstoff abgaben. Infolgedessen war der Batterieraum mit einem besonderen Entlüftungssystem ausgestattet. Doch es war trotzdem schwierig zu erkennen, ob sich Batteriegase im Inneren des Bootes angesammelt hatten. Daher war das Rauchen stets verboten, auch nach dem Festmachen im Hafen. Der Dieselmotorenraum war vom E-Maschinenraum und seinem System abgeschottet, da manchmal Flammen aus den Abzugsöffnungen schossen, wenn sie geöffnet waren, um die Brennstoffleitungen und die Abgasrohre zu reinigen. Die Dieselmotoren nahmen daher den gesamten Raum bis zum Boden des Bootes ein, ohne eine Lage Batterien darunter, die sich an anderer Stelle befanden.

Nachts auf der Brücke im Kommandoturm zu rauchen, war im allgemeinen nicht gestattet, da eine glühende Zigarette aus überraschend großer Entfernung gesehen werden konnte. Daher konnten die Männer nur bei Tage auf der Brücke rauchen, es sei denn, das Boot befand sich in sehr sicheren Gewässern. Manche Kommandanten erlaubten das Rauchen auch im Turm, wenn das Boot aufgetaucht fuhr, da dann der Raum dort gut durchlüftet war.

Die Ausgucks bekamen natürlich mehr frische Luft, aber der Aufenthalt auf der Brücke war oft auch ziemlich feucht und ließ die vierstündige Wache zu einer Qual werden. Die genaue Anzahl der Ausgucks variierte von Boot zu Boot und unterschied sich je nach Einsatzraum. In einem luftgefährdeten Seegebiet bestand die diensthabende Wache aus dem Wachoffizier mit drei Ausgucks, die die See absuchten, sowie zwei weiteren, die sich auf den Luftraum konzentrierten. Auf manchen Booten musste die Wache fast wie in einer Kaserne gegangen werden: Ohne zu sprechen, zu essen oder zu rauchen, selbst bei Tage nicht. Die erfolgreicheren Kommandanten waren der Auffassung, dass es der Verbesserung von Disziplin und Leistungsfähigkeit diente, wenn es den Männern gestattet war, sich gegen den Sehrohrbock zu lehnen und miteinander zu plaudern, während sie die Kimm mit dem Doppelglas absuchten.

Erste Materialversager

Noch ehe die Kriegserklärung Großbritanniens und Frankreichs an Deutschland erfolgte, hatten Unzuverlässigkeiten des Materials die Vorstellung eines Krieges in den Augen mancher U-Bootfahrer absurd erscheinen lassen. Risse in den Fundamenten einer Reihe von Motoren ließen einige der Männer spaßen, sie könnten sich genauso gut auch gleich darauf vorbereiten, nach Hause zu schwimmen. Obendrein hatte bald jedes U-Boot eine Liste weiterer Materialschäden zusammengestellt. Bei *U 48* umfasste sie bis Anfang September 1939 folgende Punkte: Das Luftzielsehrohr war völlig ausgefallen, das Turmluk schloss nicht richtig und leckte, desgleichen die Auspuffventile, der Kompressor ließ zu stark Luft ab und erzeugte im Bootsinneren einen Überdruck, der Hauptspiegel im Inneren des Angriffssehrohrs musste ständig ausgewischt und trocken gerieben werden, außerdem funktionierte der Sehrohrmotor nicht (obwohl er repariert worden war). Das Sehrohr von *U 48* war die Hauptursache dafür, dass der 5475 BRT große Frachter JAMAICA PROGRESS entkam. Als ihn Kptlt. Herbert Emil Schultze durch die milchige Trübung des Sehrohrs kurz vor Tagesanbruch ausmachte, identifizierte er die verschwommene Silhouette als ein mögliches Kriegsschiff und entschied, dass es klüger wäre, nicht aufzutauchen. Nachdem der Blick durchs Sehrohr klarer geworden war, tauchte *U 48* auf, obwohl die Entfernung zum Frachter bereits zu groß war, der für das 8,8-cm-Geschütz fast zu schnell fuhr. Nach mehreren Fehlschüssen infolge der schweren See und der großen Entfernung zum Ziel gab Kptlt. Schultze auf und befahl die Geschützbedienung wieder unter Deck. (Fast ein Jahr später, am 31. Juli 1940, versenkte *U 99* unter Kptlt. Otto Kretschmer die JAMAICA PROGRESS.)

Das schlimmste aller Probleme, das in den ersten paar Wochen des Krieges auftauchte, war die entmutigende Entdeckung, dass die Torpedos nicht richtig zu funktionieren schienen. Die Männer an Bord der U-Boote hörten, wie ihre »Aale« am Ziel anschlugen, ohne zu detonieren. Anfangs war Dönitz der Auffassung, die Torpedos wären nicht korrekt geschossen worden. Doch die Probleme dauerten den ganzen Herbst und Winter hindurch bis weit in das Jahr 1940 hinein an. Heute sind die Gründe für die Torpedoversager durchaus bekannt; sie rührten im wesentlichen aus der Magnetpistole und weniger aus der Aufschlagzündung her. Doch zu dem Zeitpunkt, als sie sich ereigneten, verkörperten sie mehr als lediglich bittere Enttäuschungen für die Männer, die ihr Leben aufs Spiel setzten, um die Angriffe durchzuführen. Keiner von ihnen wusste, dass es sich um Torpedoversager handelte. Die Kommentare, die hinsichtlich der armseligen Schießleistungen der Kommandanten und Ersten Wachoffiziere durch die Boote gingen, hätten manchen hitzigen Werftarbeiter zum Erröten gebracht. Diese Situation schwächte die Moral und die Disziplin erheblich. Viele Besatzungen wollten durchaus für ihre Offiziere durch dick und dünn gehen, waren aber nicht auf jene erpicht, die ihre Aufgabe nicht richtig erfüllten. Umgekehrt gab es bei den Kommandanten die natürliche Tendenz, die Schuld für die Versager bei den Torpedomechanikern zu suchen. Auf diese Weise verbitterten die anhaltenden Torpedoversager die Beziehungen untereinander bei bereits angespannter Lage.

Die ersten Erfolge und Auszeichnungen

Doch nicht alles zu Beginn des Krieges zeigte sich düster und verhängnisvoll. Die Propaganda sorgte dafür, dass in den Nachrichten der Medien die entsprechenden Helden nicht ausgingen. Der erste U-Bootkommandant, der Großbritannien und Deutschland gleichermaßen aufrüttelte, war Kptlt. Günther Prien mit *U 47*, dem es gelang, die Verteidigungssperren von Scapa Flow, des riesigen Ankerplatzes der Royal Navy, in der Nacht vom 13./14. Oktober 1939 zu durchbrechen und das Schlachtschiff ROYAL OAK zu versenken. Der Angriff nahm einige Zeit in Anspruch, da der erste Fächer aus den Bugrohren, gefolgt von einem einzelnen Torpedo aus dem Heckrohr, keine Wirkung zeigte. Einer der Torpedos detonierte zwar, aber zum Glück für *U 47* gab es keine wirksame Reaktion. Nach dem Nachladen von drei Bugrohren schoss Kptlt. Prien einen zweiten Fächer und schickte das Schlachtschiff in weniger als 15 Minuten auf den Grund. Nach der Rückkehr wurde die gesamte Besatzung nach Berlin geflogen und mit dem Eisernen Kreuz ausgezeichnet. Kptlt. Prien erhielt als erster Angehöriger der Kriegsmarine das Ritterkreuz und sein Name wurde zu einem festen Begriff.

Später wurde offensichtlich, dass das Versenken eines großen Kriegsschiffes bisher kein ausreichender Grund zur Verleihung des Ritterkreuzes gewesen war. Kptlt. Otto Schuhart, der einen Monat zuvor mit *U 29* den Flugzeugträger COURAGEOUS in den »Western Approaches«, den westlichen Zugängen zu Großbritannien, versenkt hatte, erhielt das Ritterkreuz erst, als im Mai 1940 für ihn eine ausreichende Anzahl versenkter Tonnage zu Buche stand. Das zweite Ritterkreuz für die U-Bootwaffe ging am 1. März 1940 an Kptlt. Herbert Emil Schultze, das dritte einen Monat später an Karl Dönitz; ihnen folgten in den nächsten Monaten weitere Träger dieser Auszeichnung. In dieser Zeit begannen Namen wie Otto Kretschmer, Wilhelm Rollmann, Fritz-Julius Lemp und Heinrich Liebe berühmt zu werden, wobei die Medien dafür sorgten, dass ihre Taten einen maximalen Bekanntheitsgrad erhielten. Dramatische, die Gefühle weckenden Fanfaren knisterten aus den mit Röhren betriebenen Radios, unterbrachen die normalen Programme mit der Ankündigung: »Sondermeldung! Das Oberkommando der Wehrmacht gibt bekannt…« Helden tauchten in ständig zunehmender Anzahl auf und normale Männer in Uniform fanden sich als gefeierte Personen wieder.

23. März 1942: Männer von Kptlt. Heinrich (»Recke«) Lehmann-Willenbrocks *U 96* gehen nach dem Einlaufen an Land. Beachte die dicken Betonmauern des Bunkers auf der Landseite.

Das Leben in den Häfen und Stützpunkten

Der Leser, der Wolfgang Petersens denkwürdigen Film »Das Boot« gesehen hat, wird sich zweifellos an die Szene erinnern, in der eine Gruppe von Seeleuten auf Landurlaub fröhlich auf den vorbeifahrenden Wagen ihres Kommandanten von den Straßenrändern aus urinierend zu sehen war, sowie an eine weitere, in der U-Bootoffiziere einen beeindruckenden Gesellschaftsabend feierten. Als der Autor dieses Buches U-Bootfahrer frug, ob diese Darstellungen der Wahrheit entsprächen, waren die Antworten interessant. Die Hälfte von ihnen stimmte mit dem überein, was sie im Film gesehen hatten, während die andere Hälfte eisern der Auffassung war, dass derartige Ausschweifungen nie stattgefunden hätten. Diese Reaktion zeigt deutlich, dass es mehr als der Erinnerungen aus dem Gedächtnis bedarf, um die Ereignisse der Kriegsjahre zu rekonstruieren. Wenn es auch nur sehr wenige Aufzeichnungen darüber gibt, was U-Bootmänner in ihrer spärlichen Freizeit unternahmen, so war das U-Boot-Archiv doch glücklicherweise in der Lage, sich einen Stapel Briefe zu sichern, die von der Marinehelferin Margret Wiese stammen. Diese Briefe, die sie nach Hause an ihre Mutter schrieb, stellen vermutlich Aufzeichnungen dar, die zu den authentischsten gehören, die über das Sozialleben in ausländischen U-Bootstützpunkten vorhanden sind.

Zu Beginn des Krieges war Margret Wiese als Sekretärin Zivilangestellte bei der Kriegsmarinewerft Wilhelmshaven. Nach der Besetzung Frankreichs wurde 1940 ein Teil der Einrichtungen nach Brest verlegt und mit ihnen auch Margret Wiese versetzt. Zivilangestellte hatten hierbei keine Wahl; sie wurde als Marinehelferin dienstverpflichtet und unterstand damit ebenfalls der Militärgerichtsbarkeit, d.h. für die Aburteilung von Straftaten waren nach dem Militärstrafgesetzbuch und der Militärstrafgerichtsordnung keine bürgerlichen Gerichte sondern die Kriegsgerichte zuständig. Eine solche Versetzung nach Frankreich war nicht außergewöhnlich und die entsprechende Belehrung erfolgte durch VAdm. Hans-Herbert Stobwasser, den Werftdirektor von Brest. Ein ansehnlicher Stapel Gedrucktes informierte über alle Aspekte der Dienstvorschriften und üblichen Verhaltensregeln in fremden Ländern.

Trotz des Erlasses von Dienstvorschriften, die jedes vorstellbare Vorkommnis abdeckten, scheinen Marinehelferinnen einigen Anlass zur Besorgnis gegeben zu haben. Anfang September 1941 sah sich der Admiral gezwungen, sie daran zu erinnern, dass die Verhaltensregeln als eine Art Richtschnur erlassen worden wären, um für jeden das Leben erträglicher zu gestalten. Gleichzeitig empfand er die Notwendigkeit, Bestrafungen für hartnäckige Missetäter anzudrohen. Das größte Problem scheinen die Beachtung des Zapfenstreiches und das Verlassen der Gemeinschaftsräume um 23.30 Uhr gewesen zu sein. Obendrein hatten den Admiral einige der Helferinnen geärgert, die am Morgen nicht zum Dienst erschienen waren. Er erinnerte jede daran, dass es unerträglich wäre, wenn jede selbst darüber entscheiden würde, ob sie sich für fähig hielte, Dienst zu tun. Falls jemand das Gefühl hätte, zu krank zu sein, um zum Dienst zu erscheinen, dann müsse sie sich sofort krank melden bzw. ins Krankenrevier gehen. Erneut wies der Admiral darauf hin, dass die Vorschriften zum Nutzen eines jeden erlassen worden wären. Er könnte nicht begreifen, warum einige Helferinnen der Auffassung wären, sie stellten eine Einschränkung ihrer persönlichen Freiheit dar.

Alles in allem deuten die Klagen des Admirals darauf hin, dass seine Marinehelferinnen ein ziemlich ausgiebiges Nachtleben genossen hatten. Dieser Eindruck verstärkt sich noch beim Durchlesen der Rundschreiben, in denen der Admiral die Strafen umriss, die die Helferinnen zu erwarten hatten. Er betonte die Bedeutung, die er den Verfehlungen beimaß: Trunkenheit innerhalb und außerhalb des Dienstes, Unterlassen der pünktlichen Rückkehr vom Urlaub, Nichterscheinen zum Dienst, unerlaubtes und frühzeitiges Verlassen des Dienstes, ungehöriges Verhalten gegen Vorgesetzte, vorschriftswidriges oder unterlassenes Grüßen. Jede dieser Missetaten wurde mit Arrest bis zu vier Wochen Dauer im Militärgefängnis bestraft. Doch der Admiral verstand auch die Wichtigkeit von Belohnungen in seinem Bestreben, für einen leistungsfähigen Ablauf des Werftbetriebes zu sorgen, und versprach denjenigen, die sich ordentlich führten und ihren Dienst versahen, einen Platz an der Spitze der Urlaubsliste.

Wenn auch Margret Wiese mehrere Wochen lang ernstlich erkrankt war, so dass sie keinen Dienst machen konnte, so scheint sie doch das gesellschaftliche Leben in Frankreich mit reichlich Gelegenheiten, Theater und Konzerte zu besuchen, in vollen Zügen genossen zu haben (es ist interessant anzumerken, dass das Große Haus des Theaters in Brest im Februar 1942, um dem deutschen Publikum etwas zu bieten, eine deutsche Bearbeitung von Shakespeares »Ein Sommernachtstraum« aufführte). Doch abends in der Stadt auszugehen, war für eine junge Dame kein zu empfehlender Zeitvertreib. In einem der Briefe schrieb Margret Wiese ihrer Mutter, dass die Franzosen im allgemeinen sehr korrekt und höflich zu den Deutschen waren und dass keines der Mädchen et-

Castel de Rosmorduc in Lagona nahe Brest: Ein beeindruckendes Gebäude, übernommen als Herberge für die Unterbringung von U-Bootbesatzungen auf Landurlaub.

was von den Franzosen zu befürchten hätte. Doch das Benehmen mancher Deutscher und vor allem das der U-Bootbesatzungen ließe dagegen viel zu wünschen übrig. Die Mädchen müssten ihnen mit Bedacht aus dem Weg gehen. Die Sprache der U-Bootmänner wäre widerlich und die Mehrheit von ihnen ständig zu betrunken, um noch auf eigenen Füßen zu stehen. Sie hätten sich wahrscheinlich die ärgsten Freiheiten herausgenommen, wenn sie die Mädchen in die Enge hätten treiben können.

Margret Wiese, die in einer Dienststelle arbeitete, die für die Versorgung der U-Boote zuständig war, gehörte zu den wenigen deutschen Frauen, die nicht nach Deutschland evakuiert wurden, als die alliierten Armeen die deutschen Stützpunkte in Frankreich bedrohten. Bis zuletzt im Dienst bleibend, geriet sie schließlich in alliierte Gefangenschaft.

* * *

Die ersten in die französischen Atlantikhäfen einlaufenden U-Boote wurden sehr rasch neu ausgerüstet, und viele von ihnen standen bereits nach etwa einer Woche wieder in See. Später, als bessere Reparatureinrichtungen zur Verfügung standen, verlängerten sich die im Hafen verbrachten Zeiträume. Mitte 1941 verbrachte ein Boot zwischen den Feindfahrten durchschnittlich etwa 37 Tage im Hafen. Üblicherweise bedeutete dies, dass einige der Männer Marschpapiere für den Heimaturlaub erhielten. Die Restbesatzung blieb in Frankreich – oft weniger als ein halbes Dutzend Männer – und war gewöhnlich in Gemeinschaftsunterkünften untergebracht. Es geschah nur sehr selten, dass die Männer an Bord ihrer U-Boote schlafen mussten, während sie im Hafen lagen. Im allgemeinen waren Unterbringung und Verpflegung in den Gemeinschaftsunterkünften, häufig am Ort befindliche Hotels oder Kasernen, außerordentlich gut. Ein Faktor, der sich nicht zugunsten der übermäßig trinkenden und sich aalenden U-Bootmänner auswirkte, war die außerordentliche Leistungsfähigkeit der Atlantikwerften und ihrer französischen und deutschen Werftarbeiter. Infolgedessen waren die Boote innerhalb verhältnismäßig kurzer Zeit wieder einsatzbereit.

Im Gegensatz zu Großbritannien stellte Deutschland seine industrielle Leistung erst 1944 auf volle Kriegsproduktion um, und so wurde bis zu diesem Zeitpunkt noch eine große Vielfalt an unnötigen Konsumgütern hergestellt. Immerhin waren die Verknappungen der Wirtschaftskrise vor dem Krieg noch nicht vollständig verschwunden gewesen. Zudem hatten viele Deutsche die Worte Reichsmarschall Görings nur widerwillig hingenommen, dass es für ihre Sicherheit besser wäre, Panzer und Flugzeuge statt Butter zu produzieren. Daher waren die Deutschen an Verknappungen gewöhnt. In Frankreich gab es dagegen bis fast zum Ende der deutschen Besetzung hin alles zu kaufen und die U-Bootmänner konnten dort unbekannte Luxusgüter erwerben und mit nach Hause nehmen.

Als die Engländer begannen, die französischen Häfen zu bombardieren, verlief das Leben ungemütlicher. Auf deutscher Seite wurden die militärischen Einrichtungen aus den Zielgebieten verlegt und gleichzeitig wurde der Bau massiver Bunker in Angriff genommen, die teilweise noch heute stehen. Diese *U-Bootbunker* dienten dem Zweck, den U-Booten nicht nur einen sicheren Ankerplatz sondern auch Trockendock-Einrichtungen zur Verfügung zu stellen. Daneben gab es andere, die den Männern auch eine bequeme und sichere Unterbringung boten.

Es ist eher seltsam, dass sowohl die britischen wie auch die amerikanischen Verhörprotokolle sowie andere nachrichtendienstliche Berichte dem Thema der Prostitution beträchtlichen Raum zu widmen scheinen. Die Dokumente listen nicht nur die Bordelle auf, sondern enthalten sogar noch weitere Einzelheiten, so etwa wie viele Mädchen dort beschäftigt waren, was sie verlangten und wie lange sie täglich zur Verfügung standen. Die Prostitution ist stets Teil des menschlichen Lebens gewesen und die zuständigen deutschen Dienststellen vertraten die Ansicht, dass es besser ist, diese Aktivitäten in der Öffentlichkeit zu überwachen, als sie in den Untergrund zu treiben. Es gab ein angemessenes Angebot an Bordellen, wenn sich auch anfänglich an einigen Orten Offiziere und Mannschaften in dieselben Einrichtungen teilen mussten. Geschichten von der Art, dass die Kriegsmarine deutsche Prostituierte nach Frankreich geschickt hätte, damit diese ihre französischen Kolleginnen in der Unterhaltung der U-Bootmänner ausbilden könnten, scheinen wohl eher ins Reich der Fabel zu gehören. Auf deutscher Seite galt durchaus eine Hauptsorge dem Wohlergehen der sehr jungen Männer, die sich unter normalen Umständen noch unter den Fittichen ihrer Eltern befunden hätten (der Leser mag sich erinnern, dass sich diese Ereignisse vor mehr als einem halben Jahrhundert abspielten). Allerdings galt diese Sorge weniger dem moralischen Schutz der Jungs als ihrer körperlichen Gesundheit.* Wenn ein Teil einer U-Bootbesatzung mit Geschlechtskrankheiten im Lazarett lag, so trug dies nicht zu den Kriegsanstrengungen bei. Die Idee, eine Ansteckung von U-Bootpersonal absichtlich herbeizuführen, scheint auf beiden Seiten einige Köpfe beschäftigt zu haben, aber es ist zweifelhaft, ob sie je in die Tat umgesetzt wurde.

*A.d.L.: Korvettenkapitän Wolfgang Lüth äußerte sich u.a. auch zu dieser Problematik in seinem bemerkenswerten Vortrag »Menschenführung auf einem U-Boot«, gehalten auf der Befehlshabertagung der Kriegsmarine in Weimar am 17.12.1943. Dieser ist ungekürzt wiedergegeben in *V.E. Tarrant: Kurs Atlantik – Die deutschen U-Boot-Offensiven 1914-1945.* Motorbuch Verlag, Stuttgart 1993 (Seite 240 ff).

***Oben rechts:* Auch in diesem unbekannten »Atlantic-Hotel« wurden U-Bootmänner untergebracht – von der Vegetation her vielleicht nahe Bordeaux, dem Stützpunkt der 12. U-Flottille?**

***Unten rechts:* Ein Portepee-Unteroffizier genießt die Ruhe und den Frieden. Nach der stinkenden Metallröhre des Bootes hat niemand Einwände gegen ein Doppelzimmer.**

ATLANTIC
HOTEL

Links und unten: Der eigentliche Ablauf des Landurlaubs, um sich zu erholen: Getränke, Tabak, Aalen im Sonnenschein, Einkaufen, Plaudereien.

Unten: Nach dem ersten Ausruhen gab der kurze Aufenthalt im Hafen den Männern Gelegenheit, eine etwas feinere Uniform zu tragen, wie etwa das weiße Sommerjackett hier in La Baule. Im Bild Angehörige der 7. U-Flottille, stationiert in St. Nazaire. Von links nach rechts Erich Zürn (L.I. von *U 48*) und die Kommandanten Friedrich Guggenberger, Heinrich Schonder, Helmut Rosenbaum, Fritz Frauenheim und Hans-Werner Kraus.

Nachdem die britische Luftwaffe begonnen hatte, regelmäßig die Häfen anzugreifen, wurden gut geschützte Bunkerquartiere geschaffen. Blick ins Innere eines der »unterirdischen Hotels« für Marinepersonal.

Unten und rechts: Fototermin im März 1944. Die heimgekehrte Besatzung von *U 989* (ObltzS. Hardo Rodler v. Roithberg) vor dem Kommando der 9. U-Flottille in Brest unter dem Emblem der Flottille, dem Schwertfisch. Daneben nochmals der Kommandant mit seinem Flottillenchef, KKpt. Heinrich Lehmann-Willenbrock.

Ganz unten: Nicht überall war die Unterbringung zwischen den Feindfahrten komfortabel. Weit entfernt vom wohligen Leben in den französischen Atlantikhäfen haben zwei VII-C-Boote längs des Werkstattschiffes KAMERUN, 1943 Wohnschiff mit dem F.d.U. Norwegen an Bord, im nordnorwegischen Narvik festgemacht.

4. Kapitel:

Die U-Bootbesatzung im Kampf

»Alarm!«

U-Bootbesatzungen konnten in eine augenblickliche Hektik versetzt werden, sobald der Schrei »Alarm!« oder der Befehl »Auf Gefechtsstation!« ertönten. Ersteres war von beiden das nervenaufreibendere Ereignis, denn ihm folgte in aller Regel ein Angriff auf das Boot und das Überleben hing von der schnellen Reaktion jedes Einzelnen ab.

Das *»Alarmtauchen«*, d.h. ein äußerst schnelles Tauchen in sichere Tiefe, wurde mit zunehmender Kriegsdauer immer wichtiger; denn das Flugzeug begann, in der »Schlacht im Atlantik« eine immer größere Rolle zu spielen. Nach den Dienstvorschriften der Vorkriegszeit mussten alle Klappen, Ventile und Luken geschlossen werden, ehe die Tauchzellen geflutet werden konnten. Unter Gefechtsbedingungen wurde in See nur noch das Hauptturmluk benutzt. Ein außer Reichweite der Fla-Geschütze eines U-Bootes kreisendes Flugzeug brauchte etwa zehn Sekunden mehr als die schnellste Tauchzeit des Bootes betrug, um anzufliegen und Wasserbomben zu werfen. Im späteren Verlauf des Krieges verbesserten die U-Bootmänner selbst den Tauchvorgang in der Hoffnung, in diesem kritischen »Kampf um Sekunden« einen Vorteil zu erlangen. Das Tauchen begann häufig im selben Augenblick, in dem der Alarmknopf gedrückt wurde, und es war absolut notwendig, sich auf die Leistungsfähigkeit der Besatzung zu verlassen, um die Klappen und das Turmluk zu schließen, ehe das Wasser einströmte. Es wird nie mehr festzustellen sein, ob und wie viele U-Boote gesunken sind, weil übermüdete Männer nicht rasch genug reagierten. Doch es gibt ein paar Fälle von Booten, die nicht untergingen, obwohl das Luk noch teilweise offen stand oder Klappen nicht geschlossen waren.

So bemerkte z.B. LtzS. Bruno Langenberg, WO auf *U 377*, um nach dem Alarm auf Tiefe zu kommen, in der Eile nicht, dass sich der große Haken seines Sicherheitsgurts im Brückenbelag außerhalb des Bootes verklemmt hatte. Das andere Ende des Gurts war fest um seinen Körper gelegt, und so war es unmöglich, das Turmluk zu schließen. Lt.(Ing.) Karl-Heinz Nitschke, der L.I., der bereits einige Feindfahrten hinter sich hatte und genügend Erfahrung besaß, stand am Fuß des Niedergangs in der Zentrale, mit einem Auge das Turmluk und mit dem anderen die Anzeigen im Blickfeld behaltend. Er entschied sofort, das Tauchen abzubrechen und wieder aufzutauchen, als die See anfing, durch das verklemmte Luk zu strömen. Dies war kein einfaches Manöver; denn es gab für das, was er vorhatte, keinen automatischen Befehlsvorgang. Er musste den Männern, die etwas vollständig Gegensätzliches zu tun erwartet hatten, die erforderlichen Befehle nacheinander in der richtigen Reihenfolge er-

Der diensthabende Maschinenmaat vor dem E-Motorenfahrstand im E-Maschinenraum, der zugleich Hecktorpedoraum ist. Der Blick geht nach Backbord und nach vorn. Hinter dem Maat beachte die »Unteroffiziers-tressen« in den Kragenecken des Arbeitsanzuges – befindet sich der Durchgang zum Dieselmotorenraum.

teilen. Gleichzeitig schloss er das Zentraleluk zwischen der Zentrale und dem Kommandantenstand im Turm. Nachdem das Wasser wieder aus dem Turm herausgepumpt worden war, konnte Langenberg noch lebend geborgen werden. Doch *U 377* hatte außerordentliches Glück gehabt, dass in diesem kritischen Augenblick kein Angriff erfolgt war.

Den Befehl *»Auf Gefechtsstation!«* erteilte der Kommandant in der Regel in einer weniger dringenden Lage. Ihm folgte eine etwas gelassenere Reaktion der Besatzung, wenn auch stets eine Atmosphäre gespannter Erwartung in der Luft lag. Es bestanden keine besonderen Vorschriften, die zu befolgen waren, wenn angegriffen werden sollte. Die Kommandanten konnten hierbei nach eigenem Gutdünken handeln. So ergaben sich beträchtlich voneinander abweichende Verfahrensweisen.

Tauchen und Auftauchen

Schnelles Tauchen bedingte einen Vorwärtsschub des Bootes mit hoher Fahrt. Da die Dieselmotoren abgeschaltet werden mussten, ehe die Abgasklappen geschlossen wurden, hatten die weniger leistungsstarken E-Motoren den notwendigen Vortrieb aufrechtzuerhalten. Gleichzeitig mussten alle entbehrlichen Männer nach vorn zum Bugtorpedoraum laufen, um dem Boot Buglastigkeit zu verleihen, während die Lüftungsklappen geöffnet, die Tauchzellen geflutet und die Tiefenruder zum Tauchen schräg abwärts gestellt wurden (da dieser Vorgang weitgehend ohne die umfangreiche Erteilung spezieller Befehle vonstatten ging, ist es verständlich, wenn die Filmemacher dringliche Dialoge erfunden haben, um ihrem Publikum bewusst zu machen, was vor sich geht. Die oberflächlichen Einwendungen in den Szenen aus dem Film »Das Boot« sind ein wenig wirklichkeitsfremd). Weil sich nun in technische Texte dieser Art eine Anzahl weiterer fantasiereicher Vorstellungen eingeschlichen hat, mag es von Nutzen sein, die Technik des Tauchens und Auftauchens einer Betrachtung zu unterziehen.

Zu diesem Zweck besaßen U-Boote zwei grundsätzliche Arten von Zellen: Trimmzellen und Tauchzellen. Mit den ersteren sollte der Trimm des Bootes (die Schwimmlage in der Längsrichtung) durch Herstellen des Gleichgewichtszustandes (Null-Lastigkeit) erreicht werden. Nach dem Verlassen des Hafens tauchte das Boot, so dass der L.I. den Trimm durch das Einlaufen von genau der richtigen Menge Wasser in die entsprechenden Zellen ermitteln konnte (Trimm- oder Prüfungstauchen). Sie lagen im Inneren des Druckkörpers an beiden Enden des Bootes und Wasser konnte von dem einen zum anderen Ende gepumpt oder durch Druckluft gedrückt werden. Deutsche U-Boote besaßen vorn und achtern je zwei Zellen, die durch eine Trimmleitung an Steuerbord und Backbord miteinander verbunden waren. In diesem System stand an Steuerbord eine Zelle vorn unter Druckluft, während die entsprechende Zelle achtern unter normalem Druck verblieb. Das Öffnen eines Hahns in der Zentrale führte zum Ausblasen des Wassers durch die Druckluft aus der vorderen in die achtere Zelle. Die Seiten waren nunmehr vertauscht und das nächste Trimmen erfolgte von achtern nach vorn. Das andere Zellenpaar an Backbord arbeitete genau umgekehrt. Diese Trimmeinrichtung hatte den Vorteil einer weitgehenden Geräuschlosigkeit, da keine elektrischen Pumpen laufen mussten. Wenn dieser Trimmvorgang auch geräuschlos verlief, so musste der Gewichtsausgleich unter Gefechtsbedingungen doch durch das Hin- und Herlaufen der Männer im Bootsinneren unterstützt werden, denn hierdurch beschleunigte sich dieser Prozess.

Da es ziemlich unmöglich ist, eine vollständige Null-Lastigkeit zu erreichen, d.h. ein Zustand, bei dem ein getauchtes U-Boot weder vor- noch achterlastig ist, hatten die Deutschen ihre Boote so geregelt (Regelzellen), dass das Gewicht des Bootes etwas größer als sein Auftrieb war, d.h. das Boot würde langsam absinken. Ein genaues Tiefensteuern wurde dann mit Hilfe der vorderen und achteren Tiefenruder ermöglicht, die eine ähnliche Funktion wie das Höhenruder eines Flugzeuges haben. Steuerruder und Tiefenruder funktionierten jedoch nur, solange das Boot Fahrt durchs Wasser machte. Daher konnte ein Boot nur Tiefe halten, solange seine Batterien genug Antriebsleistung für die Propeller lieferten.

Sobald der Trimm ermittelt war, verliehen die leeren Tauchzellen dem Boot den erforderlichen Auftrieb für die Überwasserfahrt, während ihr Fluten mit Seewasser zum

Maschinenobergefreiter Gerhard Fischer von *U 376* (Kptlt. Kriedrich-Karl Marks) auf Wache im Dieselmotorenraum.

Tauchen führte. Manche technischen Bücher legen dar, dass die Tauchzellen mit Druckluft ausgeblasen werden, um ein getauchtes U-Boot an die Wasseroberfläche zu bringen. Doch dies ist nicht ganz korrekt. Die Flutschlitze der Tauchzellen bleiben immer offen, nur ihre Lüftungsklappen werden geöffnet bzw, geschlossen. Da der Wasserdruck mit dem Steigen des Bootes langsam abnimmt, dehnt sich bei geschlossenen Entlüftungen auch die Luft in den Tauchzellen aus. Dies könnte zu einer unkontrollierten Aufwärtsbewegung führen.

Um zu verhindern, dass ein Boot in einer Wolke von Luftblasen wie ein unter Wasser freigesetzter Champagner-Korken an die Oberfläche schießt, musste ein sorgfältiges Auftauchmanöver durchgeführt werden. Dieses bestand jedoch nicht im sofortigen Ausblasen der Tauchzellen. Im Gegenteil, die Tauchzellen wurden mit Druckluft nur angeblasen, um beim Steigen des Bootes der Ausdehnung Raum zu geben. Das Tempo war unterschiedlich, aber im allgemeinen ist eine Tonne pro 100 m ein Annäherungswert.

Vor dem Auftauchen war die Feststellung erforderlich, ob dies sicher erfolgen konnte. Dies geschah durch eine Rundumsuche mit dem Horchgerät, das Schiffe durch ihre Propellergeräusche auf eine größere Entfernung orten konnte, als dies mit einem Rundblick durch das Sehrohr im Kommandoturm allein möglich war. Das Schlagen des Seegangs gegen den Bootskörper und der eigene Maschinenlärm ließen jedoch ein Benutzen des Horchgeräts an der Wasseroberfläche nicht zu. Der nächste Schritt bestand im Einsetzen der schräg aufwärts gestellten Tiefenruder, um das Boot mit dem Vortrieb auf Sehrohrtiefe einzusteuern und anschließend durch Anblasen der Tauchzellen an die Oberfläche zu bringen. Gleichzeitig brachte das Austrimmen das Boot einigermaßen auf einen ebenen Kiel. Doch das Boot war noch zu schwer, um ganz aufzutauchen. Sobald daher der Turm die Wasseroberfläche durchbrach und die oberen Enden der Lüftungsschächte frei waren, konnten die Dieselmotoren angeworfen werden, um mit den Abgasen das restliche Wasser aus den Tauchzellen auszublasen. Dies hatte den Vorteil, Druckluft zu sparen.

Wie bereits ausgeführt, gestatteten die offenen Entlüftungen das Entweichen der Luft aus den Tauchzellen, durch die stets offenen Flutschlitze strömte das Seewasser nach und das U-Boot tauchte. Danach wurden die Lüftungsklappen geschlossen. Noch in den Tauchzellen vorhandene Luft oder Abgase bewirkten den erforderlichen Auftrieb, um das Boot schwimmend zu erhalten. Um das Boot auftauchen zu lassen, war es oft sehr schwierig, die genau richtige Menge an Druckluft oder Abgasen zu bemessen, die zur Steigerung des Auftriebs in die Tauchzellen einströmen sollte. Vor allem dann, wenn die kurze Distanz zwischen Sehrohrtiefe und Wasseroberfläche noch einen beträchtlichen Unterschied im Wasserdruck bedeutete. Folglich erschienen die Boote oft in einem Schwall Blasen und Schaum an der Oberfläche.

U 570 (Kptlt. Hans Rahmlow) tauchte am 27. August 1941 auf diese Art direkt unter einem »Hudon«-Bomber der RAF (Sqn.Ldr. James Thompson) auf, der ohne Zögern angriff. Der Rest des Geschehens ist bekannt: *U 570* ergab sich der RAF-Maschine. Fälle, wonach U-Boote direkt unter einem Flugzeug im toten Winkel des Sehrohrs auftauchten, waren jedoch sehr selten. Nur ein paar Piloten des Küstenkommandos (Coastal Command) der RAF waren Zeuge, wie ein U-Boot tatsächlich die Wasseroberfläche durchbrach. Viel öfter trat der Fall ein, dass ein Boot unter Wasser verschwand, ehe das Flugzeug heran war.

Falls ein U-Boot während des Tauchens Beschädigungen erlitt, konnte es außer Kontrolle in die Tiefe sinken, ohne dass die Tiefenruder reagierten, bis das Boot schließlich vom Wasserdruck zerstört wurde oder auf dem Meeresgrund auftraf. Ein langsames Absinken konnte durch die rückwärts laufenden Propeller korrigiert werden. Doch wenn alles fehlschlug, gab es immer noch die Möglichkeit, durch Ausblasen der Tauchzellen mit Druckluft an die Wasseroberfläche zurückzukehren. Dieses Manöver hätte jedoch eine unkontrollierte Aufwärtsbewegung zur Folge. Falls der Gegner auf der Lauer lag, stünde an ihrem Ende ein Aufgeben des Bootes, ehe es zum letzten Mal untertauchte (ein solches Ereignis führte dazu, dass Karl Dönitz im Ersten Weltkrieg in Gefangenschaft geriet).

Boote, die auf Grund lagen, hatten noch mehrere Möglichkeiten, auch wenn das Ausblasen der Tauchzellen scheiterte, um nach oben zu kommen. Zu diesem Zweck konnten noch die Trimmzellen ausgeblasen, der Treibstoff abgelassen und die Torpedos über Bord befördert werden, um das Boot leichter zu machen. Diese Maßnahmen hingen jedoch alle davon ab, dass ausreichend Druckluft und elektrische Leistung vorhanden waren. Zudem muss daran erinnert werden, dass das Volumen der Luft vom außenbords herrschenden Wasserdruck abhing. Je größer die Tiefe war, in der sich das U-Boot befand, umso mehr wurde die Luft in den Tauchzellen zusammengepresst; sie füllte einen umso kleineren Raum aus, je weiter das Boot von der Wasseroberfläche entfernt war. In flachen Gewässern wäre es sogar möglich, eine der Ballastpumpen zu benutzen, um das Wasser aus dem Inneren zu befördern.

Die Auswirkungen des Gewichtes der Torpedos waren beträchtlich. Daher befanden sich unterhalb der Torpedorohre die Torpedozellen, um den Gewichtsverlust nach dem Abfeuern eines Torpedos auszugleichen. Hierbei ergab sich vor allem dann eine kritische Situation, wenn ein Unterwasserschuss erfolgte. Es sind mehrere Fälle von U-Booten bekannt, die unbeabsichtigt aus dem Wasser kamen, ehe die Torpedozellen geflutet werden konnten, um den korrekten Trimm herzustellen. Das Gewicht eines Torpedos betrug etwa 1,9 t. Wurde ein Fächer von drei Torpedos aus den Bugrohren geschossen, ergab sich ein plötzlicher Gewichtsverlust von 5,7 t. Da bereits ein einzelner Mann, der von einem zum anderen Ende des Bootes lief, den Trimm durcheinander bringen konnte, ist es klar, dass ein derart großer Gewichtsunterschied einiges Geschick zum Ausgleich erforderte.

Grundriss eines U-Bootes vom Typ VII C – des Standardtyps der »Schlacht im Atlantik«.

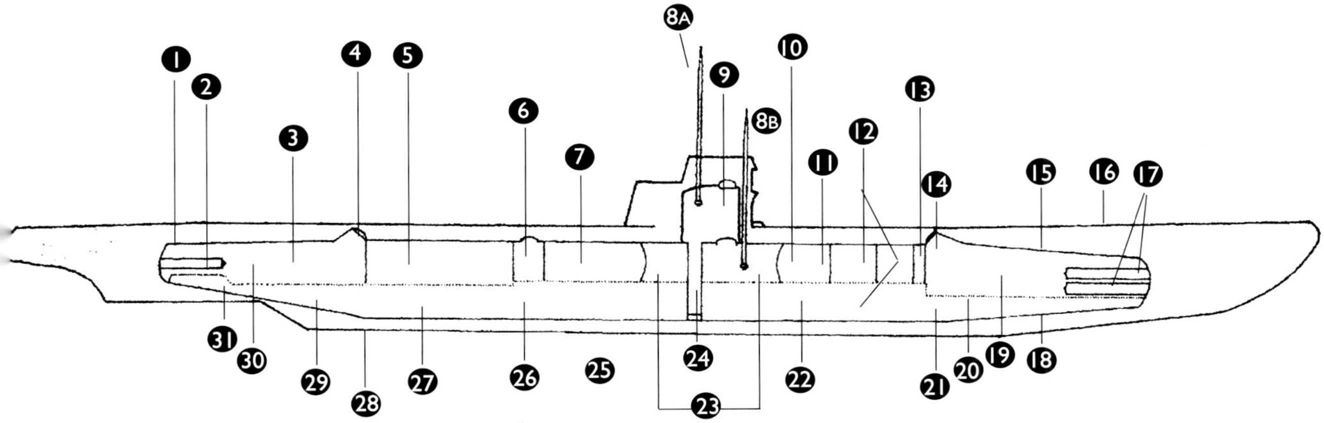

1 Nach dem Tauchen durchfluteter Raum in der Verkleidung zwischen Oberkante Druckkörper und Oberdeck (groß genug, damit sich ein Mann darin bewegen konnte). **2** Torpedorohr (1 x 53,3 cm). **3** E-Maschinenraum (siehe auch 30). **4** Achteres Torpedoluk. **5** Dieselmotorenraum. **6** Kombüse mit Kombüsenluk (achteres WC an Stb.). **7** Unteroffiziersraum. **8a** Angriffssehrohr. **8b** Beobachtungs- bzw. Luftzielsehrohr. **9** Druckfestes Turminnere (Kommandantenstand) mit dem Turmluk zur Brücke. **10** Kommandantenraum an Bb. mit dem Funkraum an Stb. **11** Horchraum an Stb. **12** Offiziersraum (Trinkwasserzelle 3 an Stb.), anschl. Oberfeldwebelraum – darunter Batterieraum 2 (siehe 25). **13** Vorderes WC und Waschraum. **14** Vorderes Torpedoluk. **15** Oberkante Druckkörper. **16** Oberdeck. **17** Bugtorpedorohre (4 x 53,3 cm). **18** Unterkante Druckkörper. **19** Bugtorpedo- und Mannschaftswohnraum. **20** Die gestrichelte Linie markiert die Flurplatten-Ebene im Bootsinneren. **21** Unterhalb der Flurplatten: Vordere Wasserzellen, Trimm- und Torpedozellen sowie Reservetorpedos. **22** Stauraum für Munition. **23** Zentrale mit Zentraleluk zum Kommandantenstand – unter der Zentrale die Tauchzelle 3. **24** Sehrohrschacht. **25** Batterieraum 1 (mit ausreichend Bewegungsraum für einen kleineren Mann zwischen den Akku-Bänken und den Flurplatten zur Wartung). **26** Achtere Wasch- und Schmutzwasserzellen. **27** Trinkwasserzelle 1 und Motorenöltank. **28** Kiel. **29** Achterer Reservetorpedo. **30** Zugleich Hecktorpedoraum. **31** Achtere Trimm- und Torpedozellen.

Unterwasserangriffe

Angriffe unter Wasser konnten mit Torpedos oder Seeminen durchgeführt werden, obwohl zu Kriegsbeginn nur etwa drei Viertel der Kommandanten das Legen von Minen geübt hatten. Zudem war nur ein Bruchteil der Torpedorohre, hauptsächlich bei kleineren U-Booten, für den Ausstoss von Minen umgerüstet worden. Trotz dieser Nachteile wurde das Minenlegen zu einer Hauptangriffsart während des ersten Kriegswinters. Für den Großteil der Besatzung glichen sich ihre Gefechtsstationen bei Angriffen mit beiden Waffen, wenn auch die Verfahren etwas unterschiedlich waren.

Kommandantenstand im Turm

Um einen Torpedo zu schießen, saß der Kommandant auf einem am Angriffssehrohr befestigten Sitz im Kommandantenstand, der sich im druckfesten Inneren des Turms befand. Trotz dieses winzigen und außerordentlich beengten Raums hatte die deutsche Marine dieses System eingeführt: ein Sitz, der sich mit den Okularen um das Sehrohr drehte. Selbst mit einer modernen Kamera, die ein Weitwinkelobjektiv besaß, wäre es fast unmöglich gewesen, jemand zu fotografieren, der in einem Boot vom Typ VII C in dieser Angriffsposition saß; denn die Entfernung zwischen Kamera und Objekt war viel zu gering. Fast alle Fotos, die Kommandanten in einer Gefechtssituation zeigen sollten, waren am Beobachtungssehrohr in der Zentrale aufgenommen worden. Dieses Sehrohr, das auch der Navigation diente, endete ein Deck tiefer als das Angriffssehrohr. Es wurde mit Hilfe der bekannten, beiklappbaren Handgriffe an beiden Seiten der Okulare ausgefahren und gedreht, während der Sitz am unteren Ende des Angriffssehrohrs durch das Betätigen von zwei Knöpfen mit den Füßen bewegt wurde.

Es gab gerade ausreichend Platz, um dem Kommandanten zu gestatten, sich um das Sehrohr zu bewegen, und für zumindest einen weiteren Mann, um den Torpedorechner zu bedienen. Theoretisch sollte das Zentraleluk nach dem Tauchen geschlossen und alle Befehle durch das Sprachrohr übermittelt werden. Doch in der Praxis blieb das Luk bei der Mehrheit der Boote offen. Die Werte des Torpedorechners wurden automatisch an den Heck- und an den Bugtorpedoraum übermittelt.

Zentrale

Von hier aus überwachte der Leitende Ingenieur alle technischen Vorgänge und erteilte seine Befehle. Zwei Tiefenrudergänger hielten das U-Boot mit den Tiefenrudern auf Sehrohrtiefe. Korrektes Tiefesteuern war eine wichtige Aufgabe,

Blick durchs Kugelschott in die Zentrale. Kptlt. Helmut Rosenbaum, der Kommandant von *U 73*, mit seinem I.W.O., OblzS. Horst Deckert (der nach ihm das Boot führte), am schmalen Kartentisch. Hinter ihnen ist der Obermaschinist Karl Keller zu erkennen.

Der E-Obermaschinist von *U 73* prüft den Kreiselkompass in der Zentrale.

ehe auf den neuen U-Booten des Typs XXI gegen Kriegsende das automatische Tiefensteuerungssystem eingeführt wurde. Daneben gab es den Gefechtsrudergänger, der seine Befehle direkt vom Kommandanten erhielt. Auf einem kleinen Kartentisch zeichnete der Obersteuermann den Kurs auf. Der für die Zentrale verantwortliche Obermaat, auch als Zentralemaat bezeichnet, stand mit seinen Männern bereit, um die Tiefenruder und die Ventile zu bedienen, sollte der Befehl zum Auftauchen gegeben werden.

Funk- und Horchraum

Zu seiner Besetzung gehörten üblicherweise ein Funkmeister, ein Maat und zwei Mann. Unter Wasser war der Gebrauch der Funkanlage etwas eingeschränkt. Doch es war möglich, eine Sehrohr-Antenne auszufahren, und im gesamten Nordatlantik war es bis an die Ostküste der USA möglich, die Funksprüche der U-Bootführung zu empfangen, ohne einen Teil des Bootes über Wasser zeigen zu müssen. Während eines Unterwasserangriffs war das Gruppenhorchgerät (GHG), eine Anordnung von Mikrofonen im Vorschiff, ständig in Betrieb. Das Einhalten der Funkstille bedeutete, dass sich zu übermittelnde Funksprüche ansammelten, die nacheinander nach einem Gefecht gesendet wurden, sobald dem Gegner die Anwesenheit des Bootes bekannt geworden war.

Bugtorpedoraum

Der Torpedomechaniker – die Mechanikerlaufbahn gehörte zu den seemännischen nicht zu den technischen Laufbahnen – war der einzige Portepee-Unteroffizier, der im Bugraum untergebracht war. Er war dort weder für den Tagesablauf verantwortlich noch gehörte er zu den ständigen Wachgängern, sondern kümmerte sich ausschließlich um seine Torpedos und die Rohre. Seine Gefechtsstation hatte er zusammen mit einem Maat und ein oder zwei Mann an den Torpedorohren. Die Einstellungen an den Torpedos wurden automatisch durch einen Anzeiger übermittelt, der sich an der Deckunterseite in Höhe der Abfeuerungshebel an den Bodenverschlüssen der Rohre befand. Im späteren Kriegsverlauf kam zwischen den vier Bugrohren direkt vor dem Druckkörper eine Einstellvorrichtung für den am Geleitzug einzusetzenden FAT hinzu. Die bereits in den Rohren befindlichen Torpedos einzustellen, war eine einfache Sache, die aus dem Drehen einiger Handräder bestand, bis ihre Anzeigen dieselbe Position wie die vom Torpedorechner übermittelten Pfeile aufwiesen. Obwohl es möglich war, die Torpedos vom Kommandantenstand im Turm aus abzufeuern, bestand die Mehrheit der Kommandanten darauf, den Befehl »Los!« mündlich durchs Boot zu übermitteln, woraufhin ebenfalls der oder die Abfeuerungshebel gedrückt wurden. Die Bedienung des Heckrohrs oblag in der Regel einem einzigen Mann, zu dem ggf. ein Maat oder der Torpedomechaniker stieß, falls dies erforderlich war.

Die Boote der Typen VII A bis VII C führten zu Beginn des Krieges 14 Torpedos wie folgt mit: 5 Torpedos bereit zum Abfeuern in den Rohren, unter den Flurplatten des Heckraums ein Torpedo, unter den Flurplatten des Bugraums 6 Torpedos (4 + 2 darüber) sowie zwei weitere in Oberdeckstuben vorn und achtern unter der Verkleidung. Die beiden Außenbehälter dienten nur der Lagerung und die Torpedos mussten erst durch das Torpedoluk ins Bootsinnere befördert werden, ehe sie in die Rohre geladen werden konnten. Da dies ein längerer und komplizierter Vorgang war, der eine erhebliche Zeitspanne in aufgetauchtem Zustand beanspruchte, wurde die Gesamtzahl der mitgeführten Torpedos infolge der zunehmenden Stärke der Alliierten in der Luft und zur See später auf zwölf verringert. Die Reservetorpedos waren in ihrem Stauraum mit Klampen gesichert, damit sie bei grobem Seegang nicht rollten. Die für das Nachladen erforderliche Zeit hing vom Lagerungsort und vom Zeitaufwand für die Vorbereitungen ab. Auf den Atlantikbooten des Zweiten Weltkrieges mussten die Torpedos mit einer Winsch gehandhabt werden. Daher dauerte das Nachladen eines Rohres in der Regel mindestens 30 Minuten.

E-Maschinenraum

Die Schalttafeln befanden sich über den beiden E-Motoren an Backbord und Steuerbord und für die Bedienung und Wartung der gesamten Anlage waren ein E-Obermaschinist, zwei Maate und zwei Mann zuständig.

Dieselmotorenraum

Obwohl die Dieselmotoren während eines Unterwasserangriffs nicht gebraucht wurden, befanden sich der Dieselobermaschinist, zwei Maate und vier Mann in Bereitschaft, falls der Befehl zum Auftauchen gegeben wurde. Dem Personal im Dieselmotorenraum stand eine kleine Werkbank zur Verfügung, die an ereignislosen Tagen in See oft zu handwerklichen Arbeiten gebraucht wurde. Manch knifflige Bastelarbeit fertigten die Männer an ihr an, wie z.B. die inoffiziellen Bootsabzeichen an den Bordmützen und andere Seemannsarbeiten. So entstanden auch die selbst gefertigten Auszeichnungen wie das U-Bootkriegsabzeichen auf Seite 35.

Koch und Kombüse

Der »Smutje« hatte keine Pflichten als Wachgänger. Selbst dann, wenn alles auf Gefechtsstation war, bestand seine Hauptaufgabe wie stets darin, für gutes Essen zu sorgen. Daneben hatte er nur noch die Pflicht, Leckagen am Kombüsenluk zu melden. Die Mehrheit der Köche hatte einen Ausbildungslehrgang für Feldköche absolviert, ehe sie mit einem U-Boot in See gingen. Allerdings gab es Situationen, in denen auch andere diese Aufgabe kurzfristig übernehmen mussten. In die Lage versetzt, ohne Koch in See zu gehen, übertrug Claus Korth einem anderen Angehörigen der Besatzung diese Aufgabe und gab bekannt: »Der Erste, der sich über das Essen beschwert, wird an seiner statt zum Smutje ernannt!« Gewöhnlich hatten die Seeleute dem Koch zu helfen, um z.B. Kartoffeln zu schälen oder abzuwaschen. Das Essen war im allgemeinen gut; die Hauptmahlzeiten bestanden wochentags aus zwei sowie sonn- und feiertags aus vier bis fünf Gängen. Trotz des unnatürlichen Lebens, das eine U-Bootbesatzung führte, ergriffen viele Kommandanten die Gelegenheit, um mit dem Herausheben von Sonntagen, Geburtstagen und besondere Feiertagen ein wenig Abwechslung in die öde Bordroutine zu bringen. Obgleich behauptet worden ist, Alkohol wäre in See nicht gestattet gewesen, gab es manche Boote und auch Männer, die überraschende Mengen mitführten.

Tiefenruder-Steuerstände – Notfahrstand

Das Steuern und Überwachen der Tiefenruder erfolgte in der Regel elektrisch von der Zentrale aus. Hierzu hatten die beiden nebeneinander sitzenden Tiefenrudergänger ihre

Wie auf allen veröffentlichten Fotos dieser Art ist hier der Kommandant zu sehen, wie er das Beobachtungssehrohr in der Zentrale benutzt. Im winzigen Kommandantenstand oben im druckfesten Inneren des Turmes, in dem sich das Angriffssehrohr mit dem daran befestigten Sitz des Kommandanten befand, gab es für einen Fotografen keinen Platz. Der Handgriff oberhalb der rechten Hand des Kommandanten diente zum Verändern der Vergrößerung. Daneben gab es einen weiteren Hebel, um das Blickfeld optisch zu kippen, d.h. von der Luftraum- zur Oberflächenbeobachtung überzugehen und umgekehrt.

Dieser Techniker bedient den sog. *Christbaum*, d.h. die Ventile der Trimmeinrichtung – weniger als ein Viertel dieses hoch komplizierten Handräder-Systems ist hier sichtbar. Jedes Handrad unterscheidet sich geringfügig von den anderen, damit die Bedienenden in der Lage sind, ihre Aufgabe auch blind zu erfüllen.

Der Tiefenruderstand in der Zentrale an Steuerbord (mit einem Notstand vorn und achtern). Der Rudergänger links bedient die vorderen und sein Kamerad zur Rechten die achteren Tiefenruder. Die Skalen jeweils rechts von den Köpfen der Rudergänger zeigen die Position der Tiefenruder an.

Hände um zwei Handgriffe gelegt und drückten mit ihren Handballen auf Knöpfe. Durch Drehen eines großen Rades vor den Anzeigen konnten die Tiefenruder auch mechanisch gesteuert werden. Für den äußersten Notfall gab es im Bug- und im Hecktorpedoraum noch die Möglichkeit, die Tiefenruder von Hand zu bewegen. Im Heckraum befand sich achteraus der E-Schalttafel zusätzlich ein Handsteuerrad. Tiefenmesser und eine Anzeige für die Lage der Seiten- und Tiefenruder ergänzten diesen Notfahrstand.

Überwasserangriffe

Über Wasser gab es drei Arten, ein Gefecht zu führen: mit Torpedos, dem schweren Decksgeschütz vor dem Kommandoturm und/oder den Fla-Geschützen und Handfeuerwaffen.

Artillerieeinsatz

Das instabile Oberdeck beschränkte den Einsatz des Decksgeschützes als Artillerieplattform, das durch die Bedrohung aus der Luft immer bedeutungsloser wurde. Von Ende 1942 an führten die U-Boote in der Regel kein Decksgeschütz mehr, während die Fla-Bewaffnung eine Verstärkung erfuhr. Die Munition für das Decksgeschütz – entweder vom Kaliber 8,8 cm (Typ VII) oder 10,5 cm (Typ IX) – war in einer Munitionskammer unter dem Funk- und Horchraum verstaut. Die einzeln in Pappbehälter verpackt gewesenen Patronen mussten von Hand über die Zentrale und den Turm hinunter aufs Oberdeck zum vorderen Geschütz befördert werden. Auch die Munition für die Fla-Waffen war anfangs innerhalb des Bootes verstaut gewesen. Doch gegen Ende des Krieges hin erhielten die Boote druckfeste Außenbehälter bei den Geschützen. Damit stand griffbereit Bereitschaftsmunition zur Verfügung, ehe weitere von unten heraufgebracht werden musste. Im Anschluss an den »D-Day« war der Verbrauch von Fla-Munition so hoch gewesen, dass sie einige Boote in Behältern außerhalb der Brücke gestapelt hatten.

Das Handhaben der Munition war ein größeres Problem. Der Leser stelle sich vor, wie die ca. 14 bzw. 24 kg schweren Patronen in einer menschlichen Kette weitergegeben werden mussten: Aus der Munitionskammer unter den Flurplatten durch das enge Schott in die Zentrale, von da in den Turm über den nahezu senkrechten Niedergang durch das jeweils nur 50 cm im Durchmesser betragende Zentrale- und anschließende Turmluk auf die offene Brücke, von dort durch die Enge der bereits vom Brückenpersonal besetzten Brücke und den »Wintergarten« über einen weiteren fast senkrechten Niedergang außen an der Rückseite des Turmaufbaus aufs Oberdeck hinunter, das häufig vom Seegang überspült wurde, weiter über den engen Laufgang seitlich des Turms und letztlich über das schwankende Deck zur Geschützbedienung. Der letzte Mann der Kette konnte sich durchaus in unbehaglicher Nähe des Geschützrohrs befinden, wo der Luftdruck von der Mündung – in der Wirkung einem Feldartilleriegeschütz gleichkommend und nicht ungewöhnlich – unvorsichtige Seeleute von den Füßen reißen konnte.

Zu Beginn des Krieges diente das Geschütz hauptsächlich dazu, um durch einen Schuss vor den Bug Handelsschiffe anzuhalten. Ein Schiff mit Artillerie zu versenken, war jedoch ein ziemliches Kunststück und in der Regel war hierzu ein Torpedo erforderlich. Herbert Emil Schultze von *U 48* berichtete im KTB, dass er es zumeist für sehr unverantwortlich gehalten hat, den Befehl zum Bemannen des Geschützes zu geben. Nur ihr Schutzengel konnte die Männer daran hindern, getötet oder ernsthaft verletzt zu werden. Nahezu jedes Mal, wenn das Geschütz zum Einsatz kam, hatte er mit mehreren ernsthaft Verletzten gerechnet. Dies wäre den Einsatz der Artillerie einfach nicht wert gewesen. Bei einer Gelegenheit wurden drei Seeleute seiner Geschützbedienung über Bord gewaschen. Sie konnten nur geborgen werden, weil sie durch Leinen gesichert waren. Die Qualität der Sicherheitsleinen ließ jedoch auch einiges zu wünschen übrig; denn die Laschen verdrehten und verbogen sich zu leicht, damit anzeigend, dass sie der Belastung gerade noch gewachsen waren.

Es war beträchtlich schwieriger, ein Ziel mit dem Decksgeschütz als mit einem Torpedo zu treffen. Als primäre Angriffswaffe wurde die Artillerie daher auch selten eingesetzt. In der Regel diente ihr Einsatz dazu, ein schwimmfähig gebliebenes Schiff nach einem Torpedotreffer beschleunigt zu versenken. Trotz der Schwierigkeiten beim Einsatz der Decksgeschütze sind dennoch eine Reihe von Artillerieduellen zu verzeichnen gewesen, die über eine Stunde dauerten und zum Verbrauch von mehr als 100 Schuss Munition führten. Es gab keine feststehenden Regeln darüber, wer für die Artillerie an Bord eines U-Bootes verantwortlich war. Sowohl Erste wie auch Zweite Wachoffiziere fungierten als Artillerieoffiziere, wenn diese Zuständigkeit auch mehr zur Domäne des II.WO gehörte.

Einsatz der Fla-Waffen

In den frühen Kriegsjahren, als es die Gefahr von Luftangriffen noch nicht gab, fuhren die Boote – bereit zum Tauchen – im Überwassermarsch. Das bedeutete, dass die Behälter mit der Bereitschaftsmunition verschlossen und die Fla-Geschütze unbemannt waren, wenn sie auch überprüft, gereinigt und einsatzbereit waren. Gelangte das U-Boot in ein luftgefährdetes Gebiet zogen zusätzliche Ausgucks auf, die Munitionsbehälter standen offen, die Fla-Waffen waren geladen und feuerbereit, aber die Bedienungen hatten sie noch nicht besetzt. Erst wenn der Alarmschrei »Flugzeug!« gellte, bemannte das Brückenpersonal die Geschütze und der Rudergänger erhielt den Befehl, mit dem Boot vom sich nähernden Gegner abzudrehen – denn die Fla-Geschütze befanden sich auf dem rückwärtigen Teil des Turmaufbaus und konnten nicht nach vorn gerichtet werden. Gleichzeitig lief das Boot hohe Fahrt, um so rasch wie möglich Ausweichmanöver fahren zu können.

Später im Kriege, als die Luftangriffe häufiger erfolgten und die Boote eine stärkere Fla-Bewaffnung besaßen (z.B. bis zu acht 2-cm-Rohre: 2 x 2 und 1 x 4 Rohre bzw. eine 3,7 cm), waren die Fla-Geschütze in luftgefährdeten Gebieten ständig besetzt – denn es dauerte zu lange, bis alle Geschützbedienungen auf dem einzigen Zugang durch das enge Zentrale- und Turmluk auf die Brücke bzw. den Anbau gelangten. Zumindest acht Mann sowie zusätzliche Munitionsmanner waren zur Bedienung der Fla-Geschütze erforderlich.

Nach allgemeiner Regel sollte ein U-Boot nur dann tauchen, um einem Luftangriff auszuweichen, wenn es mindestens 25 m Wassertiefe erreichen konnte, ehe die ersten Wasserbomben detonierten. Ansonsten sollten die Boote an der Oberfläche bleiben und ihre Fla-Geschütze einsetzen, um den Gegner am gezielten Bombenwurf zu hindern, und dann versuchen, vielleicht zu tauchen, ehe ein zweiter Angriff erfolgte. Die Schwachstelle in diesem Plan war die Tatsache, dass ein mit hoher Geschwindigkeit anfliegendes Flugzeug eine beträchtlich stabilere Waffenplattform als ein schwankender Turmaufbau war. Damit hatte der Angreifer

Der vordere Tiefenrudergänger. Links neben ihm muss sich der Leser den Platz des Gefechtsrudergängers denken. Normalerweise bedienten die Rudergänger ihre Tiefenruder durch Drücken der Knöpfe unter beiden Handballen. Sollte der elektrische Strom ausfallen, konnten sie auch manuell durch Drehen des Räder vor ihnen, wenn auch mit erheblicher Kraftanstrengung, bewegt werden. Der Tiefenmesser für flaches Wasser (im Bild rechts vom Kopf) zeigt gerade 12,5 m Wasser über dem Kiel an und reicht bis zu 25 m Wassertiefe. Für größere Wassertiefen, die nicht so genau abgelesen werden mussten, gab es einen besonderen Tiefenmesser, während sehr geringe Wassertiefen – Fahren auf Sehrohrtiefe – eine Quecksilbersäule zwischen den beiden Tiefenrudergängern anzeigte.

einen beträchtlichen Vorteil, der auf den U-Booten zu erheblichen Verlusten führte.

Torpedoeinsatz

Bis Ende 1939 konzentrierte sich die Ausbildung hauptsächlich auf Unterwasserangriffe. Doch mit dem Fortgang des Krieges verlagerte sich der Schwerpunkt immer mehr auf den nächtlichen Überwasserangriff. Die U-Bootkommandanten waren der Auffassung, dass die schmale Silhouette eines aufgetaucht fahrenden U-Bootes in der Dunkelheit kaum gesehen werden könnte. Es war daher viel sinnvoller, die stärkeren Dieselmotoren für das Herankommen an die Ziele zu nutzen. Die verheerenden Schläge, die von den U-Booten im Winter 1940/41 gegen die britischen Seeverbindungen geführt wurden, waren nicht das Ergebnis von Gruppen- bzw. »Rudel«angriffen, sondern der Taktik der U-Boote zuzuschreiben, bei Nacht über Wasser anzugreifen.

Kptlt. Otto Kretschmer von *U 99* war der Meinung, dass ein U-Boot, sobald es getaucht war, mehr oder weniger stationär verblieb – der entscheidende Faktor dafür, um nicht zu tauchen. Aus diesem Grunde hieß es in seinen ständigen Befehlen, dass ein Boot nur beim In-Sicht-Kommen eines Flugzeuges tauchen sollte. Ansonsten hatte das Boot an der Oberfläche zu verbleiben und der Kommandant war auf die Brücke zu rufen, damit er die Lage beurteilen konnte. Von Kretschmer, der viel Zeit mit Lesen zubrachte, war bei einer Gelegenheit als Reaktion auf die Meldung »Mastspitzen in Sicht!« die saloppe Frage bekannt: »Sind sie dick oder dünn?« Er sah keinen Anlass darin, auf die Brücke zu steigen, weil der »dünne« Mast eines Kriegsschiffes in Sicht kam. Stattdessen zog er eine Kursänderung vor, um Kriegsschiffe »wie die Pest zu meiden«.

Bei einem Überwasserangriff mit Torpedos sahen sich U-Boote entweder einem Einzelfahrer oder einer Vielzahl von Zielen gegenüber, wie etwa einem Geleitzug. In beiden Fällen wurde die Besatzung, sobald der Angriff beginnen sollte, auf die Gefechtsstationen befohlen. Dies bedeutete, dass der I.WO die Torpedofeuerleitanlage überprüfte und der II.WO das Kommando auf der Brücke übernahm, um das Boot für den Anlauf in der relativ besten Position zum Gegner zu halten. Inzwischen beobachtete der Kommandant den Fortgang der Ereignisse. Sobald das Boot nach seiner Ansicht dicht genug heran war, übernahm er das Kommando mit den Worten: »Ich fahre weiter!« Seine Aufgabe war es, durch einen etwaigen Sicherungsschirm zu brechen, manchmal auch im Geleitzug zwischen die Marschsäulen der Schiffe einzudringen, sich dem Ziel zu nähern bzw. bei mehreren Zielen das erste auszuwählen, die Werte für die Einstellungen der Torpedos zu schätzen und zu entscheiden, wie viele geschossen werden sollten.

Inzwischen war der I.WO auf der Brücke eingetroffen. Er hatte ein besonderes Doppelglas dabei, das auf die Torpedozielsäule aufgesetzt wurde (UZO: U-Boot-Zieloptik). Beim Einstellen dieser Visiereinrichtung wurden die entsprechenden Werte automatisch an den Torpedorechner im Kommandantenstand und an die Anzeiger an den Torpedorohren übermittelt. Anfänglich zielte der I.WO mit dem gesamten Boot auf das anzugreifende Schiff, wobei sich der Rudergänger nach dessen Kommandos zu richten hatte. Doch im späteren Verlauf des Krieges erhielt die Torpedofeuerleitanlage einen Winkeldeflektor.

Beide Wachoffiziere hatten ihre Schätzungen hinsichtlich Geschwindigkeit, Peilung und Entfernung des Zieles dem Kommandanten zuzurufen, der sich dann für die genauesten Werte entschied. Dies führte bisweilen zu erheblichen Debatten und es gab Beispiele, dass Kommandanten ohne Gefechtserfahrung taktvoll von erfahreneren Untergebenen überzeugt wurden. So geschah dies z.B. auch mit »Ajax« Bleichrodt von *U 48*, als dieser »Teddy« Suhren, seinem I.WO, verbot, einen Angriff durchzuführen, weil das Ziel nach seiner Ansicht zu schnell und zu weit entfernt war. Als Suhren dann taktvoll meinte: »Wir haben schon kleinere und weiter entfernte Gegner getroffen«, fügte sich Bleichrodt stillschweigend – hauptsächlich deswegen, weil er Suhren beweisen wollte, dass dieser Unrecht hatte. Doch nach einem außergewöhnlich langen Lauf detonierte der Torpedo im Ziel.

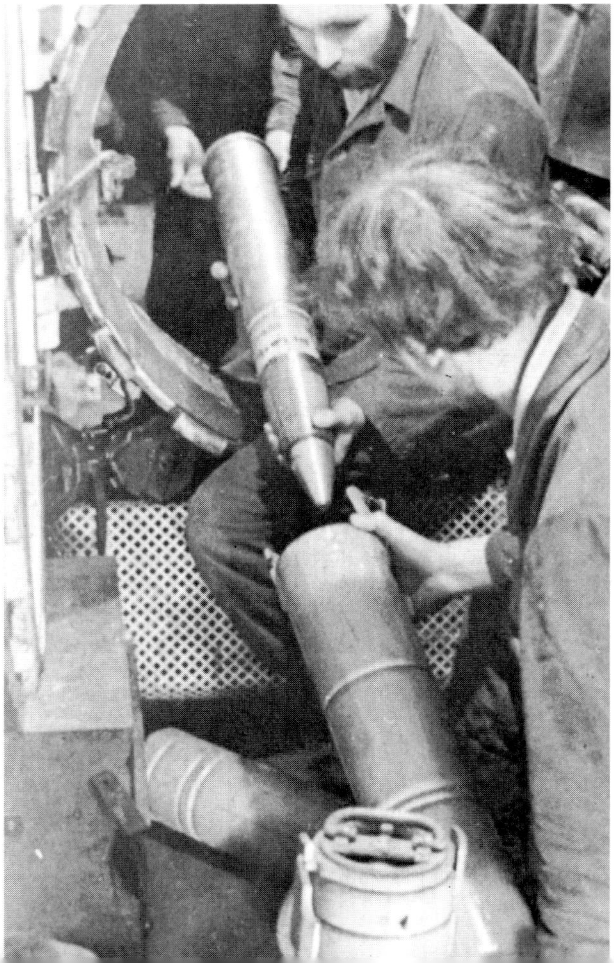

Patronenmunition für das 8,8-cm-Decksgeschütz wird in der Munitionskammer unter den Flurplatten des Funkraums vor dem vorderen Zentraleschott in Pappbehältern verstaut. Bei einem Überwassergefecht mussten die 14 - 24 kg schweren Patronen in einer menschlichen Kette durch das Boot über den Niedergang im Turm zur Brücke und von da über die Turmrückseite aufs Oberdeck sowie seitlich am Turm vorbei nach vorn zum Geschütz gereicht werden. Beachte das kreisrunde, druckfeste Kugelschott zur Zentrale (oberer Bildrand). Dieses und das achtere Zentraleschott schlossen die Hauptabteilung des Bootes in einem Notfall wasserdicht ab.

5. Kapitel:

Der U-Bootkommandant

Gibt es einen Kommandantentyp?

In den vergangenen Jahren sind mehrere Versuche unternommen worden, einen »Typ des U-Bootkommandanten« zu definieren. Faktisch jeder Analytiker, der diesen Versuch wagte, hat eine klägliche Unordnung angerichtet, weil sie offensichtlich nicht erkannten, dass diese Männer Individualisten waren. Ein amerikanischer Autor äußerte sogar Erstaunen, dass die drei oder vier ehemaligen Kommandanten, die er befragte, unterschiedliche Auffassungen zu Hitler hatten (dies war zumindest ein besseres Ergebnis als das eines anderen so genannten Historikers in den USA, der sich seine eigenen fiktiven Charaktere ausdachte, von denen keiner in deutschen Unterlagen auftauchte).

Gab es den definierbaren Typ eines U-Bootkommandanten überhaupt? Wahrscheinlich nicht; aber es gab eine Anzahl Einzelpersönlichkeiten, die gemeinsam einige Eigentümlichkeiten aufwiesen. Doch bevor dieses Thema behandelt werden soll, ist es wichtig, einige grundsätzliche Tatsachen zu betrachten.

KKpt. Wolfgang Lüth war der erste Marineoffizier, der das Ritterkreuz des Eisernen Kreuzes mit Eichenlaub, Schwertern und Brillanten erhielt. Außer ihm bekam diese Auszeichnung in der Marine nur noch KKpt. Albrecht Brandi. Das Foto zeigt Lüth beim Abschiedsabend von seiner Besatzung nach der letzten Feindfahrt mit *U 181* am 11. November 1943. Er führt den Männern gerade vor, wie er Hitler auf plastische Art und Weise einen Sehrohrangriff demonstriert hatte – diesmal ohne Flasche Bier auf dem Kopf.

Horst Bredow vom deutschen U-Boot-Archiv besitzt Aufzeichnungen von 1171 U-Booten, die zwischen 1935 und 1945 in Dienst gestellt wurden. Wenn diese Zahl mit der berühmten Aussage Churchills in Verbindung gebracht wird, wonach das Einzige, was er während des Krieges tatsächlich gefürchtet hätte, die Bedrohung durch die U-Boote gewesen wäre, dann ist es einfach, Visionen von Hunderten blutdürstiger U-Bootkommandanten heraufzubeschwören, die in den Gewässern um die Britischen Inseln und entlang der amerikanischen Ostküste lauerten. Doch die Zahl von 1171 Booten ist außerordentlich irreführend; sie spiegelt nicht die Wirklichkeit des Krieges zur See wider. Die Anzahl der alliierten Schiffe, die angegriffen und zumindest beschädigt wurden, kann aus den Angaben im Werk von Prof. Dr. Jürgen Rohwer »Axis Sumarine Successes of World War Two« errechnet werden. Die Einzelheiten für den Atlantik und die Nordsee lauten wie folgt:

25 U-Boote griffen 20 und mehr Schiffe an,
36 U-Boote griffen zwischen 11 und 19 Schiffe an,
70 U-Boote griffen zwischen 6 und 10 Schiffe an,
190 U-Boote griffen zwischen 1 und 5 Schiffe an,

d.h. insgesamt griffen 321 U-Boote mindestens ein Schiff an, das sie versenkten oder beschädigten. Die im Schwarzen Meer, im Mittelmeer, in der Ostsee und im Indischen Ozean versenkten Schiffe ergeben eine noch um einiges höhere Gesamtzahl an U-Booten. Hinzu kommt noch eine gewisse Fehlerquote. Die wahrscheinliche Gesamtzahl der genannten 321 Boote bedeutet jedoch, dass es etwa 850 Boote gab, die während des gesamten Krieges kein einziges Schiff versenkt oder beschädigt haben. Oder anders ausgedrückt: Fast drei Viertel der gesamten U-Bootwaffe kam nie auf Schussentfernung an den Gegner heran. Schulboote, Versorgungs-U-Boote, Versuchsboote und gegen Kriegsende in Dienst gestellte Boote, die nie in der Lage waren, Schiffe zu versenken, können abgerechnet werden. Doch trotz dieser Berücksichtigungen scheint es immer noch eine große Diskrepanz zwischen der Anzahl der verfügbaren Frontboote und der Anzahl der U-Boote zu geben, die tatsächlich den Gegner angriffen. Daher fragt sich der Betrachter, warum Deutschland bedeutende Ressourcen opferte und so große Anstrengungen unternahm, um U-Boote zu bauen, wenn die Mehrheit von ihnen keine Erfolge erzielte, ausgenommen die Tatsache, dass diese Boote erhebliche Kräfte des Gegners banden, die sie jagten und vernichteten.

Es mag von Bedeutung sein, die Aussage hinzuzufügen, dass diese Zahlen nicht im Nachhinein errechnet wurden: Sie standen bereits damals der U-Bootführung zur Verfügung. Der einzige Unterschied zwischen damals und heute besteht lediglich darin, dass wir heute wissen, U-Bootkommandanten überschätzten damals im Allgemeinen die von ihnen versenkte Tonnage um ein Drittel.

Das klassische Bild des U-Bootkommandanten: Kptlt. Kurt Diggins sucht mit umgedrehter Mütze am Beobachtungssehrohr in der Zentrale von *U 458* den Horizont ab. Hinter ihm sind gerade noch ein Tiefenrudergänger und eine Skala des Tiefenmessers zu erkennen. Diggins überlebte den Untergang seines Bootes am 22. August 1943 und wurde später Präsident des *Verbandes Deutscher U-Bootfahrer e.V.*

Große Erfolge einer kleinen Anzahl von Kommandanten

Dieselben Zahlen aus einem anderen Blickwinkel gesehen, lassen erkennen, dass die versenkte Tonnage in erster Linie Männern und nicht Booten zuzuschreiben war. Von den insgesamt ca. 2450 alliierten Schiffen, die im Atlantik versenkt wurden, ist festzustellen, dass 30 U-Bootkommandanten davon allein knapp 800 versenkten; d.h. auf diesem zentralen Schauplatz des U-Bootkrieges waren nur 2% der U-Bootkommandanten für fast 30% der alliierten Schiffsverluste verantwortlich. Wer waren nun diese 2% der Kommandanten? Eine solche Liste ist schwierig zu erstellen, da nicht nur der Atlantik eine Rolle spielte. Hier nun eine Übersicht, die sich von der Reihenfolge her auf die tatsächlich im U-Bootkrieg erzielten Erfolge stützt. Bodo Herzog führt in seinem Werk »60 Jahre deutsche U-Boote« die 32 erfolgreichsten U-Bootkommandanten auf. Diese Liste ist ausreichend, um die »U-Bootasse« zu analysieren. Sie führt nach der Ordnungsnummer folgende Angaben auf: Dienstrang, Name, im Krieg geführte Boote mit dem Bootstyp in Klammern, Crew (d.h. das Jahr des Eintritts in die Marine) und Geburtsdatum.

Dienstrang	Name	Boot (Bootstyp)	Crew	Geburtsdatum
1. KKpt.	Otto Kretschmer	*U 23* (II B), *U 99* (VII B)	30	1.05.1912
2. KKpt.	Wolfgang Lüth	*U 9* (II B), *U 138* (II D), *U 43* (IX A), *U 181* (IX D_2)	33	15.10.1913
3. KKpt.	Erich Topp	*U 57* (II C), *U 552* (VII C)	34	02.07.1914
4. KKpt.	Karl-Friedrich Merten	*U 68* (IX C)	26	15.08.1905
5. KKpt.	Victor Schütze	*U 25* (I A), *U 103* (IX B)	25	16.02.1906
6. Kptlt.	Herbert Emil Schultze	*U 48* (VII B)	30	24.07.1909
7. Kptlt.	Georg Lassen	*U 160* (IX C)	35	12.05.1915
8. Kptlt.	Heinrich Lehmann-Willenbrock	*U 5* (II A), *U 96* (VII C)*	31	11.12.1911
9. KKpt.	Günther Prien	*U 47* (VII B)	31	16.01.1908
10. Kptlt.	Heinrich Liebe	*U 38* (IX A)	27	29.01.1908
11. Kptlt.	Joachim Schepke	*U 3* (II A), *U 19* (II B), *U 100* (VII B)	30	08.03.1912
12. Kptlt.	Werner Henke	*U 515* (IX C)	34	13.05.1908
13. Kptlt.	Karl Emmermann	*U 172* (IX C)	34	06.03.1915
14. Kptlt.	Heinrich Bleichrodt	*U 48* (VII B), *U 109* (IX B)	31	21.10.1909
15. Kptlt.	Robert Gysae	*U 98* (VII C), *U 177* (IX D_2)	31	04.01.1911
16. KKpt.	Ernst Kals	*U 130* (IX C)	24	02.08.1905
17. Kptlt.	Jochen Mohr	*U 124* (IX B)	34	12.06.1916
18. KKpt.	Klaus Scholtz	*U 108* (IX B)	27	22.03.1908
19. Kptlt.	Engelbert Endraß	*U 46* (VII B), *U 567* (VII C)	35	02.03.1911
20. Kptlt.	Reinhard Hardegen	*U 147* (II D), *U 123* (IX B)	33	18.03.1913
21. Kptlt.	Adolf Piening	*U 155* (IX C), *U 255* (VII C)	30	16.09.1910
22. KKpt.	Adalbert Schnee	*U 6* (II A), *U 60* (II C), *U 201* (VII C)	34	31.12.1913
23. Kptlt.	Ernst Bauer	*U 126* (IX C)	33	03.01.1914
24. KptzS.	Werner Hartmann	*U 37* (IX A), *U 198* (IX D_2)	21	11.12.1902
25. Kptlt.	Jürgen Oesten	*U 61* (II C), *U 106* (IX B). *U 861* (IX D_2)	33	24.10.1913
26. Kptlt.	Günter Heßler	*U 107* (IX B)	27	14.06.1909
27. Kptlt.	Helmut Witte	*U 159* (IX C)	34	06.04.1915
28. Kptlt.	Günther Krech	*U 558* (VII C)	33	29.09.1914
29. Kptlt.	Harald Gelhaus	*U 143* (II D), *U 107* (IX B)	35	24.07.1915
30. Kptlt.	Wilhelm Rollmann	*U 34* (VII A), *U 848* (IX D_2)	26	05.08.1907
31. KKpt.	Werner Hartenstein	*U 156* (IX C)	28	27.02.1908
32. ObltzS.	Hans Jenisch	*U 32* (VII A)	33	19.10.1913

*Lehmann-Willenbrock kommandierte auch U 256, aber das Boot war zuvor gesunken, wurde gehoben und diente lediglich zum Entkommen aus Brest, als die Stadt nach der Invasion eingeschlossen worden war.

Kptlt. Otto Schuhart im Herbst 1939 an Bord von *U 29*. Er versenkte am 17. September 1939 den britischen Flugzeugträger COURAGEOUS. Beachte die Befestigung des vorderen Netzabweisers sowie die Tatsache, dass auf den U-Booten zu dieser Zeit von den Mannschaften noch die Mannschaftsmütze und nicht die Bordmütze getragen wurde. Ende 1944 wurde KKpt. Schuhart Führer der 1. Abt. der Marinekriegsschule Mürwik, deren letzter Kommandeur im Kriege KptzS. Wolfgang Lüth war.

Die »Asse«: Ihre Zeit als Kommandanten

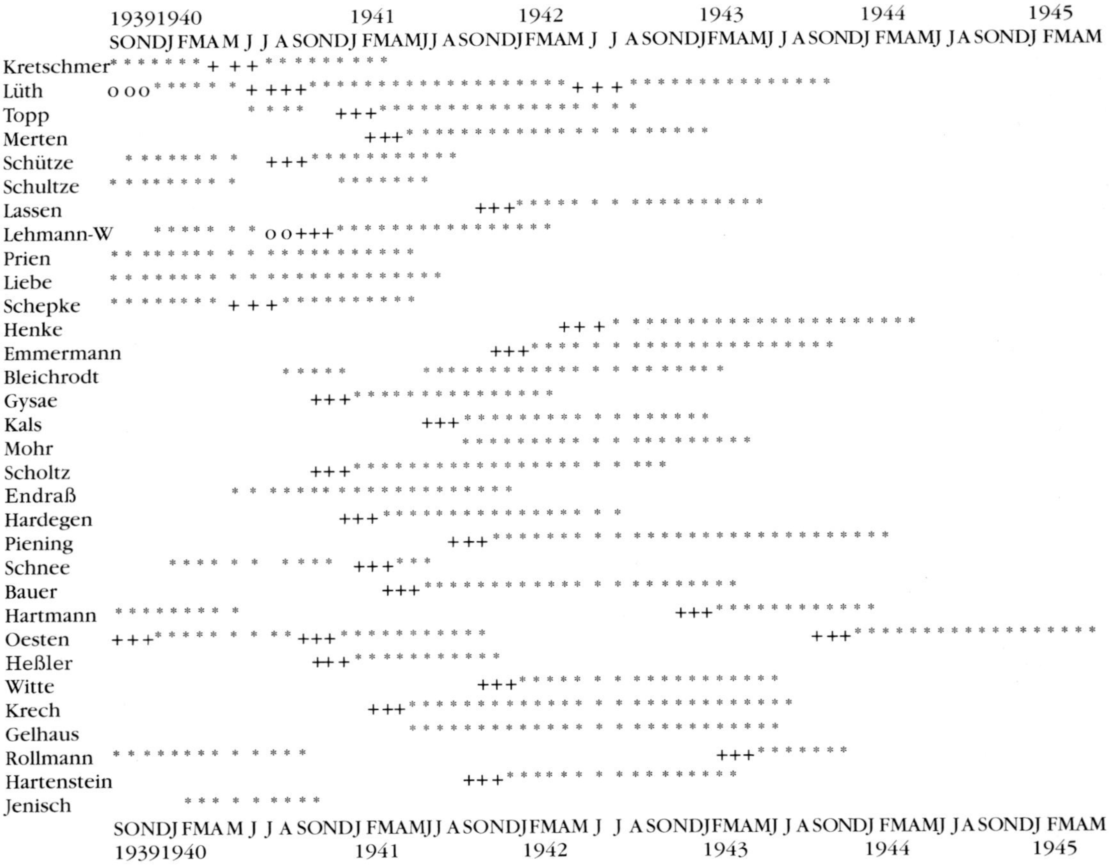

o = Nicht einsatzfähig.
\+ = In Dienst gestelltes neues Boot: Erprobung und Ausbildung.
* = Kommandantenzeit im Fronteinsatz (Hafen- und kurze Werftliege-zeiten der Boote sind nicht berücksichtigt).

Wird diese Liste der erfolgreichsten U-Bootkommandaten mit der einer Gruppe von 20 Kommandanten verglichen, aufs Geratewohl unter jenen ausgewählt, deren Boote auf ihren ersten Feindfahrten sanken, tauchen einige interessante Gesichtspunkte auf. Von nicht ausschlaggebender Bedeutung ist die Tatsache, dass der größte Teil der Boote, die auf ihren ersten Feindfahrten verloren gingen, vom Typ VII C waren; denn von diesem Bootstyp wurde eine größere Anzahl in Dienst gestellt als von allen anderen zusammen.

Interessanter ist der Umstand, dass die Asse bis Ende 1939 im Durchschnitt bereits fast zehn Jahre lang in der Marine waren und ein durchschnittliches Alter von 29 Jahren hatten. Andererseits waren Kommandanten, die auf ihren ersten Feindfahrten fielen, bis Ende 1939 im Durchschnitt nur vier Monate in der Marine gewesen und ihr Durchschnittsalter lag unter 25 Jahre. Obwohl dieser Altersunterschied auf den ersten Blick nicht groß erscheint, verließ die Mehrheit von ihnen die Schule erst mit etwa 18 Jahren, so dass die paar Jahre einen durchaus beträchtlichen Unterschied darstellten.

Jene, die den Drang verspüren, U-Bootkommandanten als identifizierbar zu klassifizieren, sollten berücksichtigen, dass keiner von ihnen – mit Ausnahme der Teilnahme des einen oder anderen am Spanischen Bürgerkrieg – bis 1939 wirkliche Kampferfahrung hatte, verglichen mit dem, was auf sie zukommen sollte. Doch die hatte die große Mehrheit ihrer Gegner auch nicht. Angesichts dieser Überlegungen könnte die Schlussfolgerung vernünftig sein, die Kommandanten in folgende Gruppen einzuteilen:

- Ausbildung vor 1939 und Erhalt eines Kommandos in den ersten Kriegsjahren,
- Erwerb von Kampferfahrung als Wachoffizier mit anschließendem Kommando im späteren Verlauf des Krieges,
- Erwerb von Kampferfahrung auf Überwasserschiffen mit späterer Versetzung zur U-Bootwaffe,
- Eintritt in die Marine mit direktem Zugang zur U-Bootwaffe, auf entschlossenen gegnerischen Widerstand als Kommandanten stoßend, ohne irgendwelche Kampferfahrung zu besitzen.

U 149: Im Turm sind ObltzS. Adolf Freiherr v. Hammerstein-Equord im Bild rechts mit dem weißen Mützenbezug und hinter ihm ObltzS. Heinz Riedel zu sehen; der Letztere scheint auf dem linken Oberarm interessanterweise den Krimschild zu tragen. *U 149* war ein Küsten-U-Boot mit vergrößerter Seeausdauer vom Typ II D, von dem nur 16 Einheiten gebaut wurden. Beachte die ungewöhnlich gekrümmte Turmreling (rechts). In der Bildmitte sind vor dem Flaggenstock die UZO-Säule, d.h. die *U-Boot-Zieloptik* mit dem aufgesetzten Spezial-Doppelglas für den Überwasserschuss und links daneben ein Magnetkompass zu erkennen. Der Soldat im Vordergrund links trägt silberne Schulterlitzen; sie weisen ihn mit zwei silbernen Rangsternen ohne Laufbahnabzeichen als Oberfähnrich der Seeoffizierlaufbahn aus.

Junge Kommandanten und unvermutete Kommandoübernahmen

Der jüngste Kommandant, so ist oft gesagt worden, sei ObltzS.d.R. Hans-Georg Heß gewesen, der als Kommandant von *U 995* (September 1944 bis Kriegsende) das Ritterkreuz erhielt. Heß war am 6. Mai 1923 geboren und 1940 in die Marine eingetreten. Zufällig ist *U 995* eines der wenigen noch aus dem Kriege vorhandenen U-Boote. Heute steht es als Museumsboot vor dem Marine-Ehrenmal in Laboe bei Kiel. Doch es gab sogar einen noch jüngeren U-Bootkommandanten: LtzS. Ludwig v. Friedeburg, Sohn von Admiral Hans-Georg v. Friedeburg, B.d.U.org. (siehe oben) und Kommandierender Admiral der U-Boote. Am 21. Mai 1924 geboren, trat er 1941 in die Marine ein und erhielt im August 1944 sein erstes Kommando, drei Monate nach seinem 20. Geburtstag. Dies ereignete sich, als die französischen U-Bootstützpunkte von den vorrückenden alliierten Armeen eingeschlossen wurden und der als Wachoffizier auf *U 548* dienende LtzS. v. Friedeburg den Befehl erhielt, *U 155* in Deutschland zu übernehmen. Seine Mutter äußerte, dass der Tag, an dem sie ihn in Kiel eintreffen sah, zu den stolzesten Augenblicken ihres Lebens zählte.

Einige Offiziere erhielten ihr erstes Kommando sogar noch unter dramatischeren Umständen als Ludwig v. Friedeburg. Es ereigneten sich zahlreiche Fälle, in denen Kommandanten auf Feindfahrt durch Verletzungen ausfielen und ein anderer Offizier das Boot zurückbrachte. So hatte z.B. ObltzS. Gerhard Kluth von *U 377* vor der kanadischen Küste durch Bordwaffenbeschuss eines Flugzeuges schwere Verletzungen erlitten und LtzS. »Jumbo« Gerke, der I.WO, brachte das Boot nach Hause. Das eigene Boot zurückzubringen, war wesentlich einfacher, als auf hoher See unverhofft in die Lage zu kommen, Kommandant zu werden und gleichzeitig ein anderes Boot mit einer unbekannten Besatzung zu übernehmen. Dies geschah ObltzS. Lorenz Kasch, Kommandantenschüler unter Kptlt. Harald Gelhaus von *U 107*.

Im Oktober 1942 fing *U 107* im Südatlantik auf der Höhe von Freetown/Sierra Leone einen Notruf von *U 333* unter Kptlt. »Ali« Cremer auf. Die plötzlich aufgetauchte Korvette HMS CROCUS hatte das U-Boot mit Artilleriefeuer eingedeckt und fast die gesamte unaufmerksame Brückenwache einschl. des I.WO getötet. Trotz zweier Rammstösse gelang es dem schwer verletzten Kommandanten und seinem ebenfalls verletzten II.WO, ObltzS. Wilhelm Pohl, mit dem erheblich beschädigten Boot zu entkommen. Der Arzt des eintreffenden Versorgungs-U-Bootes – *U 459* unter KKpt. Georg v. Wilamowitz-Möllendorf – rettete beider Leben: Cremer achtfach durch Granatsplitter (darunter einer im Brustkorb) und Pohl durch einen Schuss im Hals (Sprachverlust) verwundet (beide überlebten den Krieg, obwohl Pohl für den Rest seines Lebens nur noch flüstern konnte). ObltzS. Lorenz Kasch vom ebenfalls eingetroffenen *U 107* erhielt den Befehl, *U 333* nach Frankreich zu bringen. Obwohl er noch im Golf von Biskaya vier Torpedos von HMS GRAPH (dem 1941 unter ObltzS. Rahmlow erbeuteten *U 570*) ausweichen musste, gelang ihm dies. Kasch erhielt danach das Kommando von *U 540*, versenkt am 17. Oktober 1943 mit der gesamten Besatzung durch ein Flugzeug.

ObltzS.d.R. Bernhard Kniepers Kommandoübernahme war sogar eine noch größere Herausforderung. Als er im Frühjahr 1944 nach dreimonatiger Feindfahrt mit *U 267* unter Kptlt. Otto Tinschert nach Frankreich zurückkehrte, hatte er noch nie ein Boot geführt. Die Mehrheit der Besatzung ging auf Urlaub nach Deutschland, während das Boot überholt wurde. Als am 6. Juni 1944 die Invasion begann, waren die Werftarbeiten noch nicht beendet und kurze Zeit später bedrohte der alliierte Vormarsch die Stützpunkte an der

Kptlt. Peter-Ottmar Grau mit Blumenstrauß, der anscheinend gerade als Kommandant von *U 601* von Feindfahrt zurückgekehrt ist, im Gespräch mit KKpt. Rolf-Heinrich Hopmann. Grau führte nach *U 872* in der ersten Hälfte des Jahres 1944 als letztes Boot *U 3015* vom Typ XXI und überlebte den Krieg. Hopmann fiel als Kommandant von *U 405* am 1. November 1943 im mittleren Nordatlantik, als der amerikanische Zerstörer BORIE im Sturm das Boot rammte und anschließend mit Wasserbomben versenkte.

Atlantikküste. Obwohl das Boot nicht ernstlich beschädigt war, wurde es außer Dienst gestellt und zur Selbstversenkung vorbereitet. Als deutlich wurde, dass die vorrückenden Alliierten eher die U-Bootstützpunkte einschließen als angreifen wollten, erhielt ObltzS.d.R. Bernhard Knieper den Befehl, *U 267* zu übernehmen und seeklar zu machen.

Doch zu diesem Zeitpunkt herrschte in den französischen Stützpunkten nicht nur ein akuter Mangel an U-Bootkommandanten sondern auch an Besatzungen. Knieper musste sich regelrecht eine Besatzung »organisieren« und nahm sogar Werftpersonal. Mit dieser unmöglichen Notbesatzung lief *U 267* am 23. September 1944 aus St. Nazaire aus, das letzte deutsche U-Boot, das einen französischen Atlantikhafen verließ. Es war eine hervorragende Leistung, denn sowohl die Marine als auch die Luftwaffe der Engländer unternahmen entschlossene Anstrengungen, das Entkommen von U-Booten zu verhindern. Fünf Wochen später traf *U 267* am 29. Oktober unangekündigt im norwegischen Stavanger mit ausgefallener Funkanlage und anderen Schäden ein. Trotz der vorhandenen Probleme setzte *U 267* aus eigener Kraft den Marsch nach Deutschland fort. Die Übernahme seines ersten Kommandos über ein U-Boot unter derartigen Bedingungen, das Auslaufen mit einer nicht eingefahrenen Besatzung, die zum Teil aus unausgebildeten Leuten bestand, und das Bewältigen widrigster Umstände lässt Kniepers Leistung in der Geschichte der deutschen U-Bootwaffe einzigartig dastehen.

Ältere Kommandanten

Am entgegengesetzten Ende des Spektrums gab es eine Anzahl etwas älterer U-Bootkommandanten und einige dramatische Fälle, wie solche Kommandanten ihr Leben verloren. Sehr wahrscheinlich war FKpt.z.V. Wilhelm Kiesewetter der älteste Kommandant, als er 1940 im Alter von 62 Jahren das Kommando über das Schulboot *UC 1* (ein ehemaliges norwegisches Unterseeboot) übernahm. Interessant ist, sich ins Gedächtnis zu rufen, dass er mit dem Geburtsjahr 1878 im Jahre 1900 zu einem Zeitpunkt in die Marine eintrat, als das erste deutsche Unterseeboot noch nicht gebaut war. Der älteste Kommandant eines Frontbootes scheint KKpt. Georg v. Wilamowitz-Möllendorf gewesen zu sein, bekannt unter dem Spitznamen »Der wilde Moritz«, der mit *U 459* im Alter von 47 Jahren am 15. November 1941 das erste Versorgungs-U-Boot vom Typ XIV in Dienst stellte.

»Der wilde Moritz« fand am 24. Juli 1943 auch einen rühmlichen Tod. Eine angreifende »Wellington« stürzte im Abwehrfeuer der Flak auf das Boot. Als die Männer die Trümmer und auch drei Wasserbomben über Bord stießen, detonierten die letzteren in geringer Wassertiefe. Diese und weitere Bomben einer anderen »Wellington« beschädigten sein Boot sehr schwer. Nachdem die überlebenden 41 Mann der Besatzung in die Schlauchboote gegangen waren, riss er die Ventile auf und ging mit *U 459* unter. Die Überlebenden sowie einer der britischen Flieger wurden gerettet.

Den ältesten Kommandanten Raum zu widmen, ist irgendwie bedeutungslos, denn die beiden Genannten waren sehr bemerkenswerte Ausnahmen. Als Regel galt für Kommandanten eine Obergrenze von 40 Jahren. Allerdings war die Mehrheit weitaus jünger.

Ungewöhnliche Umstände beim Tod des Kommandanten

Alle U-Bootfahrer stellten – wenn man so will – hinsichtlich einer Lebensversicherung für die Gesellschaften ein hohes Risiko dar, wenn auch die Kommandanten eine etwas größere Überlebenschance als die übrigen hatten. Im

Die Brücke von *U 761* mit dem Kommandanten, ObltzS. Horst Geider, rechts im Bild an seiner weißen Mütze erkennbar. Der Fotograf »schoss« das Bild vom Sehrohr aus, das er teilweise erklommen hatte. Im Vordergrund befindet sich die UZO-Säule ohne aufgesetztes Spezial-Doppelglas. Der linke Ausguck trägt die graue Lederjacke und die blaue »Pudelmütze«, während der rechte eine Kopfhaube (»Baschlik«) aufhat. Hierbei handelt es sich vermutlich um die wollene Kopfhaube aus dicker, dunkelblauer Wolle und nicht um die mit Pelzbesatz. Geider überlebte mit dem Großteil seiner Besatzung die Vernichtung seines VII-C-Bootes am 24. Februar 1944 im Mittelatlantik durch Wasserbomben der britischen Zerstörer ANTHONY und WISHART; sie gerieten in Kriegsgefangenschaft.

Gegensatz zu den Überwasserfahrzeugen, bei denen der Kommandant üblicherweise als letzter ein sinkendes Schiff verlässt, war er auf einem U-Boot stets der Erste, der aus dem Turmluk kam, und der Letzte, der die Brücke nach unten verließ. Dies bedeutete, dass sich der Kommandant und die Brückenwache in der besten Position befanden, über Bord zu springen, und gewöhnlich eine Chance hatten, um davonzukommen, selbst wenn die Ereignisse zu rasch eintraten, um noch den Bug- und Heckraum zu evakuieren. Doch auch dieser Vorteil rettete Kptlt. Joachim Schepke nicht, der gegen den Sehrohrbock gequetscht wurde, als der Zerstörer HMS VANOC sein *U 100* rammte.

Einige Kommandanten starben unter ungewöhnlichen Umständen. KKpt. Siegfried Lüdden hatte bei zahlreichen Gelegenheiten als Wachoffizier von *U 141* und Kommandant von *U 188* dem Tod ein Schnippchen geschlagen, aber am 13. Januar 1945 kam er bei einem Brand auf dem Wohnschiff DARESSALAM ums Leben. Das Ass Wolfgang Lüth, KptzS. und Träger des Ritterkreuzes mit Eichenlaub, Schwertern und Brillanten, wurde wenige Tage nach Kriegsende irrtümlich von einem eigenen Wachposten erschossen. Bei einem nächtlichen Gang durch das Gelände der Marineschule Mürwik – Dönitz und die letzte Reichsregierung hielten sich dort auf – beantwortete er den Anruf eines Postens nicht.

Kptlt. Rolf Mützelburg von *U 203* fand im September 1942 etwa 1200 sm westlich von Gibraltar als Folge eines Schwimmunfalls den Tod. Er hechtete vom Kommandoturm, prallte mit dem Kopf auf dem Außenwulst des Bootes auf und starb wenige Tage später. ObltzS. Hans Seidel, sein I.WO, brachte dann das Boot nach Hause. Dieser absolvierte den Kommandanten-Lehrgang und fiel im Sommer 1944 als Kommandant von *U 361*.

In Gefangenschaft

Einige U-Bootfahrer kamen als Kriegsgefangene ums Leben, unter ihnen auch KKpt. Werner Henke von *U 515*, der in den USA beim Versuch erschossen wurde, aus einem Kriegsgefangenenlager zu fliehen. Henke war wirklich eine Persönlichkeit und ist auf der Suche nach einem »Kommandantentyp« eines weiteren Studiums wert. Er stand unter den besten Kommandanten an 12. Stelle und war Träger des Ritterkreuzes mit Eichenlaub (Juli 1943). Im April 1944 geriet er nach schwerem Gefecht und Verlust seines Bootes in Gefangenschaft. Timothy Mulligan hat seinen Lebensweg in dem Buch »Lone Wolf« beschrieben.

Kptlt. Friedrich Steinhoff verübte Selbstmord, indem er sich mit Glas die Pulsadern aufschnitt, als er die schlechte Behandlung in amerikanischer Kriegsgefangenschaft nicht mehr ertragen konnte. Zur Freude einer johlenden Menge war er schwer geschlagen worden, während er durch die Straßen von Boston getrieben wurde. Insgesamt scheinen die Seeleute mit wenigen Ausnahmen einander vernünftig behandelt zu haben. Doch es gibt zahlreiche Berichte von Übergriffen gegen U-Bootmänner an Land. Ausplündern und schwere körperliche Misshandlungen scheinen üblich

***U 14*, ein Küsten-U-Boot (»Einbaum«) vom Typ II B. Im Turm links im Bild als Kommandant (Februar – Juli 1942) ObltzS. Klaus Petersen mit der weißen Mütze. Vorn am Turm führt das Boot als Abzeichen die fünf olympischen Ringe in mehrfarbiger Ausführung. Zu diesem Zeitpunkt gehörte *U 14* als Schulboot zur 22. U-Flottille, einer Ausbildungsflottille unter KKpt. Wilhelm Ambrosius in Gotenhafen. Wie das verhüllte Sehrohr zeigt, war das Boot hier nicht auf Feindfahrt. Anfang 1945 verlegte die 22. U-Flottille nach Wilhelmshaven, wobei *U 14* in Oxhöft noch »eine Frau mit einem Kleinkind an Bord« nahm (KTB). In Wilhelmshaven versenkte sich *U 14* im Zuge des Stichwortes »Regenbogen« am 3. Mai 1945 in der IV. Einfahrt selbst. Im Oktober 1945 sprengten die Briten u.a. auch dieses Boot mit geballten Ladungen.**

gewesen zu sein, besonders wenn die Männer den »Schreibtischkriegern« in die Hände fielen. Eine Anzahl U-Bootmänner berichtete von bemerkenswert schlechter Behandlung nach dem Krieg, als sich keine alliierten Gefangenen mehr in deutscher Hand befanden. Einige Berichte legten auch dar, dass die Alliierten bei der Behandlung ihrer Gefangenen die Genfer Konvention grob missachteten. ObltzS.d.R. Karl-Heinz Schütt protestierte ziemlich dramatisch dagegen, in Gefangenschaft zu gehen, indem er wenige Tage nach Kriegsende in Trondheim eine Handgranate in den Turm von *U 294* fallen ließ.

Ein weiterer Offizier, der kurz nach der Gefangennahme den Freitod wählte, war GenAdm. Hans-Georg v. Friedeburg, der B.d.U.org. der U-Bootwaffe und seit dem 1. Mai 1945 der letzte Oberbefehlshaber der Marine (Ob.d.M.) Er gehörte zur Delegation, die mit Feldmarschall Montgomery zu Verhandlungen über den Waffenstillstand zusammentraf, und gehorchte, als der Feldmarschall eine Linie in den Sand der Lüneburger Heide ritzte, an der die deutschen Offiziere mit ihren Schuhspitzen zu stehen hatten. Kurz nach der Verhaftung der Dönitz-Regierung in Flensburg wurden die hohen Offiziere und Beamten mit ihrem weiblichen Sekretariatspersonal von britischen Truppen zusammengetrieben und auf ein freies Feld gebracht. Dort mussten sie sich nackt ausziehen und wurden anschließend durch Schüsse gezwungen, vor den Filmkameras zu tanzen. In der Zwischenzeit wurde ihre Habe einschl. der Kleidung geplündert und selbst Eheringe und Uniformknöpfe wurden geraubt. Daraufhin nahm sich Hans-Georg v. Friedeburg mit Gift das Leben, eine Tat, die er schon länger geplant hatte. Als seine Frau Ursula die Nachricht von der Verhaftung der Dönitz-Regierung im Radio hörte, vermutete sie sofort, dass ihr Mann sein Wort halten und den Tod wählen würde. Sie besitzt noch ein Entschuldigungsschreiben von hoher Stelle der Royal Navy, der diese Ereignisse erst später zu Ohren kamen.

Kriegsgerichtsverfahren und Disziplinarmaßnahmen

Einige Kommandanten und U-Bootmänner kamen vor ein Kriegsgericht, das sie zum Tode durch Erschießen verurteilte, wie z.B. den ObltzS. Oskar Kusch von *U 154* am 29. Januar 1944 wegen *Wehrkraftzersetzung*, oder sie degradierte bzw. einfach aus der Marine entließ. So erhielt z.B. Helmuth Frantzke von *U 3* wegen versuchter homosexueller Vergehen eine Freiheitsstrafe von 15 Monaten und wurde zum Gefreiten degradiert. Er fiel am 28. Mai 1944 auf einem Vorpostenboot. Einige der von den U-Bootmännern begangenen Verstösse waren zweifellos kriminelle Straftaten. Andere wiederum waren einfach die Folgen übermäßigen Alkoholgenusses nach einer schweren Zeit auf See. Einige erhielten schwere Strafen für Vergehen, die bloße Geringfügigkeiten gewesen zu sein schienen. Zudem gab es Fälle von Männern, die z.B. aus Gründen persönlicher Rache ungerechtfertigt beschuldigt wurden.

Auf *U 81* (Kptlt. Friedrich Guggenberger). Von links nach rechts: ObltzS. Johann Otto Krieg, der I.W.O., ObltzS. Claus v. Trotha, der II.W.O., und Oblt.(Ing.) Horst Renner, der L.I. Krieg übernahm *U 81* im Dezember 1942. Im Januar 1944 fiel das VII-C-Boot in Pola einem amerikanischen Luftangriff zum Opfer, während sein Kommandant den Krieg überlebte. Kptlt. Claus v. Trotha führte zunächst *U 554* und übernahm dann am 21. Oktober 1942 das neue *U 306*. Fast genau ein Jahr später (31. Oktober 1943) fiel das Boot mit seinem Kommandanten und der gesamten Besatzung nordostwärts der Azoren im Nordatlantik nach einer HF/DF-Peilung den »Hedgehog«- und Wabo-Angriffen der britischen Zerstörer WHITEHALL und GERANIUM zum Opfer. Zu diesem Zeitpunkt gehörte *U 306* zur U-Bootgruppe »Schill 1«, die ähnlich der Gruppe »Leuthen« (vgl. S. 94) zusammen mit sieben weiteren Booten – darunter *U 333* (Kptlt. Cremer) und drei Flak-U-Boote – auf die Geleitzüge MKS 28 und SL 138 angesetzt war.

Es lässt sich kaum ein besseres Beispiel für ein geringfügiges Vergehen als jenes zitieren, das dem Funker Siebrand Voss von *U 377* zur Last gelegt wurde. Nach einer anstrengenden Feindfahrt in den Stützpunkt eingelaufen, fand sich Voss zum Wachdienst eingeteilt, ehe er auf Urlaub fahren konnte. Dies schien mehr eine Bestrafung zu sein, zumal das Boot in einem gut geschützten Hafen zu liegen schien. In einem Augenblick des Trübsinns setzte er sich auf das Ankerspill am Bug, von wo aus er jeden sehen konnte, der an Bord gehen wollte. Doch dies war ein Verstoss gegen die Dienstvorschriften.* Voss wurde von einem Verwaltungsoffizier der 11. U-Flottille in Bergen gesehen und erhielt in der Folge mehrere Tage Arrest, weil er sich beim Wachdienst hingesetzt hatte. Da die Arrestzellen bereits voll waren, gab es eine beträchtliche Warteliste von Männern, die ihren Arrest abzusitzen hatten. Dieses Warten kostete Voss die Gelegenheit, für ein paar Tage nach Hause zu kommen. In einem beengten Raum eingesperrt zu sein, war für einen U-Bootmann kaum etwas Neues – die Arrestzellen waren gegenüber seiner normalen Unterbringung beträchtlich bequemer. In seinem Falle kam jedoch die Verbitterung hinzu, an Land einem »Schreibtischkrieger« ausgeliefert worden zu sein, der noch nie die Härte des Kampfes auf See verspürt hatte.

Dem Kommandanten von Siebrand Voss, Kptlt. Otto Köhler, erging es nur unwesentlich besser. Er band mit einer geteerten Schnur ein Bündel Papiere für den Flottillenstab zusammen, die ein Landungstrupp im verlassenen Hotel »Nordpol« in Ny-Ålesund auf Spitzbergen eingesammelt hatte, während von *U 377* in der Nähe eine unbemannte Wetterstation eingerichtet wurde (siehe 7. Kapitel). In unglaublicher Weise wurde der U-Bootkommandant über die Herkunft der Schnur befragt und dann wegen Plünderei mit dem Kriegsgericht bedroht. Zum Glück für Köhler war nicht jeder im Stab der 11. U-Flottille so beschäftigungslos, dass er Zeit hatte, über solchen Unsinn nachzudenken, und der Vorwurf wurde fallen gelassen.

Für die Familien der U-Bootmänner zu Hause verlief ebenfalls nicht immer alles zum Besten; sie konnten nicht zwangsläufig erwarten, vom Amtsschimmel mit Anstand behandelt zu werden.** Als die Mutter des Verfassers, die seit mehreren Monaten in anderen Umständen war, einem uniformierten Postbeamten die Tür öffnete, der ihr ein Telegramm hinhielt, brach sie zusammen; denn sie wusste, das Telegramm konnte nur die Nachricht vom Tode meines Vaters enthalten. Zum Glück fing sie mein Großvater auf und schleppte sie zu einem Stuhl. Trotz des Anlasses und ihres offensichtlichen Elends weigerte sich der Beamte, meinem Großvater das Telegramm auszuhändigen, weil es an meine Mutter adressiert war. In einem Augenblick des Zorns riss ihm mein Großvater den Umschlag aus der ausgestreckten Hand und schlug die Tür zu. Ein paar Tage später wurde er wegen Beamtenbeleidigung festgenommen. Er entging nur deshalb ernsten Folgen, weil er den Bitten meiner Mutter nachgab und sich öffentlich entschuldigte.

Es gab noch weit krassere Vorfälle und einer von ihnen kostete fast einem Mann das Leben. Hierzu berichtete Günter Fismer in »Schaltung Küste«, der Zeitschrift des Verbandes Deutscher U-Bootfahrer e.V., in der Nr. 149 (Nov./Dez. 1993): Der zweite Funker von *U 764* (ObltzS. Hanskurt v. Bremen) hatte eine starke Bindung zur NSDAP. Er drohte damit, seine Kameraden zu denunzieren, um ih-

* A.d.L.: Es zählt auch heute noch bei fast sämtlichen Streitkräften der Welt zu den Wachvergehen, sich auf Wache bzw. Streife zu setzen, zu essen, zu rauchen oder gar zu schlafen. Selbst in Friedenszeiten werden diese Vergehen relativ streng geahndet.

** A.d.L.: Offensichtlich ein zeitloses Problem…

nen seine Macht zu zeigen und seine eigenen Schwächen zu überdecken. Offensichtlich führte er über regimekritische Äußerungen, die er aufschnappte, Buch und benutzte diese Notizen im Januar 1945, um seinen Kameraden Hans Börner in voller Kenntnis der Tatsache zu denunzieren, dass die angebliche Kritik an der Partei die Todesstrafe bedeuten konnte. Börner kam vor ein Kriegsgericht, aber seinem Rechtsanwalt gelang es, die geforderte Todesstrafe auf sieben Jahre Freiheitsstrafe und Degradierung abzumildern. Traurig genug, auch dieser Vorfall ereignete sich in der 11. U-Flottille.

Allen erfolgreichen Kommandeuren war die Fähigkeit gemeinsam, sehr rasch einen Entschluss zu fassen und dann ohne Zögern danach zu handeln. Diese Haltung des »Angriffs in zehn Sekunden« kostete ebenfalls einigen Kommandanten das Kommando. Als *U 109* im Juni 1941 in den Stützpunkt zurückkehrte, befrug Dönitz einige alte Besatzungsangehörige über die Leistung ihres Kommandanten. Auf dieses Zeugnis hin löste der B.d.U. spontan Hans-Georg Fischer als Kommandant ab und ließ ihn auf eine untergeordnete Position an Bord des Schweren Kreuzers ADMIRAL HIPPER versetzen. In seinem insgeheim geführten Tagebuch schrieb Wolfgang Hirschfeld, dass es unter den Alten in der Besatzung beträchtliche Aufregung gab, die diese Entscheidung als sehr ungerecht empfanden. Nach dem Kriege führte Hirschfeld sogar einen »Ein-Mann-Kreuzzug« in dem Bestreben, diesen Makel von Fischer zu nehmen. Derart traumatische und weit reichende Entscheidungen wurden sehr schnell getroffen. Oft hatte das Opfer kaum Gelegenheit, sich zu verteidigen. Hinzu kommt noch, dass die von Feindfahrt in den Stützpunkt zurückkommenden Männer in der Regel müde und durch die anhaltende Konzentration geistig erschöpft waren, wodurch es zu unüberlegten Reaktionen gegenüber so genannten Freunden kam. Dennoch akzeptierten nicht alle widerspruchslos eine ungerechtfertigte Entscheidung der U-Bootführung. Im Herbst 1943 kehrte *U 377* von einer Feindfahrt zurück, auf der LtzS. »Jumbo« Gerke für den verwundeten Kommandanten eingesprungen war, der anschließend ins Lazarett gebracht wurde. Gerke wurde der Unachtsamkeit beschuldigt, einen Zerstörer nicht ausgemacht zu haben, der das U-Boot angeblich gerammt hatte. Er wehrte sich derart vehement, dass die Stabsoffiziere ihren Vorwurf zurückzogen und nach einer anderen Erklärung für die Beschädigung suchten, die das U-Boot davongetragen hatte.

Erschöpfung und lastender Druck

Es wird wahrscheinlich nie bekannt werden, wie viele Männer Admiral Dönitz »nur unter vier Augen« gegenübertraten und von ihm forderten, von ihrem Posten abgelöst zu werden. Wegen Erschöpfung trat jedoch ein Kommandant während einer Feindfahrt von seinem Kommando zurück und teilte diesen Entschluss durch einen Funkspruch mit. Dönitz war nicht besonders beunruhigt, als er den Funkspruch von »Ajax« Bleichrodt erhielt. Doch als er feststellte, dass der Kommandant von *U 109* nicht überzeugt werden konnte, seine Meinung zu ändern, befahl er Bleichrodt, das Kommando an den I.WO zu übergeben und aus dem Erste-Hilfe-Kasten ein bestimmtes Medikament zu nehmen. In voller Kenntnis der Tatsache, dass es sich um Schlaftabletten handelte und der I.WO nicht in der Lage war, den Befehl zu verweigern, nahm sich der erschöpfte Bleichrodt zusammen und bemühte sich sehr, keinen anderen mit seinen eigenen Unzulänglichkeiten zu belasten. Statt zu gehorchen, wendete er das Boot und kehrte mit *U 109* nach Frankreich zurück. Nach diesem Vorfall weigerte sich der B.d.U., mit Bleichrodt zu sprechen. Lange Jahre nach dem Krieg zuckte Dönitz bei einem Wiedersehen mit den Schultern und meinte: »Was hätte ich anderes tun sollen?« Nichtsdestoweniger wurde Bleichrodt für sein Verhalten weder bestraft noch gemaßregelt. Stattdessen erhielt er Urlaub, ehe er zu einer Schulflottille versetzt wurde.

Nach dem Kriege bemühte sich Bleichrodt nicht, diesen schwierigen Abschnitt seiner Karriere zu verbergen. Er legte die feste Überzeugung dar, dass viel Leiden in der U-Bootwaffe durch das Versäumnis der Führung verursacht worden war, ein Sicherheitsventil in das System einzubauen. Sobald die Beförderung in den Offiziersrang erfolgt war, wurde von den Männern erwartet, sich ohne Rücksicht auf ihr eigenes Wohlbefinden für die Marine aufzuopfern. Bleichrodt vertrat die Auffassung, es hätte bereits vor dem Kriege reichlich Anzeichen dafür gegeben, dass einige Männer mit dem erheblichen Druck, der auf ihnen lastete, nicht fertig werden konnten, aber die Führung hätte diese Zeichen nicht zur Kenntnis genommen. Daher wären zu viele ins Verderben getrieben worden. Es ist nicht schwierig, das Register der Kommandanten durchzugehen und eine Anzahl Namen zu finden, die kurze Zeit nach Kriegsbeginn aus der Liste verschwanden. Bleichrodt glaubte, die Marine hätte wesentlich besser daran getan, eine weniger starre Haltung einzunehmen und den Männern mit Schwierigkeiten zu gestatten, einige Zeit auf einem weniger hohe Anforderungen stellenden Posten zuzubringen, ehe sie in den Frontdienst zurückgeholt wurden. Dönitz war gegen einen solchen Versuch. Nach seiner Auffassung verlor ein aus dem Frontdienst herausgenommener Mann das »Gespür« für den Kampf. Trotzdem bewährten sich die Männer außerordentlich, die in den Anfängen des Krieges von den Frontbooten versetzt wurden und die später für besondere Kommandos zurückkamen.

Hierfür ist KptzS. Kurt Freiwald ein vorzügliches Beispiel. 1935 gehörte er zu den ersten U-Bootkommandanten, diente aber in den ersten Kriegsjahren als Adjutant des Ob.d.M., zuerst von GAdm. Erich Raeder und dann von GAdm. Karl Dönitz. Im Herbst 1943 absolvierte er bei der U-Bootlehrdivision einen Auffrischungslehrgang, erhielt anschließend das Kommando über *U 181* und führte eine erfolgreiche Feindfahrt in den Fernen Osten durch. Im Sommer 1944 demonstrierte auch KKpt. Heinrich Lehmann-Willenbrock, dass er seit den ruhmreichen Tagen mit *U 96* nicht sehr viel vergessen hatte. Nachdem er über zwei Jahre als Chef der 9. U-Flottille ein Landkommando hatte, übernahm er die Führung von *U 256*.

Hans Bartels: Ein nicht angenommener Freiwilliger

Nicht jeder, der sich freiwillig zur U-Bootwaffe meldete, wurde auch angenommen. Einige außergewöhnliche Marineoffiziere kamen nie zur U-Bootwaffe, obwohl sie sehr daran

Kptlt. Albrecht Achilles mustert die Besatzung von *U 161*. Rechts im Bild Maschinenmaat Reitz und Bootsmannsmaat Schöller. Achilles und sein IX-C-Boot gingen am 27. September 1943 im Südatlantik verloren.

interessiert waren und fähige Kommandanten abgegeben hätten. So z.B. der spätere KKpt. Hans Bartels, Crew 31, der zu den schillerndsten Persönlichkeiten in der Marine zählte. Der Umstand, dass er eine englische Mutter hatte, bedeutete nicht, dass er sich zu Deutschlands Gegner stark hingezogen fühlte. Übrigens war er nicht der Einzige in der Marine mit direkten britischen Verbindungen. Anfang 1936 war Bartels I.WO auf einem Minensuchboot, dessen Kommandant, Kptlt. Archibald MacLean, einen ähnlichen Hintergrund aufwies. Eines Tages sandte der Flottillenchef – KKpt. Ernst-Felix Krüder, der später Kommandant des Hilfskreuzers PINGUIN werden sollte – »Ajax« Bleichrodt auf das M-Boot. Er sollte feststellen, warum die Flagge auf halbmast gesetzt war. An Bord angekommen, begrüßte ihn starker Alkoholgeruch und beide Offiziere saßen in tiefster Schwermut da. »Wir betrauern den Tod des Königs«, verkündete Bartels an Stelle eines Grußes, ehe er Bleichrodt ein Glas eingoss und dann erklärte, sie hätten gerade aus den Nachrichten das Hinscheiden von König Georg V. erfahren.

Der Flottillenchef kam mit den beiden völlig gegensätzlichen Charakteren ganz gut zurecht, wenn es auch Zeiten gab, in denen er sich frug, wer die beiden auf dasselbe Boot kommandiert hatte. So beschwerte sich einst Bartels, dass sein Kommandant nicht entschlossen genug wäre, und kurze Zeit später erschien MacLean, um gegen die Sorglosigkeit seines I.WO zu protestieren. Als sein Adjutant dann Krüder frug, was geschehen sollte, blickte dieser auf und sagte überdrüssig: »Sie sind beide Engländer; soll'n sie's miteinander abmachen!«

1939 hatte Bartels als Kommandant des Minensuchbootes *M 1* mit Albrecht Brandi einen nicht weniger schillernden Charakter als seinen I.WO. Trotz der zu Beginn des Krieges in Kraft befindlichen Befehle befolgte *M 1* nicht die allgemeine Anweisung zu passivem Verhalten. Dies führte letzten Endes zu einem tragischen Vorfall. Nachdem der Verdacht bestand, dass ein paar dänische Fischerboote Informationen an die Briten gefunkt hatten, befahl Bartels alle Mann unter Deck und ließ die Luken schließen. Völlig allein auf der Brücke geblieben, setzte Bartels die starken Voith-Schneider-Propeller seines Bootes ein, um die beiden Fischerboote zu vernichten. Es gab keine Überlebenden. Der Vorfall wurde nicht ins Kriegstagebuch von *M 1* eingetragen. Bartels hatte seine Männer unter Deck geschickt, weil er sie nicht mit der Schuld seines rücksichtslosen Handelns belasten wollte.

Im April 1940 nahm *M 1* an der Besetzung Norwegens teil. Als die 2. M-Flottille den Rückmarsch antrat, verblieb Bartels infolge einer simulierten Maschinenhavarie in Egersund. Statt vor deutschen Häfen Minen zu räumen, wirkte *M 1* weiterhin bei der Besetzung Norwegens mit, bekam den Beinamen »Tiger der Fjorde« und Bartels erhielt das Ritterkreuz. Er organisierte den Aufbau der ersten Kräfte zur Sicherung der norwegischen Westküste, wobei er allerdings seine Zuständigkeiten überschritt. Hierbei verärgerte er GAdm. Erich Raeder, der ihn auf den Zerstörer *Z 34* als Ersten Offizier versetzen ließ, damit er wieder die Disziplin der Marine kennen lernte. Albrecht Brandi folgte ihm als Kommandant von *M 1* nach, meldete sich dann aber zur U-Bootwaffe, absolvierte die U-Bootausbildung und wurde im April 1942 Kommandant von *U 617*. Auch Bartels hatte den Wunsch, zur U-Bootwaffe zu gehen, erhielt aber stattdessen das Kommando über ein Torpedoboot. Im Frühjahr 1944 holte ihn sich VAdm. Hellmuth Heye, der beim Kleinkampfverband unkonventionelle Männer brauchte. Nach seiner Idee wurde das Klein-U-Boot »Biber« entwickelt. Ende Juli 1945 kam Bartels bei einem Verkehrsunfall ums Leben, obwohl manche, die ihn kannten, einen Selbstmord vermuteten, um möglicherweise einer alliierten Anklage wegen Kriegsverbrechens zu entgehen.

»U-Bootfamilien«

Wie in anderen Ländern gab es in der Kriegsmarine eine Anzahl so genannter *Marinefamilien,* d.h. Familien, die mehrere Angehörige in der Marine hatten. Zudem gab es bei der U-Bootwaffe »U-Bootfamilien«. Neben den Zwillingen Otto und Rudolf Ites sind Gerd und Reinhard »Teddy« Suhren Beispiele für zwei Brüder, die in der U-Bootwaffe dienten. Doch einige Familien leisteten einen noch höheren Beitrag, wie z.B. die Familie Albrecht. Im Juni 1943 erhielt Fritz Albrecht das Kommando über *U 386,* während sein Bruder Karl im selben Monat *U 1062* in Dienst stellte, ein ungewöhnliches Transport-U-Boot (Typ VII F) für Torpedos. Bereits im Ersten Weltkrieg waren zwei Brüder U-Bootkommandanten gewesen. Sie wurden noch von der Familie v. Rabenau übertroffen, die vermutlich den Rekord hält und mit insgesamt neun Marineoffizieren die größte Anzahl hervorgebracht hat. Von ihnen dienten vier auf U-Booten: Kptlt. Hellmuth v. Rabenau war 1914-1918 Kommandant von *U 67* und bis 1945 Reserveoffizier. Sein drei Jahre jüngerer Bruder Reinhard führte im ersten Krieg als Kptlt. *UC 77* und danach *UB 88.* Kptlt. Georg v. Rabenau war erst bei der Luftwaffe, ehe er im Dezember 1942 das Kommando über *U 528* erhielt. Am 13. Mai 1943 griffen das Boot »Halifax«-Bomber der 58. RAF-Squadron an. Da die erlittenen Schäden das Boot tauchunfähig machten und gleichzeitig die Sloop HMS FLEETWOOD erschien, blieb nur noch die Selbstversenkung und die überlebende Besatzung geriet in Gefangenschaft. Kptlt. Wolf-Rüdiger v. Rabenau hatte dieses Glück nicht; er ging im April 1942 nahe Helgoland mit seinem Boot unter. Die genaue Ursache ist nicht bekannt. Vermutlich fiel das Boot einem Minentreffer zum Opfer, aber auch menschliches Versagen kann nicht ausgeschlossen werden.

Erbeutet: *U 766* unter französischem Kommando

Nachdem die Royal Navy *U 570* erbeutet und als HMS GRAPH in Dienst gestellt hatte, erhielt ein anderes deutsches U-Boot unter noch seltsameren Umständen einen ausländischen Kommandanten. Jean-Pierre Brunet, der spätere französische Botschafter in Bonn, war der einzige Franzose, der im Zweiten Weltkrieg ein deutsches U-Boot führte. Die Geschichte nahm ihren Anfang, nachdem die nach der Invasion im Juni 1944 vorrückenden alliierten Truppen in La Pallice *U 766* (ObltzS.d.R. Hans-Joachim Wilke) vorfanden. Das beschädigte Boot vom Typ VII C war außer Dienst gestellt und fahrunfähig gemacht worden. Der französische Marineoffizier Brunet mit fünfjähriger Erfahrung auf dem Minen-U-Boot RUBIS erhielt den Befehl, *U 766* zu untersuchen und festzustellen, ob es rechtzeitig einsatzbereit gemacht werden könnte, um noch am Krieg gegen Japan teilzunehmen. Da diese Aufgabe nach seinem Dafürhalten nur von einer deutschen Besatzung zu bewältigen war, fuhr er in ein örtliches Kriegsgefangenenlager und warb Freiwillige an. Zwei Monate später war *U 766* wieder voll einsatzbereit und wurde unter dem Namen LAUBIE in Dienst gestellt.

Damals kam es Brunet kaum in den Sinn, dass ihn die deutschen Seeleute einfach über Bord werfen könnten, um mit dem Boot ein neutrales Land anzulaufen. Lange Zeit nach dem Kriege erfuhr er, dass es tatsächlich den Plan gegeben hatte, ihn über Bord zu werfen und in der Republik Irland Zuflucht zu suchen. Doch Brunet war ein anständiger Charakter und niemand konnte es über sich bringen, diese grässliche Aufgabe zu übernehmen. Die LAUBIE muss einen seltsamen Anblick geboten haben: Ein deutsches U-Boot, das die französische Flagge führte, mit einem französischen Kommandanten und Stabsoberfunkmeister Wilhelm Kruse (vorher *U 48*) auf der Brücke, der die Befehle ins Deutsche übersetzte. Schließlich kapitulierte Japan, ehe die LAUBIE zur Fahrt in den Fernen Osten auslaufen konnte.

Schwierige Entschlüsse

Der verstorbene Gus Britton, ein U-Bootfahrer der Extraklasse, der in der Royal Navy bei Kriegsbeginn und -ende den niedrigsten Rang innehatte, war der Meinung, er hätte nie in einer Lage sein wollen, anderen zu sagen, was sie tun sollten – obwohl offensichtlich war, dass er durchaus überdurchschnittliche Fähigkeiten besaß und eine interessantere militärische Karriere als die meisten aufwies. Das Treffen von Entscheidungen unter dem Druck kriegsbedingter Umstände – d.h. anderen die Ausführung von Handlungen zu befehlen, um sie dann sehr viel später rechtfertigen zu müssen, nachdem die Ereignisse schon lange vorbei sind – stellt eine Bürde dar, über die Zivilisten nicht leichtfertig urteilen sollten.*

Viele U-Bootfahrer hatten nach dem Kriege ein überschattetes Gewissen und frugen sich noch über viele Jahre hinweg, ob jede ihrer Entscheidungen immer die richtige gewesen war. Hierbei ist aus psychologischer Sicht die Feststellung interessant, dass die Mehrheit dieser Veteranen ihre Albträume nie verbarg; im Gegenteil, diese schwierigen Ereignisse waren in der Regel das Erste, das sie in den Befragungen selbst zur Sprache brachten. Einige entsetzliche Vorkommnisse hatten den Kommandanten keine andere Wahl gelassen; sie mussten ihre Befehle befolgen, auch wenn es manchmal hart war, die Konsequenzen zu tragen.

Wenige Tage vor Kriegsbeginn befand sich Kptlt. Herbert Emil Schultze in einer wenig beneidenswerten Lage. Obermaschinenmaat Benno Krinitzki erkrankte plötzlich, während *U 48* versuchte, seinen Einsatzraum im Seegebiet nordwestlich von Spanien zu erreichen. Die Befehle waren klar: Unentdeckt zu bleiben und Funkstille zu wahren; aber für die Männer war dies kein Trost, wenn sie mit ansehen mus-

*Manchmal geschehen seltsame Dinge. Der Verfasser hatte gerade mit der Niederschrift dieses Satzes begonnen, als ein Brief mit der Nachricht von Gus Brittons Tod in den Briefkasten flatterte. Dieser großartige und hochherzige Mann hatte überall auf der Welt Freunde. Über die Marinegeschichte wusste er mehr als die Mehrheit der offiziell anerkannten Fachwelt. Er wird schmerzlich vermisst werden.

sten, wie ein Bordkamerad litt und vielleicht an der vermuteten Blinddarmentzündung starb. Doch es gab nichts, was getan werden konnte. Die erfolgreiche Durchführung des militärischen Auftrags mit seinen Folgen für das Leben vieler ging dem Wohlbefinden des Einzelnen vor.

Einer nervenaufreibenden Entscheidung sah sich Kptlt. Kurt Baberg gegenüber, der Kommandant von *U 618*, als er versuchte, die stark bewachte Straße von Gibraltar zu durchbrechen. Zuerst griffen das Boot Flugzeuge an und danach kam eine 42 Stunden währende Wasserbombenverfolgung durch Überwassereinheiten. Die Maschinenschäden und die Verletzungen der Männer waren beträchtlich. Trotzdem das eingedrungene Wasser bis zu den Flurplatten stand, gelang es dem Maschinenpersonal, *U 618* zurück an die Wasseroberfläche zu bringen. Doch es bestand keine Aussicht mehr, ins Mittelmeer zu kommen. Beide Sehrohre waren vollgelaufen, der Sender der Funkanlage war tot und der Empfang war nur noch begrenzt möglich, die Hauptlenzpumpe war beschädigt, ein beträchtliches Leck ließ sich nicht reparieren und die angeknacksten Batterien bedeuteten, dass sich die elektrische Kapazität drastisch verringert hatte. Die defekten Ventile, die zum hohen Wasserstand im Boot geführt hatten, ließen es nicht zu, tiefer als 20 m zu tauchen oder einem weiteren Wasserbombenangriff zu widerstehen. Wenn Baberg sein Boot nicht selbst versenken wollte, blieb ihm keine andere Wahl als zu versuchen, Frankreich zu erreichen, indem er durch flache Küstengewässer kroch, in denen er sein Boot während der Tageslichtstunden auf Grund legen konnte. Es war nicht genug Elektrizität vorhanden, um über einen längeren Zeitraum hinweg die Tauchtiefe einzuhalten.

Babergs Augenblick des Ringens um einen verzweifelten Entschluss kam am 28. Dezember 1943, als über Funk die Nachricht einging, dass in der Nähe deutsche Überwasserschiffe versenkt worden waren. Als die Ausgucks auf *U 618* zu einem früheren Zeitpunkt entfernten Geschützdonner gehört hatten, waren sie froh gewesen, vom Gefechtsfeld so weit entfernt zu sein. Die Tatsache, dass nicht ein einziges Boot den Notruf der Skl. beantwortete, um Operationen abzubrechen und Überlebende des Seegefechtes zu retten, ließ die Männer auf *U 618* erkennen, dass sie als Einzige zur Hilfeleistung übrig blieben. Doch Baberg konnte sich nicht mit der Außenwelt in Verbindung setzen. Nach seiner Auffassung kam das In-Gang-Setzen eines Rettungsversuchs einem Selbstmord gleich. Der Gegner suchte sicherlich das Gebiet ab und sein Boot konnte keinen weiteren Angriff überstehen. Angesichts dieses Dilemmas forderte Baberg in überaus ungewöhnlicher Weise seine Männer auf, sich zu äußern, ob die Hilfeleistung riskiert oder ob das ruhige Heimwärtsschleichen fortgesetzt werden sollte. Zu seiner Überraschung erhob gegen den Rettungsversuch keine einzige Stimme Einwände. Infolgedessen änderte *U 618* seinen Kurs. Der Mut der U-Bootleute wurde belohnt, als sie 27 Überlebende des Zerstörers *Z 27* (KKpt. Günther Schultz) aufnahmen. Trotz des Auftauchens mehrerer gegnerischer Flugzeuge erreichte *U 618* unter höchst dramatischen Umständen die eigenen Gewässer. Lange Zeit nach dem Kriege schloss Baberg seinen Bericht über dieses Ereignis mit den Worten: »Wer damals nicht dabei war, wird nie völlig verstehen können, was uns verbindet.«

Rettungsoperationen an sich waren keineswegs selten. Die bekannteste Aktion dieser Art war der LACONIA-Zwischenfall am 12. September 1942, als *U 156* (KKpt. Werner Hartenstein) den 19.695 BRT großen Truppentransporter LACONIA mit 1800 italienischen Kriegsgefangenen an Bord durch Torpedotreffer im Südatlantik versenkte. Dies veranlasste KKpt. Hartenstein, eine Rettungsaktion in Gang zu setzen. Er forderte über Funk im Klartext zur Hilfeleistung auf und befahl, Flaggen mit dem Roten Kreuz über seine Geschütze zu decken und auf das Oberdeck das Rote Kreuz zu malen. Zusammen mit *U 156* retteten *U 506* (Kptlt. Erich Würdemann), *U 507* (Kptlt. Harro Schacht) und die CAPPELLINI (Tenente di vascello Revedin) fast 1100 überlebende Italiener, Polen und Briten. Trotzdem wurden die U-Boote mit den Geretteten an Deck und den Rettungsbooten im Schlepp einige Zeit später von einem amerikanischen »Liberator«-Bomber fünfmal angegriffen. Daraufhin befahl Admiral Dönitz, dass Rettungsmaßnahmen in Zukunft zu unterbleiben hätten, da dies für die U-Boote offensichtlich zu riskant war (»LACONIA-Befehl«).

Obwohl die Allierten, vor allem die Amerikaner, ihren U-Bootkrieg genauso führten, war dieser Befehl von Dönitz Bestandteil der Anklage gegen ihn beim »Nürnberger Prozess«. Interessant ist auch die Feststellung, dass der Luftangriff offensichtlich nicht zufällig erfolgte. Er war keine spontane Reaktion einer Flugzeugbesatzung, die den Ort des Geschehens überflog, ohne zu wissen, was vor sich ging. Der Kommandant des US-Bombers hatte nach Rücksprache mit seinem Vorgesetzten den Angriffsbefehl erhalten. Es hat den Anschein, dass dieses alliierte Verhalten eines versuchten Mordes an Schiffbrüchigen weder in Nürnberg noch später untersucht wurde*. Der Vorfall war als »geheim« eingestuft und kam erst 20 Jahre nach dem Krieg ans Licht.

Kptlt. Nicolai Clausen hatte am 3. Oktober 1941 wesentlich mehr Glück als Hartenstein. Er rettete mit *U 129* auf dem Marsch in den Südatlantik westlich von Kap Finisterre 119 Überlebende des deutschen Versorgungsschiffes KOTA PINANG. Damit hatte *U 129* zusammen mit seiner eigenen Besatzung fast 170 Mann an Bord, ein aussichtsreicher Anwärter auf den Spitzenplatz, was die höchstmögliche Anzahl von Personen betrifft, die je auf einem Frontboot unter Kriegsbedingungen transportiert wurde. Da unter diesen Umständen das Risiko zu groß war, den gefährlichen Golf von Biskaya zu durchqueren, befahl die U-Bootführung, einen Treffpunkt vor El Ferrol anzusteuern. Dort übernahm ein aus den spanischen Gewässern ausgelaufener Marineschlepper am 6. Oktober 1941 den Großteil der Geretteten. Das niederländische Motorschiff KOTA PINANG (7275 BRT) hatte im Sommer 1940 die Kriegsmarine übernommen und nach einem Kurzeinsatz als Spähschiff für das Unternehmen »Rheinübung« zum U-Bootversorger (Z-Schiff) umgebaut. Es sollte in einem entlegenen Teil des Südatlantiks als Versorgungsbasis für U-Boote dienen. Die Versenkung eines solchen Schiffes brachte eine Reihe von U-Booten in erhebliche Schwierigkeiten, da sie nicht mehr genug Treibstoff für den Rückmarsch besaßen. In den meisten Fällen wurden

*A.d.L.: Die Aufarbeitung alliierter Vergehen und Kriegsverbrechen spielte bisher in der Geschichtsschreibung allenfalls eine untergeordnete Rolle – von gerichtlichen und völkerrechtlichen Untersuchungen nicht zu reden.

dann andere Frontboote zur Abgabe ihres kostbaren Treibstoffs umgeleitet.

Kptlt. Claus Korth setzte am 3. Juni 1941 mit *U 93* eine Rettungsaktion in Gang, die ihm einen ernsten Verweis einbrachte, der ihn noch lange Jahre nach dem Krieg beschäftigte. *U 93* gehörte zu den U-Booten, die im Zusammenhang mit der BISMARCK-Operation Ende Mai 1941 eingesetzt waren. In dieser Zeit wurden auch mehrere Versorgungsschiffe in entlegenen Seegebieten stationiert, deren Hauptzweck es war, die BISMARCK und den sie begleitenden Schweren Kreuzer PRINZ EUGEN mit Treibstoff zu versorgen. Dieses Unternehmen (»Rheinübung«) wird als bekannt vorausgesetzt*. Auch die geheim gebliebene Kaperung von *U 110* (Kptlt. Fritz-Julius Lemp) am 10. Mai 1941 durch britische Einheiten, wodurch u.a. eine »Enigma«-Schlüsselmaschine sowie Schlüsselmaterial für die nächsten Wochen erbeutet wurde, wird vermutlich vielen Lesern bekannt sein. Dieser Vorgang hatte einen wesentlichen Anteil am Aufspüren und Versenken der meisten Versorgungsschiffe nach dem Untergang der BISMARCK. Als *U 93* seinen Treffpunkt mit dem Begleittanker BELCHEN erreichte, erblickten die Ausgucks nur noch eine Handvoll Rettungsboote mit 50 Überlebenden. Korth brach seine Operation ab und brachte die BELCHEN-Besatzung zurück nach Frankreich. Trotz des Sichtens mehrerer alliierter Geleitzüge benutzte Korth den Funk nicht, um sie der U-Bootführung zu melden, da er seine Anwesenheit nicht der gegnerischen Funkaufklärung verraten wollte.

Nach der Rückkehr aus der Labrador-See und von der etwas haarsträubenden Atlantiküberquerung warf ihm Admiral Dönitz vor, er hätte die Position der Geleitzüge melden müssen. »Überall im Atlantik stehen U-Boote«, sagte er, »die keine finden – und Sie sind mitten unter mehreren Geleitzügen und melden sie nicht einmal.« In seinem Zorn begriff der Admiral offenbar gar nicht, warum Korth sie gesichtet hatte, und nur etwa ein halbes Dutzend weiterer Kommandanten hatte ähnliche Erfahrungen wie er. Niemand scheint die Frage gestellt zu haben, warum selbstständig operierende Kommandanten – und nur diese Kommandanten – so viele Schiffe fanden. Hätte jemand über größere Zusammenhänge nachgedacht, wäre vielleicht der Gedanke aufgetaucht, dass die Engländer den Funkschlüssel für die U-Boote geknackt hätten. Nur jene Kommandanten, die ihre Positionen nicht über Funk bekannt gaben, sichteten gegnerische Schiffe – weil ihre Boote die einzigen waren, die dem Gegner unbekannt blieben.

Eine der schwierigsten und zugleich eine der bestürzendsten Entscheidungen traf vermutlich KAdm. Eberhard Godt, der Chef der U-Bootführungsabteilung in der Skl. (2./Skl.B.d.U.op.), wie die Abteilung nun hieß. Kurz nach der Landung der Alliierten in der Normandie am 6. Juni 1944 erhielt Godt von Dönitz die Weisung, dass jedes verfügbare U-Boot in den Englischen Kanal zu gehen hätte, weil der Ausgang der Invasion im Begriff stünde, zum »entscheidenden« Faktor des Krieges zu werden. Der bisherige Kriegsverlauf hatte beiden Männern gezeigt, dass U-Boote mit Schnorchel eine geringe Chance besaßen, dagegen jene ohne Schnorchel überhaupt keine hatten. Doch trotz dieser Tatsache blieb Dönitz unerbittlich: Die Boote mussten in den Kanal geschickt werden. FKpt. Günter Heßler (sein Schwiegersohn, U-Bootkommandant, 1. Asto bei B.d.U.op. und Verfasser der deutschen »offiziellen« Geschichte des U-Bootkrieges) war der Meinung, Dönitz wäre zu dieser tragischen, aber absurden Entscheidung gezwungen gewesen. Doch er stellt nicht klar, wie und von wem der Zwang ausging. Inzwischen waren in den französischen Stützpunkten verzweifelte Vorbereitungen im Gange, um so viele Boote wie nur möglich auslaufen zu lassen.

Als der verhängnisvolle Befehl kam, tat Godt genau das, was ihm gesagt worden war: Er ließ die Boote in See gehen. Die Boote ohne Schnorchel schickte er jedoch auf die atlantische Seite des Golfs von Biskaya. Dort waren sie relativ sicher. Seine Begründung lautete, dass sie im Falle eines Angriffs der französischen Stützpunkte eine Verteidigungslinie bilden sollten. Diese beinahe an Nichtbeachtung grenzende Auslegung des Befehls von Dönitz rettete mit ziemlicher Wahrscheinlichkeit vielen U-Bootfahrern das Leben.

Es muss daran erinnert werden, dass dieses menschliche Handeln zu einer Zeit erfolgte, da das OKW besondere Einheiten einsetzte, die so genannten *Fliegenden Standgerichte*, um im Schnellverfahren jeden Offizier oder Mann abzuurteilen, der versucht sein könnte, zu schnell den Rückzug anzutreten. Ihnen fiel eine große Anzahl von Soldaten zum Opfer**. Insoweit nahm Godt ein beträchtliches persönliches Risiko auf sich. Als ich ihn lange Zeit nach dem Kriege mit diesem Ereignis konfrontierte, schien er dennoch genauso erstaunt darüber zu sein wie ich. Ungeduldig las er das KTB durch, das er damals jahrelang abgezeichnet hatte.

Er prüfte meine Angaben, blickte von seinen Papieren auf und sagte: »Ich kann mich nicht daran erinnern«. Mir erschien es seltsam, dass dieser ruhige und bescheidene Mann der Operationschef der gefährlichsten Gegner Großbritanniens gewesen sein sollte. Seine ruhige Geduld, mit der er Vergangenes erläuterte, ohne je seine eigene Rolle in den Vordergrund zu rücken, erinnerte an einen emeritierten Universitätsprofessor. Nur sein äußerst aktiver Geist und seine Fähigkeit, rasche Entscheidungen zu treffen, ließen erkennen, dass er eine Verbindung zum Militärischen gehabt haben könnte.

Kollisionen und »eigener Beschuss«

Peter Erich Cremer (Spitzname »Ali Wrack«) könnte den Rekord halten, mit der größten Anzahl von Zielen kollidiert zu sein. Zu Kriegsbeginn befand er sich auf dem Zerstörer THEODOR RIEDEL und erst im Herbst 1940 erhielt er das Kommando über *U 152*, das er im Januar 1941 in Dienst stellte. Doch seine Bekanntheit rührte vermutlich weitgehend aus seiner Zeit als Kommandant von *U 333* und 1945 als Kommandeur des »Wachbataillons Dönitz« her. Erstaunlicherweise kollidierte er mit vier Zielen bei vier verschiedenen Gelegenheiten und zweimal brachte er sein Boot fast als totales Wrack heim. Hinzu kam noch, dass sein *U 333* fast von einem anderen deutschen U-Boot versenkt worden wäre – allerdings unter britischem Kommando. *U 333* gelang es,

* A. d. L.: Näheres bei *Mike J. Whitley: Deutsche Großkampfschiffe.* Motorbuch Verlag, Stuttgart 1997 (S. 168-184).

** A. d. L.: Zu den Standgerichten siehe auch die Untersuchung von *Franz W. Seidler: Die Militärgerichtsbarkeit der Deutschen Wehrmacht.* Verlag S. Bublies, Schnellbach 1999.

den Torpedos von HMS GRAPH (ex-*U 570*) unter Cdr. Peter Marriot auszuweichen (siehe oben Seite 69.Außerdem führte ein Missverständnis im Funkverkehr dazu, dass Kptlt. Cremer am 31. Januar 1942 irrtümlich den deutschen Bockadebrecher SPREEWALD versenkte. Wolfgang Hirschfeld schrieb in seinem geheim geführten Tagebuch von einer wirklichen Tragödie, während »Ajax« Bleichrodt die Schultern zuckte und sagte: »Das ist einer der unglücklichen Fälle, die im Krieg passieren. Cremer hat englische Ahnen von hohem Stand, daher ließ ihn Dönitz davonkommen.«

Es gab auch ein Ereignis, bei dem ein Handelsschiff mehr unternahm, als nur mit einem U-Boot zu kollidieren, das im Begriff stand, einen Angriff durchzuführen. Dieser Vorfall ereignete sich am 15. Juli 1942 vor Kap Hatteras an der amerikanischen Ostküste. Kptlt. Hans-Dieter Heinicke von *U 576* wies seinen I.WO an, sich auf zwei einzeln fahrende Dampfer in einem kleinen Geleitzug zu konzentrieren, die sich als CHILORE aus den USA und BLUEFIELDS aus Nicaragua herausstellten. Während die U-Bootoffiziere noch ein drittes Ziel ins Auge fassten, griff plötzlich ein Flugzeug an. Der 5873 BRT große Frachter UNICOI nutzte die herrschende Verwirrung aus und lief mit voller Fahrt auf das immer noch aufgetauchte U-Boot zu. Sein Rammstoss war erfolgreich; es gab keine Überlebenden.

Auch in Gewässern dicht vor den heimischen Häfen ereigneten sich mehrere unglückliche Kollisionen. So sank z.B. *U 15* unter Kptlt. Peter Frahm mit seiner gesamten Besatzung am 30. Januar 1940, nachdem das deutsche Torpedoboot ILTIS das U-Boot im Seegebiet des Hoofden irrtümlich gerammt hatte. Das letzte deutsche U-Boot, das durch ein eigenes Boot verloren ging, war *U 2367* (ObltzS. Heinrich Schröder). Obwohl sich der Vorfall vor der Schleimündung in der Nähe von Kiel ereignete, als infolge eines Luftangriffs Verwirrung herrschte, konnte das an der Kollision beteiligte Boot nicht eindeutig identifiziert werden. Im August 1956 wurde *U 2367* vom Typ XXIII gehoben und ein Jahr später von der Bundesmarine als HECHT in Dienst gestellt. Im September 1968 wurde das Boot schließlich außer Dienst gestellt und anschließend abgebrochen.

Obwohl U-Boote eine Reihe deutscher Schiffe irrtümlich versenkten und auch mehrere U-Boote durch eigene Streitkräfte sanken oder beschädigt wurden, gingen nur wenige U-Boote als Folge einer entschlossenen Jagd durch eigene U-Jagdeinheiten verloren. *U 235* unter Kptlt. Friedrich Huisgen gehörte zu diesen wenigen unglücklichen Booten. Nur wenige Tage vor Kriegsende versenkte das Torpedoboot *T 17* am 14. April 1945 *U 235* mit Wasserbomben im Kattegat. Dieser tragische Irrtum war teilweise darauf zurückzuführen, dass Überwassereinheiten nicht über die Bewegungen von U-Booten und umgekehrt unterrichtet waren. Ein Schiff aus einem kleinen Geleitzug sichtete das Kielwasser des Schnorchels von *U 235*, hielt es für einen Torpedo und meldete die Position sofort an das zur Geleitsicherung gehörende T-Boot. Da *T 17* eine Warnung vor britischen U-Booten erhalten hatte, verlor es keine Zeit und griff an. Seine Wasserbomben lagen genau; es gab keine Überlebenden. *U 235* hatte bis dahin bereits einiges hinter sich. Am 14. Mai 1943 sank das Boot (ObltzS. Klaus Becker) schon einmal durch einen US-Luftangriff, während es in der Kieler Germaniawerft zur Überholung lag. Gehoben und am 29. Oktober 1943 wieder in Dienst gestellt, blieb es Schulboot unter ObltzS. Hans-Erich Kummetz, bis es im April 1945 kurz vor seinem Untergang Huisgen übernommen hatte.

Hinsichtlich der Kollisionen in See ist es trotzdem seltsam, dass sich so wenige angesichts der nächtlichen Überwasserangriffe auf Geleitzüge ereigneten, die doch ein Manövrieren der U-Boote auf sehr engem Raum erforderten. Der erste und vermutlich einzige Unglücksfall dieser Art ereignete sich in einer Geleitzugschlacht am 8. Dezember 1942, als *U 221* (Kptlt. Hans Trojer) in die Seite von *U 254* (Kptlt. Hans Gilardone) rammte. Obwohl beide Boote zunächst den Zusammenstoss überstanden, war *U 254* nicht mehr imstande zu tauchen, und bis vor kurzem wurde angenommen, dass das Boot später von einer »Catalina« der 210. RAF-Squadron versenkt worden war. Von Paul Kemp in »U-Boats Destroyed« berichtete neuere Forschungsergebnisse weisen jedoch darauf hin, dass *U 254* früher als bisher angenommen gesunken ist und dass die erwähnte »Catalina« tatsächlich *U 611* (Kptlt. Nikolaus v. Jacobs) angriff. Von *U 254* überlebten nur sechs Mann – Kptlt. Gilardone war unter den Gefallenen – und von *U 611* gab es keine Überlebenden. Eine Untersuchung ergab, dass Trojers Ausgucks das andere U-Boot nicht wahrnehmen konnten, und so wurde der Vorgang als Unglücksfall zu den Akten gelegt.

6. Kapitel:

Das wechselnde Gesicht des U-Bootkrieges

Wachsende Zuversicht – Erste Erfahrungen

1939 hatten die jungen Männer, die das Personal der U-Bootwaffe bildeten, von der die größte Gefahr für Großbritannien ausging, ein unglaublich beschränktes Weltbild. Der Krieg kam für viele von ihnen als ein unfassbarer Schock. Sie waren nicht zur Wehrmacht gegangen, um Gelegenheit zum Kämpfen zu erhalten oder einen ruhmreichen Tod für das Vaterland zu finden. Diese jungen Männer waren oft – wie überall auf der Welt – in die Marine eingetreten, um Abenteuer zu suchen und von zu Hause und den Eltern frei zu sein. Der emotionale ideologische Drill, durch ein wirksames und alles durchdringendes Propagandasystem ausgeübt, hatte viele dazu verführt, sich freiwillig zu melden. Hatten sie dann Uniform an, ließ sie der Köder, einer Elite anzugehören, den Weg leicht zur U-Bootwaffe finden. Wenn auch viele Autoren diese jungen Männer als »blutdürstige Mörder« porträtiert haben, so scheint die Mehrheit der U-Bootfahrer aller Krieg führenden Staaten in Wirklichkeit einen anständigen und keineswegs aggressiven Charaktertyp offenbart zu haben. Der professionelle Kämpfertyp hätte die Beengtheit des Raumes und die anscheinend endlosen Perioden erzwungener Untätigkeit im Inneren eines U-Bootes völlig unerträglich empfunden.

Zwei Angehörige der Besatzung von *U 48* während der zweiten Feindfahrt des Bootes im Oktober 1943: Bootsmannsmaat Christian Duchene (links) und LtzS. Otto Ites, der II.W.O. Das erfolgreichste U-Boot des Zweiten Weltkrieges war auf der Krupp-Germaniawerft Kiel gebaut und am 22. April 1939 in Dienst gestellt worden. In zwölf Feindfahrten versenkten die drei Frontkommandanten des Bootes – Kptlt. H. Schultze, KKpt. H.-R. Rösing und Kptlt. H. Bleichrodt – 51 Schiffe mit insgesamt 310.407 BRT (nach Bodo Herzog). Im August 1941 wurde *U 48* aus der Front gezogen und als Schulboot zunächst der 26. (Pillau) und ab April 1942 der 21. U-Flottille (Neustadt i.H./Hamburg) zugeteilt. Am 25. September 1943 wurde das Boot außer Dienst gestellt und der in Neustadt i.H. neu gebildeten 3. U.L.D. übergeben. Schließlich versenkte sich *U 48* dort am 3. Mai 1945 im Zuge des Stichworts »Regenbogen« selbst.

U 48 **vom Typ VII B (rechts) und** ***U 43*** **oder** ***U 44*** **vom Typ IX A (links). Das Erstere war ein Hochsee-Tauchboot in Einhüllenbauweise mit Satteltank. Bug, Heck, Kiel und Oberdeck waren am Druckkörper an- bzw. aufgesetzt, während dieser beim Typ IX mit einem sehr viel breiteren Oberdeck vollständig von der Verkleidung umschlossen wurde. Auf dem Vorschiff von** ***U 48*** **sind (rechts im Bild) die versenkbaren Poller mit den Festmachern und links daneben direkt unter dem Netzabweiser die Horchpeilanlage zu erkennen. Beachte am Kommandoturm das Abzeichen des Bootes: »3-mal schwarzer Kater«, d.h. ein schwarzer Kater mit »3 x« unter dem Bauch. Es wurde später von Offizieren und Mannschaften als inoffizielles Mützenabzeichen getragen.**

Die Kriegserklärung hatte eine überwältigende Wirkung auf die Mehrheit der Männer in den U-Bootbesatzungen. Sie wussten, dass sie gegen ein Land in den Kampf ziehen mussten, dessen Imperium sich rund um den Globus erstreckte und dessen Royal Navy, gesichert in einer 200-jährigen Tradition routinierter Vortrefflichkeit, fast genauso stark war wie alle anderen Krieg führenden Marinen zusammen genommen. Viele U-Bootmänner hofften und beteten dafür, dass sie die erwarteten Schläge des Gegners überleben würden; sie schätzten ihre Erfolgsaussichten nicht sehr hoch ein. Selbst ihr Oberbefehlshaber der Kriegsmarine war niedergeschlagen, als er in einem Memorandum schrieb: »Am 3.9.1939 trat Deutschland in den Krieg mit England ein. …Die Kriegsmarine ist noch immer … so schwach, daß das einzige, was sie tun kann, ist: den Beweis zu liefern, daß sie ehrenhaft zu sterben weiß.« Ausdruck der Besorgnis, der langsamen Vernichtung durch einen zur See derart starken Gegner auf Gnade und Ungnade ausgeliefert zu sein. Der erwartete Ansturm des britischen Gegners verwirklichte sich jedoch nicht. Zudem gab es keine geheimen Waffen zur U-Bootbekämpfung. Als die U-Bootkommandanten merkten, dass ihr Besorgnisse unbegründet waren, wurden sie zunehmend kühner. Infolgedessen flößten die ersten Kriegsmonate den vorher bange in die Zukunft blickenden Offizieren und Mannschaften der U-Bootwaffe ein außerordentliches Selbstvertrauen ein.

Kptlt. Herbert Emil Schultze (*U 48*) fasste seine 1939 durchgeführten Unternehmungen mit der Aussage zusammen, dass die Erfahrungen weitaus besser gewesen waren als dies die friedensmäßigen Übungen hatten erwarten lassen. Er schrieb das Ergebnis der Wahrung einer strikten, aber überzeugenden Disziplin zu, wodurch jeder Einzelne ermutigt wurde, leistungsfähig als ein Mitglied der Gemeinschaft zu handeln. Schultze legte großen Wert auf Kleinigkeiten, wie z.B. auf Pünktlichkeit, Sauberkeit, Einhalten der Bootsregeln und auf ein Verhalten, wie dies andere erwarteten. Er duldete keine Schlamperei, kein Fluchen, Schreien oder einander Anschnauzen. Die Unteroffiziere auf *U 48* wurden angehalten, jedes Antreiben zu vermeiden, selbst wenn das Boot angegriffen wurde. Schultze war der Auffassung, dass das Schrillen des Alarms ausreichte, um die Besatzung anzuspornen. Flüche würden sie nicht veranlassen, sich schneller zu bewegen.

Die Mehrheit der U-Bootkommandanten schien alarmierende Ausdrücke wie »Flugzeug- oder Zerstörerangriff« aus ihrem Einsatzvokabular verbannt zu haben. »Schnelles Schiff« wirkte sich oft besser als »Zerstörer« aus, da diese Ankündigung in den Ohren von Männern, die nichts sehen konnten, deren Vorstellungskraft aber weiterhin arbeitete, weniger unheilvoll klang. Übrigens gehörten Begriffe wie Sloop, Fregatte oder Korvette kaum zur Alltagssprache der U-Bootmänner. Sie bezeichneten diese Fahrzeuge einfach als »Zerstörer« oder »schnelle Schiffe«.

Die Kommentare in Schultzes Kriegstagebuch beschränkten sich nicht auf Gedanken über seine Männer, die unter ihm dienten. Er ließ die U-Bootführung auf eine feine Art wissen, was sie zu tun hatte. So erhob Schultze z.B. sehr nachhaltig Einwände gegen das Befördern und Versetzen einiger seiner Männer auf andere Boote. Er gab Dönitz zur Kenntnis, dass von einer Besatzung keine guten Leistungen erwartet werden konnten, wenn nach jedem Einlaufen in den Hafen wichtiges Personal versetzt wurde. Nach seiner Auffassung litt nicht nur der Kommandant unter dieser Handlungsweise, weil er Neuankömmlinge ausbilden musste, sondern auch diese selbst, weil sie zu den Älteren aufblickten. Diese wiederum waren unsicher über das Auftauchen jedes neuen Gesichtes, das sie nicht kannten. Dönitz akzeptierte die Auffassung, sah sich aber einem Dilemma gegenüber. Die Verstärkung der U-Bootwaffe bedingte das Abziehen guten Personals von den vorhandenen Booten, um Besatzungen für die neu in Dienst zu stellenden Einheiten auszubilden.

Bereits zu Kriegsbeginn hatte sich Dönitz den Ruf erworben, ständig bei seinen Männern zu sein, um ihre Meinungen zu hören, und es war selbst für junge Soldaten nicht ungewöhnlich, sich mit Problemen an ihn zu wenden. (Mehr noch, in etwa 20 Jahren Forschungstätigkeit ist dem Verfasser nie zu Ohren gekommen, dass sich der B.d.U. nicht mit einer Sache beschäftigt hätte, die an ihn herangetragen wurde.) Selbst Werftarbeiter und Leute auf der Straße, die sich

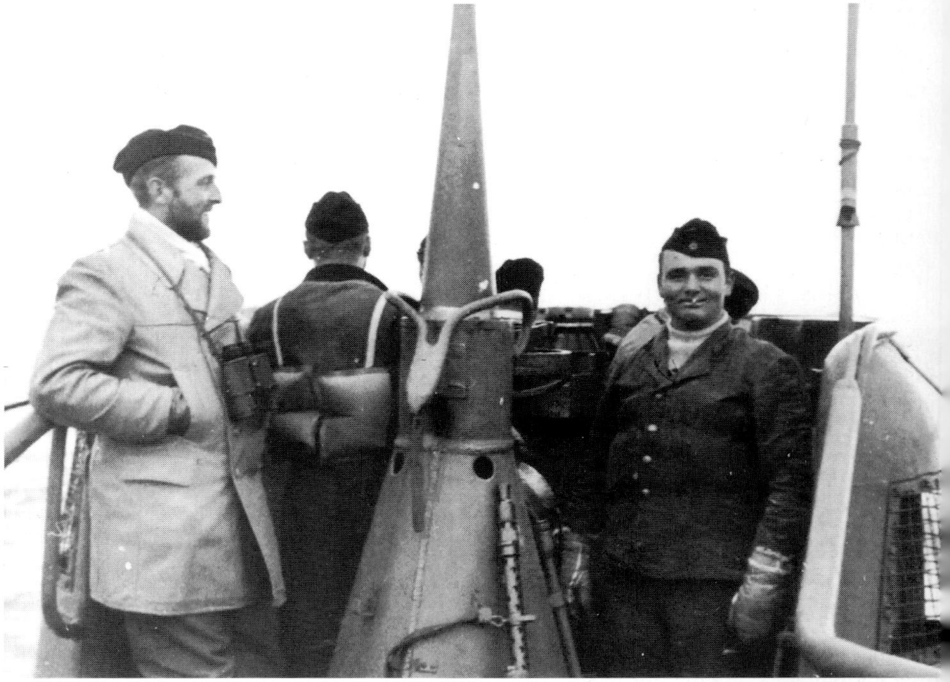

Auf der Brücke von *U 48*: ObltzS. Hans Rahmlow als »Kommandantenschüler« (links) und Bootsmann Otto Petzokat. An der Rückseite des Sehrohrblocks lehnt ein Maschinengewehr MG 34, offensichtlich bereitgehalten, um Treibminen abzuschießen; denn hierzu dienten die von den U-Booten mitgeführten MG zumeist. Beachte die Rettungsweste vom »Schwimmgürtel«-Typ, den der Ausguck (zweiter von links) trägt. Am 27. August 1941 wurde das von ObltzS. Rahmlow geführte *U 570* in schwerem Wetter von einem »Hudson«-Bomber der 269. Squadron der RAF über Wasser angegriffen und leicht beschädigt. Daraufhin kapitulierte das U-Boot ohne zwingenden Grund, das die Royal Navy später als HMS GRAPH in Dienst stellte.

gelegentlich nach Verwandten in der Marine erkundigten, bekamen eine Antwort.

Obwohl die deutsche Besetzung Norwegens im April 1940 von einer unglückseligen Kette katastrophaler Torpedoversager heimgesucht wurde, hob sich die Moral weiterhin. In begrenzten Gewässern von außerordentlicher Durchsichtigkeit zu operieren und mit nur wenigen Verlusten davonzukommen, stärkte das Selbstvertrauen über alle Erwartungen hinaus. Selbst das einfachste Gemüt erkannte, dass es von der Gegenseite wenig zu befürchten gab. Jeder wusste, dass die britischen Streitkräfte die U-Boote entschlossen verfolgten, aber die Chancen zu entkommen, standen gut. Über Wasser konnten die U-Boote eine höhere Geschwindigkeit als die Geleitsicherungen entfalten, von Flugzeugen abgeworfene Bomben hatten nicht die erwartete Wirkung und in den meisten Fällen war dem Gegner die Anwesenheit deutscher U-Boote nicht einmal bewusst, den erst die Torpedodetonationen alarmierten.

Das Aufgeben des Handelskrieges nach Prisenordnung zusammen mit einer Verschärfung des Seekrieges im Jahre 1940 sowie das der U-Bootwaffe durch den Kriegsverlauf aufgezwungene härtere Vorgehen scheint keine allzu nachteiligen Auswirkungen auf die jungen Männer in den U-Bootbesatzungen gehabt zu haben. Ihre Ansichten wurden von Meldungen über Ereignisse beeinflusst, wie sie der ALTMARK-Zwischenfall darstellte, als die Propaganda von deutschen Seeleuten berichtete, die die Briten töteten, während sie die Hände hoben, oder die von hinten niedergeschossen wurden, während sie wegliefen. Heute wissen wir, dass es diese angebliche Gräueltat so nie gegeben hat. Doch 1940 glaubten die Deutschen bereitwillig solchen so genannten Augenzeugenberichten, die sie zu noch entschlossenerem Kämpfen veranlassten.

Die »Glückliche Zeit«

Auf den Norwegenfeldzug folgte am 10. Mai 1940 der Angriff im Westen, wobei der rasche Zusammenbruch Frankreichs den U-Booten den Zugang zu den Atlantikhäfen verschaffte. Die deutsche Führung gab den uneingeschränkten U-Bootkrieg in den Erfolg versprechenden Seegebieten westlich der Britischen Inseln frei, woraufhin sich eine vollständig neue Dimension in der U-Bootkriegsführung eröffnete. Dies hatte große Auswirkungen auf die Leistungsfähigkeit im Einsatz und somit auf die Moral der U-Bootbesatzungen. Deutschland schien am Gewinnen zu sein; die Chancen standen eindeutig zu seinen Gunsten – wenn es nur gelänge, der ständigen Torpedoversager Herr zu werden.

Anfang 1940 hatte die Skl. Dönitz befohlen, jedes verfügbare U-Boot in die norwegischen Gewässer zu entsenden. Allerdings richtete die Mehrheit der Boote dort wenig aus. Dieser Einsatz führte jedoch zu einem großen Andrang bei den Werften, denn die meisten der zurückkehrenden U-Boote mussten fast gleichzeitig zur routinemäßigen Überholung. Es wurde Sommer 1940, ehe der Kampf auf den atlantischen Geleitzugwegen aufgenommen werden konnte. Am 15. Mai hatte Dönitz im KTB des B.d.U. vermerkt: »Ich glaube nicht, daß jemals in der Kriegsgeschichte Soldaten mit einer so unbrauchbaren Waffe gegen den Feind geschickt werden mußten.« Und später: »Wir können die Männer nicht noch einmal mit derart kläglichen Versagern belasten.« Trotzdem leitete das Zusammenwirken der französischen Stützpunkte, die dichter an den britischen Geleitzugwegen lagen, mit dem Einsetzen des uneingeschränkten U-Bootkrieges die so genannte *Glückliche Zeit* ein, als die U-Boote unerwartete und außergewöhnliche Erfolge erzielten.

Obersteuermann Willi Kronenbitter navigierte *U 48* auf der zweiten und auf der achten Feindfahrt. Er demonstriert hier die in See übliche vollständige Missachtung sämtlicher Bekleidungsvorschriften. Später ging er den Weg des Kriegsoffiziers und führte im Frühjahr 1945 als Kptlt. *U 3527* vom Typ XXI.

Nie zuvor und niemals wieder errangen so wenige so vieles mit derart geringen Ressourcen. Fast jedes in See stehende U-Boot versenkte im Durchschnitt fast sechs Schiffe pro Monat. Zum Glück für die Briten konnte die deutsche Seite auf den Geleitzugwegen nur sehr wenige U-Boote einsetzen.

Um den Unterschied zwischen dieser Zeit und der Zeit zu Kriegsbeginn zu veranschaulichen, dürfte es interessant sein, zwei damalige Feindfahrten durch kurze Inhaltsangaben aus den noch vorhandenen Kriegstagebüchern miteinander zu vergleichen. *U 48*, das erfolgreichste U-Boot des Zweiten Weltkrieges, hatte am 17. September 1939 an der Tirpitzmole in Kiel festgemacht und lief bereits wenige Tage später am 4. Oktober zu seiner zweiten Feindfahrt aus. Fast genau ein Jahr später ging dasselbe Boot mit einer nahezu identischen Besatzung zur achten Feindfahrt in See, aber zum ersten Mal aus Lorient, einem französischen Stützpunkt.

Die folgenden Passagen sind Zusammenfassungen aus den KTB, keine wörtliche Wiedergabe. Obwohl die von Schultze und Bleichrodt verfassten Aufzeichnungen leicht zu lesen sind, können manche KTB beträchtliche Probleme bereiten, da die hoch spezialisierte technische U-Bootsprache schwierig zu verstehen ist. Mitte der 70er-Jahre stellte KKpt.a.D. Otto Köhler beim Durchlesen eines KTB fest, dass er die Bedeutung vieler technischer Ausdrücke nicht mehr verstehen konnte und einen Übersetzer brauchte, obwohl er es während des Krieges selbst geschrieben hatte. Kriegstagebücher wörtlich wiederzugeben hat noch einen weiteren Nachteil, denn alle vier Stunden musste zumindest ein Eintrag vorgenommen werden. Üblicherweise bestand dieser aus den Wetterangaben, der Position und dem Kurs, wobei sich diese Angaben häufig wiederholten.

U 48: Zweite Feindfahrt (Herbst 1939)

Besatzungsliste
Kommandant: Kptlt. Herbert Emil Schultze
I.WO: ObltzS. Reinhard Suhren
II.WO: LtzS. Otto Ites
L.I.: Kptlt.(Ing.) Willi Lohner
Stabsobersteuermann Willi Kronenbitter
Stabsobermaschinisten Franz Högner, Fritz Groh
Bootsmann Otto Petzokat
Obermechanikersmaat Heinz Braune
Obermaschinenmaat Wilhelm Seifert
Maschinenmaate Erich Wunderlich, Eduard Hansen, Wilhelm Otte, Werner Bohatzsch
Bootsmannsmaat Willi Pohle, Christian Duchene
Funkmaat Willi Kruse
Mechanikerobergefreite Bruno Hanf, Hans Bauer
Maschinenobergefreite Hans Haubold, Sebastian Rahbauer, August Wegmann, Heinrich Praßdorff, Willi Boller, Karl Beyer, Franz Tillmanns, Helmut Werner, Johannes Klaus, Franz Franzke, Hans Müller
Matrosenobergefreite Albert Bork, Herbert Schneider, Heinz Gralle, Horst Hoffmann, Berthold Seidel, Hans Meier
Funkgefreite Kurt Schneegass, Waldemar Ischmer, Walter Lang
(Die Namen sind in der Reihenfolge wiedergegeben, in der sie Walter Lang damals notiert hat. Die Uhrzeiten in deutscher Zeit sind wie im KTB üblich als Uhrzeitgruppe geschrieben.)

1. Tag: *4. Oktober 1939*
0100: Abgelegt an der Tirpitzmole in Kiel, über die Holtenauer Schleusen Marsch durch den Kaiser-Wilhelm-Kanal und über die Brunsbütteler Schleusen in die Elbe und von dort aus in die Nordsee. *U 48* legte die drei Abschnitte der Strecke mit Unterstützung von jeweils einem anderen Lotsen zurück.
2. Tag: *5. Oktober*
0000: Deutsche Bucht. OSO 4, Seegang 3 – 4, bewölkt, gute Sicht. Marsch durch die Nordsee.
3. Tag: *6. Oktober*
0000: Mittlere Nordsee zwischen Orkneys und Norwegen. OSO 6, Seegang 6, bewölkt, gute Sicht.

4. Tag: *7. Oktober*
0000: Nördliche Nordsee. SO 1 – 2, Seegang 1, vereinzelt Wolken, gute Sicht.
1542: Getaucht vor Flugzeug. Flug- und Luftaufklärung der Engländer nördlich der Shetlands ist damit erwiesen.
5. Tag: *8. Oktober*
0000: Westlich der Shetlands, südostwärts der Färöer-Inseln auf dem Marsch ins Op.-Gebiet. S 3, Seegang 3, bewölkt, gute Sicht.
6. Tag: *9. Oktober*
0000: Nordwestlich der Hebriden, ostwärts von Rockall auf dem Marsch ins Op.-Gebiet. S 5, Seegang 4 – 5, bewölkt, mittlere Sicht.
7. Tag: *10. Oktober*
0000: Nordwestlich von Irland auf dem Marsch ins Op.-Gebiet. S 6 – 7, Seegang 6 – 7, bewölkt, mittlere Sicht.
8. Tag: *11. Oktober*
0000: Westlich von Irland auf dem Marsch ins Op.-Gebiet. SW 4 – 5, Seegang 4, bewölkt, gelegentlich Regenböen oder Nieselregen, schlechte Sicht.
9. Tag: *12. Oktober*
0000: Westlich von Irland nahe der Porcupine-Bank. SW 3, Seegang 3, bewölkt, mittlere Sicht.
0734: Dampfer in Sicht. Aufgetaucht. Norwegischer Dampfer LIDO angehalten, 2000 BRT, mit Holzladung für Dublin (Irland). Kapitän mit Papieren an Bord befohlen. Keine Bannware. Entlassen zur Fortsetzung seiner Reise.
1610: Dampfer in Sicht an Backbord querab. Vorgesetzt. Getaucht. Sieht wie großer Motortanker aus. Keine Anzeichen von Bewaffnung oder Neutralitätskennzeichen.
1805: Aufgetaucht. Mit Artillerie angehalten. Tanker stoppt. Besatzung geht in die Boote. Französischer Motortanker EMILE MIGUET, 14.115 BRT. Torpedoschuss, Treffer mittschiffs.
1825: Ein weiterer Dampfer in Sicht. Sinkenden Tanker verlassen und Dampfer verfolgt. In günstige Angriffsposition vorgesetzt.
2024: Dampfer fährt abgeblendet. Scheint schlechtes Gewissen zu haben. 1. Torpedoschuss. Torpedo detoniert ca. 100 m vor eigenem Bug.
2045: Dampfer reagiert mit Senden des Notrufs über Funk, erhöht die Geschwindigkeit und feuert mit seinem Geschütz 4 Schuss.
2115: 2. Torpedoschuss. Keine Detonation.
2305: 3. Torpedoschuss. Keine Detonation.
2312: Dampfer schießt mit Artillerie.
2350: 4. Torpedoschuss. Keine Detonation.
2352: Boot gewendet. 5. Torpedoschuss aus dem Heckrohr. Torpedo detoniert ca. 120 m hinter dem eigenen Heck.
10. Tag: *13. Oktober*
0000: Südwestlich von Irland. SW 3, Seegang 1 – 2, vereinzelte Wolken, gute Sicht.
0116: 6. Torpedoschuss. Treffer im Vorschiff – endlich. Besatzung geht in die Boote. Schiff sinkt. Britischer Dampfer HERONSPOOL, 5202 BRT.
0120: Rauchfahne in Sicht. HERONSPOOL verlassen. Rauchfahne verschwunden, kann nicht wiedergefunden werden, daher Rückkehr zur HERONSPOOL. Sie liegt jetzt tief im Wasser, das schon über die Brücke spült.
0145: Suche nach Dampfern fortgesetzt.
0700: Dampfer in Sicht.
0814: Dampfer durch Schuss vor den Bug angehalten. Besatzung geht in die Boote. Französischer Dampfer LOUISIANE, 6903 BRT, mit Artillerie versenkt.
0917: Zerstörer in Sicht. Feuert 2 – 3 Salven auf uns. Alarmtauchen auf 120 m, um Lecksicherheit zu prüfen. Hören 4 – 5 Wabo-Detonationen. Da die LOUISIANE nicht gefunkt hat, muss der Zerstörer durch den Klang unseres Artilleriefeuers angelockt worden sein.
1600: Tankdampfer gesichtet.
1625: Aufgetaucht und durch Flaggensignal angehalten. Kapitän mit Papieren an Bord befohlen. Norwegischer Tanker EUROPE mit Benzin nach Amsterdam. Entlassen zur Fortsetzung seiner Reise.
1900: Wind aus WSW Stärke 2 und ruhige See trugen zum schnellen Entschluss bei, die beiden Torpedos aus den Oberdeckbehältern ins Boot umzuladen.
2040: Umladen beendet.
11. Tag: *14. Oktober*
0000 Südwestlich von Irland. S 1, Seegang 1, bewölkt – klar, gute Sicht.
(Der Besatzung an Bord von *U 48* unbekannt, die das Ereignis erst im späteren Verlauf des Tages erfuhr: Dies war der Zeitpunkt, als sich das Schwesterboot, *U 47* unter Kptlt. Günther Prien, im Inneren von Scapa Flow befand, des Ankerplatzes der Royal Navy, und Torpedos für seinen zweiten Angriff auf das Schlachtschiff ROYAL OAK nachlud. Die verhängnisvollen Torpedoschüsse fielen um 01.16 Uhr.)
1000: Dampfer in Sicht, steuert Zick-Zack-Kurs. Über Wasser vorgesetzt. Getaucht. Der Dampfer ist gut im Blickfeld.
1213: Aufgetaucht. Dampfer mit Artillerie angehalten. Die Besatzung geht in die Rettungsboote. Dampfer funkt Notruf mit Position und teilt mit, dass die Besatzung das Schiff verlässt. Britischer Dampfer SNEATON, 3677 BRT, mit einer Ladung Kohle nach Rio de Janeiro.
1233: Dampfer mit Torpedo versenkt. Rettungsboote angesteuert und überzeugt, dass die Besatzung in guter Verfassung war. Gleichzeitig weiterer Dampfer in Sicht. Getaucht. Neuankömmling als Belgier identifiziert, daher nicht aufgetaucht. Beobachtet, wie er stoppt und die Besatzung aus den Rettungsbooten aufnimmt.
12. Tag: *15. Oktober*
0000: Südwestlich von Irland. NW 2, Seegang 2, vereinzelte Wolken, klar, gute Sicht.
1220: Wrack in Sicht. Vorsichtig näher herangegangen. Wrack ist das Vorschiff des zwei Tage zuvor angegriffenen Tankers EMILE MIGUET, das immer noch schwimmt, ohne Anzeichen zu sinken.
1230: Wind aus NO mit Stärke 2. Geschützbedienung an Deck befohlen. 15 Granaten auf das Wrack gefeuert. Bei der letzten Granate schlägt eine riesige Stichflamme aus dem Wrack, gefolgt von einer aufsteigenden Rauchwolke. Die Reste der EMILE MIGUET brennen.
13. Tag: *16. Oktober*
0000: Südwestlich von Irland. NO 2 - 3, Seegang 2, bewölkt – klar, gute Sicht.
0650: Hell erleuchteter Dampfer in Sicht. Aufgetaucht angenähert und mit Flaggensignal angehalten. Kapitän mit Papieren an Bord befohlen. Niederländischer Dampfer LEERDAM mit Baumwolle nach Rotterdam.
0805: Prisenkommando an Bord geschickt. Kmdt.: Das Verhalten des holländischen Kapitäns und der Besatzung

war sehr zuvorkommend und freundlich. Der Kptn. lieferte auf meine Bitte Frischfleisch und 50 Eier. Bezahlung lehnte er ab. Ich schenkte der Besatzung eine Flasche Cognak.
0920: Entlassen mit Signal »Gute Reise!«.
14. Tag: *17. Oktober*
0000: Nordatlantik. O 3, Seegang 3, bewölkt, mittlere bis gute Sicht.
0908: Funkspruch von Kptlt. Herbert Sohler (*U 46*) aufgefangen: Geleitzug in Sicht. Kursänderung auf die gemeldete Position zu.
2014: Zwei abgeblendete Dampfer in Sicht.
2032: 1. Torpedoschuss auf einen Dampfer. Keine Detonation.
2035: 2. Torpedoschuss. Treffer achtern. Dampfer sinkt. Besatzung geht in die Boote. Britischer Dampfer CLAN CHISHOLM, 7256 BRT. Kurs auf den zweiten Dampfer.
2100: Zerstörer läuft an Backbord querab mit AK-Fahrt zur Versenkungsstelle des Dampfers.
2103: Torpedoschuss aus Heckrohr auf Zerstörer. Fehlschuss. Zerstörer hat unsere Anwesenheit nicht bemerkt. Verfolgung des zweiten Dampfers fortgesetzt.
2310: 1. Torpedoschuss aus 1500 m Entfernung auf den zweiten Dampfer. Fehlschuss.
2320: 2. Torpedoschuss. Erneut Fehlschuss. Dampfer funkt Notruf mit Position. (Britischer Dampfer SAGAING, 7968 BRT, Reederei Henderson & Co., Glasgow.) Kmdt.: Alle Torpedos sind verschossen. Ich will aber diesen Dampfer SAGAING in der Morgendämmerung mit Artillerie versenken. Dampfer auf Generalkurs NO wird weiterverfolgt.
15. Tag: *18. Oktober*
0000: Nordatlantik. NNO 2 - 3, Seegang 2 - 3, bewölkt, gute Sicht.
0625: SAGAING funkt erneut Notruf mit Standort. Geleitzug in Sicht.
0732: Zerstörer läuft mit hoher Fahrt zum Angriff an. Alarmtauchen auf 120 m. Einsetzende Wasserbombenverfolgung. 31 Wabos gezählt. Keine Schäden. Am Geleitzug steht jetzt ein weiteres Boot. Daher keine Notwendigkeit mehr, Fühlung zu halten. Bleiben getaucht zur wohlverdienten Ruhe.
(Die SAGAING sank am 9. April 1942 in Trincomalee/Ceylon durch japanischen Luftangriff.)
1645: FT an B.d.U.: Rückmarsch angetreten.
16. Tag: *19. Oktober*
0000: Nordatlantik. NNO 2, Seegang 1, vereinzelte Wolken, gute Sicht.
1215: Dampfer gesichtet. Über Wasser vorgesetzt.
1332: Dampfer mit Artillerie beschossen. Dampfer besetzt zwei Geschütze am Heck, erwidert Feuer und sendet über Funk Notruf mit Position. Alarmtauchen.
1412: Aufgetaucht. Feuer auf den Dampfer wieder eröffnet.
1416: Alarmtauchen. Zerstörer läuft mit hoher Fahrt auf uns zu und sucht vermutlich nach uns. Keine Wasserbomben. Der britische Dampfer ROCKSPOOL, 4892 BRT, entkommt. (Schultze scheint einen falschen Namen erhalten zu haben: denn es gibt keine Unterlagen über ein Schiff dieses Namens.) Rückmarsch fortgesetzt.
17. Tag: *20. Oktober*
0000: Westlich von Irland. N 1 - 2, Seegang 1 - 2, bewölkt mit Übergang zu klar, gute Sicht. Wind langsam auffrischend. Rückmarsch fortgesetzt.
18. Tag: *21. Oktober*
0000: Nordwestlich von Irland. NW 4, Seegang 3 - 4, bewölkt, vereinzelt Regenschauer, mittlere bis schlechte Sicht. Rückmarsch fortgesetzt.
19. Tag: *22. Oktober*
0000: Nordwestlich der Hebriden. WSW 6, Seegang 6, mittlere Sicht.
0945: Flugzeug gesichtet. Nicht getaucht, da infolge schlechter Sicht nicht entdeckt.
1015: Zwei Zerstörer in Sicht. Schlüpfe aufgetaucht zwischen ihnen durch. Entfernung zu den Zerstörern 800 - 900 m. Nicht gesehen.
20. Tag: *23. Oktober*
0000: Nördlich der Shetlands. W 5, zuweilen auf S 5 umspringend, Seegang 5, bewölkt bis klar, mittlere Sicht. Rückmarsch fortgesetzt.
21. Tag: *24. Oktober*
0000: Nordsee. W, zuweilen auf S 3 umspringend, Seegang 3, bewölkt, mäßige Sicht. Rückmarsch fortgesetzt.
22. Tag: *25. Oktober*
0000: Vor dem Kleinen Belt. SSW 3, Seegang 3, vereinzelte Wolken, gute Sicht. Mit Südkurs durch den Kleinen Belt.
0130: U-Boot in Sicht. ES wird nicht beantwortet. (*U 61* unter Kptlt. Jürgen Oesten erkannte *U 48* zu spät.)
0945: Tirpitzmole in Kiel festgemacht.

* * *

Der Kommandant, »Vaddi« Schultze, erkrankte nach der 5. Feindfahrt (Ende April 1940) und kam erst am 17. Dezember 1940 zur 10. Feindfahrt von *U 48* in Kiel wieder an Bord. Am 23. April 1940 übernahm KKpt. Hans-Rudolf (»Harro«) Rösing das Boot in Kiel, das er am Ende seiner zweiten Feindfahrt am 28. August 1940 nach Lorient brachte. Allerdings fragt sich der Betrachter bisweilen, ob er tatsächlich das Boot geführt hat; denn das KTB des Bootes, das normalerweise zumindest einmal alle 24 Stunden vom Kommandanten abgezeichnet wurde, trägt nicht eine einzige Unterschrift Rösings. Stattdessen zeichnete das KTB ausschließlich »Teddy« Suhren, der I.WO, ab. In Lorient übernahm am 30. August 1940 Kptlt. »Ajax« Bleichrodt *U 48* und damit sein erstes Kommando. Er führte das Boot nach seiner zweiten Feindfahrt Ende Oktober 1940 zur Grundüberholung wieder zurück nach Kiel. Beide Kommandanten brachten für ihre ersten beiden Feindfahrten nur eine geringe Kriegserfahrung mit. Allerdings sind die beiden Feindfahrten Rösings keineswegs als unerheblich zu betrachten. Er versenkte auf ihnen immerhin 12 Schiffe mit insgesamt 60.500 BRT. Dies ist ein weitaus besseres Ergebnis als die Mehrheit der Boote in den ganzen sechs Jahren Krieg. In der Tat gestattet die Versenkungszahl Rösings, der fast als »Teilzeit«-Kommandant zu bezeichnen ist, einen interessanten Vergleich mit den so genannten Assen. ObltzS. Hans Jenisch, der 32. aus der Liste der erfolgreichsten U-Bootkommandanten, versenkte insgesamt 14 Schiffe mit rund 100.500 BRT. So gesehen, war der Sommer 1940 eine überaus erfolgreiche Zeit für die U-Boote. Die Bezeichnung »Teilzeit« ist faktisch und nicht abfällig zu verstehen. Rösing gehörte von 1935 an zu den ersten Kommandanten der jungen U-Bootwaffe und führte ab 1938 eine U-Flottille. Lediglich die plötzliche Erkrankung von Kptlt. Schultze führte zur Übernahme

Oben links: Maschinenobergefreiter Heinrich Praßdorff gehörte auf der zweiten Feindfahrt zu *U 48*. Am 21. April 1945 erhielt er als Obermaschinist auf *U 1203* das Ritterkreuz – einer von nur sieben Mannschaftsdienstgraden der Kriegsmarine.

Oben: Otto Ites nach seiner Beförderung zum Oberleutnant zur See und Ernennung zum I.W.O. von *U 48*. Er überlebte den Krieg in Kriegsgefangenschaft, als im Sommer 1942 das von ihm geführte *U 94* verloren ging.

von *U 48*, da ein Kommandant mit Erfahrung gebraucht wurde, um Nachgeordnete wie »Teddy« Suhren, Otto Ites und Erich Zürn zu führen, die mit einem unerfahrenen Neuling nicht gerade freundlich umgegangen wären. Nach seiner Zeit als Kommandant von *U 48* wurde KKpt./KptzS. Rösing Verbindungsoffizier beim italienischen F.d.U. (»Betasom«) in Bordeaux und später F.d.U. West.

U 48: Achte Feindfahrt (Herbst 1940)

Die Ziffer in Klammern hinter jedem Namen unten gibt die jeweilige Feindfahrt von *U 48* an, ab der der Betreffende zum ersten Mal auf dem Boot gefahren ist. So war z.B. bei Kptlt. Bleichrodt die achte Feindfahrt des Bootes zugleich seine erste, während Bootsmann Otto Petzokat seit der ersten Feindfahrt an Bord ist. Erneut sind die Namen in derselben Reihenfolge (siehe oben) genannt, wie sie der Funker Walter Lang damals aufgezeichnet hat.

Kommandant: Kptlt. Heinrich Bleichrodt (8)
I.WO: ObltzS. Reinhard Suhren (1)
II.WO: LtzS. Otto Ites (1)
L.I.: Lt.(Ing.) Erich Zürn (4)
Stabsobersteuermann Willi Kronenbitter (1)
Stabsobermaschinisten Franz Högner (1), Julius Brettschneider (7)
Obersteuermann Herbert Engel (6)
Bootsmann Otto Petzokat (1)
Obermechanikersmaat Heinz Braune (1)
Obermaschinenmaate Erich Wunderlich (1), Eduard Hansen (1)
Maschinenmaate Werner Zinke (5), Max Schmitz (6), Heinz Macheleidt (7)
Bootsmannsmaate Willi Pohle (1), Christian Duchene (1), Willi Witt (7)
Funkmaate Willi Kruse (1), Helmut Walentowitz (6)
Maschinenhauptgefreiter Siegfried Ilg (4)
Mechanikerobergefreite Rudi Fischer (3), Karl Hornenbroich (5), Walter Hacker (7)

Maschinenobergefreite Willi Boller (1), Karl Beyer (1), Johannes Klaus (1), Franz Tillmanns (1), Helmut Werner (1), Franz Franzke (2), Heinz Wittkowski (5), Werner Projahn (6), Paul Priebe (6), Erich Diefenbach (7)
Matrosenobergefreite Horst Hofmann (1), Berthold Seidel (1), Hans Meier (1), Hinrich Hansen (4), Johann Dehn (5), August Androsch (6), Erich Dittkowski (7)
Funkobergefreite Walter Lang (1), Siegfried Elser (5)

1. Tag: *8. September 1940*
Der neue Kommandant war zu diesem Zeitpunkt 10 Tage an Bord.
2000: In Lorient abgelegt und im Geleit von zwei R-Booten ausgelaufen.
2145: »Punkt II« erreicht. Geleit entlassen.
2. Tag: *9. September*
0000: Golf von Biskaya. NW 4, Seegang 3 - 4, klar gute Sicht.
1001 - 1115: Tief-Prüfungstauchen auf 50 m.

ObltzS. Reinhard (»Teddy«) Suhren, der auf beiden Feindfahrten, die dieses Kapitel behandelt, der I.W.O. von *U 48* war. Am 3. November 1940 erhielt er als erster Wachoffizier auf einem U-Boot das Ritterkreuz des Eisernen Kreuzes, nur zwei Wochen später als sein Bruder Gerd, der als erster Ingenieuroffizier diese Auszeichnung bekam. Im April 1941 übernahm »Teddy« Suhren den Befehl über das neue *U 564*, auf das er das glückbringende Abzeichen mit dem schwarzen Kater mitnahm.

3. Tag: *10. September*
0000: Südlich von Irland. NW bis W 3 - 4, Seegang 3, vereinzelte Wolken, gute Sicht.
1120: B.d.U.-FT: Op.-Gebiet für *U 48* ist AL 3720 - AM 5730 (d.h. Seegebiet nordwestlich von Irland auf Höhe des Nordkanals).
4. Tag: *11. September*
0000: Südwestlich von Irland. NW 4, Seegang 4, bewölkt, gute Sicht.
5. Tag: *12. September*
0000: Westlich von Irland. W 4, Seegang 4, bewölkt, zeitweilig Regen, mittlere Sicht.
6. Tag: *13. September*
0000: Westlich von Irland. NW 9, Seegang 8, bewölkt, mittlere Sicht.
0809: Getaucht infolge schlechter Wetterlage, um der Besatzung etwas Ruhe zu verschaffen.
7. Tag: *14. September*
0000 Nordwestlich von Irland. WNW 5, Seegang 4, bewölkt, gute Sicht.
1600 - 1613: Getaucht vor Flugzeug.
1711 - 1741: Getaucht vor Flugzeug.
2020: Geleitzug in Sicht, Ostkurs, Fahrt etwa 6 kn, Sicherung aus Kriegsschiffen. Über Wasser vorgesetzt, um in günstige Angriffsposition vor den Geleitzug zu kommen. Bestmöglicher Angriffswinkel bei hellem Mondlicht. (*U 48* begann, den Geleitzug SC 3 anzugreifen.)
8. Tag: *15. September*
0000: Nordwestlich von Irland. WNW 3, Seegang 3, bewölkt bis klar, sehr gute Sicht mit hellem Mondschein.
0024: Schuss aus Rohr I auf zwei sich überlappende Dampfer. Laufzeit 215 Sek. Treffer. Schiff sinkt in riesiger Detonation. Etwa 8 Sek. später eine zweite starke Detonation, vermutlich durch hochgehende Wasserbomben verursacht. Vielleicht beförderte sie das Schiff? (Das Schiff war die 1060 ts große Sloop HMS DUNDEE.)
0025: Schuss aus Rohr IV mit Torpedo G 7a* erneut auf zwei sich überlappende Dampfer. Laufzeit 230 Sek. Treffer. Hohe schwarze Sprengsäule, im Boot laute Detonation gehört. Sinken nicht beobachtet.
(Es wurde angenommen, hierbei handelte es sich um den britischen Frachter EMPIRE SOLDIER, der kurz zuvor bei einer leichten Kollision beschädigt worden war. Nach Prof. Dr. Jürgen Rohwer »Axis Submarine Successes of World War Two« war es ein Fehlschuss. Vermutlich traf *U 48* aber den kanadischen Dampfer KENORDOC, 1780 BRT, den *U 99*-Kptlt. Kretschmer um 12.16 Uhr endgültig versenkte.)
0028: Weiterhin auf selbem Kurs wie der Geleitzug. Drei Kriegsschiffe der Sicherung in Sicht.
0123: Schuss aus Rohr I auf Dampfer. Laufzeit 155 Sek. Treffer mittschiffs. Sinken beobachtet. Britischer Dampfer EMPIRE VOLUNTEER, 5319 BRT.
0124: Schuss aus Rohr II. Fehlschuss. Verschätzt.
Kmdt.: Geleitzug dreht auf uns zu. Das vorher getroffene

* A. d. V/Ü.: Den Torpedo **G 7a** trieb ein Verbrennungsmotor an, wobei den Treibstoff Druckluft (damals als Pressluft bezeichnet) einspritzte. Dieser Torpedotyp hinterließ in seinem Kielwasser eine Blasenbahn und auch eine schwache Ölspur war an der Oberfläche zu sehen. Der Torpedo **G 7e** besaß als Antrieb einen E-Motor und hinterließ an der Wasseroberfläche keine verräterische Blasenbahn.

Schiff befand sich auf der entfernteren Seite; Gegner nahm vermutlich an, Angriff erfolgte von dieser Seite. Funkraum fing auf 600-m-Band FT auf, das vor aufgetauchtem U-Boot warnte.
0300: Schuss aus Rohr III auf Spitzenschiff. Beobachtet, wie Torpedo die Oberfläche durchbricht, dennoch Treffer hinten. Dampfer beginnt, sofort zu sinken. Nach einer Minute Achterschiff überspült. Griechischer Dampfer ALEXANDROS, 4343 BRT.
0302: Anlauf auf einen Dampfer in der Mitte. Dampfer schießt auf uns. Abgelaufen in die Dunkelheit, bleiben aber auf dem Generalkurs des Geleitzuges.
0510: Kmdt.: Drei Zerstörer tauchen auf unserer Seite auf und flitzen vor und zurück. Vermutlich haben sie uns nicht gesehen. Da der Mond bald durch eine Wolkenschicht verdeckt wird, bietet das eine ausgezeichnete Gelegenheit, um auf die entferntere Seite der Kolonnen des Geleitzuges hinüberzulaufen. Beim Wechseln der Angriffsseite bricht der helle Mond durch. Der vor dem Geleitzug stehende Feger (ein Zerstörer als Spitzenschiff der Sicherung) dreht mit hoher Fahrt auf uns zu. Getaucht. Ausweichen über Wasser zu riskant.
1050: Aufgetaucht.
1121: Getaucht vor Flugzeug. Drei Detonationen von Fliebos in der Nähe. Infolgedessen Fühlung am Geleitzug verloren.
2047: FT aufgefangen. Ein Kriegsschiff am Geleit scheint getroffen worden zu sein. War dies das Schiff mit den Wasserbomben, deren Detonation wir später gehört haben?
9. Tag: *16. September*
0000: Nordwestlich von Irland. SSO 3, Seegang 3, bewölkt mit zuweilen Regen, wechselnde Sicht.
10. Tag: *17. September*
0000: Nordwestlich von Irland. SW 3, Seegang 2, vereinzelt Wolken, sehr gute Sicht.
1002: Geleitzug in Sicht, Kurs West, Fahrt etwa 7 kn. (Dies war der OB 213.) Fühlung gehalten. Für einen Unterwasserangriff ist die See zu grob geworden: WNW 5, Seegang 5. Keine Geleitsicherung festgestellt.
2400: Doppelschuss mit G 7e aus Rohr III und IV auf Passagierdampfer in der Mitte des Geleitzuges. Beides

25. Januar 1940: *U 48* in einer der gigantischen Kammern der Schleusenanlage des Kaiser-Wilhelm-Kanals in Brunsbüttel an der Elbmündung. Das Boot ist bei schwerer Eislage unterwegs von Kiel zur vierten Feindfahrt. Gewöhnlich waren die Schleusen voller Schiffe, aber nach einer Reihe von Kollisionen bestand Dönitz auf dem separaten Schleusen der U-Boote; denn die von beiden Seiten der Boote abstehenden Tiefenruder waren gegen ein Verbiegen äußerst empfindlich.

28. Januar 1940: *U 48* gibt in Wilhelmshaven den Eisschutz von Bord. Für die erwähnte Passage von Kiel hatte das Boot am Bug eine starke Verkleidung aus Stahlblech erhalten.

Fehlschüsse infolge falscher Einstellungen. Bleiben auf selbem Kurs wie der Geleitzug.

11. Tag: *18. September*

0000: Nordwestlich von Irland. WNW 4, Seegang 4, bewölkt bis klar, gute Sicht mit hellem Mondschein.

0001: Schuss mit G 7e aus Rohr I auf Passagierdampfer. Laufzeit 119 Sek. Treffer hinten. Dampfer bleibt liegen und setzt alle Boote aus. Schiff sinkt nach ca. 30 Minuten übers Heck. Britischer Passagierdampfer CITY OF BENARES, 11.081 BRT, auf dem Wege nach Quebec.

(Das Schiff hatte 209 Mann Besatzung und 191 Passagiere an Bord, darunter viele Kinder. Von ihnen kamen 119 Angehörige der Besatzung und 134 Passagiere einschl. 77 Kinder ums Leben. Der Liner war nicht als Lazarettschiff gekennzeichnet und fuhr abgeblendet inmitten des Geleitzuges. Er bot somit ein legitimes Ziel. Nach dem Kriege wurde Bleichrodt von seinem Vernehmungsoffizier der Royal Navy privat von Marinekamerad zu Marinekamerad gewarnt, dass die britische Seite beschlossen hätte, diese Versenkung für einen weiteren Schauprozess vor einem Militärtribunal mit Tod durch Hängen zu benutzen. Irgendjemand hatte – völlig absurd – behauptet, Bleichrodt hätte von den Kindern an Bord gewusst und sich absichtlich vorgenommen, sie zu töten. Trotz beträchtlicher Einschüchterungen war Bleichrodt nicht der Typ, sich zu einem derartigen »Bekenntnis« selbst unter extremem Druck zwingen zu lassen, und der Vorwurf wurde schließlich wegen Mangels an Beweisen fallen gelassen.)

0007: Schuss mit G 7e aus Rohr II auf Frachter. Laufzeit 43 Sek. Treffer. Hohe Sprengsäule. Schiff funkt Notruf und sinkt nach ca. 20 Minuten. Britischer Dampfer MARINA, 5088 BRT.

0027: Heck-Schuss auf Tanker geht vorbei.

Kmdt.: Der Geleitzug zerstreute sich und die Schiffe liefen nach verschiedenen Richtungen ab. Ich verfolgte einen mittelgroßen Tanker, wendete und schoss mit dem Heckrohr (Rohr V). Noch immer sehr helles Mondlicht, von gelegentlichen Regenböen durchsetzt. Der Tanker sah das Boot, drehte ab und feuerte zurück. Der Passagierdampfer lag schon tief im Wasser und sank langsam, während die MARINA ebenfalls verschwand. Der Tanker zackte laufend und kam in einer Regenbö außer Sicht. Getaucht, um zu horchen. Nichts zu hören.

1325: Aufgetaucht.

1402: Rauchfahne in Sicht. Mit hoher Fahrt darauf zugedreht. Dampfer stellt sich als Einzelfahrer heraus, Kurs Ost, Fahrt ca. 8 kn. Noch immer gute Sicht. Vorsetzen zum Anlauf.

1658: Getaucht zum Unterwasserangriff.
1859: Schuss aus Rohr IV. Laufzeit 27 Sek. Treffer Mitte. Schiff funkt Notruf und sinkt nach etwa 10 Minuten. Britischer Dampfer MAGDALENA, 3118 BRT. Aufgetaucht.
2100 - 2200: Zwei Torpedos aus den Oberdecksbehältern ins Boot umgeladen. Prüfungstauchen.
12. Tag: *19. September*
0000: Nordwestlich von Irland. W 2, Seegang 1, vereinzelt Wolken, sehr gute Sicht.
1152: FT von *U 47* (Kptlt. Günther Prien) aufgefangen, meldet Geleitzug in Sicht. Kurs geändert und mit hoher Fahrt darauf zugelaufen.
1442: FT an B.d.U. mit Anfrage, ob *U 47* Peilzeichen für uns senden kann, um heranzuschließen.
1720: Eingang B.d.U.-FT mit Befehl an *U 48* in zugewiesenen Planquadraten mit *U 65* (KKpt. Hans-Gerrit v. Stockhausen), *U 43* (Kptlt. Wilhelm Ambrosius), *U 99* (Kptlt. Kretschmer) und *U 100* (Kptlt. Joachim Schepke) einen Vorpostenstreifen zu bilden. *U 48*: AL 2835.

13. Tag: *20. September*
0000: Nordwestlich von Irland. NNO 3, Seegang 2, bewölkt, sehr gute Sicht.
14. Tag: *21. September*
0000: Nordwestlich von Irland. W 2, Seegang 1, bewölkt bis klar, zuweilen Regenschauer, im Allgemeinen sehr gute Sicht mit hellem Mondschein.
0316: Der von *U 47* gemeldete Geleitzug in Sicht.
0530: Notruf des Dampfers ELMBANK aufgefangen. Aufblitzen von Mündungsfeuer. (Die zum Geleitzug HX 72 gehörende ELMBANK, 5156 BRT, war zunächst durch einen Torpedotreffer von *U 99* beschädigt worden. Danach feuerte das Boot 88 Schuss 8,8 cm in das Schiff. Am Nachmittag nahm auch noch *U 47* das Schiff unter Artilleriebeschuss, ohne Wirkung zu erzielen, bis es schließlich von *U 99* mit einem Torpedo den Fangschuss erhielt und sank.)
0600: Schuss mit G 7a aus Rohr I auf 6000 m. Fehlschuss. Die Entfernung zum Dampfer war für ein genaues Schätzen der Einstellung zu groß. Kmdt.: Schuss musste wegen der hellen Mondnacht so fallen.
0620: Schuss mit G 7a aus Rohr II auf Dampfer. Laufzeit 127 Sek. Treffer. Hohe Detonationswolke. Dampfer funkt Notruf. Feuerschein und starke Explosionen beobachtet. Vermutlich

_U 48_ in See: Der Ausguck vorn im Bild trägt eine Sonnenbrille. Über seinem Kopf ist mit Bordmütze »Teddy« Suhren, der I.W.O., zu erkennen.

hat das Schiff Sprengstoff an Bord. Die Besatzung geht in die Rettungsboote, dann verschwindet das Schiff in einer Regenbö außer Sicht. Britischer Dampfer BLAIRANGUS, 4409 BRT. Anschließend Verfolgung eines an der Spitze des Geleitzuges fahrenden Tankers.

0714: Schuss mit G 7a aus Rohr III auf den Tanker. Fehlschuss. Kmdt.: Der 14. Torpedo ist nicht schussklar, GA-Ruder verbeult. Daher abgesetzt zum Fühlunghalten am Geleitzug.

2338: Schuss aus Rohr V (Heck) auf Frachter. Treffer vorn. Dampfer funkt Notruf, setzt Boote aus und sackt vorn erheblich tiefer. Britischer Dampfer BROOMPARK, 5136 BRT. (Er war nur beschädigt, wurde eingebracht und ausgebessert. Am 25. Juli 1942 versenkte ihn *U 552* unter Kptlt. Erich Topp.)

15. Tag: *22. September*

0000: Nordwestlich von Irland. WSW 3, Seegang 3, bewölkt, gute Sicht.

0111: FT an B.d.U.: Verschossen. Rückmarsch nach Lorient angetreten. Kmdt.: *U 100* (Kptlt. Joachim Schepke) hat die Rolle des Fühlungshalters am Geleitzug übernommen.

1715: 2 Einzelfahrer in Sicht. Getaucht. Unter Wasser angesehen. Kein Angriff mit Artillerie wegen hoher See. (Wind aus NW in Stärke 5 und ausgezeichnete Sicht ließen einen Angriff praktisch nicht zu. Selbst wenn das Boot auf Schussentfernung herankäme, wäre der Seegang für den Einsatz des Decksgeschützes zu grob.) Rückmarsch fortgesetzt.

16. Tag: *23. September*

0000: Südwestlich von Irland. NW 2, Seegang 2, vereinzelte Wolken, sehr gute Sicht.

1407: FT von Skl. ein: Seenotfall, eine He 111 in BF 1718. Kmdt.: Das Gebiet liegt 100 sm ostwärts von unserem Standort, daher zur Suche auf (Kurs) 112° beide Maschinen GF gegangen.

1824: B.d.U.-FT ein: *U 48* nach Lorient gehen! (Ein anderes Boot war vermutlich dichter am Unfallort gestanden und war vor uns eingetroffen.)

17. Tag: *24. September*

0000: Südwestlich von Irland. NW 2, Seegang 1, vereinzelte Wolken, sehr gute Sicht.

1306: Vor Flugzeug getaucht.

18. Tag: *25. September*

0000: Golf von Biskaya. W 3, Seegang 3, vereinzelte Wolken, sehr gute Sicht.

0854: »Punkt II« erreicht. Hinter Geleit mit *U 100* und *U 65* einlaufen nach Lorient.

1024: In Lorient festgemacht.

Das Ende der »Glücklichen Zeit«: März 1941

Die so genannte *Glückliche Zeit* währte vom späten Sommer 1940 bis zum Frühjahr 1941, als sie auf dramatische Weise ein jähes Ende fand. Um den Druck dieser plötzlichen Veränderung richtig einzuschätzen, ist es erforderlich, sich daran zu erinnern, dass sich die U-Bootverluste während des ganzen Jahres 1940 infolge Feindeinwirkung auf monatlich ein oder gelegentlich zwei Boote beliefen und dass in den drei Monaten von Dezember 1940 bis Februar 1941 nicht ein einziges Boot mit britischen Streitkräften zusammenstieß, währenddessen die Verluste an Handelsschiffen gleichbleibend hoch blieben. Doch im März kam dann die bittere Vergeltung. Zuerst gab *U 47* (Kptlt. Günther Prien), der Held von Scapa Flow, keine Antwort mehr. Während die U-Bootführung noch über Funk versuchte, von Prien Nachricht zu erhalten, verschwand auch *U 70* (Kptlt. Joachim Matz) aus dem Äther. Nur zehn Tage später fielen auch die Boote der beiden Asse Kptlt. Joachim Schepke (*U 100*) und Kptlt. Otto Kretschmer (*U 99*) am selben Tag und nahezu am selben Ort dem Gegner zum Opfer. Dieser Schock war noch kaum verdaut, als eine Woche danach *U 551* (Kptlt. Karl Schrott) durch Wasserbomben des Trawlers HMS VISENDA vernichtet wurde, dem knapp zwei Wochen später *U 76* (ObltzS. Friedrich v. Hippel) folgte. Dem wiederum schlossen sich die Verluste von *U 65* (Kptlt. Joachim Hoppe) Ende April und von *U 110* Anfang Mai an: Kptlt. Fritz-Julius Lemp, eines weiteren Asses, das den ersten Torpedo des Krieges schoss und das Passagierschiff ATHENIA versenkte.

U-Boote wurden noch nicht als Verlust klassifiziert, weil sie über Funk nicht antworteten, wenn auch einige als versenkt eingestuft wurden, deren Besatzungen sich später als quicklebendig erwiesen. Die Zeit der Ungewissheit und des Wartens dauerte im Allgemeinen nicht lange. Sehr häufig fing der B-Dienst, die deutsche Funküberwachung, Funksprüche über Boote auf, die versenkt worden waren, oder sogar die BBC berichtete über sie. Da die U-Boote, wie bereits erwähnt, häufig Funkstille wahrten, hatte sich bei vielen von ihnen eine Anzahl Funksprüche angesammelt, die gesendet wurden, sobald ein Kampfgeschehen vorüber und ihre Anwesenheit dem Gegner offensichtlich bekannt war. Dieses Verhalten gab der U-Bootführung oft einen Hinweis auf das, was kurz vor ihrem bitteren Ende passiert war. (In Anbetracht dieser Praxis und des britischen Einbruchs in den Funkschlüssel der U-Boote ist die Anmerkung von Bedeutung, dass der an Versenkungserfolgen unerreicht gebliebene Kptlt. Otto Kretschmer, genannt »Otto der Schweigsame«, für seine ausgesprochene Abneigung bekannt war, selbst in Routinedingen kaum den Funk zu benutzen.)

Nach dem Krieg unternahmen die Briten eine entschlossene Anstrengung, jedes U-Boot zu erfassen und seinen Verbleib zu klären. Hierbei bestätigte sich das Schicksal der meisten Boote. Doch *U 47* zählt zu den vom Geheimnis umwitterten Schicksalen, die noch immer Zweifel aufwerfen. Viele Quellen haben seine Versenkung einer Reihe von klar umrissenen Ursachen zugeschrieben, aber keine von ihnen hat sich über lange Zeit als stichhaltig erwiesen. Es dürfte die Anfügung interessant sein, dass das Boot selbst nicht wasserdicht gewesen zu sein schien, ein Umstand, der als mitwirkender Faktor zu seinem Verlust durchaus beigetragen haben könnte... Gemeinsam mit den übrigen Booten des Typs VII B war *U 47* nicht mehr in erstklassiger Verfassung und möglicherweise sogar nicht voll seetüchtig. Es ist bekannt, dass das Boot hinsichtlich seiner Tauchtiefe Beschränkungen hatte. Zudem durften seine Maschinen nicht über längere Zeit mit »Äußerster Kraft« laufen. Diese Ungewissheiten haben zu wilden Spekulationen Anlass gegeben, wonach Prien noch am Leben wäre. Es ist sogar behauptet worden, er wäre nach dem Kriege in Deutschland gesehen worden. Doch diese Gerüchte sind Fantasien. Es ist nicht möglich, dass ein Boot insgeheim in einen Hafen hätte einlaufen können, ohne dass jemand davon gewusst hätte – und wer hätte von einem derartigen Vorwand einen Nutzen gehabt? Mit einer an Sicherheit grenzenden Wahrscheinlichkeit ist *U 47* am 8. März 1941 gesunken, wenn auch die genauen Umstände nie bis ins Letzte geklärt werden dürften.

Wendepunkte in der »Schlacht im Atlantik«: 1941–1943

Diese Zeit katastrophaler U-Bootverluste kennzeichnete den ersten Wendepunkt in der »Schlacht im Atlantik«. Die Anzahl der pro U-Boot in See versenkten Schiffe fiel auf einen neuen Tiefstand und nie wieder waren die U-Boote in der Lage, die atlantischen Versorgungsrouten ernsthaft zu bedrohen, um sie abzuschnüren, auch wenn die größten Geleitzugschlachten noch kommen sollten. Von nun an würden die Ressourcen des Gegners ständig anwachsen und schließlich jene des B.d.U. trotz eines stetig zunehmenden U-Boot-Bauprogramms übertreffen.

Vom Frühjahr 1941 an verringerte sich die Anzahl der von den U-Booten versenkten Schiffe rasch. US-Zerstörer aus dem Pacht-Leih-Gesetz verstärkten die Geleitsicherungskräfte der Royal Navy erheblich und mit den Stützpunkten auf Island und Grönland nahm die Luftüberwachung auf den atlantischen Geleitzugrouten zu. Noch vor dem Eintritt in den Krieg übernahmen die USA die Zuständigkeit für die Geleitsicherung im gesamten westlichen Teil des Atlantiks, auf diese Weise der Royal Navy eine beträchtliche Belastung abnehmend. Unmittelbar nach der deutschen Kriegserklärung an die Vereinigten Staaten Anfang Dezember 1941 trat zum zweiten Mal eine so genannte »Glückliche Zeit« ein. Mit ihr eröffneten sich für die U-Boote reiche neue Jagdgründe entlang der gesamten Ostküste der USA. Im Februar 1942 sanken in diesem Bereich nahezu 70 Schiffe und zwischen Dezember und Juli gingen lediglich sechs U-Boote vor der amerikanischen Ostküste verloren. Die anfängliche Unerfahrenheit der amerikanischen Marine und der Küstenwache schwanden jedoch bald dahin. Die »Schlacht im Atlantik« begann, sich wieder ostwärts zu verlagern – mit einem kurzen Rückschwung im November 1942. In diesem Monat überquerten aus den USA viele Schiffe den Atlantik für die alliierten Landungen in Französisch-Nordafrika und 117 Schiffe fielen den U-Booten zum Opfer. Zu diesem Zeitpunkt standen dem B.d.U. rund 200 Frontboote zur Verfügung, von denen sich etwa 70 Boote gleichzeitig in See befanden.

Trotz der dramatisch erscheinenden Erfolge in den amerikanischen Gewässern sank die Anzahl der pro Monat und U-Boot in See tatsächlich versenkten Schiffe von fast sechs im Jahre 1940 (als sich selten mehr als 20 Boote gleichzeitig in See befanden) auf höchstens zwei in den amerikanischen Gewässern während der ersten Monate des Jahres 1942. Dies war weitgehend den längeren An- und Rückmarschwegen in die Operationsgebiete zuzuschreiben, wodurch sich eine geringere Wirksamkeit der U-Boote ergab.

Der endgültige Wendepunkt kam im März 1943. Dieser März war der letzte verhängnisvolle Monat für die alliierten Schiffsverluste: 108 Schiffe mit insgesamt 627.000 BRT fielen den U-Booten auf allen Meeren zum Opfer. Danach stellten die U-Boote zwar noch immer eine gefährliche, aber keine kriegsentscheidende Waffe mehr dar. Einfach ausgedrückt, waren die Gründe für die plötzliche Übernahme der Initiative durch die Alliierten sowohl quantitativer als auch qualitativer Art. Ihre Maßnahmen zur Bekämpfung der U-Boote waren schlagartig wirksam geworden:

- Die Geleitsicherungskräfte standen besser ausgebildet und ausgerüstet in größerer Anzahl und mit neuen Schiffstypen (Korvetten, Fregatten, Geleitträger) zur Verfügung, organisiert
  a) in Sicherungsgruppen (escort groups) am Geleit und
  b) in selbständig operierende, d.h. nicht am Geleit gebundene Unterstützungsgruppen (support groups) und U-Jagdgruppen (hunter-killer groups) mit Luftunterstützung durch Geleitträger.
- Einführung der verbesserten Radargeräte im Zentimeter-Bereich sowohl auf kleinen Schiffen als auch in Flugzeugen.
- Ausrüstung der Geleitsicherungsfahrzuge mit Kurzwellenpeilern (HD/DF-Geräte), um über den Funkverkehr die Positionen der U-Boote einzupeilen.
- Neue U-Jagdwaffen wie der voraus schießende Wasserbombenwerfer »Hedgehog« in Verbindung mit der wirksameren Ortung getauchter U-Boote durch das »Asdic«.
- Verstärkte Luftüberwachung mit Schließung der Lücke im mittleren Nordatlantik (black gap) durch landgestützte Langstreckenflugzeuge sowie durch bordgestützte Flugzeuge der kleinen Geleitträger.

Hinzu kamen die Erkenntnisse der Funkaufklärung (»Ultra«-Meldungen) aus dem Einbruch in die Funkschlüssel der deutschen Marine.

Mai 1943: Der Verlust der »Schlacht im Atlantik«

In diesem »Schwarzen Mai« gingen 40 U-Boote verloren – ein Drittel der in See stehenden Boote. Im Juli betrug der Verlust 37 weitere Boote, hauptsächlich durch Flugzeuge. Als Konsequenz zog Dönitz die U-Boote aus dem Nordatlantik zurück. Im November 1943 war die Tonnage an versenktem Handelsschiffsraum der Alliierten auf lediglich 80.000 BRT zurückgegangen. Die »Schlacht im Atlantik« war verloren, auch wenn dies Dönitz zunächst nicht wahrhaben wollte.

Um einen Eindruck davon zu gewinnen, wie sich die Verhältnisse geändert hatten, hilft ein Vergleich zwischen den ersten Feindfahrten von *U 48* mit den Bedingungen vom Herbst 1943. Dieser Zeitpunkt ist von besonderer Bedeutung, denn im September 1943 sollte mit der U-Bootgruppe »Leuthen« die groß angelegte Rückkehr der deutschen U-Boote auf die atlantischen Geleitzugwege erfolgen. Die aus 20 Booten bestehende U-Bootgruppe war ausersehen, die Initiative in der »Schlacht im Atlantik« mit einer verbesserten Bewaffnung und FuMB-Ausrüstung der Boote zurückzugewinnen. Die neue FuMB-Ausstattung bestand aus dem automatischen Suchempfänger FuMB 8 »Zypern« (W.Anz.g), der – nunmehr strahlungsarm – vor einer Radarortung auf größere Reichweite warnte. Noch Anfang des Jahres hätte jede derartige Warnung ein U-Boot »in den Keller« getrieben. Doch die Boote der Gruppe »Leuthen« sollten jetzt die Geleitzüge über Wasser angreifen und mit der als ausreichend stark erachteten Feuerkraft ihrer verstärkten Flakbewaffnung selbst große Flugzeuge vom Himmel holen.

Mit dem Horchtorpedo T 5 »Zaunkönig« bekamen die U-Boote eine weitere neue Waffe an Bord. Er konnte ohne genaues Zielen geschossen werden und steuerte passiv akustisch das Propellergeräusch eines Zieles an. Dieser Torpedo war eine ideale Waffe gegen Zerstörer, die sich für die älteren, konventionellen Torpedotypen zu rasch bewegten. Doch die neue Ausrüstung und Bewaffnung führte im Nordatlantik nicht zur erwarteten Wende. Die FuMB-Geräte, besonders das spätere FuMB 7 »Naxos« im Zentimeter-Bereich, retteten zwar viele U-Boote, aber diese blieben weiterhin hilflos, denn die stärkere Flakbewaffnung erfüllte die Erwartungen genauso wenig wie der Horchtorpedo. Der »Zaunkönig« wies einen immanenten technischen Fehler auf. Sein Abschuss und unregelmäßiger Lauf führten oft zu Verwirrungen beim Gegner, aber kaum zu verhängnisvollen Folgen. Der erste Fronteinsatz bei der Gruppe »Leuthen« führte bei 24 Torpedoschüssen zu 4 Treffern (statt der gemeldeten Vernichtung von 12 Zerstörern). Die Zahlen hinsichtlich der Leistungsfähigkeit des T 5 sind erschreckend. Prof. Dr. Jürgen Rohwer stellte nach dem Kriege fest: Von über 700 abgeschossenen Horchtorpedos trafen weniger als 80 tatsächlich ihr Ziel (hingegen gab es Fälle von Horchtorpedos, die zu Kreisläufern wurden und das eigene Boot vernichteten).

Als die U-Bootgruppe »Leuthen« in der Osthälfte des Nordatlantiks südwestlich von Grönland am 20. September 1943 einen Vorpostenstreifen bildete, befand sich *U 48* nicht mehr im Fronteinsatz und diente seit Sommer 1941 als Schulboot. Auf den ersten Blick mag es seltsam erscheinen, das erfolgreichste U-Boot des Krieges mit *U 377* zu vergleichen, einem fast unbekannten Boot – und doch hatten sie manche Gemeinsamkeiten. Die ersten Feindfahrten führten *U 377* so weit nach Norden wie U-Boote überhaupt operieren konnten. Sein Kommandant, Kptlt. Otto Köhler, hatte verschiedene Aufgaben am Rande des Polareises durchzuführen, in einem Seegebiet, in dem es keine Schiffe gab, um sie zu versenken: Einrichten einer automatischen Wetterstation auf Spitzbergen und später Transport eines Wettertrupps zu dieser Inselgruppe. Kptlt. Köhler wurde im August 1943 Leiter einer Ausbildungsgruppe für den Horchtorpedo T 5, während ObltzS. Gerhard Kluth, ein Neuling, das Kommando über *U 377* erhielt. Damit befand sich Gerhard Kluth im August 1943 in einer sehr ähnlichen Lage wie »Ajax« Bleichrodt im Herbst 1940; er hatte ein eingefahrenes Boot mit einer erfahrenen Besatzung übernommen.

U 377: Zwölfte Feindfahrt (Herbst 1943)

Zur Zusammensetzung der Besatzung von *U 377* unter ObltzS. Gerhard Kluth siehe oben Seite 21. (Bis jetzt ist keine Besatzungsliste für diese Feindfahrt aufgetaucht. Die Namen sind aus der Besatzungsliste für die 13. und letzte Feindfahrt von *U 377* rekonstruiert.)

1. Tag: *30. August 1943*
0930: Marinehafen Brest: Abgelegt. Unter Geleit von R-Booten in See gegangen. Rückkehr nach Brest.
1205: In Brest wieder festgemacht. Verlegen des Bootes ins Trockendock zur Ausbesserung: Sehrohr, Backbord-Kühlwasserpumpe, verschiedene Ventile und andere Ausrüstungen funktionieren nicht richtig.
1530: Boot im Trockendock.
2. Tag: *31. August*
1600: Boot aus dem Trockendock. Ausbesserung im Gange.
1. Tag: *6. September 1943*
1710: Marinehafen Brest: Abgelegt.
1730: Unter R-Boot-Geleit in See gegangen.
1845: Mann über Bord. Von R-Boot an Bord genommen.
1945: Übernahme des über Bord gegangenen Mannes. R-Boot-Geleit entlassen.
2. Tag: *7. September*
0521: Tief-Prüfungstauchen. Dieselmotorenraum: Eine Abgasklappe leckt erheblich.
0746: Aufgetaucht und Rückkehr nach Brest.
1920: Festgemacht in Brest.
2130: Boot verlegt ins Trockendock.
3. Tag: *8. September*
0930: Boot aus dem Trockendock.
2200: Boot verlegt ins Trockendock. Ausbesserung des Schadens am Backbordpropeller, verursacht durch *U 256*.
4. Tag: *9. September*
1000: Boot aus dem Trockendock.
1610: Abgelegt.
1624: Trimmtauchen.
1728: Im Geleit von R-Booten zusammen mit *U 603* (ObltzS. Rudolf Baltz) ausgelaufen.
1930: Minengeleit entlassen.
5. Tag: *10. September*
0458: Tief-Prüfungstauchen.
0630: Aufgetaucht.
0920: Luftsicherung entlassen. Getaucht zum Unterwassermarsch.
1515: Aufgetaucht (zum Durchlüften des Bootes).
1536: Getaucht. Fortsetzen des Unterwassermarsches.
(Der Golf von Biskaya war als »Das Schwarze Loch der Biskaya« bekannt. Sie im Überwassermarsch zu durchqueren, war wegen der RAF zu gefährlich.)
2205: Aufgetaucht.
2235: Getaucht. Fortsetzen des Unterwassermarsches.
6. Tag: *11. September*
0505: Aufgetaucht.
0705: Getaucht. Etmal (zurückgelegte Distanz in den letzten 24 Stunden) über Wasser 35 sm, unter Wasser 27 sm. Insgesamt 62 sm.
2157: Aufgetaucht. SO 3, Seegang 2, leicht dunstig, zuweilen Regenschauer.
2325: Alarmtauchen. FuMB-Ortung aus nächster Nähe.
7. Tag; *12. September*
0400: Aufgetaucht.
0657: Getaucht, Fortsetzen des Unterwassermarsches.
1200: Etmal über Wasser 49 sm, unter Wasser 20 sm. Insgesamt 69 sm.
8. Tag: *13. September*
1200: Etmal über Wasser 52 sm, unter Wasser 20 sm. Insgesamt 72 sm.
9. Tag: *14. September*
1200: Etmal über Wasser 83 sm, unter Wasser 17 sm. Insgesamt 100 sm.

Vermutlich der 7256 BRT große britische Dampfer CLAN CHISHOLM, torpediert – Treffer achtern – und versenkt am 17. Oktober 1939 durch *U 48* auf seiner zweiten Feindfahrt (45°N 15°W). Er war mit 2500 ts Stückgut, Kokosnüssen, Baumwolle, 1750 ts Gusseisen, 3300 ts Tee und 1900 ts Jute unterwegs nach Großbritannien. Die Besatzung ging in die Boote.

Der französische Dampfer LOUISIANE (6903 BRT), mit Stückgut unterwegs nach La Havanna/Kuba (heute Habana). *U 48* stoppte den Dampfer am 13. Oktober 1939 um 08.14 Uhr mit einem Schuss vor den Bug. Die Besatzung wurde in die Rettungsboote geschickt und das U-Boot versenkte das Schiff mit Artillerie (50°14'N 15°20'W).

10.-12. Tag: *15.-17. September*
(Etmale vom Tag zuvor wiederholen sich.)
13. Tag: *18. September*
1200: Etmal über Wasser 135 sm, unter Wasser 24 sm. Insgesamt 159 sm. (In großer Entfernung vom Land und außerhalb des gefährlichen Golfes von Biskaya konnte das Boot länger an der Wasseroberfläche bleiben.)
1630: Schweißarbeiten an der 2-cm-Vierlingsflak erforderlich. Schutzschild hat sich verbogen.
14. Tag: *19. September*
1407: Aufgetaucht. B.d.U.-FT: Boote der Gruppe »Leuthen« nachts zu Überwasserangriffen konzentrieren, tagsüber nur unter günstigen Bedingungen. »Rechnen mit Geleitzug auf Westkurs. Sobald gesichtet, mit Höchstfahrt heranschlie-

Ein Rettungsboot der LOUISIANE geht bei *U 48* längsseits.

15. Oktober 1939, 12.20 Uhr: Das immer noch schwimmende Vorschiff des französischen Motortankers EMILE MIGUET (14.115 BRT) in Sicht. *U 48* feuerte mit seinem 8,8-cm-Decksgeschütz 15 Schuss in das Wrack. Danach gab es eine riesige Stichflamme und das Wrack geriet in Brand. *U 48* hatte den Tanker drei Tage zuvor am Spätnachmittag mit Artillerie angehalten. Er war mit 137.000 bbl. Rohöl und Benzin nach Kingston unterwegs gewesen. Die Besatzung war in die Boote gegangen und nach einem Torpedotreffer mittschiffs hatte *U 48* den sinkenden Tanker verlassen, als ein weiteres Schiff in Sicht gekommen war (50°15'N 14°50'W).

ßen.« (Der Leser mag sich erinnern: Dönitz hatte im KTB des B.d.U. dargelegt, die Ausbildung der Kommandanten hätte sich so verringert, dass es daher erforderlich wäre, über Funk taktische Anweisungen zu übermitteln.)
2245: Eingang Kurzsignal mit Position des Geleitzugs. Mit Höchstfahrt angesteuert.
15. Tag: *20. September*
0415: FT von *U 270* (Kptlt. Paul-Friedrich Otto) mit Position des Geleitzugs.
0515: B.d.U.-FT: »„Leuthen": Gebt es ihnen! Ran! Angreifen!«
0850: FT von *U 238* (Kptlt. Horst Hepp) mit Position des Geleitzugs.
1006: B.d.U.-FT an alle Boote der Gruppe »Leuthen«: Das Wetter sei günstig, da es Luftangriffe erschwere. In der kommenden Nacht solle angegriffen werden.
1200: Etmal über Wasser 240 sm, unter Wasser 5 sm. Insgesamt 245 sm. (Das Boot lief zumeist aufgetaucht mit Höchstfahrt.)
1740: FT von *U 338* (Kptlt. Manfred Kinzel) mit dem Befehl zum Angriff auf den Geleitzug: »Oben bleiben und angreifende Flugzeuge bekämpfen!«

1832: B.d.U.-FT: Alle Boote sollen oben bleiben und mit größtmöglicher Fahrt an den Geleitzug heranschließen. Bisher sind zwei Flugzeuge gesichtet worden, die den Geleitzug sichern.
2322: B.d.U.-FT mit Kurskorrekturen.
Volle FuMB-Ortung. Alle Fla-Geschütze voll bemannt. (Die Flakbewaffnung bestand hauptsächlich aus einer 2-cm-Zwillings- und einer 2-cm-Vierlingslafette. Zudem hatte das Boot noch leichte Maschinengewehre an Bord, die jedoch beim Tauchen nicht oben bleiben konnten.)
2350: Fünf FuMT 1 »Aphrodite« gestartet, jedoch drei funktionieren nicht. (Dies waren Funkmess-Täuschungsgeräte gegen die Radarortung des Gegners. Sie bestanden aus einem Ballon mit einer 60 m langen Ankerschnur, mit Dipolstreifen bestückt und dicht über der Wasseroberfläche gehalten: Radar-Scheinziele.)

16. Tag: *21. September*
0000: Nordatlantik. SW 1, Seegang 0, bewölkt, mittlere Sicht. Auf UKW englische Worte aufgefangen. Starke Beleuchtung mit Leuchtgranaten über der Kimm gesichtet. Darauf zugedreht und in dieser Richtung gesucht.
0136: Mondaufgang.
0825: Getaucht, um zu horchen. Schwache Propellergeräusche zu hören.
0841: Aufgetaucht. Anbruch der Morgendämmerung.
0855: Dicker Nebel, Sicht 200 m. Versucht, FuMT's zu starten. Erwies sich als zwecklos, da der Druck in der Wasserstoff-Flasche zu gering ist.
0902: FuMB zeigt an Stärke zunehmende Ortung an. Offensichtlich ein nach uns suchendes Schiff, das näher kommt. Getaucht. Das Risiko, in diesem Nebel überrascht zu werden , ist zu groß. Schwache Propellergeräusche sind zu hören.
1015: Aufgetaucht. Dicker Nebel. Neue Wasserstoff-Flasche nach oben gebracht, um weitere FMT's zu starten.
1020: Getaucht. Im Horchgerät nichts zu hören. B.d.U.-FT mit vermuteter Position des Geleitzugs.
1134: Aufgetaucht. Dicker Nebel. FuMB-Ortung. Fünf FMT's gestartet.
(*U 377* setzte die Suche fort. Immer wieder FuMB-Ortung sowie auf UKW englische Wortfetzen empfangen. Doch der Geleitzug entzog sich dem Boot weiterhin.)

17. Tag: *22. September*
0445: SW 2, Seegang 1, Nebel. Direkt vor uns in 500 m Entfernung taucht aus dem Nebel ein Zerstörer auf. So scharf wie möglich abgedreht. Ruder klemmt direkt vor dem

U 48 macht längs der ISÉRE fest, einer in Lorient verankerten Hulk, an der am 4. Februar 1941 U 43 (Kptlt. Wolfgang Lüth) infolge Nachlässigkeit der Bordwache gesunken war.

Zerstörer. Gefahr eines Rammstosses. Alarmtauchen. Geleitzug im Horchgerät deutlich vernehmbar. Jetzt kann die über uns laufenden Frachter jeder hören. Boot geht auf Sehrohrtiefe. Vor uns scheint ein Nachzügler zu sein. Torpedoschuss aus Rohr II, Einstellungen nach Horchgerät geschätzt. Auf Tiefe gegangen. Gehorcht. Starke Detonation nach 27 Sek. Laufzeit. Das Propellergeräusch des Ziels ist über uns noch zu hören. Sinkgeräusche sind zu vernehmen. (Kluth hatte einen Horchtorpedo T 5 geschossen, der infolge seines Konstruktionsfehlers in einiger Entfernung vor Erreichen seines Zieles detonierte. Daher war kein Versenkungserfolg zu verzeichnen.)
1117: Aufgetaucht. SW 2, Seegang 1, Nebel.
1348: Aus dem Nebel kommender Zerstörer gesichtet, der sofort das Feuer eröffnet. Alarmtauchen. 26 Wasserbomben-Detonationen. Im Horchgerät ist ein weiterer Zerstörer zu hören. Boot wird von den »Pings« zweier »Asdic«-Anlagen geortet. 10 weitere Wasserbomben-Detonationen.
1700: Aufgetaucht.
1925: B.d.U.-FT: »Dranbleiben, um zum Angriff bereit zu sein, wenn sich die Sicht bessert.«
1935: Der Nebel hebt sich und die Sicht wird besser.
1940: »Liberator« gesichtet, Flughöhe 300 m, Entfernung 8000 m. Abgedreht (d.h. Heck zum Flugzeug) und auf volle Fahrt gegangen. FT an B.d.U., aber keine Bestätigung. Flugzeug kommt ständig näher. Feuereröffnung auf 1500 m Entfernung. Flugzeug überfliegt mit allen Bordwaffen schießend das Boot.
1955: Kommandant verwundet und nach unten gebracht, ehe er viel Blut verliert. I.WO kündigt an, bei erster Gelegenheit zu tauchen.
1959: Alarmtauchen. Detonation einer Wasserbombe. Kommandant erheblich an beiden Armen verwundet, kann auf der Brücke nicht mehr von Nutzen sein. FT an B.d.U. mit Einzelheiten.

Anmerkung: *Der Angriff aus Sicht der »Liberator«*:
An dieser Stelle dürfte es interessant sein, das Geschehen genau zu diesem Zeitpunkt aus der Sicht des Piloten der »Liberator« zu betrachten. Die B-24 »Liberator« gehörte zu einer Squadron (Staffel) der RCAF mit folgender Besatzung: F/L J.R. Martin (1. Pilot), F/O J.D.L. Campbell (2. Pilot), die WO 2's H.C. Lindsey (Navigator), N.J. Gilmour, A.C. Johns, B.J. Lielinski und L.R. Conlin (1., 2., 3. und 4. Funker/Bordschütze). Hier sein Bericht in der Zusammenfassung: Die erste Sichtung erfolgte durch J.R. Martin.

Kptlt. Bleichrodt als Kommandant von *U 48*. Er trug auf Feindfahrt stets die älteste Kleidung, verzichtete aber nie darauf, über dem Kragen seines Pullovers vorschriftsgemäß sein Ritterkreuz anzulegen.

Jeder Zoll ein in See erfahrener Unteroffizier eines U-Bootes: Maschinenmaat Arthur (»Assi«) Allenstein von *U 377*. Auf dem Kragen der alten braunen Lederjacke des Arbeitsanzugs aus der Vorkriegszeit sind die »Litzenecken« seines Rangs zu sehen.

Wetterbedingungen: bewölkt, See ziemlich ruhig, Sicht etwa 8 Meilen (ca. 12,8 km) mit Nebelflecken.
Art des ersten Kontaktes: In Ausführung der Weisungen des Führers der Geleitsicherung erfolgte ein Kontakt mit einem Objekt direkt voraus auf eine Entfernung von etwa 18 Meilen (ca. 29 km). Wir flogen darauf zu und sichteten auf etwa 7 Meilen (ca. 11,2 km) ein U-Boot. Das U-Boot eröffnete das Feuer. Der Großteil des Abwehrfeuers stammte vom achteren Bereich des Kommandoturms, geschossen in Salven, wobei das »Flakfeuer in Wänden herankam«, auf gelenkten Beschuss hindeutend. Feuerstöße aus einem einzelnen Geschütz, das Flugzeug verfehlend, wurden aus einer Entfernung von 3 Meilen (ca. 4800 m) beobachtet. (Das U-Boot war imstande, Vollsalven zu schießen, sobald der Kommandoturm vom Wasser frei war.)
Einzelheiten des ersten Angriffs: Abwurf von vier »Torpex«-Wasserbomben, eingestellt auf geringe Wassertiefe, aus einer Höhe von 50 Fuß (ca. 15 m) im Reihenwurf mit 40 Fuß (ca. 12 m) Abstand, während sich das U-Boot noch an der Wasseroberfläche befand. Der Wurf scheint zu weit abgelegen zu haben, um großen Schaden anzurichten. Das U-Boot wendete mit dem Flugzeug und schickte ein derart starkes Abwehrfeuer nach oben, dass wir gezwungen waren, uns in eine Entfernung von 3 Meilen (ca. 4800 m) zurückzuziehen.
Einzelheiten des zweiten Angriffs: Als das Flugzeug zum zweiten Angriff anflog, schlug ihm plötzlich starkes Abwehrfeuer entgegen. Nur der Kommandoturm des U-Bootes war noch sichtbar. 20 Sekunden später, nachdem das U-Boot verschwunden war, griff das Flugzeug von achtern mit Wasserbomben an.

Der um eine tiefere Ebene hinter dem »Wintergarten« verlängerte Turmaufbau eines VII-C-Bootes (Blick von achtern) zeigt die von 1943 an verstärkte Flakbewaffnung, wie sie auch die Boote der U-Bootgruppe »Leuthen« aufwiesen. Sie spiegelt die sehr viel größere Bedrohung wider, die von den alliierten Flugzeugen vom Winter 1942/43 an ausging. Im Bild ein nicht identifiziertes U-Boot, das dieselbe Flakbewaffnung führte, wie sie *U 377* während seiner Werftliegezeit erhielt: 2 x 2 cm C/38 in Einzellafetten auf dem ursprünglichen »Wintergarten« und auf der neuen, etwas tieferen Plattform ein 2-cm-Vierling 38/43 U mit Schild.

18. Tag: *23. September*
0302: Aufgetaucht. S 2, Seegang 1, gering bewölkt. Absicht, nach Süden auszuweichen, um außerhalb der kanadischen Luftsicherung zu gelangen.
0410: FT an B.d.U.: »Kommandant ausgefallen.« Es bleibt jedoch ohne Bestätigung.
1101: B.d.U.-FT mit dem Befehl, nach Osten abzulaufen.
1756: Wiederholung des früheren FT's an B.d.U. mit der Bitte um neue Befehle und Arzt.
2002: B.d.U.-FT teilt mit: Treffen mit *U 386* (OblztzS. Fritz Albrecht) im Planquadrat AK 9777, um Arzt zu übernehmen. Anschließend solle der Rückmarsch angetreten werden.
19. Tag: *24. September*
0400: Nordatlantik. SSW 2, Seegang 1, bewölkt mit mittlerer Sicht. B.d.U.-FT gratuliert der Gruppe »Leuthen« zum Erfolg: »Diese Schlacht ist gewonnen worden. Ihre Belohnungen sind der Riesenerfolg gegen die Geleitsicherung und der Beweis, dass die neuen Waffen wirksam sind. Wäre das Wetter nicht so schlecht und zugunsten des Gegners gewesen, dann hätte es sogar noch einen besseren Erfolg gegeben. Sie können stolz darauf sein, dass Sie den Weg zur Wiederaufnahme der Gruppenangriffe gegen die Geleitzüge im Nordatlantik bereitet haben.«
20. Tag: *25. September*
0628: Sehr stark leuchtende See, SW 2, Seegang 1, bewölkt mit mittlerer Sicht. Seit Mitternacht aufgetaucht. Plötzlich fliegt ohne jede FuMB-Ortung von achtern ein Flugzeug an, beschießt das Boot und wirft vier Wasserbomben, die sehr dicht am Boot detonieren. Das Flugzeug selbst ist nicht zu

ObltzS. Gerhard Kluth, der Kommandant von *U 377*, nach dem Luftangriff vom 22. September 1943, wobei er an beiden Armen verwundet wurde.

sehen. Alarmtauchen. Während des Tauchens zwei weitere Detonationen von Wasserbomben. Beide sehr dicht. Die eine liegt nahe dem Turm und die andere am Heck. Überall sehr starke Erschütterungen im Boot, das sonderbare Bewegungen macht, die anzeigen, dass wir auf Grund gestoßen sind. Doch das ist zu weit unten. Das Boot rollt sehr weit nach Steuerbord über und gerät dann außer Kontrolle. Ausblasen! Einige Klappen sind nicht dicht. Boot aus dem Wasser. Kein Anzeichen eines Flugzeugs. Die Oberseite des Turms und der Bootskörper seitlich sind stark beschädigt.

L.I. meldet das Boot tauchklar. Getaucht. Horchgerät ortet den hohen Ton schnelllaufender Propeller eines Schiffes. Über uns läuft ein Zerstörer hinweg. 8 Wasserbomben-Detonationen sind zu vernehmen. Danach sind vier weitere Zerstörer und eine Korvette mit Dieselantrieb zu hören. Sie scheinen die Wasseroberfläche abzusuchen. Vermutlich glauben sie, uns versenkt zu haben, und suchen nach Überlebenden. Wasserbombenschäden: Einige Klappen sitzen nicht richtig und lecken, Tauchzelle 5 funktioniert überhaupt nicht, Kreiselkompass arbeitet nicht, geborstene Druckluftflaschen und die Motoren laufen jetzt sehr geräuschvoll. (Spätere Untersuchungen ergaben, dass das Flugzeug – vermutlich ein kleines, von einem Schiff gestartetes – auf das Oberteil des Turms gekracht war und das weite Überlegen nach Steuerbord verursacht hatte. Die Schiffe an der Oberfläche waren wahrscheinlich eher auf der Suche nach der Flugzeugbesatzung als nach Überlebenden des U-Bootes gewesen.)

1400: Zum FT-Empfang auf Sehrohrtiefe gegangen. Zerstörergeräusche. Mit Schleichfahrt, so weit dies möglich ist, abgelaufen.

1505: 8 sehr dicht liegende Detonationen von Wasserbomben, aber keine Schäden am Boot. Der Zerstörer überläuft das Boot 4mal, obwohl keine weiteren Wasserbomben folgen.

2050: Aufgetaucht.

21. Tag: *26. September*

0000: Nordatlantik. WSW 3, Seegang 2, Nebel. B.d.U.-FT: Treffen mit *U 386* ist infolge Wasserbombenschäden verzögert.

0550: In den letzten Stunden getaucht. Horchgerät ortete Zerstörer. Mit Schleichfahrt abgelaufen.

0753: Aufgetaucht.

0815: FuMB-Ortung auf nahe Entfernung.

1516: B.d.U.-FT: Im Falle *U 386* bis 18.00 Uhr nicht eintrifft, soll gemeldet werden, ob ärztliche Hilfe noch erforderlich ist. Plötzlich Alarmtauchen. Zerstörer nähert sich von achtern. (Die Funkverbindung mit dem B.d.U. wurde sehr dramatisch unterbrochen.)

1600: Weiterhin auf das Treffen zu warten, scheint zwecklos; denn der Kreiselkompass ist ausgefallen und der eigene

Auf *U 377*: Stabsobermaschinist Jak Mallmann (rechts im Bild), neben ihm Obersteuermann Martin Weidmann sowie anschließend (mit der Zigarette im Mund) Oberbootsmannsmaat Albert Jungclaus.

Standort ist nicht genau bekannt. Um die Position mit dem Sextanten genau zu bestimmen, ist es zu bewölkt.
2328: Aufgetaucht.
22. Tag: *27. September*
1000: Kreiselkompass repariert.
1040: Kurzsignal an B.d.U.: Boot steht am Treffpunkt. Von *U 386* weder etwas zu sehen noch zu hören. Beabsichtigen, Rückmarsch anzutreten.
23. Tag: *28. September*
1200: Nordatlantik. W 4, Seegang 3, bewölkt, schlechte Sicht.
24. Tag: *29. September*
0910: Mast eines Zerstörer in Sicht. Getaucht.
1608: Aufgetaucht.
1655: Zerstörermast noch immer in Sicht. Beabsichtigen, nach Süden auszuweichen.
1948: Rauchfahne im Süden in Sicht. Getaucht.
25. Tag: *30. September*
0515: Aufgetaucht. SW 1, Seegang 0, klarer Himmel mit guter Sicht.
(Das Boot setzte von diesem Zeitpunkt an seinen Rückmarsch nicht mehr über Wasser fort, sondern begann das gefährliche Durchqueren des Golfes von Biskaya unter Wasser, das in ähnlicher Weise wie auf dem Hinmarsch erfolgte.)
26. Tag: *1. Oktober*
0000: Nordatlantik. SW 4, Seegang 3, vereinzelte Wolken, leichter Dunst.
27. Tag: *2. Oktober*
2205: Rauchfahne im Westen in Sicht. Vermutlich ein Geleitzug. Getaucht.
28. Tag: *3. Oktober*
0000: Golf von Biskaya. NO 1, Seegang 0, Nieselregen.
2235: B.d.U.-FT: Die Uhr ist um eine Stunde zurückzustellen. Die offizielle Winterzeit hat begonnen.
29. Tag: *4. Oktober*
0000: Golf von Biskaya. NO 1, Seegang 0, schlechte Sicht.
30. Tag: *5. Oktober*
0000: Golf von Biskaya. SW 4, Seegang 3, bewölkt, wechselnde Sicht.
31. Tag: *6. Oktober*
0000: Golf von Biskaya. SW 4, Seegang 3, wolkenlos, mittlere Sicht.
32. Tag: *7. Oktober*
0000: NNW 5, Seegang 4, bewölkt, mittlere Sicht.
33. Tag: *8. Oktober*
0000: NO 2, Seegang 1, mittlere Sicht.
34. Tag: *9. Oktober*
0000: Vor Brest. NO 1, Seegang 0, Nieselregen, mittlere Sicht. Sehr stark leuchtende See.
35. Tag: *10. Oktober*
0700: Aufnahme durch Minengeleit.
1100: Festgemacht in Brest.

10. Oktober 1943: *U 377* läuft unter Minengeleit nach Brest ein. Der am 25. September erlittene Schaden am Bug ist deutlich zu sehen. Das mit Bordwaffen und Wabos angreifende, nicht gesichtete Flugzeug hat beim Absturz die Tauchzellen nur knapp verfehlt.

Analyse der drei Feindfahrten

U 48: Zweite Feindfahrt

Datum:	Oktober 1939
Dauer:	22 Tage
Durchschnittliche Anzahl der zu dieser Zeit pro Tag in See stehenden U-Boote:	18
Anzahl der U-Boote, die zu dieser Zeit zumindest ein Schiff angriffen und beschädigten:	12
Anzahl der Schiffe, die zu dieser Zeit von allen U-Booten im Nordatlantik versenkt wurden:	ca. 28
Anzahl der pro Monat und pro U-Boot in See versenkten Schiffe:	1,5
Anzahl der zu dieser Zeit versenkten U-Boote:	ca. 5

U 48: Achte Feindfahrt

Datum:	September 1940
Dauer:	18 Tage
Durchschnittliche Anzahl der zu dieser Zeit pro Tag in See stehenden U-Boote:	13
Anzahl der U-Boote, die zu dieser Zeit zumindest ein Schiff angriffen und beschädigten:	11
Anzahl der Schiffe, die zu dieser Zeit von allen U-Booten im Nordatlantik versenkt wurden:	ca. 40
Anzahl der pro Monat und pro U-Boot in See versenkten Schiffe:	3,6 (Dieser Schnitt sollte auf fast 6 steigen.)
Anzahl der zu dieser Zeit versenkten U-Boote:	ca. 1

U 377: Zwölfte Feindfahrt

Datum:	Sept./Okt. 1943
Dauer:	35/42 Tage
Durchschnittliche Anzahl der zu dieser Zeit pro Tag in See stehenden U-Boote:	75
Anzahl der U-Boote, die zu dieser Zeit zumindest ein Schiff angriffen und beschädigten:	9
Anzahl der Schiffe, die zu dieser Zeit von allen U-Booten im Nordatlantik versenkt wurden:	ca. 17 (einschl. 6 Zerstörer u.Ä.)
Anzahl der pro Monat und pro U-Boot in See versenkten Schiffe:	0,2 (d.h. 4,5 U-Boote versenkten ein alliiertes Schiff)
Anzahl der zu dieser Zeit versenkten U-Boote:	ca. 26

Torpedoschüsse durch *U 48*

Da die versenkten Schiffe stets den Kommandanten zugeschrieben werden, die jedoch nicht immer selbst die Torpedos geschossen haben, dürfte es von Interesse sein, wer tatsächlich den »Finger am Abzug« gehabt hat. Die einzelnen Torpedos trugen eine Seriennummer und jedes Boot hatte über seine Torpedos eine Schussmeldung auf vorgedrucktem Formblatt auszufüllen und dem KTB beizugeben. Die Meldung enthielt folgende Angaben: Nr. des U-Boots, Name und Dienstgrad des Torpedoschützen, Datum, Position, Uhrzeit, Wassertiefe, Wetter, Sicht, Wind, Zustand der See, Seegang, Ziel, Erfolg. Hinzu kamen Angaben über Kurs und Geschwindigkeit des Bootes sowie Einzelheiten über die Einstellung des Torpedos.

Die folgende Tabelle stellt eine zusammenfassende Analyse von Bodo Herzog über die Torpedoschüsse durch *U 48* dar, des erfolgreichsten U-Bootes des Zweiten Weltkrieges:

Torpedoschütze:	*Anzahl der Schüsse:*	*Anzahl der Treffer:*
Kptlt. Herbert Schultze (Kmdt.)	27*	10
KKpt. Hans Rudolf Rösing (Kmdt.)	8	3
Kptlt. Heinrich Bleichrodt (Kmdt.)	2	2
ObltzS. Reinhard Suhren (I.WO)	65*	30
ObltzS. Otto Ites (II./I.WO)	3	2
ObltzS. Siegfried Atzinger (I.WO)	3	1
LtzS. Hermann Becker (II.WO)	9	3
ObltzS. Johannes Liebe (Kmdt.Schüler)	4	2
ObltzS. Adolf Piening (Kmdt.Schüler)	5	2

*Diese Zahlen schließen 7 Torpedoversager für Schultze und 4 Torpedoversager für Suhren ein, geschossen während des Norwegen-Unternehmens im Frühjahr 1940.

Die Gesamtzahl der geschossenen Torpedos ergibt:
- im Überwasserangriff 96 Torpedos mit 44 Treffern und
- im Unterwasserangriff 30 Torpedos mit 11 Treffern.

Angesichts der Tatsache, dass der Kommandant im Allgemeinen nur beim Unterwasserangriff selbst geschossen hat, ist in diesen Zahlen eine Abweichung erkennbar. Sie lässt sich durch sieben Überwasserschüsse von Schultze erklären, der die ersten sechs Torpedos sowie den 16. Torpedo des Krieges selbst geschossen hat.

Interessant ist weiterhin die Feststellung, dass die Trefferquote in Bezug auf die Gesamtzahl der geschossenen Torpedos beim erfolgreichsten Boot des Krieges bei 44% liegt. Auf den Verlauf des gesamten Krieges bezogen, kann mit Sicherheit angenommen werden, dass auf jedes versenkte Schiff zumindest drei geschossene Torpedos kamen.

***Rechte Seite:* ObltzS. Gerhard Kluth wird von KKpt. Lehmann-Willenbrock, dem Chef der 9. U-Flottille, nach dem Einlaufen von *U 377* am 10. Oktober 1943 in Brest begrüßt. Kluth trägt noch seine Arme in der Schlinge.**

7. Kapitel:

Ungewöhnliche Feindfahrten

Zwischenspiel im Mittelmeer

Das Mittelmeer bot der U-Bootführung wenig Anziehendes, und so wurden U-Boote erst dann in das Binnenmeer verlegt, nachdem dies dem B.d.U. von Hitler bzw. von der Seekriegsleitung befohlen worden war. Das hieß jedoch nicht, Dönitz hätte dem Raum von Gibraltar keine Aufmerksamkeit gewidmet; denn in Wirklichkeit bestand eine seiner ersten Maßnahmen nach Kriegsbeginn darin, ein Boot ins Mittelmeer zur Aufklärung zu entsenden. Doch dessen Ergebnisse erwiesen sich als so negativ, dass dieser Seeraum ausgeklammert wurde. Die Hauptgründe hierfür waren das Wetter und das in der Regel klare, glatte und verhältnismäßig flache Wasser, das den idealen Bedingungen für Unterseeboote überhaupt nicht entsprach. Die Schiff-Fahrtswege zwischen den Häfen waren vergleichsweise kurz und erleichterten eine Sicherung der Geleitzüge auf der gesamten Fahrtstrecke. Zudem war die Auswahl an Routen begrenzt und die Briten – nicht gezwungen, ihre Schiff-Fahrt über ein riesiges Gebiet zu verteilen – konnten ihre Verteidigungsmaßnahmen ebenfalls konzentrieren. Wie die Feststellungen ergaben, waren diese um Gibraltar wesentlich stärker als vor den meisten britischen Häfen. Obendrein besaß natürlich Dönitz selbst aus erster Hand die wertvollste Erfahrung bezüglich der U-Bootkriegsführung im Mittelmeer. Während des Ersten Weltkrieges nach der Versenkung seines Bootes in Gefangenschaft geraten, wusste er alles über die Härte des Überlebens in heißen Booten und in flachen Gewässern, so dass er keinen Grund für eine Wiederholung der Fehler von 1914-1918 sah, zumal die Erfolgsaussichten so gering waren.*

*A.d.L.: Diese Feststellung deckt sich nicht unbedingt mit den tatsächlichen Erfolgen. So schreibt Tarrant beispielsweise in *Kurs West* auf Seite 49: »...richteten die U-Boote der in Cattaro stationierten U-Flottille Pola ...mit der unterschiedlichen Anzahl von nur drei bis fünf in See stehenden Booten ein wahres Gemetzel an und versenkten [von Mai bis September 1916] 153 Schiffe mit insgesamt 282.925 BRT.« Der erfolgreichste U-Bootkommandant beider Weltkriege, Kptlt. Lothar Arnaud de la Perière, erzielte im Mittelmeer mit *U 35* gar die höchste Versenkungsrate im Zuge einer einzigen Feindfahrt: 54 Schiffe mit zusammen 90.350 BRT (26. Juli bis 20. August 1916).

U 596 **mit dem für ein VII-C-Boot typisch schmalen Oberdeck im Mittelmeer. Das Emblem an der Seite des Turms ist »Hummel«, der Wasserträger aus Hamburg, gebildet aus den Nummern der Boote.** ***U 596*** **und sein erster Kommandant, Kptlt. Günter Jahn, waren beide »Made in Hamburg«. Auf den ersten Blick sieht es so aus, als ob das Boot ein »Biskaya-Kreuz« führt, um vor einem Erfassen durch gegnerische Radarortung zu warnen. Doch dieses Foto wurde 1942 aufgenommen, ehe die U-Boote im August desselben Jahres dieses FuMB erhielten. Hier ist etwas am Angriffssehrohr befestigt und ergibt ein Kreuz.**

Das für die erste Aufklärung 1939 im Mittelmeer ausersehene U-Boot war *U 26*, ein hochseefähiges Tauchboot vom Typ I A. Nur zwei dieser 862 t über und 1200 t unter Wasser verdrängenden Boote waren gebaut worden, da der geringfügig kleinere Typ VII und der wesentlich größere Typ IX weitaus leistungsfähiger waren. Dennoch verursachte *U 26* seinem Kommandanten, KKpt. Klaus Ewerth, keine besonderen Probleme. KAdm. Eberhard Godt, der Chef von B.d.U.op. und vor dem Kriege Kommandant des Schwesterbootes (*U 25*), war der Auffassung, die beiden Boote wären besser als ihr Ruf gewesen. Er hätte die meisten der negativen Eigenschaften, die ihnen nachgesagt wurden, nicht festgestellt. Doch Ewerth war nicht der Typ, der sich durch Nebensächlichkeiten aus dem Konzept bringen ließ. Er stand bereits damals in dem Ruf, imstande zu sein, das Beste aus der Besatzung und den Booten herauszuholen. 1925 in die Marine eingetreten, gehörte er zur alten Garde, der seit der Aufstellung der ersten U-Flottille 1935 der neuen U-Bootwaffe angehört hatte. Ihm war die einzigartige Ehre zuteil geworden, *U 1* zu einem Zeitpunkt zu führen, da die Marine offiziell überhaupt noch keine Unterseeboote hatte.

U 26 lief am 26. September 1939 nach seiner ersten Feindfahrt wieder in Wilhelmshaven ein, nachdem das Boot bis zum Westausgang des Englischen Kanals auf Höhe der Lyme Bay an der Devon-Dorset-Küste Südenglands vorgestoßen war. Während das Boot neu ausgerüstet wurde, hatten die Männer vom Ziel ihrer nächsten Feindfahrt keine Ahnung. Wahrscheinlich waren sie der Meinung, es ginge wieder zum Westausgang des Kanals. Doch nachdem *U 26* fast auslaufbereit war, begann der erste Verdacht aufzukeimen, dass etwas Besonderes im Gange war. Auf einem U-Boot gab es keine Privatsphäre und Geheimnisse blieben nicht lange verborgen. Diesmal handelte es sich jedoch nicht darum, etwas zu verbergen sondern um das genaue Gegenteil: Es fehlten die üblichen Seekarten vom Atlantik, und dies gab den Männern zu denken. Ihnen war klar, dass ihr Ziel irgendwo außerhalb des Normalen lag, aber wohin es ging, wusste keiner von ihnen.

KKpt. Klaus Ewerth ließ die Bombe erst platzen, als das Boot bereits unterwegs war, und selbst dann sagte der Name Gibraltar den meisten Angehörigen der Besatzung nichts Besonderes. Sie wussten, dass es sich um einen britischen Felsen am Eingang zum Mittelmeer handelte, und vermuteten, dass seine Ansteuerung etwas riskant sein würde. Doch Ewerth hatte nicht erwähnt, dass die Durchführung ihrer Hauptaufgabe, die Verminung des Hafens, infolge der starken Verteidigungsmaßnahmen wahrscheinlich unmöglich sein würde.

KKpt. Ewerth hatte eine dreifache Aufgabe zu erfüllen: Sein erster und wichtigster Auftrag bestand darin, Informationen über die Schiffsbewegungen bei Gibraltar und im westlichen Mittelmeer zu sammeln. Zweitens sollte er vor der Hafeneinfahrt eine Minensperre legen und drittens die Schiff-Fahrt mit Torpedos angreifen. In der Befehlsstelle des nunmehrigen B.d.U. in Sengwarden hatte Ewerth bereits den Türgriff von Dönitz' Dienstzimmer in der Hand und wollte gehen, als ihn »der Löwe« mit den Worten aufhielt: »Oh, Ewerth! Dies wird eine kitzlige Sache werden. Denken Sie daran, dass ich das Boot zurückhaben will.« Dönitz wollte offensichtlich Informationen, aber keine toten Helden.

Der Anmarsch in den Einsatzraum verlief ähnlich wie bei der letzten Feindfahrt. *U 26* ging nördlich um die Shetlands und steuerte danach auf südlichen Kursen durch die Ostecke des Nordatlantiks, sich in gutem Abstand westlich

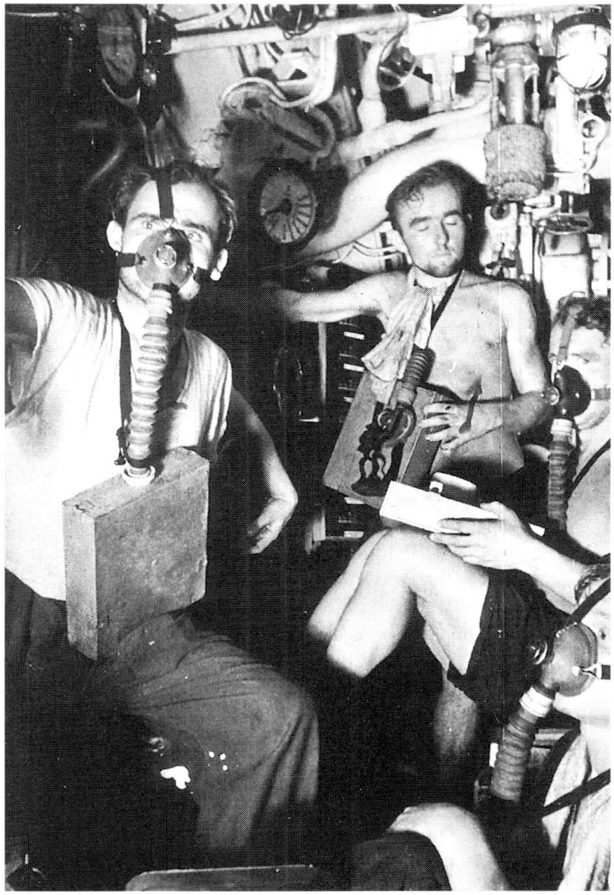

An Bord von *U 73* (Kptlt. Helmut Rosenbaum) im Mittelmeer: Die Wache im Dieselraum atmet durch Kalipatronen als Luftreiniger, um das Kohlendioxyd in der Atemluft zu absorbieren. Links im Bild ist Dieselobermaschinist Erich Schmidt zu erkennen, der am 16. Dezember 1943 mit 15 seiner Bordkameraden fiel, als das Boot vor Oran verloren ging.

von Irland haltend. Die wirkliche Anspannung begann erst kurz vor Tagesanbruch am 6. November 1939, als sich *U 26* dicht vor der spanischen Küste bei Kap Trafalgar auf Grund legte. Als das Boot von den Erschütterungen der sanften Berührung des Meeresbodens bebte, stieß Ewerth einen Seufzer der Erleichterung aus, so weit ohne ungewöhnliche Probleme gekommen zu sein. Hoffentlich würde die Zeit ausreichen, um gründlich zu schlafen, ehe in der Nacht zum 8. November das Leistungsvermögen jedes Einzelnen bis an die Grenzen gefordert werden musste. In dieser Zeit hatten die Männer im Bugraum bedauerlicherweise noch einige Arbeit zu erledigen, um eine sehr lästige, aber notwendige Aufgabe zu erfüllen. Zwei Torpedos mussten aus den Rohren gezogen werden, um sie durch neun Minen vom Typ TMB zu ersetzen. Erst danach konnten sich die Männer auch in diesem Raum ausruhen, der von allen am wenigsten zu beneidenden Unterbringung.

KKpt. Ewerth beabsichtigte, bis zum Abend des 7. November in absoluter Ruhe auf Grund zu bleiben. Danach wollte er den ersten Teil des riskanten Unterfangens durchführen und in die Bucht von Algeciras direkt westlich von Gibraltar eindringen. Anschließend sollte das Boot in flachem Wasser auf Grund gelegt werden, um die Festung den ganzen Tag über durch das Sehrohr zu beobachten. Einerseits klang dies selbstmörderisch, doch andererseits war ihm versichert worden, dass ein solches Vorgehen unauffälliger sein würde, als die Motoren in Schleichfahrt laufen zu lassen. Ein großer Teil der südspanischen Küste war nur spärlich bewohnt, und so war dieses Risiko geringer. Ein Erfassen des Bootes durch die empfindlichen Ortungsanlagen der patrouillierenden Schiffe war wahrscheinlicher als ein Erspähen des auf Grund liegenden Bootes durch ins Wasser blickende Augen.

Der erste Teil des Unternehmens verlief ohne Probleme. Nach dem Auftauchen um 18.30 Uhr steuerte *U 26* in der abendlichen Dämmerung Tarifa an und passierte es in etwa 1000 m Abstand. Beim Marsch durch die Straße von Gibraltar war jedermann an Bord angespannt wie ein Flitzbogen. Da waren nicht nur viele Lichter an der nahen Küste und hell erleuchtete Schiffe in See, sondern irgendjemand schien auch noch mit Scheinwerfern zu üben. Etwa sechs bis acht starke Strahlen huschten ständig über das Wasser. Diese hatten gerade ihr Leuchten eingestellt, als kurz vor Mitternacht ein abgedunkeltes Boot *U 26* »in den Keller« zwang. Als das U-Boot um 03.30 Uhr wieder auftauchte, waren so viele Fischerboote unterwegs, dass Ewerth das sichere Gefühl hatte, das eine oder andere musste sie doch sehen. Doch mit einigem Glück waren die Fischer wohl der Meinung, *U 26* wäre ein britisches Boot und kümmerten sich nicht weiter darum.

In den frühen Morgenstunden des 8. November steigerten sich während des letzten Stadiums der Annäherung an den Hafen Anspannung und Vorsicht immer mehr. Die Molenfeuer waren gelöscht, aber die Stadt Gibraltar und die auf der Reede liegenden Dampfer waren hell erleuchtet. Selbst mit bloßem Auge waren Einzelheiten deutlich zu erkennen. Diese Phase vollzog sich aufgetaucht, ohne die Tauchzellen ganz auszublasen. Lediglich der obere Teil des Kommandoturms ragte gerade aus dem Wasser, nur spärlich mit Ausgucks besetzt, während *U 26* geräuschlos voranglitt. Die Fülle der erleuchteten Schiffe und die hell glänzenden Lichter an Land erleichterten das Ausmachen der dunklen Silhouetten der patrouillierenden Kriegsschiffe, beruhigten jedoch nicht die flatternden Nerven der Ausgucks. Kaum ein Windhauch regte sich, die Oberfläche des Wassers war glatt, über ihnen schimmerten die Sterne besonders hell und die Sicht war außerordentlich gut. Nur ein paar Dunstschleier ließen die Ferne gelegentlich verschwimmen. Imstande, den Hafen von Gibraltar genau zu beobachten, diktierte Ewerth reichlich Bemerkungen über die Bewegungen der zahlreichen britischen Bewacher. Mit dem anbrechenden Tageslicht tauchte *U 26* und legte sich zur weiteren Beobachtung in 12 m Tiefe auf Grund.

Die Stille im Boot begann, an den Nerven zu zerren. Nur im Flüsterton wurde gesprochen und jeder war unaufhörlich bemüht, nichts scheppern oder klirren zu lassen, besonders keine Kochtöpfe. Es gab keine Möglichkeit, Frustrationen gefahrlos zum Ausdruck zu bringen. Das Schlimmste sollte noch kommen. Alle Hilfsmaschinen waren abgeschaltet, nicht um Energie zu sparen, sondern um Geräusche zu verhindern, die von den Bewachern geortet werden könnten. Diese hatten die irritierende Gewohnheit, sehr häufig zu stoppen, um zweifellos mit ihren empfindlichen Horchgeräten zu lauschen.

Als *U 26* um 21.40 Uhr am 8. November in der Dunkelheit auftauchte, blieben die Hilfsmaschinen abgeschaltet. Alles, was sich bewegte, hatte zu schweigen, darunter auch der fast geräuschlose Kreiselkompass. Dies hatte zur Folge, dass die Männer Atemgeräte tragen mussten, da es im Boot so heiß und stickig war. In einem Winkel, der wie der dunkle Teil der Bucht aussah, ließ Ewerth ein paar Hilfsmaschinen für kurze Zeit angehen – nicht aus Bequemlichkeit für die Besatzung, sondern weil er die Bilge auspumpen musste. Als dann die Pumpen liefen, sah er keinen Grund, warum er nicht auch das Boot durchlüften sollte, um Frischluft ins Innere zu bekommen.

Das Vorhaben, in den Zufahrten zum Hafen von Gibraltar Minen zu legen, schien ein zu großes Risiko zu sein. Nie zuvor hatten die Männer an Bord so viele Lichter in See gesehen. Ihre Fülle war so groß, dass die Ausgucks aufhörten, sie zu melden und sich nur auf jene konzentrierten, die ihnen zu nahe kommen könnten – und natürlich auf die drohend abgedunkelten Schatten der Kriegsschiffe. Die völlig glatte Wasseroberfläche reflektierte die Lichter von Land, als ob das U-Boot auf einem beleuchteten Spiegel schwömme; sie ließ die geringste Störung erkennen. In dieser Lage das Sehrohr auszufahren, um getaucht Minen zu legen, war selbstmörderisch; denn niemand konnte die See absuchen, während sich der Kommandant auf das Minenlegen konzentrieren musste. Als Ewerth seinen Entschluss bekannt gab, das Minenlegen aufzugeben, hatte er den Eindruck, dass der durch das Boot gehende Seufzer der Erleichterung auch an Land hätte gehört werden können.

Als er noch seine Überlegungen anstellte, ereignete sich etwas Unerklärliches. Ein großes, leicht gelb gefärbtes Objekt von ovaler Form näherte sich dem Boot. Zuerst hielten es die Beobachter auf dem Turm für eine Art Leuchten der See, aber die Form war zu ausgeprägt und zu scharf umrissen. Nach kurzer Zeit verschwand die Erscheinung und schien sich in nichts aufzulösen oder zu zerrinnen. Ewerth stand vor einem Rätsel und befahl vorsichtshalber Ruhe im Boot, falls es sich um ein getauchtes Unterseeboot handelte, das seine Tauchzellen anblies und eine große Luftblase an die Oberfläche entließ. Dennoch war ihm klar, dass dies gewöhnlich eher viele kleine Luftblasen verursachte und nicht eine einzige große. Die Erscheinung war rasch vergessen, da sich die Männer auf den Gegner konzentrieren mussten. In Momenten der Langeweile hätten sich die Männer in die Vorstellung seltsamer Erscheinungen verlieren können. Doch in dieser Nacht hoher Anspannung waren sie voll auf ihre Aufgabe konzentriert und ihre Sinne richteten sich ausschließlich auf den Gegner, so dass sie keine Zeit fanden, ihrer Vorstellungskraft freien Lauf zu lassen. Doch der Betrachter fragt sich, was diesen Eintrag ins KTB veranlasste.

Nach diesem Ereignis verließ *U 26* die Straße von Gibraltar, passierte den Leuchtturm Ceuta und marschierte ostwärts vorbei an Kap Trois Fourches in Richtung Almeria. Niemand im Boot war auf das Mittelmeer besonders erpicht; es bot U-Bootfahrern nichts Anziehendes. Im Inneren des Bootes herrschten überaus hohe Temperaturen, obwohl es Winter war, und die Luft war infolge der beschränkten

Ventilation außerordentlich stickig. Obendrein war das Wasser zu klar, die Oberfläche zu ruhig und die Sicht zu gut. Selbst als der aus Westen kommende Wind auf Stärke 6 mit einem mäßigen Seegang auffrischte und der Himmel bewölkt war, blieb die Sicht kristallklar. Ewerth nahm den Vorteil eines aufkommenden Sturms wahr, um ein Schiff anzugreifen, doch die üblichen kläglichen Torpedoversager sorgten dafür, dass der Dampfer entkam.

Nach weiteren Torpedoversagern gelang es dann *U 26* doch noch, auf der Höhe von Málaga den französischen Dampfer LOIRE (4285 BRT) zu versenken. Zwar erfuhr das Boot auch, dass auf seinen Minen vom 10. September vor der englischen Südküste südlich des Shambles-Feuerschiffes der griechische Frachter ELENA R. (4576 BRT) gesunken war, aber auf dieser Fahrt blieb dies der einzige Erfolg. Von *U 53* (Kptlt. Ernst-Günther Heinicke) ging eine Geleitzugmeldung ein, die jedoch infolge fehlender Quadratkarte nicht ausgewertet werden konnte, da sich die Position westlich von Gibraltar befand. Nach dem Werfen von Sehrohrattrappen in der Nähe von Ceuta passierte *U 26* am 18. November 1939 die Straße von Gibraltar. Jeder an Bord war froh, als das Boot wieder im rauen Seegang des Atlantik zu rollen begann.

Die Erfahrungen von *U 26* hatten zweifelsfrei erwiesen, dass diese südlichen Gewässer und sogar das Seegebiet westlich von Gibraltar kein Operationsgebiet für U-Boote waren. Als daher die Skl. 1941 befahl, U-Boote für den Einsatz im Mittelmeer bereitzustellen, löste dies sofortige Proteste von Dönitz aus. Doch trotz des Hinweises, dass diese Entscheidung die Anzahl der Boote auf den atlantischen Geleitzugwegen um 25% verringern würde, verließ die erste Welle Ende September 1941 ihre französischen Stützpunkte. Die aus sechs U-Booten bestehende Gruppe »Goeben« – benannt nach dem Schlachtkreuzer, der sich 1914 im

An Bord von *U 81*: Friedrich Guggenberger, der Kommandant, und Hans Harald Speidel, einer seiner Wachoffiziere und spätere Kommandant von *U 643*. Das Emblem an der Seite des Turms mit der Inschrift »Jaffa…« darunter stammte von Anfang 1942, nachdem *U 81* diesen Hafen beschossen hatte. Beachte die großflächigen Tarnmuster, die über das helle Grau des Werftanstriches gemalt waren. Ferner ist der sehr schmale, beiderseits am Turm vorbeiführende Laufgang zu beachten (vgl. hierzu auch die Ansicht von *U 596* auf Seite 104. Auf diesem Weg musste die Patronenmunition von der Rückseite des Turms zum 8,8-cm-Decksgeschütz auf dem Vorschiff gebracht werden, um ein Überwassergefecht zu führen. Kptlt. Friedrich Guggenberger torpedierte am 13. November 1941 den britischen Flugzeugträger ARK ROYAL (22.000 ts), der am nächsten Tag nur 25 sm ostwärts von Gibraltar im Schlepp sank. Mit dem Ritterkreuz des Eisernen Kreuzes mit Eichenlaub ausgezeichnet, geriet er am 19. Juli 1943 als Kommandant von *U 513* vom Typ IX C/40 im Südatlantik beim Verlust seines Bootes in Kriegsgefangenschaft. Guggenberger schied 1972 als Konteradmiral der Bundesmarine aus dem aktiven Marinedienst aus.

Mittelmeer befand und nach Ausbruch des Ersten Weltkrieges der Türkei übergeben worden war – passierte ohne ernste Zwischenfälle die Straße von Gibraltar. Mitte Oktober 1941 stand der Kern der späteren 29. U-Flottille einsatzbereit zur Verfügung.

Der nächsten Welle war nicht so viel Glück beschieden. Ein dringender Befehl der Skl. forderte ihren Einsatz. Über Funk wurden in den Atlantik bestimmte U-Boote angewiesen, den vorgesehenen Einsatz abzubrechen und Kurs ins Mittelmeer zu ändern. Selbst bereits in den Gewässern vor Neufundland stehende Boote wurden ins Mittelmeer umgeleitet, obwohl ihnen für dieses Seegebiet nur sehr allgemeine Karten und keine wichtigen Aufklärungsergebnisse zur Verfügung standen.

Das Übermitteln derart streng geheimer Funksprüche ging auf eine etwas komplizierte Weise vor sich. Nach dem Verschlüsseln des Funkspruches an das einzelne Boot mit der Schlüsselmaschine »Enigma« fügte der Funker diesem noch eine Anzahl wahllos zusammengewürfelter Buchstabengruppen an. Um diesen Funkspruch nach seinem Eingang auf dem Boot wieder zu entschlüsseln, musste ein Offizier die Schlüsselmaschine nach einem Schlüssel neu einstellen, der sich in einem versiegelten Kuvert befand und nicht allgemein zugänglich war. Trotz aller Geheimhaltung benutzten die meisten Offiziere die Schlüsselmaschine so selten, dass sie doch einen der Funker brauchten, um ihnen bei der Einstellung und der Entschlüsselungsarbeit zu helfen. Auf den ersten Blick schien das sich ergebende Ergebnis fehlerhaft zu sein, aber der benutzte Schlüssel besagte letztlich, dass die Nachricht dem Kommandanten übergeben werden musste. Dieser stellte dann die Maschine nach einem Schlüssel ein, den er in seinem Safe unter Verschluss aufbewahrte, und entschlüsselte schließlich den Funkspruch.

Da die Kommandanten der Boote nicht instruiert worden waren, wie der schwierige Marsch durch die Straße von Gibraltar ins Mittelmeer durchgeführt werden sollte, hatten sie nach eigenem Ermessen zu handeln. Der Umfang des von den Briten überwachten Seegebietes forderte von den Booten, über eine Strecke von zumindest 40 sm getaucht zu bleiben, eine Entfernung, die außerhalb der normalen Seeausdauer eines Bootes vom Typ VII lag. Die größeren Boote des Typs IX wurden für das Binnenmeer als ungeeignet angesehen, da sie weniger manövrierfähig und gegenüber einem Wasserbombenangriff verwundbarer waren; sie blieben daher weiterhin im Atlantik. Boote vom Typ VII konnten getaucht etwa 80 sm bei 4 kn Fahrt oder weniger zurücklegen. Dies bedeutete jedoch, sie mussten zuvor ihre Batterien über mehrere Stunden an der Wasseroberfläche aufladen und danach sofort auftauchen, um sie erneut aufzuladen. Die richtige zeitliche Abstimmung war daher ein weiterer kritischer Faktor, denn bei 4 kn bedurfte es einer Fahrtzeit von 20 Stunden, um diese Strecke zurückzulegen. Wenn jedoch Kampfhandlungen das Boot zu höheren Geschwindigkeiten unter Wasser zwangen, wie dies in der Straße von Gibraltar der Fall sein konnte, dann war es sehr leicht möglich, dass sich der Fahrbereich auf weit weniger als 40 sm verringerte. Oder anders ausgedrückt, es bestand durchaus die Möglichkeit, dass ein Boot bei hellem Tageslicht und in voller Sichtweite von Land auftauchen musste, weil seine Batterien erschöpft waren. Ein solches Risiko durfte nicht eingegangen werden. Daher musste ein Teil dieses Risikos auf den Überwassermarsch bei Nacht verlagert werden.

Ein Unterwassermarsch hatte auch noch einen weiteren Nachteil. Es war zu wenig über eine tiefe, mit 2 - 4 kn laufende Strömung bekannt, die unterhalb einer nach Westen verlaufenden Oberflächenströmung ins Mittelmeer setzte. *U 26* hatte bereits über einige der Probleme berichtet. So stellte das Boot z.B. in der Erwartung fest, eines Nachts eine gefährliche Landspitze in der Nähe von Gibraltar zu umrunden, dass sie diese Gefahrenzone bereits am Vortag passiert hatten, ohne dass es ihnen bewusst geworden war. 1941 entsprach es allgemeiner Kenntnis, dass die Boote vermutlich mit Unterstützung einer tiefen nach Osten laufenden Strömung ins Mittelmeer gelangen konnten. Doch ein Marsch in die entgegengesetzte Richtung wäre ein völlig anderes Unterfangen. Angesichts der begrenzten Leistungsfähigkeit der E-Motoren gab es keine Möglichkeit, im Unterwassermarsch die tiefe Strömung zu überwinden. Sobald ein U-Boot die Straße von Gibraltar in östliche Richtung passiert hatte, blieb es im Allgemeinen im Mittelmeer gefangen. *U 26* hatte im November 1939 Glück gehabt, denn die Bewachung der engen Meeresstraße war noch als eine etwas akademische Aufgabe betrachtet worden. Doch später herrschte in der Meerenge eine beträchtlich konzentriertere Wachsamkeit, und nach dem September 1941 scheiterte infolge der britischen Abwehr nahezu ein Drittel aller Versuche, durch die enge Straße zu gelangen. Die anfangs gehegte Absicht, die U-Boote wieder zurück in die atlantischen Stützpunkte in Westfrankreich zur Überholung zu bringen, da es im Mittelmeer nur unzulängliche Reparatureinrichtungen gab, musste aufgegeben werden.

Die von der Besatzung eines Bootes auszustehenden Schrecken, das den Versuch unternahm, an Gibraltar vorbeizuschleichen, ist im Film »Das Boot« eindrucksvoll gezeigt worden. U-Bootfahrer, die das damals selbst erlebten, stimmen anscheinend darin überein, dass diese Schilderung ziemlich genau ist (wenn sie auch deutlich darauf hinwiesen, dass es sich bei den die U-Boote angreifenden Flugzeugen um viel größere Maschinen als um den einsitzigen Jäger handelte, der im Film diese Aufgabe hatte). Es entspricht ebenfalls den Tatsachen, dass eine Anzahl U-Boote, die knapp an Heizöl waren, von deutschen Schiffen in Vigo oder Cádiz versorgt wurden, obschon es den Anschein hat, dass die Gerissenheit der Seeleute im Film überzeichnet worden ist.

Bis Ende 1941 operierten U-Boote sowohl im östlichen Mittelmeer als auch beiderseits der Straße von Gibraltar. Hier erfuhr die U-Bootführung auf der atlantischen Seite einen weiteren Schock. Mitte Dezember 1941 stieß die U-Bootgruppe »Seeräuber« westlich von Gibraltar auf den Geleitzug HG 76, zu dessen Sicherung – eine Novität – der Geleitträger AUDACITY als Kern einer Support Group gehörte. Zwei Handelsschiffe und der Geleitträger wurden versenkt, aber nicht ohne schwere eigene Verluste, denn auch fünf U-Boote (und vier der fühlunghaltenden FW 200) gingen verloren. Der bis dahin größte Verlust in einer Geleitzugschlacht versetzte die U-Bootführung in beträchtliche Unruhe; denn sie frug sich, inwieweit neue Waffen eingeführt worden waren. Nach ruhiger Beurteilung der Lage und Befragung der zurückgekehrten Boote wurde schließlich deutlich, dass die Ursache der Verluste eine besondere Geschicklichkeit der U-Jagdstreitkräfte gewesen war. Zudem waren die vom Träger gestarteten kleinen Flugzeuge mit Sicherheit eine unerwartete Bedrohung, da sie für die schwerfällige Flakbewaffnung der U-Boote zu hartnäckig und zu wendig waren. Diese Verluste waren besonders schmerzlich, weil Dönitz entschlossenen Widerstand erhofft und deshalb erfahrene »alte Hasen« in den Kampf geworfen hatte.

Dies alles bedeutet jedoch nicht, dass nicht auch das Mittelmeer einige erregende Erfolge der U-Boote gesehen hätte. *U 81* (Kptlt. Friedrich Guggenberger) torpedierte am 13. November 1941 den Flottenflugzeugträger HMS ARK ROYAL nahe Gibraltar. Der Angriff führte zu einer gewissen Verwirrung, weil auch *U 205* (Kptlt. Franz-Georg Reschke) den Träger mit Torpedos angriff, während *U 81* eigentlich auf das Schlachtschiff HMS MALAYA zielte. Doch nach sorgfältiger Rekonstruktion war es anscheinend ein Torpedotreffer von *U 81*, der zum Sinken des Trägers am nächsten Tag führte, während er nach Gibraltar eingeschleppt werden sollte.

Die dramatischsten Fotos eines Untergangs wurden vermutlich nach dem Unterwasserangriff von *U 331* (ObltzS. Hans-Diedrich Freiherr v. Tiesenhausen) am 25. November 1941 auf das Schlachtschiff HMS BARHAM aufgenommen. Anscheinend durchbrach das U-Boot nach dem Schießen eines Viererfächers die Wasseroberfläche, bis der Trimm des Bootes wieder hergestellt war. Gleichzeitig trafen drei der Torpedos die 31.100 ts große BARHAM, die langsam abzusacken und sich überzulegen begann, bis die Oberkanten ihrer Schornsteine in die See eintauchten. Dann, Sekunden später, während die Kessel wahrscheinlich noch liefen, stürzte Seewasser hinunter in die Schornsteine und verdampfte augenblicklich, eine massive Expansion und eine riesige Explosion verursachend, die zahlreiche Kameras einfingen. Viele Bücher legen dar, dass eine Munitionskammer der BARHAM explodiert wäre, aber das Studium der aufgenommenen Filmmeter lässt darauf schließen, dass eine Kesselexplosion die wahrscheinlichere Ursache war.

Landungen an gegnerischer Küste

Während des Krieges mussten manche U-Boote während ihrer Feindfahrten unangenehm dicht vor der gegnerischen Küste operieren, um zusätzliche Aufträge auszuführen. Die vielleicht bemerkenswertesten Fahrten, um Agenten an Land zu setzen, führte Heinrich Garbers aus, ein Sportsegler, dessen Leistungen so verblüffend waren, dass die Nachrichtendienste der Alliierten seine Geschichte nicht glauben und ihn nach dem Kriege als geheimen U-Bootkommandanten brandmarkten. Er wurde mehrere Wochen lang in Einzelhaft gehalten, wurde verprügelt und erhielt nur Kartoffelschalen und Wasser (heute würde man von Folter sprechen). Dennoch waren die Ereignisse wahr, die dieser ruhige und etwas schwerfällig wirkende Mann erzählte, der nicht einmal richtig grüßen konnte. Tatsächlich hatte er eine Anzahl Agenten in Irland, Südamerika und Südafrika an Land gesetzt. Noch unglaublicher ist die Tatsache, dass ihn seine letzte Fahrt im Aufruhr des Jahres 1944 bis weit in den Südatlantik und wieder zurück nach Frankreich führte – und dass er seine Fahrten mit kleinen Segelbooten unternahm: KYLOE und PASSIM, beide keine 40 t groß*.

Das An-Land-Setzen von Agenten war der U-Bootführung gründlich zuwider, aber Dönitz konnte sich diesen gewagten Unternehmen nicht entziehen, die direkt von der Skl. (auf Ersuchen der Abwehr im OKW) befohlen wurden. Seine Haupteinwände waren, dass es sich bei den Agenten um Abenteurer zu handeln schien, denen es an patriotischen Motiven für ihre haarsträubenden Wagnisse mangelte. Dönitz musste zwar diese Unternehmen hinnehmen, war jedoch für ihre Durchführung verantwortlich. Er stellte sicher, dass die U-Boote für die Passagiere besonders präpariert wurden, damit diese nicht zu viel Geheimes auf den U-Booten erfuhren. Schlüsselmaschine, Handbücher und ähnliche geheime Unterlagen, die sonst frei zugänglich waren, wurden weggeschlossen. Auf einigen Booten gingen diese Vorbereitungen so weit, dass die Ziffern von den Skalen der Tiefenmesser entfernt wurden; denn die Besatzungsangehörigen waren nicht auf sie angewiesen und Außenseiter sollten die üblichen Tauchtiefen nicht erfahren. Nach Dönitz' Auffassung würden diese Männer sehr rasch gefasst werden und während sie mit ihren Häschern um ihr Leben feilschten, könnten sie alle in Erfahrung gebrachten Geheimnisse verraten.

Anscheinend wurden Agenten an zahlreichen Orten an Land gesetzt und die meisten dieser Einsätze verliefen verhältnismäßig glatt. Bedauerlicherweise scheint die Vorstellung von U-Booten, die geheime Agenten an Land setzen, eine beträchtliche Attraktion für den Touristenverkehr der Nachkriegszeit in Großbritannien und den Vereinigten Staaten darzustellen; denn eine große Anzahl Orte an der See haben in örtlichen Reiseführern ihre eigene Geschichte durch Erfindungen dieser Art aufpoliert. Daher müssen solche Schilderungen mit größter Vorsicht aufgenommen werden. Zudem haben Leute, die es besser wissen sollten, noch durch ihr Seemannsgarn dazu beigetragen, wie z.B. der Leiter der Abteilung »Forschung und Planung« bei der Special Warfare Branch der US-Marine in seinen Erinnerungen.

Im Juni 1942 fand das Doppelunternehmen »Pastorius« der Abwehr II an der Küste der USA statt, ausgeführt auf Weisung des B.d.U. durch *U 202* (Kptlt. Hans-Heinz Linder) am 13. Juni und durch *U 584* (Kptlt. Joachim Deecke) am 17. Juni. Zuerst setzte *U 202* an der Küste von Long Island nahe New York City eine vierköpfige Sabotagegruppe mit den Deutschamerikanern G.J. Dasch (Leiter), E.P. Burger, H. Heinck und R. Quirin ab. Ihnen folgte mit *U 584* an der Küste Floridas südlich von Jacksonville eine weitere Gruppe: E. Kerling (Leiter), H.H. Haupt, W. Thiel und H. Neubauer. Das Absetzen der *V-Leute* am Strand verlief in beiden Fällen annähernd gleich. Die Tauchzellen des U-Bootes wurden so weit geflutet, bis das Oberdeck nur noch 20 cm aus dem

*Anm.d.Übers.: Diese Fahrten fanden im Auftrag der Abwehr II des Amtes Ausland/Abwehr im OKW (nach der Übernahme durch die SS später »Amt Mil.« der Abt. VI im RSHA) statt. Ihre Durchführung oblag der Skl. Siehe hierzu genauer Saint-Loup »Die Geisterschiffe Hitlers. Segler im Dienste der Abwehr«, Bergisch-Gladbach 1978. Lt.(S) Garbers segelte 1942-1944 mit der PASSIM. Sein Vorgänger war 1940/1941 Christian Nissen, zu dessen Besatzung er seit Januar 1941 gehörte.

Linke und rechte Seite: **Die Fotos zeigen *U 377*, das den Auftrag hatte, im Herbst 1942 an der Nordwestküste von Spitzbergen eine geheime Wetterstation mit automatischem Betrieb einzurichten. Die Besatzung erlebte später die bemerkenswerte Erfahrung, die neben einem Kohlebergwerk gelegene und aufgegebene Siedlung Ny-Ålesund am Kongsfjord zu erkunden. Dort fanden die Männer die längst verlassene aber noch gut bestückte Bar des Hotels »Nordpol« vor.**

Wasser ragte. Dann lief das Boot mit den E-Motoren in Schleichfahrt auf die Küste zu. Nachdem der Bug den Grund berührt hatte, wurde die Gruppe mit dem Schlauchboot die letzte Strecke an Land gerudert. Obwohl sich der Vorgang sehr einfach anhört, war er für den Großteil der Besatzung, die nicht sehen konnten, was vor sich ging, eine außerordentlich beängstigende Erfahrung*.

Kptlt. Linder irrte sich in den Gezeiten. Nach der Rückkehr des Schlauchbootes ließ er die Tauchzellen ausblasen, um sich vom Grund zu lösen und mit Fahrt über den Achtersteven freizukommen. Doch das Boot saß fest. Erst mit auflaufendem Wasser kam er nach mehreren Stunden mit Mühe wieder frei und konnte ablaufen. Um das Maß voll zu machen, litt der Mechanikerobergefreite Zimmermann auch noch an einer akuten Blinddarmentzündung. Wieder im mittleren Nordatlantik machten die Ausgucks von *U 202* eine erschreckende Entdeckung. 520 sm (ca. 1000 km) vom nächsten Land entfernt sichteten sie im sog. *Black Gap* einen großen viermotorigen Bomber. Dies ließ erkennen, dass sich die bisher von Flugzeugen freie Lücke im mittleren Nordatlantik zu schließen begann. (Linder war übrigens einer der wenigen U-Bootkommandanten, die an den Folgen einer Verwundung im Lazarett starben. Er wurde am 10. September 1944 posthum zum Korvettenkapitän befördert).

Nicht jeder geheime Agent konnte an Land gesetzt werden. *U 65* (Kptlt. Hans-Gerrit v. Stockhausen) sollte am 15. August 1940 zwei IRA-Angehörige, Sean Russell und Frank Ryan, in der Nähe von Ballyferriter im County Kerry/Republik Irland an Land setzen. Doch kurz vorher erlag Russell auf See einem Magenleiden, *U 65* brach den Sonderauftrag ab und kehrte mit Ryan nach Lorient zurück, der ebenfalls kurze Zeit später in Deutschland starb. KKpt. v. Stockhausen fand ebenfalls ein ungewöhnliches Ende: Er wurde am 14. Januar 1943 in Berlin Opfer eines Verkehrsunfalls.

Den umgekehrten Vorgang durchzuführen und an einer gegnerischen Küste jemand aufzunehmen, war beträchtlich schwieriger, besonders wenn eine große Organisation beteiligt war, die undichte Stellen aufweisen konnte. Dennoch wurden die Risiken bisweilen in Kauf genommen und Dönitz selbst scheint für diese Wagnisse gewesen zu sein. Die Idee, Kriegsgefangene zu retten, geisterte manchmal durch die Köpfe. Doch »Ali« Cremer, damals 2. Asto im Stab des B.d.U. in Berlin, scheint der Erste gewesen zu sein, der Anfang 1943 die Einzelheiten eines ernsthaften Plans für ein solches Fluchtunternehmen ausgeknobelt hatte.

Das große Problem bestand damals darin, dass Cremer nicht wusste, welcher Kommandant für das Unternehmen ausgewählt werden sollte, da niemand auf deutscher Seite den genauen Zeitpunkt eines geplanten Ausbruchs bestimmen konnte. Cremer wusste durch geheimen Briefcode nur, dass eine Flucht aus dem kanadischen Kriegsgefangenenlager »Camp 70« bei Fredericton in Neubraunschweig geplant war. Die Planung war schwierig, da das Vorhaben selbst in Marinekreisen nicht offen diskutiert werden konnte; denn die U-Bootführung hatte den Verdacht, dass es in den eigenen Reihen Spione gab. Die Sicherheitsmanie ging so weit, dass das normale Sekretariatspersonal vom Schreiben vertraulicher Papiere ausgeschlossen war.

Heute ist allgemein bekannt, dass die Sicherheit durch die Fähigkeit der Engländer kompromittiert war, den Funkverkehr der U-Boote abzuhören und die aufgefangenen Funksprüche in Bletchley Park bei London zu entziffern. Doch damals gab es keine vertraulichen Gespräche mit anderen, die nicht direkt mit einem Vorgang befasst waren. Angesichts dieser Tatsache betrachtete der B.d.U.-Stab eine Einweisung aller in Frage kommenden Kommandanten als

*Anm.d.Übers.: Siehe auch Günther W. Gellermann »Der andere Auftrag. Agenten-Einsätze deutscher U-Boote im Zweiten Weltkrieg«, Bernard & Graefe, Bonn 1997.

zu riskant. So blieb nur übrig, einen unvorbereiteten Kommandanten zu entsenden, wenn der Zeitpunkt da war. Die Kommandanten der für den Sonderauftrag vermutlich in günstiger Position stehenden U-Boote bekamen ein schlicht aussehendes, dickes Kuvert mit, das versiegelt war und auf das Stichwort »Elster« hin geöffnet werden sollte.

Als *U 262* (Kptlt. Heinz Franke) am 6. April 1943 aus seinem französischen Stützpunkt auslief, hatte niemand an Bord eine Ahnung von dem ungewöhnlichen Abenteuer, das vor dem Boot lag. Nach mehr als einer Woche in See, als ein weiteres U-Boot mit Anweisungen für diesen Auftrag in seinem Safe verloren gegangen war, traf ein Funkspruch mit dem Stichwort ein, der Kptlt. Franke befahl, den versiegelten Umschlag zu öffnen. Der Befehl hatte einen einfachen Wortlaut: *U 262* sollte einen bestimmten Küstenpunkt in der Nähe der Prinz-Eduard-Insel am westlichen St.-Lorenz-Golf ansteuern und die aus einem Kriegsgefangenenlager geflohenen U-Bootfahrer aufnehmen. Der Umschlag enthielt zur Unterstützung eine Reihe wichtiger Hinweise und Unterlagen, wie z.B. die notwendigen Erkennungssignale, nautische und meteorologische Angaben u.Ä. Doch Franke wusste, dass die anscheinend einfach lautenden Aufträge üblicherweise einen nicht voraussehbaren Haken hatten.

Sein erstes großes Problem ergab sich, als *U 262* die enge und zu dieser Frühjahrszeit mit ziemlich dickem Eis bedeckte Cabot-Straße durchfahren musste, um in den fast eisfreien St.-Lorenz-Golf zu gelangen. So stand Franke vor der Wahl, entweder die ca. 100 km bis zum Treffpunkt zu Fuß zurückzulegen oder das Unternehmen aufzugeben. Er wählte eine dritte Möglichkeit: Die Cabot-Straße unter dem Eisgürtel getaucht zu überwinden. Für ein damaliges U-Boot ein fast undurchführbares Wagnis von äußerster Gefährlichkeit. Nach genauester Überprüfung der Maschinenanlage, der Batterien und des Druckluftvorrates tauchte das Boot für eine fast 18-stündige Fahrt unter das Eis, um nahe der vorgesehenen Stelle wieder aufzutauchen. Der erste Versuch scheiterte an der Dicke des Eises. Erst als der L.I. auf gröbste Weise darauf hinwies, dass die Batterieleistung für einen Rückmarsch unter Wasser nicht mehr ausreichend wäre, entschloss sich Franke, mit aller zur Verfügung stehenden Wucht die hartnäckige Eisdecke über ihren Köpfen zu durchbrechen und aufzutauchen. Glücklicherweise war vom Gegner nichts zu sehen, denn es gab einige Beschädigungen: Der Netzabweiser abgerissen, das Oberteil des Turms und die Fla-Geschütze beschädigt und die Mündungsklappen von drei Torpedorohren so verbogen, dass sie sich nicht mehr öffnen ließen. Obwohl die Flucht aus dem »Camp 70« gut geplant war, kam der Ausbruch nicht zustande, denn ein kurz zuvor gescheiterter Fluchtversuch hatte die Bewachung verschärft. Infolgedessen wartete *U 262* mehrere Tage vergebens am Treffpunkt und musste schließlich den Rückmarsch antreten. Dennoch waren die Leistung des Kommandanten und seiner Besatzung so vorbildhaft, dass im B.d.U.-Stab weitere Unternehmen dieser Art geplant wurden.

Der Preis des nächsten gewagten Unternehmens dieser Art war die Aussicht, Kptlt. Otto Kretschmer, das Ass von *U 99* (und erfolgreichster U-Bootkommandant des Zweiten Weltkrieges), aus dem Lager Bowmanville herauszuholen. Insassen dieses kanadischen Kriegsgefangenenlagers war es gelungen, eine Funkanlage zu bauen und Verbindung zu deutschen U-Booten aufzunehmen. Am 29. August 1943 lief *U 536* (Kptlt. Rolf Schauenburg) aus Lorient zu diesem Rettungsversuch aus. Der geplante Ausbruch aus dem Lager fand jedoch durch den Einsturz des Fluchttunnels und den dadurch verursachten Wirbel ein vorzeitiges Ende. Auch *U 536* und seine Besatzung fingen sich am 20. November 1943 nordostwärts der Azoren in einer Falle, umstellt von neun britischen und kanadischen Kriegsschiffen der 5. SG. Schauenburg setzte sein ganzes Können ein, um *U 536* aus dieser misslichen Lage zu befreien, aber das Glück war ihm nicht hold. Die aus Gibraltar kommende 5. SG hatte am Tag vorher die Geleitsicherung an einem Doppelgeleitzug (MKS 30 und SL 139, aus Afrika kommend) verstärkt. Der erste Angriff mit Wasserbomben durch die Korvetten HMCS CALGARY und SNOWBERRY beschädigte das Trimmsystem. Weitere Wasserbombenverfolgungen, denen sich noch die Fregatte HMS NENE anschloss, zwangen das U-Boot zwei Stunden später zum Auftauchen, als es nicht mehr gehalten werden konnte. Einsetzender Artilleriebeschuss zerstörte *U 536*. Kptlt. Rolf Schauenburg und einigen seiner Männer gelang es, aus dem getroffenen Boot herauszukommen, ehe es wegsackend in der Tiefe versank.

Der Name der Prinz-Georg-Insel klingt, als ob sie zu Kanada gehören würde. Im KTB von *U 387* (KKpt. Rudolf Büchler) nachgelesen, wird erkennbar, dass diese kleine Ansammlung unbewohnter Felsen tief im arktischen Territorium der damaligen Sowjetunion liegt. *U 387* stattete diesem Eiland einen kurzen Besuch ab, um insgeheim eine unbemannte Wetterstation einzurichten. Deutschland suchte verzweifelt, Zugang zu arktischen Klimadaten zu erlangen, um Wettervorhersagen für das nördliche Europa zu erstellen. Seit Kriegsbeginn waren die zahlreichen alliierten Stationen entweder evakuiert worden oder sie sendeten ihre

Oben links und rechts: **Während *U 377* im Eis eines Fjords in der Nähe von Kap Mitra gefangen war, benutzte die Besatzung Schlitten, um die schwere Ausrüstung zum Aufbau der Wetterstation zu verladen.**

Daten verschlüsselt. Faktisch blieb somit Deutschland als einzige Alternative nur übrig, eigene Stationen zur Aufzeichnung des Wetters an entlegenen Küsten einzurichten. Dies hört sich zunächst sehr einfach an, bedeutete aber in Wirklichkeit beträchtliche Anstrengungen und nur geringe Aussicht auf jene Art Erfolg, nach der sich U-Bootfahrer sehnten.

Lange Zeit nach dem Kriege kamen einige dieser streng geheimen Aktivitäten auf eine etwas ungewöhnliche Weise zum Vorschein. Anfang 1970 traf Otto Köhler, der erste Kommandant von *U 377*, in Freiburg i.Br. zufällig einen Dr. Sommermeyer auf der Straße. *U 377* war beteiligt gewesen, eine der automatischen Stationen dieses Wissenschaftlers auf Spitzbergen aufzustellen. Bedauerlicherweise starb Dr. Sommermeyer kurze Zeit nach diesem Zusammentreffen. Doch sein Sohn war so freundlich, mir einige Fotos zu leihen, die bei der Aufstellung dieser Wetterstation aufgenommen worden waren – in der Annahme, mein Vater könnte auf diesen Fotos zu sehen sein. Eines der Fotos zeigte in Nahaufnahme das Teil einer Funkanlage mit dem Namen des kanadischen Wetterdienstes, aufgedruckt an der Seite. Es ist bekannt, dass kanadische Truppen auf Spitzbergen geblieben waren, nachdem die Alliierten gezwungen waren, die dortigen Ansiedlungen zu evakuieren. Daher bestand durchaus die Wahrscheinlichkeit, dass es sich um ein Teil ihrer transportablen Sendeanlage handelte.

Als dieses Bild einige Zeit später der österreichische Historiker Franz Selinger sah, bemerkte dieser sofort, dass die abgerundeten Felsen im Hintergrund nicht wie die typischen schroffen Zacken auf Spitzbergen aussahen. Unverzüglich setzte die Suche nach einer neuen Örtlichkeit ein. Natürlich wurde ihm von offizieller Seite aus versichert, die kanadische Küste wäre zu gut geschützt gewesen, so dass dort keine U-Boote hätten landen können. Deutsche hätten daher niemals einen Fuß auf kanadischen Boden gesetzt, nicht einmal in den verlassenen Einöden der Arktis. Nach einer beträchtlichen Fleißarbeit stieß Selinger jedoch auf die Kenn-Nummer des U-Bootes, das die Wetterstation errichtet hatte, und aus seinem KTB ergab sich die Örtlichkeit an der Martin's Bay, die sich an der Nordspitze von Labrador befand. Als der Kutter der kanadischen Küstenwache Selinger dorthin brachte, hielt es der Kommandant für zu gefährlich, das Land auf dieselbe Weise anzusteuern, wie dies *U 537* (Kptlt. Peter Schrewe) im Oktober 1943 getan hatte. Stattdessen blieb der Eisbrecher dem Küsteneis fern und schickte den Hubschrauber hinüber, um die verrosteten Überreste fortzuschaffen.

Unglücklicherweise wusste Schrewe von der Gegend und ihren Bewohnern am Ende einer langen, schmalen Halbinsel nicht sehr viel. So war ihm nicht bewusst, dass sich die Örtlichkeit für eine geheime Wetterstation nicht eignete, weil die Gegend ein ausgezeichnetes Revier zur Jagd auf Karibus war. Daher wurde die Halbinsel häufig von den in diesem Gebiet lebenden Nomaden aufgesucht. (Die Eigenheit bestand darin, einen Teil der riesigen Herde zur Landspitze der Halbinsel zu treiben. Dort konnten die Tiere so lange abgesperrt bleiben, bis sie zum Erlegen ausgesucht wurden. Dies geschah, indem einer der Läufe des Tieres angeschossen wurde. Das Tier vollständig zu töten, hätte bedeutet, den Kadaver nicht transportieren zu können. So konnte das Tier zur Niederlassung hinken, um es dort schließlich zu töten. Diese ziemlich grausame Jagdmethode war erforderlich, da ein unverletztes Tier für die Jäger zu behände gewesen wäre.) Als Selingers Expedition lange Zeit nach dem Kriege dort eintraf, fand sie die Wetterstation gründlich verwüstet vor. Doch ihre Überreste waren noch interessant genug, um sie ins Museum nach Montreal zu bringen.

Während der Durchführung eines ähnlich gewagten Unternehmens an der Küste des abgelegenen Königfjords im Norden der Hauptinsel Westspitzbergen im Herbst 1942 sah sich die Besatzung von *U 377* einer merkwürdigen Situation gegenüber. Die Ausgucks des U-Bootes machten plötzlich in der vermeintlich verlassenen Ansiedlung von Ny-Ålesund Lichter aus. Da bekannt war, dass die Bewohner evakuiert worden waren, vermutete Kptlt. Otto Köhler, dass die Briten einen Funktrupp zurückgelassen haben könnten. Dies ließ ihm nur die Alternative, den Trupp gefangen zu nehmen oder zu töten, ehe dieser das geheime Unternehmen verraten konnte. Sich rasch auf Südkurs nähernd, landete *U 377* ein Kommando des Bootes in Ny-Ålesund, um die kleine, abgelegene Ansammlung von Häusern zu stürmen. Erst als die U-Bootmänner zwischen den verlassenen Gebäuden der Bergwerkssiedlung standen, erkannten sie, was sie gesehen hatten. Die Gebäude gruppierten sich um ein Kohlebergwerk und – um die Deutschen an der Kohlegewinnung zu hindern – hatten die britischen Streitkräfte die Bewohner des Ortes evakuiert. Anschließend zerstörten sie das Bergwerk und setzten sogar die Kohlehalden in Brand, die auf die Verschiffung warteten. Jetzt, ein Jahr später, schwelten diese Kohlehaufen unter einer dicken Schicht Asche und Schnee noch immer. Sobald der Wind diese lockere Schicht davonwehte, konnten sich die entweichenden Gase immer wieder entzünden und als Flammen aufflackern, dem Licht von Sturmlaternen ähnelnd.

Den Ort verlassen vorzufinden, war eine große Erleichterung und die Erkundung des Hotels »Nordpol« brachte sogar eine noch größere Überraschung. Die alliierte Evakuierung muss so überraschend gekommen und so rasch durchgeführt worden sein, dass nicht einmal mehr Zeit geblieben war, um aufzuräumen. Auf den Tischen stand noch das Essen und die niedrigen Temperaturen hatten ein Verrotten verhindert. Noch verblüffender war die Entdeckung, dass die Bar mit reichlich Vorräten zurückgelassen worden war. Die Männer fanden eine alte Lore von der Feldbahn des Bergwerks, luden sie mit den in Kisten verpackten Alkohol voll und schoben ihren Fund zum Boot hinunter. Dort standen sie dem Kommandanten gegenüber. In seinem Zorn ein paar der Flaschen herausholend, schmetterte sie Köhler seinen Männern vor die Füße. Er machte den jungen Burschen klar, dass dies Plündern wäre, und befahl ihnen, ihre Beute in die See zu kippen. Obwohl das den Männern hart ankam, blieb ihnen nichts anderes übrig als zu gehorchen.

Als die Kisten später an den Strand gespült wurden, kamen Torpedo-Obermechaniker Heinrich Böhm und Funkobermaat Siebrand Voss zur logischen Schlussfolgerung, dass ihre Beute nunmehr Strandgut und somit völlig legales Bergungsgut geworden war. Daher stopften sie einige der Flaschen in das Rohr ihrer 8,8 cm, das an beiden Enden mit einem wasserdichten Propfen verschlossen war. Köhler hatte von dieser »kleinen Bergungsaktion« gewusst und lange Zeit nach dem Krieg sagte er einmal, dass es Zeiten gab, da war es für den Kommandanten das Beste, nicht zu viele Fragen hinsichtlich dessen zu stellen, was die Männer taten. Der Knalleffekt der Geschichte kam erst Mitte der 70er-Jahre heraus. Beim Erzählen dieses Erlebnisses anlässlich einer Wiedersehensfeier erfuhr Köhler, dass auch die anderen Kisten nach Norwegen zurückgebracht worden waren. Doch die Männer hatten seinem Befehl gehorcht und nicht eine einzige Flasche war mit ins Boot genommen worden. Stattdessen hatten sie die Kisten außerhalb des Druckkörpers unter der Decksbeplankung fest gelascht, wo sie nicht so leicht gesehen werden konnten.

105812

U 181 beim Einlaufen in Bordeaux, 14. Oktober 1943. Das Boot unter Korvettenkapitän Wolfgang Lüth war bei seiner zweiten Feindfahrt 203 Tage in See. Dieser Rekord wurde nur noch von *U 196* unter Kptl. Eitel-Friedrich Kentrat gebrochen. Vom ausgefahrenen Sehrohr wehen Siegeswimpel, die Lüths Erfolge im Verlauf von 15 Feindfahrten widerspiegeln.

Anhang

Typen der Front-U-Boote – Technische Grunddaten

Dieser Anhang stellt eine kurze Zusammenfassung der wichtigsten deutschen U-Boottypen des Zweiten Weltkrieges für den Fronteinsatz dar. Weitergehende technische Daten können im Werk des Verfassers »U-Boote gegen England«, S. 106 ff., sowie eine umfassende Darstellung in Gröner »Die deutschen Kriegsschiffe 1815 - 1945«, S. 66 ff., gefunden werden (siehe unten »Bibliografie«).

Die deutsche Marine hat die einzelnen U-Boottypen von 1935 bis 1945 chronologisch mit römischen Zahlen durchnummeriert, beginnend mit dem Typ I. Die Modifizierungen innerhalb eines U-Boottyps wurden mit einem an die römische Zahl angehängten Großbuchstaben bezeichnet, z.B. Typ II A, VII B usw. Zusätzlich werden Unterschiede innerhalb der Modifizierung durch die angehängten letzten beiden Ziffern der Jahreszahl (z.B. Typ VII C/41, IX D/42) oder eine tief gestellte Ziffer (z.B. IX D_2) bezeichnet. Es ist eine erhebliche Diskussion geführt worden, ob es zweckmäßig ist, den Buchstaben A nach der den Typ bezeichnenden römischen Zahl anzuhängen (z.B. Typ I A). Es wäre korrekter, den Typ nur mit der Zahl zu bezeichnen und dann bei der ersten Modifizierung »B« hinzuzufügen. Zur besseren Klarheit werden die Typen nach Zahl und Buchstabe wie bei Gröner bezeichnet.

Die Kenn-Nummern mit dem vorgesetzten Buchstaben »U« (für Unterseeboot) beginnen zwar mit *U 1*, wurden aber bereits im Planungsstadium vergeben, d.h. in der Regel noch ehe der tatsächliche Bauauftrag erteilt wurde. Daher wurden die Boote nicht in numerischer Reihenfolge gebaut bzw. in Dienst gestellt, wobei zahlreiche Boote mit einer Kenn-Nummer nicht einmal auf Kiel gelegt wurden. Darüber hinaus konnten die Boote anhand zweier weiterer Nummern identifiziert werden: Der Bau-Nr. der Werft nach Auftragsvergabe sowie im Kriege nach der fünfstelligen Feldpostnummer mit dem Vorsatz »M« (Marine).

In der Tabelle zu den einzelnen U-Boottypen sind die folgenden technischen Daten aufgeführt:

– *Anzahl in Dienst gestellt*:	(Gesamtzahl gebaut) Kenn-Nummer der in Dienst gestellten Boote
– *Besatzungsstärke*:	Offiziere/Mannschaften
– *Wasserverdrängung*:	über/unter Wasser in t
– *Länge, Breite, Tiefgang*:	in Metern
– *Höchstgeschwindigkeit*:	über/unter Wasser in kn
– *Fahrstrecke*	bei Höchstfahrt: sm bei kn bei Marschfahrt: sm bei kn bei Tauchfahrt: sm bei kn
– *Torpedorohre*	im Bug: Anzahl im Heck: Anzahl
– *Anzahl der mitgeführten Torpedos (Seeminen)*:	Anzahl (Anzahl + Typ)[1]
– *Geschütze*:	Anzahl der Geschütze x Kaliber (Munitionsdotierung)[2]
– *Tauchtiefe/-zeit*:	in Metern/Sekunden[3]

---

1 Einschließlich der in den Oberdecksbehältern mitgeführten Torpedos, die in das Bootsinnere vor dem Verschießen umgeladen werden mussten. Infolge der ständigen Gefahr aus der Luft unterblieb dieses Verfahren nach 1942 und die Anzahl der pro Boot mitgeführten Torpedos wurde verringert.
Die deutsche Marine besaß zwei verschiedene Minentypen, die aus Torpedorohren ausgestoßen werden konnten:
- Die *Torpedomine A (TMA)*, eine Ankertaumine mit 215 kg Ladung (Gesamtgewicht 800 kg).
- Die *Torpedomine B (TMB)*, eine Grundmine mit Fernzündung und 580 kg Ladung (740 kg), Version TMC: 935 kg Ladung (1115 kg).

Da die TMA die Hälfte und die TMB nur ein Drittel der Länge eines Torpedos hatte, konnten statt Torpedos zwei Mal (TMA) oder drei Mal (TMB) so viel Minen mitgeführt werden. Doch diese Rechnungen sind akademischer Natur, da reine Mineneinsätze selten vorkamen.
Die *Schachtmine Typ A (SMA)*, eine Ankertaumine mit magnetischer Fernzündung und ca. 350 kg Ladung (Gesamtgewicht 1600 kg), war größer als die Torpedomine und wurde von Minen-U-Booten in Schächten mitgeführt:
- Der Typ X B hatte mittschiffs 24 und vorn 6 Minenschächte, in denen insgesamt 66 SMA untergebracht werden konnten.
- Der Typ VIII D besaß achteraus des Kommandoturms 5 Minenschächte für 15 SMA.

2 Die Seezielgeschütze an Oberdeck (Kal. 8,8 oder 10,5 cm) wurden 1942/43 in der Regel entfernt und durch eine stärkere Flakbewaffnung ersetzt. Die hier wiedergegebenen Angaben gelten für die Zeit vor 1942.

3 Im Allgemeinen sollte eine Höchsttauchtiefe von 180 m (entspricht 2 x A; A = 90 m Sicherheitstauchtiefe) erreicht werden.

Typ I

Anzahl in Dienst gestellt: I A (2) U 25, U 26
Besatzungsstärke: 4/39
Wasserverdrängung: 862/1200 t
Länge: 72,39 m
Breite: 6,21 m
Tiefgang: 4,3 m
Höchstgeschwindigkeit: 17,8 - 18,6/8,3 kn
Fahrstrecke
    bei Höchstfahrt: 3300 sm bei 17,75 kn
    bei Marschfahrt: 6700 sm bei 12 kn
    bei Tauchfahrt: 78 sm bei 4 kn
Torpedorohre
    im Bug: 4
    im Heck: 2
Anzahl der mitgeführten Torpedos (Seeminen):
    14 (28 TMA/42 TMB)
Geschütze: 1 x 10,5 cm (150 Schuss), 1 x 2 cm (2000 Schuss)
Tauchtiefe/-zeit: 200 m/30 s

Der Entwurf für dieses Hochsee-Tauchboot beruhte auf dem erfolgreichen MS-Typ des Ersten Weltkrieges sowie der türkischen GÜR (ex-span. *E 1*). Letzteres entstand als geheime Entwicklung der deutschen Ingenieure Schürer und Techel beim I.v.S. in Den Haag. Heute scheint es, als ob viele der negativen Eigenschaften aus politischen Gründen überbetont wurden. Die beiden Boote waren durchaus nicht so schlecht wie sie hingestellt wurden. Eines der größeren Probleme bestand in der Schwierigkeit, die Tauchzellen zu entlüften. Offensichtlich ließ sich die Luft nicht vollständig ausblasen und veränderte beim Tauchen ihr Volumen. Dies zusammen mit dem Rollen der entstandenen Luftblasen von einer Seite auf die andere bereiteten beim Tiefensteuern Schwierigkeiten. Obendrein hatten beide Boote dieses Typs einen beweglichen Schwerpunkt, der dazu neigte, bei hohen Fahrtstufen nach vorn zu gleiten. Für erfahrenes U-Bootpersonal bot dies keine Probleme, führte aber leicht zur Unvorsichtigkeit beim Tauchen. Beide Boote gingen bereits im Sommer 1940 verloren. Daher ist jede Analyse ihrer Leistungsangaben spekulativ. Die Anmerkung mag von Interesse sein, dass mit *S 56* ein ähnlicher Typ für die Sowjetunion gebaut wurde. Das Boot überstand den Krieg nicht, ist jetzt aber in Wladiwostok ausgestellt.

Typ II

Anzahl in Dienst gestellt:
    II A (6) U 1 - U 6
    II B (20) U 7 - U 24, U 120, U 121
    II C (8) U 56 - U 63
    II D (16) U 137 - U 152
Besatzungsstärke: 3/22
Wasserverdrängung: 254/381 t (II A) - 314/460 t (II D)
Länge: 40,9 m (II A) - 43,97 m (II D)
Breite: 4,08 m (II A) - 4,92 m (II D)
Tiefgang: 3,83 m (II A) - 3,93 m (II D)
Höchstgeschwindigkeit: 12/7 kn
Fahrstrecke
    bei Höchstfahrt: 1800 sm (II D: 3450 sm) bei 12 kn
    bei Marschfahrt: 3100 sm (II D: 5650 sm) bei 8 kn
    bei Tauchfahrt: 43 sm (II D: 56 sm) bei 4 kn
Torpedorohre im Bug: 3 (Heck: 0)
Anzahl der mitgeführten Torpedos (Seeminen):
    5 (12 TMA/18 TMB)
Geschütze: 1 x 2 cm (1200 Schuss), ab 1944: 2 x 2 cm (1200 Schuss)
Tauchtiefe/-zeit: 150 m/25 s

Der Entwurf für diese kleinen Küsten-Tauchboote (»Einbäume«) beruhte auf der finnischen VESIKKO (*CV 707*), ebenfalls vom I.v.S. nach dem UF-Typ von 1918 zu einer Zeit entwickelt, in der es Deutschland durch den Versailler Vertrag verboten war, U-Boote zu bauen oder zu besitzen. Diese Einheiten waren die ersten für die Kriegsmarine gebauten U-Boote. Nach Kriegsausbruch fand die Mehrheit als Schulboote Verwendung. Doch eine Anzahl dieser Boote gelangte auch im ersten Kriegsjahr erfolgreich zum Einsatz, hauptsächlich, um vor den britischen Häfen Minen zu legen. Später verlegten einige der Boote noch ins Schwarze Meer. In den Booten herrschten außerordentlich beengte Bedingungen, und es war eher der menschliche Faktor als die Leistungsfähigkeit der Boote, die ihre operative Verwendung begrenzten. Zudem konnten sie nur fünf Torpedos mitführen.

Typ VII

Anzahl in Dienst gestellt:
    VII A (10) U 27 - U 36
    VII B (24) U 45 - U 55, U 73 - U 76, U 83 - U 87, U 99 - U 102
    VII C (über 600) U 69 - U 72, U 77 - U 82, U 88 - U 98, U 132 - U 136, U 201 - U 212, U 221 - U 232, U 235 - U 291, U 301 - U 316, U 331 - U 458, U 465 - U 486, U 551 - U 683, U 701 - U 722, U 731 - U 768, U 771 - U 779, U 821, U 822, U 825 - U 828, U 901 - U 908, U 921 - U 930, U 951 - U 994, U 1007 - U 1010, U 1013 - U 1025, U 1051 - U 1058, U 1063 - U 1065, U 1101 - U 1106, U 1131, U 1132, U 1161, U 1162, U 1191 - U 1210
    VII C/41 (ca. 63) U 292 - U 300, U 317 - U 328, U 995 - U 1006, U 1107 - U 1110, U 1163 - U 1172, U 1271 - U 1279, U 1301 - U 1308
    VII D (6 Minen-U-Boote) U 213 - U 218
    VII F (4 Torpedo-Versorger) U 1059 - U 1062
Besatzungsstärke: 4/40 - 4/56
Wasserverdrängung: 796/1070 t (VII C)
Länge: 67,1 m (VII C)
Breite: 6,2 m (VII C)
Tiefgang: 4,74 m (VII C)
Höchstgeschwindigkeit: 17/7,6 kn (VII C)
Fahrstrecke
    bei Höchstfahrt: 3250 sm bei 17 kn (VII C)
    bei Marschfahrt: 8500 sm bei 10 kn (VII C)
    bei Tauchfahrt: 80 sm bei 4 kn (VII C)
Torpedorohre
    im Bug: 5, ab U 45: 4
    im Heck: -, ab U 45: 1
Anzahl der mitgeführten Torpedos (Seeminen): 11, ab U 45: 14, später 12 (22 TMA/33 TMB, ab U 45: 26 TMA/39 TMB; ab U 1271: keine Minen)
Geschütze: 1 x 8,8 cm (250 Schuss), 1 x 2 cm (4400 Schuss)
Tauchtiefe/-zeit: 200 m/30 s; VII C/41: 250 m. Einige Boote waren tiefer als 200 m und sind sicher wieder aufgetaucht.

Der Typ VII C ist die zahlenmäßig größte U-Bootsklasse, die je in einem Land gebaut worden ist. Am Bau war eine größere Anzahl Werften beteiligt, weshalb Unterschiede zum Grundentwurf entstanden. Zudem wurden zahlreiche Boote später modifiziert, die weitere Unterschiede zum Grundentwurf herbeiführten. Die Minen-U-Boote vom Typ VII D entsprachen dem Typ VII C, waren aber um eine Abteilung aus 5 Minenschächten unmittelbar achteraus des Kommandoturms vergrößert. Die Transport-U-Boote vom Typ VII F (1084/1345 t) hatten normale Torpedobewaffnung und führten statt der 8,8 cm eine 3,7 cm (1195 Schuss) und 2 x 2 cm. Sie konnten 21 Torpedos im Frachtraum und weitere 5 in Oberdecksbehältern mitnehmen.

Typ IX

Anzahl in Dienst gestellt:
IX A (8) U 37 - U 44
IX B (14) U 64, U 65, U 103 - U 111, U 122 - U 124
IX C (54) U 66 - U 68, U 125 - U 131, U 153 - U 166, U 171 - U 176, U 501 - U 524
IX C/40 (87) U 167 - U 170, U 183 - U 194, U 525 - U 550, U 801 - U 806, U 841 - U 846, U 853 - U 858, U 865 - U 870, U 877 - U 882, U 889, U 1221 - U 1235
IX D_1 (2) U 180, U 195
IX D_2 (28) U 177 - U 179, U 181, U 182, U 196 - U 200, U 847 - U 852, U 859 - U 864, U 871 - U 876
IX D/42 (1) U 883
Besatzungsstärke: 4/44 (IX D: 4/51 - 57)
Wasserverdrängung: 1120/1540 t (IX D: 1610/2150 t)
Länge: 76,76 m (IX D: 87,58 m)
Breite: 6,76 m (IX D: 7,5 m)
Tiefgang: 4,7 m (IX D: 5,35 m)
Höchstgeschwindigkeit: 18,3/7,3 kn (IX D: 16,5/6,9 kn)
Fahrstrecke
bei Höchstfahrt: 5000 sm bei 18,3 kn
bei Marschfahrt: 13.450 sm bei 10 kn
bei Tauchfahrt: 63 sm bei 4 kn
Torpedorohre
im Bug: 4
im Heck: 2
Anzahl der mitgeführten Torpedos (Seeminen):
22 Torpedos (44 TMA/66 TMB)
Geschütze: 1 x 10,5 cm (180 Schuss), 1 x 3,7 cm (2500 Schuss), 1 x 2 cm (4250 Schuss); ein Schlepp-Tragschrauber Focke-Achgelis FA 330 »Bachstelze«
Tauchtiefe/-zeit: 200 m/35 s

Große Tauchboote für ozeanische Verwendung. Die nochmals vergrößerten Versionen des Typs IX – für den Ostasien-Einsatz als »Monsun-Boote« bezeichnet – waren zu einer Fahrstrecke von 32.000 sm bei 10 kn imstande.

Typ X

Anzahl in Dienst gestellt: X B (8) U 116 - U 119, U 219, U 220, U 233, U 234
Besatzungsstärke: 5/47
Wasserverdrängung: 1763/2710 t
Länge: 89,8 m
Breite: 9,2 m
Tiefgang: 4,71 m
Höchstgeschwindigkeit: 17/7 kn
Fahrstrecke
bei Höchstfahrt: 6500 sm bei 17 kn
bei Marschfahrt: 18.450 sm bei 10 kn
bei Tauchfahrt: 93 sm bei 4 kn
Torpedorohre im Heck: 2 (Bug: 0)
Anzahl der mitgeführten Torpedos: 15
Anzahl der mitgeführten Seeminen: 66 SMA
Geschütze: 1 x 10,5 cm (200 Schuss), 1 x 3,7 cm (2500 Schuss), 1 x 2 cm (4000 Schuss)
Tauchtiefe/-zeit: 200 m/?

Ein spezieller U-Minenleger mit freiflutenden Minenschächten: An Backb. u. Steuerb. je 2 Gruppen mittschiffs mit je 6 seitlichen Schächten neben dem Druckkörper (24 Schächte à 2 SMA) sowie 6 Schächte à 3 SMA im Vorschiff. Als die Boote dieses schwerfälligen Typs der Front zuzulaufen begannen, war das Legen von Minen in den Zugängen zu den Häfen bereits zu risikoreich geworden. Daher fanden die Boote weitgehend als Transport-U-Boote Verwendung.

Typ XIV

Anzahl in Dienst gestellt: (10) U 459 - U 464, U 487 - U 490
Besatzungsstärke: 6/47
Wasserverdrängung: 1688/2300 t
Länge: 67,1 m
Breite: 9,35 m
Tiefgang: 6,51 m
Höchstgeschwindigkeit: 14,9/6,2 kn
Fahrstrecke
bei Höchstfahrt: 5500 sm bei 14,4 kn
bei Marschfahrt: 12.350 sm bei 10 kn
bei Tauchfahrt: 55 sm bei 4 kn
Torpedorohre: keine
Geschütze: 2 x 3,7 cm (2500 Schuss), 2 bis 4 x 2 cm (4000 Schuss)
Tauchtiefe/-zeit: 240 m/?

Zweckgebautes Tauchboot für ozeanische Versorgung (Marinejargon: »Milchkuh«), das imstande war, 650 t Heizöl mitzuführen. Dies verlieh diesen Booten eine Fahrstrecke wie der Typ IX C und außerdem reichte der Treibstoff noch aus, vier Boote vom Typ VII C in See zu versorgen. Als diese Boote an die Front kamen, war den Briten der Einbruch in die deutschen Marinefunkschlüssel bereits zum Teil gelungen. Letztere unternahmen daher große Anstrengungen, um diese verwundbaren U-Tanker auszuschalten – attraktive Ziele, die zum großen Teil im Sommer 1943 versenkt wurden.

Typ XXI

Anzahl in Dienst gestellt: (ca. 119) U 2501 - U 2531, U 2533 - U 2546, U 2548, U 2551, U 2552, U 3001 - U 3035, U 3037 - U 3041, U 3044, U 3501 - U 3530
Besatzungsstärke: 5/52
Wasserverdrängung: 1621/2100 t
Länge: 76,7 m
Breite: 8 m
Tiefgang: 6,32 m
Höchstgeschwindigkeit: 15,6/17,2 kn
Fahrstrecke
bei Höchstfahrt: 5100 sm bei 15,6 kn

bei Marschfahrt: 15.500 sm bei 10 kn
bei Tauchfahrt: 110 sm bei 10 kn
Torpedorohre im Bug: 6 (Heck: 0)
Anzahl der mitgeführten Torpedos: 23 (14 T + 12 TMC)
Geschütze: 4 x 2 cm (2 x 2: 16.000 Schuss), geplant 3 cm
Tauchtiefe/-zeit: 240 m/20 s

Dieser Hochseetyp (»Elektroboot«) sollte die Typen VII und IX ablösen und den Kampf gegen die Geleitzüge wieder aufnehmen. Im Querschnitt bildete der Druckkörper die innen abgeflachte Form einer Acht. Der kleinere, untere Teil enthielt die Batterien, die dem Boot zusammen mit der Bootsform die revolutionäre Unterwassergeschwindigkeit verliehen. Sektionsbauweise: 8 Sektionen bei 32 Stahlbaufirmen als »Rohsektion« vorgefertigt, Ausrüstung der Sektionen auf 11 Bauwerften sowie Zusammenbau zu U-Booten auf 3 Montagewerften. Doch lediglich zwei Boote liefen noch zur Feindfahrt aus.

Typ XXIII

Anzahl in Dienst gestellt: (ca. 62) U 2321 - U 2371, U 4701 - U 4707, U 4709 - U 4712
Besatzungsstärke: 2/12
Wasserverdrängung: 234/275 t
Länge: 34,68 m
Breite: 3,02 m
Tiefgang: 3,66 m
Höchstgeschwindigkeit: 9,7/12,5 kn
Fahrstrecke
bei Höchstfahrt: 2600 sm bei 8 kn
bei Marschfahrt: 4.450 sm bei 6 kn
bei Tauchfahrt: 35 sm bei 10 kn, 194 sm bei 4 kn
Torpedorohre im Bug: 2 (Heck: 0)
Anzahl der mitgeführten Torpedos: 2
Geschütze: keine
Tauchtiefe/-zeit: 160 m/14 s

Diese kleinen »Elektroboote« (Küstentyp) hatten ebenfalls starke Batterien, um hohe Geschwindigkeiten unter Wasser zu entwickeln. Doch nur wenige Boote dieses Typs kamen noch zum Einsatz: U 2321, U 2322, U 2324, U 2326, U 2329 und U 2336. Das Bootsinnere war so beengt, dass sogar die Torpedos von außen in die Rohre geladen werden mussten. Reservetorpedos konnten nicht mitgeführt werden. 1945 herrschte weit verbreitet die Ansicht vor, die Boote hätten einen Unterwasser-Düsenantrieb gehabt. Doch dies ist irrig; denn die hohen Geschwindigkeiten wurden mit Batterien erreicht, die konventionelle Propeller antrieben.

Verzeichnis der Kommandanten und ihrer Boote

Die Arbeit an diesem Verzeichnis der U-Bootkommandanten nahm mehrere Jahre in Anspruch Obwohl große Sorgfalt gewaltet hat, um Fehler zu vermeiden, sollte das Verzeichnis nicht als abschließend betrachtet werden. Der Aufbau des Verzeichnisses ergibt sich wie folgt:

Spalte 1: Schicksal. Hier bedeuten die Buchstaben:

- U = Verstorben durch Unfall.
- N = Verstorben durch natürliche Ursache, z.B. Krankheit.
- E = Exekutiert (Beachte: Heinz-Wilhelm Eck wurde durch Urteil eines alliierten Militärgerichtes, andere durch Urteil deutscher Militärgerichte erschossen.)
- I = Interniert in einem neutralen Land.
- G = Gefallen durch Feindeinwirkung.
- K = Kriegsgefangener. (D.h. das U-Boot wurde durch Feindeinwirkung versenkt, wobei der Kommandant überlebte und in Gefangenschaft geriet. Kommandanten, die bei Kriegsende nach der Kapitulation in Gefangenschaft kamen, sind nicht als kriegsgefangen aufgeführt.)
- S = Verstorben durch Selbstmord.
- V = Vermisst, eine genaue Todesursache ist nicht bekannt.
- * = Siehe Vorbemerkungen.

Spalte 2: Familienname.
Spalte 3: Vorname.
Spalte 4: Crew, d.h. das Jahr des Eintritts in die Marine.
Spalte 5: Geburtsdatum.
Spalte 6: Boote (ohne Präfix »U«), auf denen der Betreffende fuhr, die er aber **nicht** kommandierte.
Spalte 7: Boote (ohne Präfix »U«), die der Betreffende kommandierte.

Vorbemerkungen:

Die folgenden Angaben sind nicht in die Tabelle aufgenommen worden:

Christophersen, Erwin: Gefallen an Bord von U 3028, als eine »Beaufighter« der RAF am 3.5.45 im Großen Belt das Boot angriff, das sich anschließend auf Strand setzte.

Damerow, Wolfdietrich: Verstorben durch Krankheit am 21.5.44.

Eck, Heinz-Wilhelm: Durch Urteil eines alliierten Kriegsgerichtes aufgrund eigenen Geständnisses, Schiffbrüchige getötet zu haben, am 30.11.45 erschossen.

Franzke, Helmut: Degradiert und am 28.5.44 als Gefreiter auf einem Vorpostenboot gefallen.

Grasse, Martin: Verstorben durch Krankheit am 28.1.45.

Greger, Eberhard: Getötet durch Wasserbomben am 14.4.42, nachdem U 85 versenkt worden war. Es scheint sich um den vorsätzlichen Versuch gehandelt zu haben, im Wasser schwimmende Überlebende zu ermorden.

Hewicker, August-Wilhelm: Am 4.5.43 aus dem Offizierkorps entlassen.

Kluth, Gerhard: Gefallen im Januar 1944 durch einen Horchtorpedo.

Koch, Leopold: Versetzt im Dezember 1944 zum K-Verband und am 20.4.45 durch eine Landmine getötet.

Kusch, Oskar-Heinrich: Durch Urteil eines Kriegsgerichtes am 12.5.44 erschossen.

Lüdden, Siegfried: Am 13.1.45 durch einen Brand an Bord eines Wohnschiffes in Kiel ums Leben gekommen.

Lüth, Wolfgang: Am 14.5.45 irrtümlich durch eigenen Wachposten erschossen.

Michahelles, Hermann: Verstorben durch Unglücksfall.

Michalowski, Hans-Bernhard: Am 20.5.41 durch Krankheit verstorben.

Rademacher, Rudolf: Getötet durch Wasserbomben am 30.6.44 auf einem Rettungsfloß, nachdem U 478 versenkt worden war – anscheinend ein vorsätzlicher Angriff, um Überlebende zu ermorden.

Sauerbier, Joachim: Am 19.4.45 gefallen an Bord von U 251.

Singule, Rudolf: Entlassen am 31.8.43, ermordet am 2.5.45.

Steinhoff, Friedrich: Am 20.5.45 verstorben durch Selbstmord in den USA nach Gewalttätigkeiten eines Mobs in der Befürchtung weiterer Misshandlungen.

Zedelius, Günther: Am 21.7.44 vom Dienst enthoben.

Zschech, Peter: Verstorben durch Selbstmord am 24.10.43 infolge Depressionen während der Feindfahrt.

Kptlt. Herbert Emil (»Vaddi«) Schultze im Herbst 1939 auf der Brücke von *U 48*.

Schicksal	Familienname	Vorname	Crew	Geburtsdatum	gefahren auf	kommandiert
G	Abel	Ulrich Dr.	39	03.03.12	154	193
G	Achilles	Albrecht	34	25.01.14	66	161
-	Ackermann	Paul	39	16.09.20	177	1221
-	Ackermann	Wolf	39	08.03.21	509	994
-	Ady	Gerhard	40	05.09.23	672, 704	677
-	Ahlefeld	Hunold v.	40	02.04.23	455, 95, 967	150, 4714
-	Ahlers	Kurt	39	31.07.22	301, 566	10, 1201
K	Albrecht	Fritz	37	10.05.20	43	386
G	Albrecht	Karl	23	21.04.04	62, 9, 214	1062
G	Aldegarmann	Wolfgang	39	24.04.16	-	297
-	Altmeier	Friedrich	38	16.07.20	80, 508	1227, 155
-	Ambrosius	Wilhelm	15	17.05.86	-	21, 28, 43
-	Andersen	Klaus	37	19.10.18	81	708, 481
-	Angermann	Walter	40	22.01.23	272, 618	2323, 2334
-	Anschütz	Hans-Helmut	41	27.06.23	427, 586	150
-	Arco	Ferdinand Graf v.	39	06.06.21	346,617	151
-	Arco-Zinneberg	UlrichPhilipp Graf von und zu	40	12.12.17	117	922, 29
-	Arendt	Rudolf	39	25.01.23	18	18, 23
-	Argens	Kuno	39	03.05.20	8, 873	K-Verband(?)
-	Atzinger	Siegfried	36	22.10.16	61, 72, 48	48
G	Auffermann	Hans-Jürgen	34	01.10.14	69	514
G	Auffhammer	Leonhard	36	09.06.17	86	265
-	Augustin	Hans-Eckart	41	07.01.24	255	62
G	Aust	Eduard	39	11.08.20	613	29, 34, 922, 679
-	Baberg	Kurt	36	23.02.17	U A	30, 618, 827
-	Bach	Helmut	39	05.12.06	-	681
-	Bach	Joachim-Werner	37	07.08.18	-	1110, 3031(?)
G	Bade	Hans-Botho	39	15.11.09	69	626
G	Baden	Hans-Heinrich	38	30.04.15	558	955
-	Bahn	Rolf	36	06.03.18	128	1235, 876
G	Bahr	Rudolf	35	01.04.16	69	305
-	Balduhn	Ernst-Ludwig	38	27.10.19	211	1163
-	Baldus	Hugo	39	12.04.21	618	773
-	Balke	Diethelm Dr.	37	22.09.19	134	991
-	Ballert	René	39	03.03.20	518	1196
G	Ballert	Sarto	37	21.04.17	198, 758	1166, 3520
-	Baltz	Rudolf	38	02.07.20	603	603
G	Barber	Bruno	22	06.03.04	57, 93	58, 220
K	Bargsten	Klaus	36	31.10.11	99	563, 521
G	Barleben	Curt	35	28.03.09	553	271
G	Barsch	Franz	30	30.11.11	-	1235
-	Barschkis	Hans-Heinrich	39	28.03.09	46, 72, 421	2321
-	Bart	Fritz	?	30.11.11	96, 107, 3501	UD 4
G	Bartels	Robert	35	08.04.20	21	139, 561, 197
G	Barten	Wolfgang	31	18.08.09	29	52, 40
G	Bartke	Erwin	40	28.04.09	403	488, 1106
-	Bartsch	Hans-Jürgen	39	31.03.21	957, 1023	17
G	Basse	Georg-Wilhelm	36	27.08.17	751, 575	339, 314
-	Bauer	Ernst-Ludwig	33	03.01.14	10, 37	120, 126
G	Bauer	Hermann	36	14.08.17	67	30, 169
G	Bauer	Max-Hermann	30	24.07.12	-	18, 50

Schicksal	Familienname	Vorname	Crew	Geburtsdatum	gefahren auf	kommandiert
-	Baum	Heinz	40	05.11.12	-	1197, 1303, 290
K	Baumann	Arend	22	30.03.03	-	131
-	Baumann	Heinz	40	06.03.22	672	2333
G	La Baume	Günter	29	29.04.11	-	355
-	Baumgärtel	Friedrich	40	24.03.23	969, 592	17, 142
K	Baur	Götz	35	01.08.17	552	660
-	Beck	Dieter	34	07.05.15	-	3051 (nicht in D.)
-	Becker	Klaus	36	17.03.18	586	235, 360
I	Becker	Klaus	39	29.04.20	260	260, 367
-	Becker	Philipp	40	21.10.21	269	794
-	Becker	Richard	34	21.02.11	43	218, 2503
-	Beckmann	Hans	39	06.01.18	214	2330
G	Beckmann	Heinz	39	29.06.13	504	159
G	Beduhn	Heinz	26	11.08.07	-	10, 16, 23, 25
-	Behnisch	Günter	39	12.06.22	952	2337
-	Behrens	Udo	30	09.04.11	30	16, 24, 17, 845
G	Bender	Werner	36	28.10.16	161	841
G	Benker	Hans	36	21.02.17	75	152, 80, 625
-	Bensel	Rolf-Rüdiger	40	12.06.23	129, 101, 34, 667	120
-	Benthin	Karl-Dietrich	40	25.09.21	518	2335
G	Bentzien	Heinz	37	28.01.17	73	425
G	Berends	Fritz	33	23.09.06	-	321
-	Bergemann	Wilhelm	39	06.04.20	375	152
G	Berger	Joachim	34	23.06.13	-	87
-	Berkemann	Paul	33	20.01.13	530	4709
-	Bernadelli	Richard	32	22.11.08	-	805
-	Bernbeck	Hinrich-Oskar	34	05.07.14	43	4, 461, UD 4, 638
-	Bertelsmann	Hans-Joachim	36	29.04.16	71	142, 603
-	Besold	Heinrich	39	18.10.20	981, 518	1308
-	Beucke	Heinz-Ehler	22	12.01.04	-	173
G	Bielfeld	Heinz	34	30.08.16	151	703, 1222
G	Bigalk	Gerhard	33	26.11.08	-	14, 751
G	Bischoff	Gustav	39	11.05.16	710, 953	2359
U	Bitter	Georg v.	39	23.03.21	38, 160	750
-	Bitter	Otto	37	12.10.18	-	1010, 2535
-	Blaich	Ferdinand	40	08.02.12	-	3024
G	Blaudow	Ernst-Ulrich	35	09.11.14	-	1001
G	Blauert	Hansjörg	39	21.03.18	553	734
-	Bleichrodt	Heinrich	31	21.10.09	8, 6	48, 67, 109
G	Blischke	Heinz	38	01.09.19	755	744
G	Block	Helmut	?	04.02.17	-	771
I	Blum	Otto-Ulrich	36	04.02.17	373	760
-	Boddenberg	Karl	33	23.05.14	201	963
-	Bode	Thilo	36	19.02.18	505	858
-	Böhm	Hermann	37	24.12.10	1061,758	2341
K	Böhme	Kurt	37	21.01.17	575, 751	450
K	Boehmer	Wolfgang	39	09.08.20	431, 263, 575	575
G	Börner	Hans-Joachim	37	24.07.18	507	735
-	Böttcher	Richard	25	02.10.06	-	139
G	Bohmann	Heino	34	11.03.14	94	88
-	Bokelberg	Max Hermann	37	15.04.19	-	323, 2530
-	Boldt	Walter	39	05.12.21	415	720

Kapitänleutnant Robert Bartels an Bord von *U 139* vom Typ II D, seines ersten Kommandos. Er stellte das Boot am 24. Juli 1940 in Dienst und führte es bis zum Dezember 1940. Anschließend erhielt er das Kommando über *U 561* vom Typ VII C und stellte auch dieses Boot neu am 13. März 1941 in Dienst. Im Juli 1942 verließ er *U 561* und stellte am 10. Oktober 1942 sein drittes Boot in Dienst: *U 197* vom Typ IX D_2. Er fiel mit seiner gesamten Besatzung am 20. August 1943, als sein Boot im Indischen Ozean südlich von Madagaskar einem britischen Luftangriff zum Opfer fiel.

Kapitänleutnant Günther Borchert, bis zum Juli 1942 Kommandant von *U 566*, zusammen mit seinem I.W.O., Hans-Joachim Klaus. Die beiden Offiziere tragen als Emblem des Bootes einen Eisbären als Mützenabzeichen. ObltzS. Klaus stellte am 16. Oktober 1942 *U 340* in Dienst und geriet am 2. November 1943 im Mittelatlantik vor Tanger mit seiner Besatzung in Kriegsgefangenschaft, als sein Boot den Wasserbomben britischer Kriegsschiffe zum Opfer fiel.

Kapitänleutnant Karl-Heinz Herschleb, Kommandant von *U 354* und gerade von Feindfahrt zurückgekehrt, trägt ein neues *U-Boot-Päckchen.* Er hatte das VII-C-Boot am 22. April 1942 in Dienst gestellt und führte es bis zum Februar 1944.

Oberleutnant zur See Friedrich Kloevekorn, der Kommandant von *U 471* vom Typ VII C: Auf der linken Brustseite ist unter dem EK I und dem U-Boots-Kriegsabzeichen auch das Kriegsabzeichen für Minensuch-, U-Jagd- und Sicherungsverbände zu sehen und lässt erkennen, dass der Träger vorher auf kleinen Überwasser-Kriegsschiffen gedient hat. Kptlt. Kloevekorn stellte das Boot am 5. Mai 1943 in Dienst und verlegte mit ihm später ins Mittelmeer. Am 6. August 1944 fiel das Boot in Toulon einem britischen Luftangriff zum Opfer. Kloevekorn erhielt dann das Kommando über das neue *U 3012* vom Typ XXI, das er am 4. Dezember 1944 in Dienst stellte. Doch mit diesem Boot kam er nicht mehr zum Einsatz und versenkte es aufgrund des Stichworts »Regenbogen« am 3. Mai 1945 bei Travemünde.

Schicksal	Familienname	Vorname	Crew	Geburtsdatum	gefahren auf	kommandiert
-	Boos	Richard	37	14.02.13	-	1015, 1002
G	Bopst	Eberhard	33	25.12.13	-	6, 597
G	Borchardt	Gustav	37	25.12.16	460, 135	563
G	Borcherdt	Ulrich	31	13.09.09	-	8, 555, 587
-	Borchers	Rolf	33	01.11.13	206	149, 226, 276
-	Borchert	Günther	36	17.05.14	-	24, 566
G	Borger	Wolfgang	36	04.04.13	94, 34, 251	394
-	Bork	Helmut	39	29.05.10	134	275
-	Borm	Karl	34	10.08.11	-	592
G	Bornhaupt	Konrad	37	06.06.20	88	285
-	Bornkessel	Dieter	39	07.08.20	124, 178, 616, 29, 354	2332, 2370
-	Bortfeldt	Karl-Hermann	39	12.04.21	71	14, 1167
-	Bosüner	Harald	34	17.10.12	161	1223, K-Verband
G	Bothe	Friedrich-Wilhelm	36	01.07.17	30	5, 101, 447
-	Brachmann	Hans-Günther	22	11.02.04	-	518
-	Braeucker	Friedrich	37	13.07.19	-	889
G	Brammer	Herbert	37	24.04.14	118	1060

Schicksal	Familienname	Vorname	Crew	Geburtsdatum	gefahren auf	kommandiert
-	Brand	Wilhelm	39	18.11.15	-	1196
G	Brandenburg	Karl	24	25.07.06	-	457
-	Brandi	Albrecht	35	20.06.14	552	617, 380, 967
G	Brans	Hans-Joachim	35	21.06.15	84, 169	801
-	Brasack	Paul	37	09.05.16	590	737
-	Brauel	Wilhelm	37	17.09.14	103	256, 92, 3530, 975
-	Braun	Kurt	?	27.08.23	763	763
-	Breckwoldt	Friedrich	39	16.06.12	-	679, K-Verband
-	Breinlinger	Siegfried	39	24.0420	152, 267, 152, 108	320, 3018
G	Breithaupt	Wolfgang	33	19.09.13	-	599
-	Bremen	Hanskurt v.	38	11.08.18	598	764
-	Breun	Gerhard	40	07.04.20	266, 410	2358
-	Brischke	Ernst	-	-	-	255
G	Brockmann	Karl	39	17.10.14	UD 1, 588	UC 1
G	Brodda	Heinrich	21	09.05.03	-	209
G	Brosin	Hans-Günther	36	15.11.16	572	634, 134
-	Bruder	Hermann	39	05.03.21	471	1058
-	Brückner	Werner	34	13.10.15	-	2351
-	Brüllau	Heinz	39	12.12.17	-	905
-	Brüller	Ernst-Ulrich	36	23.09.17	4, 28	7, 23, 407
-	Brümmer-Patzig	Helmut	10	26.10.96	-	UD 4
-	Brünig	Matthias	38	-	195	108, 884, 3038
-	Brüninghaus	Herbert	31	11.10.10	6, 148, 1059	
G	Brünner	Joachim	37	12.04.19	703	703
-	Brünning	Herbert	35	13.09.15	98	137, 642, 3518
G	Bruns	Heinrich	31	03.04.12	75	175
G	Buchholz	Heinz	29	03.08.09	8, 22	15, 195, 177
-	Budzyn	Sigmund	-	01.01.16	18, 155	2352
K	Büchel	Paul	25	03.08.07	-	32, 860
G	Büchler	Rudolf	36	14.10.15	161	387
-	Bühring	Klaus-Jürgen	37	02.07.20	657, 148	360
-	Bülow	Otto v.	30	16.10.11	-	3, 404
K	Bürgel	Friedrich	36	24.10.16	565	97, 205
G	Bugs	Hans-Helmuth	37	11.03.17	435	629
G	Buhr	Johann de	-	23.03.12	86	347
G	Buhse	Heinz	39	03.01.17	-	399
N	Bungards	Hans	36	01.07.17	-	1103, 2513, 3010
-	Burghagen	Walter	11	21.09.91	-	219
G	Burmeister	Walter	37	09.02.19	267	1018
-	Buscher	Hans	38	02.08.18	-	1307
-	Buttjer	Johann	31	26.05.12	-	768, 774
-	Cabolet	Servais	-	24.04.08	-	907
-	Callsen	Peter	39	28.10.11	1060	3033
G	Carlowitz	Dietrich v.	36	11.07.16	98	710
K	Carlsen	Claus-Peter	37	07.10.19	251	732
-	Christiansen	Helmut	-	24.09.18	-	1305
-	Christiansen	Uwe	38	25.01.20	572	28, 71, 2508, 2365
G*	Christophersen	Erwin	36	13.04.15	753	228, 3028
-	Clausen	Heinz-Ehlert	32	12.07.09	101, 18	403
G	Clausen	Nicolai	29	02.06.11	37	142, 37, 129, 182
G	Claußen	August-Wilhelm	37	13.03.19	-	1226
G	Claussen	Emil	37	06.10.17	576, 578	469

Schicksal	Familienname	Vorname	Crew	Geburtsdatum	gefahren auf	kommandiert
G	Clemens	Johannes	35	25.05.11	-	319
G	Coester	Christian-Brandt	37	13.11.19	124	10, 542
-	Cohausz	Hans	26	30.01.07	-	15, 30, U A
-	Collmann	Herwig	35	01.09.15	56	17, 562
G	Conrad	Gerhard	39	18.08.22	260	214
G	Cordes	Ernst	34	26.06.13	-	560, 763, 1195
G	Cranz	Wilhelm	39	19.04.15	653	398
-	Cremer	Peter Erich	32	25.03.11	-	152, 333, 2519
-	Creutz	Horst	35	19.05.15	-	400
-	Curio	Oskar	37	28.02.18	373	80, 952, 2528
-	Czekowski	Martin	40	18.01.22	608	2362
G	Czygan	Werner	25	25.11.04	-	118
-	Dähne	Udo-Wolfgang	39	06.08.21	257, 29, 960	349
G	Dahlhaus	Eberhard	38	24.07.20	753	634
G	Dahms	Hermann	36	31.03.16	-	980
N*	Damerow	Wolfdietrich	37	28.05.19	521	106
G	Dangschat	Günther	35	08.07.15	38	184
G	Dankleff	Walter	35	13.11.06	-	767
K	Dau	Rolf	26	01.04.06	-	5, 31, 42
-	Daublebsky v. Eichhain	Karl	29	09.07.09	-	13
K	Dauter	Helmut	37	09.08.19	454	448
-	Davidson	Heinrich v.	37	29.12.18	135	281
K	Deckert	Horst	37	11.10.18	73	8, 73
G	Deecke	Joachim	33	29.06.12	37	9, 584
G	Deecke	Jürgen	31	28.04.11	-	1
G	Deetz	Friedrich	35	11.09.16	205	757
K	Degen	Horst	-	19.07.13	552	701
-	Deiring	Hugo	38	25.07.20	151, 255	56, 3503
-	Dick	Hans-Peter	39	13.11.20.	713	612
-	Dierks	Hans-Joachim	40	16.07.23	739, 978, 23, 572	14, 137
G	Dierksen	Rainer	33	24.03.08	-	176
-	Dieterich	Max	34	06.09.14	572	78, 637
G	Dieterichs	Horst	34	01.03.12	46	406
G	Dietrich	Willi	28	20.12.09	35, 28, 125	286
K	Diggins	Kurt	34	17.10.13	-	458
-	Dingler	Gottfried	39	16.02.22	92	748
G	Dobberstein	Erich	38	15.12.19	155	988
-	Dobbert	Max	-	13.04.10	593	969, 2537, 2546
-	Dobenecker	Günther	40	09.02.22	203, 650	11
-	Dobinsky	Hans-Jürgen	39	24.07.22	758, 932 (952?), 333	323
-	Dobratz	Kurt	22	09.04.04	-	1232
G	Döhler	Hans	37	05.12.17	751	21, 606
G	Dohrn	Erwin	38	18.03.20	-	325
-	Dommes	Wilhelm	31	16.04.07	4, 96	431, 178
-	Drescher	Günther	38	13.10.19	196	3026
G	Dresky	Hans-Wilhelm v.	29	27.01.08	20	4, 33
G	Drewitz	Hans-Joachim	33	14.11.07	-	525
-	Drews	Ulrich	36	24.05.16	-	321, 2534
-	Driver	Heinrich	33	10.07.12	13	20, 23, 145, 371
-	Dübler	Rudolf	39	12.10.21	203, 83, 464, 81	1101
G	Dültgen	Gert	37	-	508	391
-	Düppe	Joachim	40	23.01.16	432	4, 2505

Schicksal	Familienname	Vorname	Crew	Geburtsdatum	gefahren auf	kommandiert
-	Duis	Hans-Diederich	39	06.02.22	48. 462, 351, 365	792
G	Dumrese	Adolf	29	13.11.19	-	78, 655
-	Dunkelberg	Hans	37	07.08.18	406	716
-	Duppel	Martin	38	09.02.20	201	959
K	Eberbach	Heinz-Eugen	39	02.07.21	407	967, 230
V	Eberlein	Otto	38	15.11.13	-	1020
-	Ebersbach	Hans-Joachim	39	17.10.18	618	975
-	Ebert	Eberhard	-	27.06.07	-	1201, 3010
G	Ebert	Jürgen	37	25.09.16	-	927
E*	Eck	Heinz-Wilhelm	34	27.03.16	-	852
-	Eckel	Kurt	39	16.05.21	979	2325
G	Eckelmann	Heinz	37	24.07.16	75	635
-	Eckermann	Hans	25	30.05.05	-	20, U A
G	Eckhardt	Hermann	36	15.06.16	94, 28	28, 432
-	Edelhoff	Ernst	36	13.10.17	-	324
-	Ehrhardt	Walther	38	23.12.19	-	1016
G	Ehrich	Heinz	37	15.09.19	175	334
G	Eichmann	Kurt	37	11.10.17	553	151, 98
-	Eick	Alfred	37	09.03.16	176	510
-	Eickstedt	Wolfgang	35	01.12.15	553	668
-	Eilers	Horst	-	-	-	3013
-	Eisele	Wilhelm	27	16.03.07	4, 10. 59	57, 78, 1103
K	Elfe	Horst	36	23.04.17	99	139, 93
-	Ellerlage	Hermann	40	03.02.13	-	2344
G	Ellmeinreich	Helmut	35	16.07.13	-	535
-	Elsinghorst	Josef	39	26.08.16	-	822
-	Emde	Bernhard	37	06.12.17	-	248, 299
-	Emmermann	Carl	34	06.03.15	U A	172, 3037
G	Emmrich	Heinz	41	19.01.13	-	320
-	Endler	Siegfried	34	14.04.15	748	4711
G	Endraß	Engelbert	35	02.03.11	47	46, 567
-	Engel	Hans	36	16.08.15	83	273
-	Engel	Herbert	39	29.06.12	559	666, 228
G	Engelmann	Kurt-Eduard	23	08.04.03	-	163
G	Epp	Dietrich	37	09.08.17	572	62, 341
G	Eppen	Günter	33	27.08.12	38	519
-	Erdmann	Dieter	38	11.04.20	406	555, 904
-	Ernst	Hans-Joachim	37	17.08.18	-	1022
G	Esch	Dietrich von der	34	31.01.15	98	586, 863
-	Euler	Klaus	37	21.01.19	-	1162
G	Ewerth	Klaus	25	28.03.07	-	1, 35, 36, 26, 850
K	Ey	Hans	-	19.06.16	94	433
-	Faber	Ulrich	37	10.10.18	1018	1018
-	Fabricius	Friedrich	37	18.05.19	-	637
-	Fabricius	Ludwig	39	12.01.21	95, 210, 666	821, 30, 721
-	Fahr	Theodor	30	30.11.09	123	567
G	Falke	Hans	37	07.01.20	-	1279
-	Falke	Hans	39	16.06.20	118	992
G	Faust	Erich	39	22.04.21	412	618
G	Fechner	Otto	24	15.11.05	-	164
-	Fehler	Hans	36	20.09.10	-	234
-	Feiler	Gerhard	34	06.09.09	-	653

Schicksal	Familienname	Vorname	Crew	Geburtsdatum	gefahren auf	kommandiert
-	Feindt	Hans-Arend	39	29.10.21	34, 641	758
-	Fenn	Heinz-Konrad	37	20.07.18	108	139, 445
K	Fenski	Horst-Arno	37	03.11.18	752	34, 410, 371
G	Ferro	Otto	40	24.01.11	-	645
-	Feufel	Karl	38	09.09.18	-	1301, 2529
-	Fiebig	Günter	38	06.03.20	-	1131
G	Fiedler	Hans	36	14.10.14	562, 120	120, 564, 998, 333
G	Fiehn	Helmut	35	19.02.16	67	191
K	Findeisen	Eberhard	36	25.05.16	-	877
G	Finke	Otto	36	24.09.15	-	279
G	Fischel	Unno v.	34	05.11.15	97	374
-	Fischer	Erich-Georg	40	27.01.22	363	137
-	Fischer	Ernst	39	20.02.21	596	30, 821, 749, 3006
-	Fischer	Hans-Georg	26	03.02.08	38	29, 26, 109
G	Fischer	Klaus	38	07.10.19	148, 659	961
-	Fischer	Ruprecht	37	17.11.16	-	244
G	Fischler Graf v. Treuberg	Ruprecht	39	20.02.20	214	214, 749, 445
G	Fitting	Hans-Hermann	39	27.05.20	1056	1274
-	Flachsenberg	Walter	28	26.10.08	-	71
-	Fleige	Karl	24	05.09.05	20,123	18, 4712
G	Förster	Hans-Joachim	38	20.02.20	380	480
G	Förster	Heinz	40	25.06.09	-	359
KS	Förster	Hugo	23	21.01.05	-	501
G	Folkers	Ulrich	34	06.03.15	-	37, 125
G	Forster	Ludwig	36	09.19.15	29	62, 654
KG	Forstner	Siegfried Freiherr v.	30	19.09.10.	-	59, 402
-	Forstner	Wolfgang-Friedrich Freiherr v.	37	03.10.16	572	472
G	Fraatz	Georg-Werner	35	30.03.17	3, 101	652, 529
-	Fränzel	Otto	39	29.04.21	510	903, 3011
-	Frahm	Karl	31	03.08.13	6, 190	2363
G	Frahm	Peter	32	14.06.12	15	15
-	Franceschi	Gerhard	41	01.10.21	156, 764	4704
-	Franke	Hans-Heino	40	27.05.21	373	2355
-	Franke	Heinz	36	30.11.15	84	262, 148, 3509, 2502
GU	Franken	Wilhelm	35	?.09.14	331	565
K	Franz	Johannes	26	18.05.07	-	32, 27
G	Franz	Ludwig	37	30.01.18	463	362
-	Franze	Joachim	37	09.01.18	-	278
-	Franzius	Rudolf	32	05.06.11	-	145, 438
G*	Franzke	Helmut	27	02.12.07	26	3
-	Frauenheim	Fritz	30	09.03.12	-	21, 101
-	Freiwald	Kurt	25	29.10.06	-	7, 33, 181
-	Frerks	Paul	-	25.06.08	-	166, 975
-	Fresdorf	W.-R.	-	-	-	17
G	Freyberg-Eisenberg-Allmendingen	Walter Freiherr v.	35	05.11.15	552	52, 610
S	Friedeburg	Hans-Georg v.	14	15.07.95	-	25
-	Friedeburg	Ludwig-Ferdinand	41	21.05.24	548	155, 4710
G	Friederich	Karl	37	12.06.14	74	5, 74
-	Friedland	Klaus	38	28.06.20	-	310

Schicksal	Familienname	Vorname	Crew	Geburtsdatum	gefahren auf	kommandiert
G	Friedrich	Rudolf	35	15.06.14	558	759
G	Friedrichs	Adolf	35	04.03.14	98	253
G	Frischke	Karl-Heinz Dr.jur.	36	25.11.12	970	881
-	Fritz	Detlev	39	01.06.21	73	905, 555
G	Fritz	Karl-Heinz	41	20.02.21	103	107
-	Fritze	Günther	39	12.06.22	1206	1206, 3514
G	Fröhlich	Wilhelm	29	10.03.10	-	36
G	Frömmer	Heinz	39	21.04.21	228	923
G	Frömsdorf	Helmut v.	39	26.03.21	853	853
-	Frohberg	Günther	39	06.02.21	980, 952	1275
-	Fuchs	Karl-Heinz	35	18.01.15	154	528 (?)
-	Fuhlendorf	Harald	39	11.05.19	-	2343
-	Gabert	Paul	33	13.04.13	-	1210
G	Gänge	Albrecht	37	01.06.19	378	226
G	Ganzer	Erwin	35	08.12.12	-	871
-	Gaude	Hans-Ludwig	36	23.01.16	83, 558	19, 3525, 2343
-	Gaza	Jürgen v.	39	07.09.20	863, 739	312
K	Gebauer	Werner	39	10.09.22	212	681
-	Gehrken	Heinrich	37	12.07.11	-	UF 2, 298
K	Geider	Horst	37	07.09.18	73	61, 761
-	Geisler	Hans-Ferdinand	38	26.03.21	-	152, 21, 3006, 3049 (nicht in Dienst)
-	Geißler	Hans	-	01.10.16	-	561, 440
G	Geißler	Heinz	38	29.08.17	376	390
G	Gelhaar	Alexander	27	24.11.08	-	1, 45
-	Gelhaus	Harald	35	24.07.15	103	143, 107
G	Gemeiner	Gert	37	02.10.18	38, 160	146, 137, 154
G	Gengelbach	Dietrich	34	07.10.14	52	574
G	Gericke	Otto	33	29.12.08	17	503
-	Gerke	Ernst-August	39	09.05.21	377	382, 673, 3035
G	Gerlach	Peter	39	25.02.22	453	37, 223
K	Gerlach	Wilhelm	39	15.08.05	124	490
-	Geßner	Hans	38	06.05.19	1105	1008
K	Giersberg	Dietrich	37	26.11.17	155	419
-	Giesewetter	Herbert	39	09.09.22	-	60, 368
-	Gießler	Hans-Heinrich	31	12.01.11	-	455
G	Gilardone	Hans	32	09.07.12	203	254, 256
G	Glaser	Wolfgang	37	24.02.19	-	1014
K	Glattes	Gerhard	27	06.02.09	-	5, 39
-	Gode	Heinrich	39	24.01.22	549	3536
-	Godt	Eberhard	18	05.08.00	-	25
G	Göring	Walter	34	02.08.14	38	755
G	Göllnitz	Heinrich	35	30.08.09	-	657
-	Görner	Friedrich-Karl	39	24.11.21	958	145
-	Götze	Hans	39	12.01.16	586	586, 2527
G	Goldbeck	Heinz	36	10.02.14	288	1169
-	Goschzik	Georg	31	06.01.12	367, 642, 586	2348
G	Gosejacob	Henri	36	14.12.15	-	713
-	Goßler	Curt v.	30	21.09.05	-	49
G	Gossler	Johann-Egbert	35	16.11.14	125	538
K	Graef	Adolf	36	22.04.16	652	664
G	Gräf	Ulrich	35	15.12.15	74	23, 69

Schicksal	Familienname	Vorname	Crew	Geburtsdatum	gefahren auf	kommandiert
I	Grafen	Karl	35	09.05.15	-	20
K	Gramitzki	Franz	36	18.05.16	17, U A, 19, 138	138
G	Grandefeld	Wolfgang	36	11.02.17	108	174
N*	Grasse	Martin	-	10.11.12	-	1168, 3511
G	Grau	Peter	39	08.03.20	601	1191
-	Gau	Peter-Ottmar	34	03.05.14	201	46, 601, 872, 3015
-	Grave	Günther	37	13.07.17	71	56, 470
-	Grawert	Justus	40	13.01.23	80, 333	750
G*	Greger	Eberhard	35	15.09.15	30, 110	85
G	Gretschel	Günter	36	26.10.14	6,93	59, 707
-	Gréus	Friedrich-August	39	27.04.21	217, 214	737
G	Grimme	Wilhelm	25	12.05.07	146	146, 116
-	Groschowiak	Edmund	37	24.10.17	-	982
G	Grosse	Harald	25	17.11.06	-	8, 22, 34, 53
-	Grote	Heinrich	38	09.11.20	-	3516
-	Groth	Gerhard	37	20.08.17	96	143, 958, 397
-	Gudenus	Karl-Gabriel Graf v.	38	10.10.20	71	427
-	Günther	Horst	39	29.01.22	275	1287, 2504, 2533
K	Guggenberger	Friedrich	34	06.03.15	28	28, 81, 847, 513
-	Guse	Joachim	39	08.06.21	77	1193
G	Gutteck	Hans-Joachim	35	10.04.14	-	1024
-	Gysae	Robert	31	04.01.11	-	98, 177
G	Habekost	Johannes	33	13.02.07	-	31
K	Hackländer	Burkhard	33	17.12.14	-	454
G	Hackländer	Klaus	37	26.07.16	172	423
-	Haelbich	Gerhard	-	12.11.16	404	673
K	Hänert	Klaus	36	01.02.18	68	550
-	Hagen	W.	-	-	-	24
-	Hagenau	Karl-Heinz	37	31.08.19	-	704
G	Hagene	Georg	27	24.07.08	-	1208
G	Hahndorff	Jobst	37	30.03.18	-	864 (?)
G	Hamm	Horst	35	17.03.16	26, 96	58, 562
-	Hammer	Ulrich	39	26.03.18	621	367, 430, 733
-	Hammerstein-Equord	Adolf Wilhelm	37	11.03.18	-	149
		Freih. v.				
-	Hanitsch	Hans-Ulrich	39	12.08.22	441	428
-	Hansen	Hans-Joachim	37	15.06.18	-	1026 (nicht in D.)
-	Hansen	Hermann	39	06.05.18	129, 482	999, 2517
G	Hansen	Otto	37	23.04.18	435, 269	269, 601
G	Hansmann	Bruno	33	01.12.07	95	127
G	Happe	Werner	36	23.09.15	68	192
-	Hardegen	Reinhard	33	18.03.13	124	147, 123
S	Harlfinger	Karl-Heinrich	35	02.08.15	84	269
-	Harms	Erich	39	20.01.10	255	255, 3023
K	Harms	Otto	34	22.04.09	-	6, 56, 121, 464
G	Harney	Klaus	35	26.03.17	84	756
G	Harpe	Richard v.	37	19.08.17	108	129, 3519
-	Hartel	Friedrich	40	10.01.23	989	2356
G	Hartenstein	Werner	28	27.02.08	-	156
-	Hartmann	Curt	39	14.10.20	171, 170	236, 554, 982
-	Hartmann	Ernst	39	08.04.21	704	3
-	Hartmann	Götz v.	34	30.10.13	93	555, 563, 441

Schicksal	Familienname	Vorname	Crew	Geburtsdatum	gefahren auf	kommandiert
G	Hartmann	Klaus	33	07.02.12	-	441
G	Hartmann	Otto	36	18.04.17	-	77
-	Hartmann	Werner	21	11.12.02	-	26, 37, 198
K	Hartwig	Paul	35	14.09.15	125	517
G	Hasenschar	Heinrich	36	27.09.16	59, 751	29, 751
G	Hashagen	Erich	37	26.08.09	515	846
-	Hass	Hans-Heinrich	40	12.10.22	96, 543	2324
-	Hauber	Hans-Gerold	-	08.07.13	170	170
G	Haupt	Hans-Jürgen	35	19.02.11	203	665
G	Hause	Karl	35	15.07.16	-	351, 211
-	Hechler	Ernst	29	21.11.07	-	870
-	Heckel	Fridtjof	39	25.10.20	541	2322
G	Hegewald	Wolfgang	37	05.07.17	332	671
-	Heibges	Wolfgang	40	01.07.22	278	999
G	Heidel	Werner	33	24.06.09	-	6, 7, 55
K	Heidtmann	Hans	34	08.08.14	33, 14	2, 14, 21, 559
G	Heilmann	Siegfried	36	08.06.17	-	389
-	Heilmann	Udo	33	04.03.13	18	24, 97
G	Hein	Fritz	38	25.12.19	333	300
G	Heine	Karl-Franz	34	13.10.15	-	303, 403
K	Heinecke	Hans-Jochen	26	26.09.07	-	111 (?)
-	Heinicke	Ernst-Günther	27	24.09.08	-	3, 51, 53
G	Heinicke	Hans-Dieter	33	18.05.13	73	576
-	Heinrich	Erwin	40	27.03.23	752, 963	2357
K	Heinrich	Günther	38	20.01.20	596	960
-	Heinrich	Helmuth	-	04.10.13	-	299, 255
G	Heinsohn	Heinrich	33	12.02.10	-	8, 573, 438
-	Heintze	Werner	35	16.03.16	-	708
-	Heitz	Horst	-	09.04.22	664	6, 792, 1407
G	Heller	Wolfgang	30	16.06.10	155	842
U	Hellmann	Hans	39	08.03.21	262	903, 733
G	Hellriegel	Hans-Jürgen	36	16.06.17	46	140, 96, 543
G	Hellwig	Alexander	35	05.03.16	405	289
-	Hengen	Dieter	40	19.10.22	255	2364
KG	Henke	Werner	34	13.05.08	-	515
G	Henne	Wolf	24	07.08.05	-	157
-	Hennig	Heinz v.	40	17.03.22	421	2361
G	Hennig	Helmut	36	30.04.14	52	24, 533
-	Henning	Fritz	37	10.04.17	561	561, 565, 668
G	Hepp	Horst	36	10.10.17	162	272, 238
-	Herbschleb	Karl-Heinz	35	19.10.10	-	21, 354
-	Herglotz	Helmut	38	15.03.18	143, 408	2, 290, 1303
-	Hermann	Wolfgang	28	31.12.08	-	662
G	Herrle	Friedrich-Georg	39	13.08.10	-	307, 312, 393
-	Herrmann	Werner	38	14.01.20	-	2510
G	Hertin	Willi	35	11.09.14	552	647
-	Herwartz	Oskar	35	01.01.15	67	843
G	Herwartz	Wolfgang	37	25.06.17	-	1302
G	Hesemann	Siegfried	35	07.07.12	95	186
-	Heß	Hans-Georg	40	06.05.23	466	995
G	Hesse	Hans-Joachim	25	18.01.06	-	654, 442
G	Hesse	Hermann	35	10.03.09	-	133, 194

Schicksal	Familienname	Vorname	Crew	Geburtsdatum	gefahren auf	kommandiert
-	Heßler	Günter	27	14.06.09	-	107
-	Hetschko	Gert	33	06.08.13	89	453, 121
G	Heusinger v. Waldegg	Burkhard	38	10.03.09	177	198
*	Hewicker	August-Wilhelm	37	30.07.18	-	671
K	Heyda	Wolfgang	32	14.11.13	-	120, 434
G	Heydemann	Ernst	36	20.06.16	142, 141	17, 268
-	Heydemann	Günther	33	11.01.14	69	575
-	Heyse	Ulrich	33	20.09.06	-	128
-	Hilbig	Hans	36	05.07.17	-	1230
-	Hilbig	Kurt	38	18.05.19	601	993, 3526
-	Hildebrandt	Hans	36	24.12.11	-	152, 636
-	Hilgendorf	Klaus	39	29.02.12	-	1009
-	Hille	Wolfgang	36	12.03.18	202	762
-	Hillmann	Jürgen	40	21.09.29	371	2353
-	Hilsenitz	Erich	36	28.09.16	108	108, 146
-	Hinrichs	Johannes	33	29.05.13	2518	3005
-	Hinrichs	Otto	36	30.11.13	-	1061
-	Hinsch	Hans-Peter	34	30.07.14	30	4, 140, 569
-	Hinz	Rudolf	39	22.02.20	30, 618	1004
K	Hippel	Friedrich v.	34	02.01.15	65	144, 76
E	Hirsacker	Heinz	34	14.08.14	-	572
-	Hoeckner	Fritz	33	22.12.12	-	215
-	Höh	Hermann von der	40	23.04.20	445	2346
G	Höltring	Horst	33	30.06.13	-	149, 604
-	Hoffmann	Dietrich	32	17.06.12	-	594
G	Hoffmann	Eberhard	25	16.05.07	-	165
G	Hoffmann	Eberhard	33	24.10.12	51	146, 451
G	Hoffmann	Erich-Michael	38	14.06.19	437	738
-	Hoffmann	Günther	26	04.10.08	206	?
-	Hoffmann	Heinrich-Dietrich	40	19.08.21	238, 957	141
K	Hoffmann	Hermann	39	27.04.21	172	172
-	Hoffmann	Rudolf	36	28.04.17	123	8, 845
-	Hofmann	Horst	37	18.01.19	48, 134, 672	?
-	Hohmann	Otto	37	01.04.10	-	298, 2526
G	Holleben	Heinrich v.	38	13.03.19	-	1051
G	Holpert	William	34	11.06.14	-	1021
G	Holtorf	Gottfried	36	21.05.12	-	598
-	Homann	Hans	38	04.03.18	-	1165
G	Hopmann	Rolf-Heinrich	26	26.03.06	-	405
G	Hoppe	Joachim	33	20.03.15	-	65
-	Hoppe	Konrad	35	20.04.17	168	?
G	Horn	Karl-Horst	35	16.12.16	201	705
-	Hornbostel	Klaus	34	04.06.16	-	806
-	Hornkohl	Hans	36	07.04.17	753	566, 1007, 3512, 2502, 3041
G	Horrer	Hans-Joachim	33	06.02.08	-	555, 589
-	Horst	Friedrich	39	12.04.17	11, 565	121
-	Hoschatt	Alfred	27	10.02.09	-	378
G	Hossenfelder	Albert	35	05.03.08	37	342
-	Hübsch	Horst	39	31.12.21	262	145, 78
-	Hübschen	Otto	38	06.12.19	7, 60, 121	145, 2501, 2542
G	Hülsenbeck	Ewald	38	21.12.19	704	146, 121, 1209

Schicksal	Familienname	Vorname	Crew	Geburtsdatum	gefahren auf	kommandiert
G	Hüttemann	Eberhard	37	25.06.19	590	332
G	Huisgen	Friedrich	36	01.03.15	1162	749, 235
G	Hummerjohann	Emmo	37	15.04.16	205	964
-	Hunck	Wilhelm	37	15.12.14	-	827
G	Hunger	Hans	35	16.03.15	75	336
K	Hungershausen	Heinz	36	05.12.16	128	91
G	Hungershausen	Walter	38	22.03.19	218	280
G	Huth	Walter	37	14.04.18	562	414
G	Hymmen	Reinhard v.	33	05.11.14	97, 564	408
G	Hyronimus	Guido	37	17.11.18	351, 461	670, 678
-	Ibbeken	Hans	18	20.09.99	-	27, 178
-	Isermeyer	Hans-Adolf	38	01.02.20	752	80
K	Ites	Otto	36	05.02.18	51, 48	146, 94
G	Ites	Rudolf	36	05.02.18	709	709
-	Iversen	Jürgen	39	24.04.21	-	8, 1103
G	Jacobs	Nikolaus v.	33	05.01.13	751	611
-	Jacobs	Paul	34	23.03.15	332, 738	560
-	Jäckel	Kurt	39	06.12.19	529, 714	2366
-	Jäger	Walter	43(?)	27.05.97	-	1061
-	Jaek	Bernhard	37	14.10.18	218	3044
-	Jaenicke	Karl	39	14.07.15	801	3533
-	Jahn	Günter	31	27.09.10	-	596
G	Jahrmärker	Walther	35	23.09.17 -	-	412
-	Janssen	Gustav-Adolf	36	09.04.15	65	151, 37, 103, 3037
G	Jaschke	Heinz	39	16.07.20	592	592
G	Jebsen	Johann	35	21.04.16	-	565, 859
K	Jenisch	Hans	33	19.10.13	-	32
V	Jenisch	Karl-Heinrich	29	20.04.10	-	1, 22
G	Jensen	Kurt	37	23.02.18	376	644
G	Jenssen	Karl-Joachim	38	31.07.20	141, 705, 563	477
-	Jeppener-Haltenhoff	Harald	33	20.09.07	17	17, 24
-	Jeschke	Hubert	39	24.04.21	-	975
K	Jeschonnek	Wolf	38	13.07.19	607	607
G	Jessen	Ralf v.	35	25.02.17	-	222, 266
-	Jestel	Erwin	40	31.03.23	642	6, 1204
G	Jewinski	Erich	38	10.03.20	-	46, 747, 1192, 2539
-	Jobst	Karl	36	24.04.13	744	2326
-	Johann	Johann	27	04.09.09	2539	2539
K	Johannsen	Hans	35	03.06.10	506	569
-	John	Alfred	38	05.05.20	415	828
G	Jordan	Günther	37	12.02.19	132	274
-	Jürs	Ralf	37	07.05.19	-	778
G	Jürst	Harald	32	18.03.13	-	59, 104
-	Juli	Herbert	35	08.06.16	83	382
-	Junker	Hanns-Joachim	40	19.08.23	121, 5, 72, 716	2332
-	Junker	Ottoheinrich	24	12.07.05	-	33, 532
K	Just	Paul	36	24.12.15	156	6, 151, 546
-	Justi	Friedrich	37	10.04.19	-	1170
-	Kaeding	Walter	35	14.09.15	123	4713 (nicht in D.)
-	Käselau	Erich	41	25.03.22	237, 990	922
G	Kaiser	Hans-Dietrich	40	06.10.21	-	2338
-	Kaiser	Hermann	25	09.03.07	-	3002

Schicksal	Familienname	Vorname	Crew	Geburtsdatum	gefahren auf	kommandiert
G	Kaiser	Karl-Ernst	38	21.04.20	555, 608	986
-	Kallipke	Fritz	37	28.11.09	-	397, 2526, 2529
-	Kals	Ernst	24	02.08.05	-	130
G	Kameke	Horst-Jessen v.	35	21.02.16	116, 84	UD 5, 119
G	Kandler	Hans-Albrecht	37	31.10.17	565	386, 653
G	Kandzior	Helmut	38	25.09.19	333	743
G	Kapitzky	Ralph	35	28.06.16	93	615
G	Karpf	Hans	35	14.05.16	566	10, 632
G	Kasch	Lorenz	33	20.08.14	107	540
-	Kaschke	Walter	-	09.09.11	-	746
-	Kasparek	Walter	39	13.12.21	466	143
K	Kaufmann	Wolfgang	33	23.06.12	7	9, 19, 79
G	Keerl	Hans	39	05.01.21	598	291, 80
K	Kelbling	Gerd	34	12.06.15	557	593
G	Kell	Walter	33	04.12.13	-	8, 204
G	Keller	Alexander Graf v.	-	12.03.19	564	731
G	Keller	Günter	37	18.02.17	-	683
-	Keller	Günther	39	25.08.21	321, 366, 372	981, 3521
-	Keller	Siegfried	37	30.10.17	109	38, 130
-	Kellerstraß	Gerhard	25	08.07.06	-	2043 (?: K-Verband)
-	Kelling	Heinrich	25	20.12.04	28	150, 37, 423
G	Kellner	Adolf	36	28.04.10	-	357
-	Kentrat	Eitel-Friedrich	28	11.09.06	-	8, 74, 196
-	Kessler	Horst	34	15.08.14	-	704, 985
-	Ketelhodt	Eberhard Freiherr v.	40	30.01.20	307	712
-	Ketels	Hans Heinrich	37	11.03.18	571	970, 2523, 3511, 1162
-	Ketelsen	Wolfgang	35	14.08.11	130	UD 1
G	Kettner	Paul-Hugo	33	20.07.12	-	142, 379
-	Kiesewetter	Wilhelm	00	28.10.78	-	UC 1
-	Kießling	Ulrich	39	17.12.18	-	1306
G	Kietz	Siegfried	37	04.01.17	130	126
-	Kimmelmann	Walter	40	23.08.22	-	139
G	Kindelbacher	Robert	35	18.05.15	96	627
G	Kinzel	Manfred	35	27.03.15	404	338
-	Klapdor	Heinrich	36	06.07.14	9	9, 2538
-	Klatt	Johannes	35	02.06.16	557	606
K	Klaus	Hans-Joachim	37	17.05.18	560, 566	340
G	Kleinschmidt	Wilhelm-Peter	33	27.01.07	-	111
-	Klingspor	Leonhard	37	17.06.17	129	293
-	Kloevekorn	Friedrich	37	19.02.18	-	471, 3012
V	Kloth-Heydenfeldt	Harro v.	31	25.04.11	-	4, 20, 102
-	Klug	Werner	39	15.01.20	69, 552	794, 1406
-	Klusmeier	Emil	30	27.07.12	-	2340, 2336
G*	Kluth	Gerhard	37	31.08.18	91	377
G	Knackfuß	Ulrich	38	18.06.20	257	345, 821
-	Knecht	Joachim	37	13.08.18	653	46, 748, 3036 (nicht in D.), 3059 (nicht in D.)
-	Kneip	Albert	39	09.07.21	174, 171, 170	1223
-	Knieper	Bernhard	41	01.03.11	-	267
-	Knieping	Erwin	34	22.11.10	-	1271
V	Knoke	Helmuth	41	11.08.06	462	925

Schicksal	Familienname	Vorname	Crew	Geburtsdatum	gefahren auf	kommandiert
G	Knollmann	Helmut	37	09.08.18	-	1273
G	Knorr	Dietrich	31	13.02.12 -	53, 51	
G	Koch	Heinz	39	10.07.14	331	304
G*	Koch	Leopold	37	15.09.18	-	258, 382
-	Koch	Walter	38	05.06.19	309, 601	1132
-	Koch	Walter-Ernst	38	30.09.19	563, 737	712, 975
-	Kock	Uwe	36	25.11.11	-	249
G	Köhl	Kurt	39	04.02.12	562	669
-	Köhler	Otto	31	17.11.09	-	377
-	Köhntopp	Walter	37	19.04.11	77	14, 995
-	Kölle	Walther	26	03.08.07	-	154. UD 3
-	Kölzer	Karl	31	13.03.12	-	2 1221
-	Kölzer	Kurt	29	14.03.10	-	603
G	Könenkamp	Jürgen	32	14.08.13	-	14, 375
G	König	Alois	39	05.07.20	410	6
-	König	Gottfried	39	24.10.21	43, 181	316
V	König	Klaus-Dietrich	37	14.11.15	U B, UD 5	972
-	König	Lothar	39	14.03.21	440	237
G	Köpke	Klaus	35	05.01.15	569	259
G	Köppe	Helmut	33	01.04.09	751	613
G	Körner	Willy-Roderich	35	26.12.14	-	120, 301
-	Köster	Helmut	34	25.04.14	-	72
K	Koitschka	Siegfried	37	06.08.17	552	7, 616
K	Kolbus	Hans	38	05.10.19	-	421, 596, 407
-	Koopmann	Hermann	40	04.02.10	-	1171
-	Korfmann	Fritz-Otto	40	24.04.23	375, 340, 382	2365
-	Korndörfer	Hubertus	39	20.11.19	593	139, 407, 3537
-	Korth	Claus	32	07.10.11	-	57, 93
G	Kosbadt	Hans-Carl	37	15.12.17	94	224
-	Kosnick	Fritz	36	04.03.11	-	739
K	Kottmann	Hermann	36	04.12.15	-	203
-	Kranich	Franz	33	29.08.13	3525	3525
G	Krankenhagen	Detlev	36	03.07.17	-	549
K	Kraus	Hans-Werner	34	01.07.15	47	83, 199
K	Krech	Günther	33	29.09.14	100	558
-	Kregelin	Ludo	38	20.10.19	432	60,38, 236, 3003
G	Krempl	Erich	39	15.05.21	108	71, 28, 1162, 548
G	Kremser	Horst	36	05.09.17	-	383
K	Kretschmer	Otto	30	01.05.12	-	23, 99
-	Krieg	Ernst	35	19.11.15	-	?
-	Krieg	Johann-Otto	37	14.03.19	81	142, 81
-	Kriegshammer	Jürgen	40	04.08.22	286	8, 150
G	Kröning	Ernst	25	13.01.05	-	656
-	Kronenbitter	Willy	28	28.03.05	48	3527
G	Krüer	Werner	-	23.11.14	591	590
-	Krüger	Erich	39	21.04.18	382	307
G	Krüger	Jürgen	37	18.07.18	141	141, 631
-	Kruschka	Max	37	05.07.19	554, 217	621
-	Kühl	Peter	41	19.10.22	565	57
-	Kühn	Herbert	39	24.04.19	331, 73, 81	38, 708
-	Kühne	Johannes	40	01.01.22	-	2371
-	Kugelberg	Rudolf	39	15.11.17	565	21

Schicksal	Familienname	Vorname	Crew	Geburtsdatum	gefahren auf	kommandiert
G	Kuhlmann	Hans-Günther	37	12.11.13	37	580, 166
G	Kuhlmann	Jürgen	38	03.03.20	-	1172
-	Kuhn	Hans-Joachim	31	04.07.10	-	1233
-	Kuhnke	Günter	31	07.09.12	-	28, 125
G	Kummer	Heinz	36	25.05.15	754	467
G	Kummetat	Heinz	37	19.11.18	455	572
-	Kummetz	Hans-Erich	39	19.08.22	79, 642	235
G	Kuntze	Jürgen	36	12.09.17	40	227
G	Kuppisch	Herbert	33	10.12.09	-	58, 94, 516, 847
G	Kurrer	Hellmut	35	16.02.16	128	189
E*	Kusch	Oskar	37	06.04.18	103	154
-	Kuscher	Fedor	39	19.01.19	-	1274, 3515
G	Kutschmann	Günther	29	21.01.11	-	5, 54
-	Kuttgat	Martin	40	18.01.22	468, 740	429
-	Lamby	Hermann	36	30.12.13	754, 202, 584	437, 3029
-	Landt-Hayen	Martin	39	03.11.20	-	9 (i.V.), 23 (i.V.), 24, 4705
-	Lange	Georg	11	12.10.82	-	UC 1, UF 2
G	Lange	Gerhard	37	22.05.20	436	418
G	Lange	Hans	35	29.05.15	-	61, 261
-	Lange	Hans-Günther	37	28.09.16	431	711
K	Lange	Harald	-	23.12.03	180	180, 505
G	Lange	Helmut	37	31.08.16	-	72, 1053
G	Lange	Karl-Heinz	37	10.02.18	-	667
-	Lange	Kurt	22	12.08.03	-	530
-	Lange	Richard	40	14.11.12	73	773
G	Langenberg	Bruno	38	10.11.20	-	366
G	Langfeld	Albert	37	28.01.18	571	444
-	Lassen	Georg	35	12.05.15	29	29, 160
-	Lau	Kurt	39	04.03.22	953	1197
K	Laubert	Helmut	37	05.04.19	125	38, 3048 (?)
-	Laudahn	Karl-Heinz	39	05.09.15	138, 652	142, 1194, 262
-	Lauterbach-Emden	Hans-Jürgen	37	20.05.19	511	539
-	Lauth	Hermann	39	10.11.20	959	1005
G	Lauzemis	Albert	37	12.03.18	68	139, 37, 68
K	Lawaetz	Ulf	37	05.11.16	564	672
-	Lawrence	Peter	38	04.08.20	-	328, 2328
-	Leder	Joachim	40	26.06.18	-	4707
-	Lehmann	Hans	38	24.09.15	454	997
-	Lehmann-Willenbrock	Heinrich	31	11.12.11	-	8, 5, 96, 256
-	Lehsten	Detlef v.	37	14.08.17	548	373, 3508, 3044
-	Leilich	Hans	37	12.02.18	-	977
G	Leimkühler	Wolfgang	37	10.08.18	60, 201	4, 225
-	Leinemann	Hannes	28	15.12.08	98	266
G	Leisten	Arno	38	24.12.19	336	346
G	Lemcke	Hans	37	09.12.18	-	327
G	Lemcke	Rudolf	33	08.05.14	-	210
G	Lemp	Fritz-Julius	31	09.12.13	28	30, 110
-	Lenkeit	Paul-Ehrenfried	35	22.06.15	-	1301
-	Lenzmann	Dieter	39	14.09.18	24	24, 3522
G	Lerchen	Kai	33	27.04.11	85	252
-	Lessing	Hermann	21	20.10.00	-	1231

Schicksal	Familienname	Vorname	Crew	Geburtsdatum	gefahren auf	kommandiert
G	Leu	Wolfgang	37	06.07.17	456	921
K	Leupold	Günter	38	11.02.21	355	1059
-	Ley	Wolfgang	38	21.06.20	591	61, 310
-	Lichtenberg	Philip	28	09.09.08	16, 18, 96, 37, 516	652 (?)
-	Liebe	Heinrich	27	29.01.08	-	2, 38
-	Liebe	Johannes	33	08.07.13	48	6, 332
G	Liesberg	Ernst	37	15.06.18	454	962
G	Lilienfeld	Eric v.	35	22.11.15	553	661
G	Linck	Gerhard	37	30.05.19	-	1013
-	Lindemann	Kurt	40	31.07.12	-	1207
-	Linder	Gerhard	38	21.03.20	-	579, 2515, 3006
G	Linder	Hans-Heinz	33	11.02.13	-	18, 202
-	Lindke	Siegfried	20	12.12.00	62	142
-	Lindschau	Rudolf	36	02.11.14	-	249, 3017
G	Link	Günther	37	04.03.18	86	240
-	Litterscheid	Gerhard	35	10.06.14	554	19, 411
G	Loeder	Herbert	38	03.04.19	380	967, 437 (?), 309
G	Loeschke	Günther	39	30.08.21	264	7
-	Loeser	Paul-Karl	35	26.04.15	43, 108	30, 373
-	Loewe	Axel-Olaf	28	03.01.09	74	505
G	Loewe	Udo	34	12.09.14	-	256, 254, 954
G	Lohmann	Dietrich	30	12.10.09	-	554, 579, 89
K	Lohmeyer	Peter	32	02.01.11	19	19, 138, 651
G	Lohse	Bernhard	32	06.04.13	-	21, 585
V	Looff	Hans-Günther	25	10.02.06	-	9, 27, 122
K	Looks	Hartwig	36	27.06.17	375	264
G	Loos	Johann-Friedrich	39	20.04.21	636	248
K	Lorentz	Günther	32	23.10.13	-	10, 63
K	Lott	Werner	26	03.12.07	-	25, 32, 35
-	Lottner	Ernst	39	15.08.20	92	349, 746
-	Lube	Günther	39	19.10.20	254	139, 552
-	Lübcke	Olaf	37	27.08.19	-	826
G	Lübsen	Robert	37	30.09.16	98	277
U*	Lüdden	Siegfried	36	20.05.16	141, 129	188
G	Lüders	Günter	38	18.07.20	653	424
-	Lüders	Konrad	34	05.01.15	2511	884 (?: nicht in D.)
K	Lührs	Dierk	38	18.11.19	596	453
G	Lüssow	Gustav	37	30.12.17	566	571
-	Lüth	Dr. Günter	37	23.03.17	-	1057
G*	Lüth	Wolfgang	33	15.10.13	27, 38	13, 9, 138, 43, 181
G	Luis	Wilhelm	35	13.12.15	505	504
K	Luther	Otto	37	18.09.18	-	135
-	Luttmann	Bernhard	39	07.04.21	758	141, 3030
-	Lutz	Friedrich	30	09.08.11	-	485
-	Mackeprang	Hans-Peter	35	03.12.11	244	244
K	Mäder	Erich	36	03.10.15	80, 508	378
G	Märtens	Hans	37	30.01.18	-	243
G	Mässenhausen	Wilhelm v.	35	16.01.15	79	258
-	Mäueler	Heinrich	40	10.04.20	1204	3020
-	Mahn	Bruno	11	03.12.87	-	U B, UD 5
-	Mahrholz	Hans-Gert	38	10.10.18	89	309
G	Makowski	Kurt	36	01.09.15	61, 66	78, 619

Kapitänleutnant Heinrich Lehmann-Willenbrock, Kommandant von *U 96*, trägt hier den Tuchmantel mit Schulterstücken als Rangabzeichen. Der später mit dem Ritterkreuz des Eisernen Kreuzes mit Eichenlaub ausgezeichnete Kommandant stellte am 14. September 1940 das VII-C-Boot in Dienst. Auf ihm nahm auch der Lt.(S) Lothar-Günther Buchheim als PK-Berichterstatter an einer Feindfahrt teil. Der »Alte« aus Buchheims »Das Boot« führte *U 96* bis zum April 1942. Anschließend war KKpt. Lehmann-Willenbrock vom Mai 1942 – August 1944 Chef der 9. U-Flottille in Brest. Im Herbst 1944 befehligte KKpt. Lehmann-Willenbrock kurze Zeit das zur »U-Flak 2« umgebaute *U 256*, ehe es am 23. Oktober 1944 nach einer Kollision mit *U 255* außer Dienst gestellt wurde. Danach war er bis Kriegsende Chef der 11. U-Flottille im norwegischen Bergen.

Korvettenkapitän Wolfgang Lüth war im Kriege zunächst Kommandant der »Einbäume« *U 9* (sowie *U 138* und erhielt als ObltzS. am 24. Oktober 1940 das Ritterkreuz. Als Kptlt./KKpt. führte er ab Oktober 1940 nacheinander die großen Boote *U 43* vom Typ IX A (6. U-Flottille) und *U 181* vom Typ IX D_2 (12. U-Flottille) bis zum Oktober 1943. Als der erfolgreichste Kommandant nach Otto Kretschmer erhielt er das Ritterkreuz mit Eichenlaub, Schwertern und Brillanten und wurde am 1. Januar 1944 als FKpt. Chef der 22. U-Flottille in Gotenhafen. Im Juli 1944 an die Marinekriegsschule Mürwik berufen, wurde er schließlich im September 1944 als Kapitän zur See ihr letzter Kommandeur. Am 14. Mai 1945 erschoss ihn ein eigener Wachposten irrtümlich.

Kapitänleutnant Werner Schulte, der Kommandant von *U 582*, mit seinem Leitenden Ingenieur, Oblt.(Ing.) Karl Cords. Kptlt. Schulte stellte das neue VII-C-Boot am 7. August 1941 in Dienst. Am 5. Oktober 1942 fiel es mit seiner gesamten Besatzung südwestlich von Island einem britischen Luftangriff zum Opfer.

Schicksal	Familienname	Vorname	Crew	Geburtsdatum	gefahren auf	kommandiert
G	Manchen	Erwin	36	18.06.18	-	879
G	Mangels	Hinrich	38	24.08.19	636	1200
-	Mangold	-	-	-	-	739
G	Manhardt v. Mannstein	Alfred	25	09.03.08	-	753
G	Manke	Rolf	35	21.12.15	576	358
G	Mannesmann	Gert	-	14.10.10	563, 156	545, 2502
-	Manseck	Helmut	34	22.12.14	553	143, 758, 3002, 3007, 3008
-	Marbach	Karl-Heinz	37	05.07.17	101	101, 28, 953, 3014
G	March	Jürgen	33	08.03.19	-	452
-	Marienfeld	Friedrich-Wilhelm	38	01.03.20	205	4, 1228
-	Markert	Albrecht	38	10.09.19	107	140
G	Marks	Friedrich-Karl	34	05.06.14	75	376
-	Markworth	Friedrich	34	14.02.15	103	66
-	Martin	Lothar	37	19.06.16	-	776
K	Maßmann	Hanns-Ferdinand	36	25.06.17	17, 137	137, 409
G	Mathes	Ludwig	28	23.11.08	-	6, 9, 44

Schicksal	Familienname	Vorname	Crew	Geburtsdatum	gefahren auf	kommandiert
G	Matschulat	Gerhard	38	25.05.20	458	247
G	Matthes	Peter	37	09.01.18	-	326
G	Mattke	Willy	28	25.01.09	62	61, 544
G	Matuschka	Helmut Graf v., Freih. v. Toppolczan u. Spaetgen	39	14.02.14	-	482
K	Matz	Joachim	32	01.10.13	-	6, 59, 70
-	Maus	August	34	07.02.15	68	185
-	Mayer	Karl-Theodor	39	15.08.21	382	72
-	Meckel	Hans	28	15.02.10	-	3, 19
-	Meenen	Karlheinz	39	12.03.21	30, 188	1192
-	Meentzen	Bernhard	38	25.04.15	-	1272, 3016
-	Meermeier	Johannes	37	14.11.16	-	979
-	Meeteren	Kurt van	39	13.03.08	-	399, 3021
-	Mehl	Waldemar	33	07.09.14	-	62, 72, 371
-	Mehne	Karl	37	14.07.14	-	3027
-	Meier	Alfred	39	31.12.07	183	UIT 25
-	Meinlschmidt	Rudolf	39	01.02.21	223	235, 2544
-	Melzer	Volker	39	09.01.18	714	994
-	Menard	Karl-Heinz	37	18.10.17	-	237
-	Mengersen	Ernst	33	30.06.12	-	18, 143, 101, 607
-	Merkle	Reinhold	39	10.12.21	516	1201
-	Merten	Karl-Friedrich	26	15.08.05	-	68
G	Methner	Joachim	37	17.05.18	592	423, 1005, 2521
G	Metz	Helmut	35	26.09.06	U A, 129, 373	487
-	Metzler	Jost	32	26.02.09	-	69, 847
G	Meyer	Fritz	34	12.02.16	34	34, 207
G	Meyer	Gerhard	35	15.04.15	-	486
-	Meyer	Heinrich	39	08.04.22	154	287
G	Meyer	Herbert	37	30.11.10	-	804
-	Meyer	Paul	36	27.08.17	505	505
G	Meyer	Rudolf	38	01.02.20	-	1055
G	Meyer	Willy	36	02.10.12	-	288
U*	Michahelles	Hermann	17(?)	18.05.99(?)	-	2, 35
N*	Michalowski	Hans-Bernhard	33	13.04.12	-	6, 62
-	Michel	Georg-Heinz	33	19.09.09	-	29. 25, 54, 8
G	Miede	Heinrich	35	04.03.15	1274	56, 1274(?)
G	Mittelstaedt	Gert v.	32	14.01.12	-	144
-	Moehle	Karl-Heinz	30	31.07.10	-	20, 123
G	Möglich	Hans	35	29.01.16	130	526
-	Möhlmann	Helmut	33	25.06.13	-	143, 571
-	Möllendorff	Goske v.	37	12.03.18	196	235, 148, 38
G	Möller	Günther	37	30.06.18	989	141, 844
G	Mohr	Eberhard	35	12.10.15	111	148, 133
G	Mohr	Johann	34	12.06.16	-	124
-	Mohr	Kurt	40	12.01.22	-	930
-	Mohs	Hans-Dieter	37	22.09.19	203	5, 60, 956
-	Morstein	Hans-Joachim v.	28	01.08.09	-	483
-	Müffling	Hans Bruno Freiherr v.	38	24.09.19	263, 952	76, 2545
G	Mühlendahl	Arved v.	23	01.11.04	-	867
G	Mühlenpfordt	Karl	40	27.06.09	86	308

Schicksal	Familienname	Vorname	Crew	Geburtsdatum	gefahren auf	kommandiert
G	Müller	Bernhard	37	10.10.16	584	633
-	Müller	Hans-Georg	36	14.03.16	69	2349
K	Müller	Heinz-Eberhard	40	15.10.22	276, 596	662
G	Müller	Rudolf	37	17.06.17	509, 91	282
-	Müller (nach dem Krieg: Müller-Feldhammer)	Werner	39	04.08.20	239, 953, 1167	953, 2327
-	Müller	Willi	39	25.04.12	-	1000, 3523
-	Müller-Arnecke	Wilhelm	33	30.10.10	-	19
-	Müller-Bethke	Erich	37	23.7.17	-	1278
-	Müller- Edzards	Heinrich	33	18.03.10	-	590
-	Müller-Koebl	Harro	38	17.10.19	-	3051 (?: nicht in D.)
G	Müller-Stöckheim	Günther	34	17.12.13	-	67
G	Münnich	Ralph	35	11.02.16	106	187
-	Münster	Helmut	37	14.09.16	-	101, 428, 3201, 3517
-	Mürl	Heinrich	32	11.02.12	-	2327
U	Mützelburg	Rolf	32	23.06.13	-	10, 203
G	Mugler	Gustav-Adolf	31	10.10.12	-	41
G	Muhs	Harald	38	01.10.19	-	674
G	Mumm	Friedrich	36	15.01.15	564	52, 594
-	Mumm	Herbert	39	03.09.20	354	4, 236
-	Musenberg	Werner	25	24.09.04	-	180
-	Muths	Werner	30	26.02.12	37, 32, 124	?
-	Nachtigall	Richard	37	24.09.14	-	430, 1171, 3513
G	Nagel	Karl-Heinz	37	17.01.17	586	640
G	Neckel	Herbert	35	14.08.16	30, 108	531
-	Nees	Werner	28	20.07.11	-	363
-	Neide	Kurt	36	08.07.16	134	415
-	Neitzel	Karl	23	30.01.01	-	510
-	Neitzsch	Wilhelm	39	14.05.20	518, 3509	3509 (?)
-	Neubert	Kurt	36	24.03.10	126	46, 167
G	Neuerburg	Helmuth	36	25.08.17	-	869
G	Neumann	Hans-Werner	25	03.09.06	-	72, 117
K	Neumann	Heinz-Joachim	30	29.04.09	-	372, 371
-	Neumann	Hermann	38	07.09.19	-	3057 (nicht in D.)
-	Neumeister	Hermann	40	04.01.23	306, 261	3, 291
G	Ney	Günter	39	27.03.22	431	283
-	Ney	Johannes	40	16.06.22	739	739
-	Nicolay	Kurt-Heinz	37	06.10.17	163	312
-	Nielsen	Karl	35	30.09.11	-	370
-	Niemeyer	Peter	39	15.06.10	515	547, 1233, 3532
-	Niester	Erich	39	19.09.21	617	350
-	Niethmann	Otto	38	12.08.19	-	6, 476, 3507
-	Niß	Helmut	23	08.03.06	-	1275, 2531
G	Nissen	Jürgen	36	28.05.16	-	146, 105
G	Nölke	Kurt	35	05.09.14	82	20, 263
-	Nollau	Herbert	36	23.03.16	505	534
G	Nollmann	Rolf	36	29.12.14	-	1199
N	Nolte	Gerhard	39	23.01.22	648	1194, 704
-	Nonn	Victor-Wilhelm	37	02.04.17	97	152, 596
-	Nordheimer	Hubert	36	03.02.17	206	237, 990, 2512
-	Oehrn	Victor	27	21.10.07	-	14, 37

Schicksal	Familienname	Vorname	Crew	Geburtsdatum	gefahren auf	kommandiert
G	Öldörp	Hans-Jürgen	35	23.06.11	558	90
-	Oelrich	Adolf	35	15.03.16	568	92
-	Oesten	Jürgen	33	24.10.13	-	61, 106, 861
G	Oestermann	Johannes	33	19.05.13	-	151, 754
G	Offermann	Hans	39	02.07.21	129	518
I	Ohlenburg	Willy	34	12.03.15	19	19
-	Ohling	Klaus	37	04.02.18	51 (511?)	965
G	Ohlsen	Prosper	36	16.01.18	218	855
G	Opitz	Herbert	34	07.03.15	25, 7, 22	206
G	Otto	Hermann	34	30.05.14	408	449
-	Otto	Paul-Friedrich	37	03.04.17	136	270, 2525
-	Otto	Walter	37	11.03.17	436	285
G	Paepenmöller	Klaus	37	25.02.18	134	973
-	Pahl	Hans-Walter	38	16.08.19	-	2331, 2327, 2369
-	Pahls	Heinrich	39(?)	13.12.19	511	UIT 24
G	Palmgren	Gerhard	38	11.11.19	441	741
-	Pancke	Karl-Wilhelm	38	04.10.15	402	242
G	Panitz	Johannes	37	14.08.13	-	1065
G	Parduhn	Paul	37	27.11.18	-	1107
-	Pauckstadt	Hans	26	27.09.06	-	18, 20, 34, 193
G	Paulshen	Ottokar	34	11.10.15	26, 18	20, 557
G	Pelkner	Hans-Hermann	35	16.04.09	-	335
-	Perleberg	Rüdiger	33	09.03.13	-	1104
-	Peschel	Otto	34	28.08.15	-	3004
-	Peters	Georg	04	03.03.88	-	8, 11, 6, 38
-	Peters	Gerhard	39	14.12.21	410	1198
-	Peters	Wilhelm	37	20.06.16	-	96, 999, 3001, 3045 (nicht in D.)
-	Petersen	Klaus	36	13.01.17	563	14, 24, 9, 3042 (nicht in D.)
-	Petersen	Kurt	36	20.09.16	146, U B, 371	541
-	Petersen	Theodor	34	14.01.14	43, 181	612, 874
-	Petran	Friedrich	38	06.12.19	178	516
-	Pfeffer	Günther	34	23.10.14	-	67, 171, 170, 548
K	Pfeiffer	Werner	33	02.05.12	138	56, 581
K	Pich	Helmut	34	26.06.14	103(?)	168
-	Pick	Ewald	34	27.05.12	-	481, 1025
-	Piening	Adolf	30	16.09.10	48	155
G	Pietsch	Ulrich	36	05.12.15	373	344
G	Pietschmann	Walter	37	31.07.19	377	712, 762
K	Pietzsch	Werner	35	30.04.17	123	523
-	Piwowarsky	Wolfgang	32	07.07.07	2534	?
-	Plohr	Helmut	33	02.12.13	145, 371	149
-	Poel	Gustav	36	02.08.17	-	413
G	Poeschel	Wolfgang	38	25.03.20	28, 604	737, 422
G	Pommer-Esche	Gerd v.	37	22.01.18	159	160
-	Pommerehne	Walter	31	04.04.08	-	866
-	Popp	Klaus	35	30.05.17	-	140, 552
K	Poser	Günter	36	23.09.16	432	59, 202
-	Poske	Fritz	23	23.10.04	-	504
-	Praetorius	Friedrich-Hermann	34	28.02.04	-	135
-	Pregel	Siegfried	42	02.02.15	-	323

Schicksal	Familienname	Vorname	Crew	Geburtsdatum	gefahren auf	kommandiert
-	Prehn	Wilhelm	34	23.12.14	97	3034
K	Prellberg	Wilfried	33	18.10.13	34	19, 31
G	Premauer	Rudolph	37	08.05.11	510	857
-	Pressel	Kurt	30	01.04.11	56, 5	60, 5, 951
-	Preuß	Georg	36	30.12.16	433	1224, 875
K	Preuß	Joachim	33	30.05.14	U A	10, 568
G	Prien	Günther	33	16.01.08	-	47
-	Prützmann	Robert	24	04.05.03	-	30
-	Przikling: siehe Purkhold					
G	Pückler u. Limpurg	Wilhelm-Heinr. Graf v.	34	09.03.13	101	381
-	Pulst	Günther	37	26.03.18	-	978
-	Purkhold	Hubertus	35	06.06.15	-	14, 260
-	Puschmann	Hans-Friedrich	39	07.06.22	410, 385	748 (?)
G	Puttkammer	Konstantin v.	36	31.07.17	146, 46	46, 443
K	Quaet-Faslem	Jürgen	34	25.05.13	98	595
-	Queck	Horst-Thilo	35	09.01.15	372	622, 92, 2522
G	Raabe	Ernst	26	05.02.07	-	246
-	Raabe	Karl-Heinz	38	23.05.20	-	1161, 1007(?)
K	Rabenau	Georg v.	36	03.07.08	504	528
G	Rabenau	Wolf-Rüdiger v.	33	07.01.08	-	10, 52, 702
-	Racky	Ernst-August	38	01.09.19	-	52, 429, 3019
G	Rademacher	Ewald	37	01.12.17	-	772
G*	Rademacher	Rudolf	37	19.02.19	-	478
-	Radermacher	Alfred	33	13.09.13	-	120, 393
U	Radke	Hans-Jürgen	28	10.01.16	-	148, 657
G	Rahe	Heinz	36	15.03.16	73	257
G	Rahlf	Peter	39	07.03.09	-	317
K	Rahmlow	Hans-Joachim	28	18.10.09	48	58, 570
G	Rahn	Hermann	38	14.10.18	83	5
G	Rahn	Wolfgang	38	31.10.20	458	343
-	Ranzau	Emil	39	04.06.08	-	150, 71
-	Rappard	Konstantin v.	36	13.06.17	103	560, 2324
-	Rasch	Hermann	34	26.08.14	106	106
G	Rasch	Karl-Heinz	34	06.04.14	-	296
K	Rathke	Hellmut	30	03.12.10	-	352
G	Ratsch	Heinrich	34	18.10.14	38	28, 583
-	Rauch	Dietrich	36	18.12.16	107	141, 868
-	Rave	Ernst-Wolfgang	37	09.09.17	105	554
-	Reche	Reinhart	34	13.12.15	751	255
-	Reckhoff	Johann	28	15.01.11	-	398
-	Reeder	Günther	35	02.11.15	58	7, 214
G	Reese	Hans-Jürgen	37	27.04.18	561	420
K	Reff	Reinhard	37	07.09.13	453	736
-	Rehren	Hellmuth	39	04.03.22	529, 564, 998	926
G	Rehwinkel	Ernst-August	-	30.10.01	-	578
G	Reich	Christian	36	21.11.15	202	416, 426
-	Reiche	Heinz v.	29	18.03.08	-	17
G	Reichenbach-Klinke	Kurt	35	21.02.17	57	23, 217
G	Reichmann	Wilfried	34	10.09.05	-	153
-	Reimann	Ernst	39	09.09.20	953	3050 (nicht in D.)
G	Reimers	Hans	40	19.10.16	454	983, 722

Schicksal	Familienname	Vorname	Crew	Geburtsdatum	gefahren auf	kommandiert
K	Reisener	Wolfgang	38	13.10.18	223	608
-	Reith	Hans-Edwin	39	17.01.20	105, 190	190
-	Remus	Gerhard	36	10.05.16	652	34, 566, 2364
-	Remus	Werner	39	26.09.19	406	339, 554
G	Rendtel	Horst	36	27.11.16	202	555, 641
-	Reschke	Franz-Georg	29	26.05.08	94	205
-	Rex	Herbert	37	27.08.18	-	?
-	Rex	Wilhelm	35	26.10.10	680	1405
G	Richard	Hellmut	36	02.03.17	453	446
-	Richter	Freimuth	39	29.11.29	517, 639, 302, 564	2547
G	Riecken	Werner	34	08.06.12	-	1017
-	Riedel	Heinrich	39	30.12.21	612, 230	242
G	Rieger	Eberhard	40	-.-.23	201, 564	4, 416
-	Rieger	Hubert	39	26.05.20	-	?
G	Riekeberg	Wolfgang	37	14.10.18	-	1054, 637
G	Riesen	Rolf	38	18.12.19	-	180
-	Riesen	Friedrich van	38	09.07.11	-	1109
-	Rigele	Hermann	09	16.09.91	-	UD 1, UD 3
-	Rinck	Hans	41	02.06.12	-	1019
G	Ringelmann	Helmuth	31	21.04.12	-	75
-	Rix	Robert	39	20.03.07	-	58, 96
-	Robbert	Heinz	39	20.08.16	107	3040
G	Rodig	Johannes	36	24.03.17	-	878
G	Rodler v. Roithberg	Hardo	37	14.02.18	96	24, 71, 989
-	Roeder-Pesch	Hans	37	25.04.14	86	1167
K	Römer	Wolfgang	36	22.10.16	52, 103	56, 353
-	Rösing	Hans Rudolf	24	28.09.05	-	11, 48
-	Röther	Josef	27	07.10.07	-	380
G	Röttger	Helmut	37	15.12.18	203	715
G	Rogowsky	Peter	38	10.06.19	595, 185, UF 2, 552	866
-	Rohlfing	Karl-Heinz	35	22.11.10	1193	4712
G	Rollmann	Siegfried	34	13.09.14	52	82
G	Rollmann	Wilhelm	26	05.08.07	-	34, 848
-	Roost	Werner	-	-	-	926
G	Ropp	Dietrich von der	29	27.07.09	-	12
U	Rosenbaum	Helmut	32	11.05.13	-	2, 73
G	Rosenberg	Günther	36	19.01.17	372	351, 201
G	Rosenberg-Gruszczynski	Hans-Achim v.	37	04.06.17	37	18, 384
G	Rosenstiel	Jürgen v.	33	23.11.12	38	143, 502
G	Roßmann	Hermann	37	23.07.18	582	52, 273
G	Rostin	Erwin	33	08.10.07	-	158
-	Roth	Götz	38	19.12.19	-	351, 748, 1232
-	Rothkirch u. Panthen	Siegfried v.	38	23.10.19	407, 604	717
G	Rudloff	Klaus	35	24.01.16	559	609
-	Rudolph	Johannes	37	24.04.16	-	155, 2552
-	Rüggeberg	Rolf	26	04.03.07	107	513
-	Ruperti	Günter	39	07.07.14	-	777, 3039
G	Ruppelt	Günther	37	13.09.19	-	579, 356
G	Ruwiedel	Kurt	36	18.09.17	-	10, 337
U	Saar	Franz	38	12.12.19	202	46, 555, 30, 957
-	Sach	Heinrich	38	28.04.13	374	3031

Schicksal	Familienname	Vorname	Crew	Geburtsdatum	gefahren auf	kommandiert
G	Sachse	Dietrich	39	22.08.17	413	1162, 28, 413
-	Säck	Franz	28	31.12.09	120, 552	251
-	Salmann	Otto	32	05.07.08	-	7, 52
G	Sammler	Karl-Heinz	37	15.01.19	66	59, 675
-	Sander	Paul	38	05.10.08	25, 103	4, 72
G	Sass	Paul-Heinrich	39	03.10.19	757	364
G	Saß	Werner	37	16.01.16	171, 554, 525	676
-	Sauer	Heinz	39	07.04.15	592	673
G	Sauerberg	Ernst	34	11.01.14	515	1225
G*	Sauerbier	Joachim	39	25.09.19	-	120, 56, 251
G	Sausmikat	Werner	37	07.10.17	371	56, 1103, 774
-	Schaafhausen	Ludwig	37	30.11.13	565	369
-	Schaar	Gerd	37	05.03.19	704	957, 2551
G	Schacht	Harro	26	15.12.07	-	507
G	Schad v. Mittelbiberach	Berchtold	36	01.09.16	-	2342
-	Schäfer	Friedrich	14	28.02.93	-	UD 1, 460, U A, UD 4
N	Schäfer	Heinrich	25	30.01.07	-	183, UIT 23
G	Schaefer	Wolf-Axel	30	03.03.11	-	484
-	Schaeffer	Heinz	39	28.04.21	445	148, 977
-	Schaiper gen. Schäfer	Wolfgang	39	04.04.22	-	368
K	Schamong	Clemens	37	15.04.17	333	468
-	Schattenburg	Johannes	39	16.05.22	968	1272
-	Schauenburg	Günther	39	26.04.20	621	793, 1409 (?)
G	Schauenburg	Herbert	31	29.05.12	-	20, 577
K	Schauenburg	Rolf	34	30.05.13	-	536
-	Schauer	Werner	40	10.09.22	616, 369	2350
-	Schauroth	Karl	40	11.07.21	228	142, 146
-	Scheer	Werner	12	06.06.93	-	25
G	Scheibe	Hans-Martin	36	17.04.18	431	72, 455
-	Scheltz	Hans-Ulrich	34	15.11.09	-	UD 5
G	Schendel	Eberhard	39	06.06.20	758	636
-	Schendel	Rudolf	32	10.01.14	-	19, 134, 2509
G	Schepke	Joachim	30	08.03.12	13	3, 19, 100
-	Scherfling	Wolfgang	40	29.06.23	518, 548	140
K	Scheringer	Heinz	27	29.08.07	-	10, 13, 26
-	Scherraus	Ekkehard	38	01.10.19	507, 197, 68	1225(?)
G	Schetelig	Robert	37	06.10.18	87	229
-	Schewe	Georg	30	24.11.09	-	60, 105
-	Schiebusch	Günter	33	26.01.09	-	252, 262
-	Schild	Hansjörg	38	13.05.20	-	924
-	Schimmel	Günther	39	13.08.20	711	137, 30, 382
G	Schimmelpfennig	Hertmuth	37	04.10.19	586	1004
-	Schimpf	Karl	-	23.03.14	514	803, 3009
-	Schley	Hans-Jürgen	39	20.10.20	563	59, 351, 3507
G	Schlieper	Alfred	34	15.01.15	96	208
-	Schlippenbach	Egon Reiner Freiherr v.	34	10.04.14	18, 101,	121, 453
-	Schlitt	Karl-Adolf	37	16.04.18	-	1206
-	Schlömer	Fokko	28	25.08.09	-	1164, 3008
-	Schlott	Heinrich	40	10.07.22	-	2329
K	Schmandt	Adalbert	40	26.12.09	-	489
G	Schmid	Heinrich	34	22.05.15	555	7, 663

Schicksal	Familienname	Vorname	Crew	Geburtsdatum	gefahren auf	kommandiert
-	Schmidt	Friedrich	39	01.06.21	732, 129, 190	793
-	Schmidt (nach dem Krieg Schmidt-Rösemann)	Karl-Heinz	36	20.01.11	351, 211	17, 1103, 3529
G	Schmidt	Werner	26	17.04.06	-	292
K	Schmidt	Werner-Karl	-	15.04.15	-	250
-	Schmidt	Werner v.	39	11.07.20	84	12, 15, 25, 40, 116
-	Schmidt-Weichert	Hans-Joachim	36	07.05.15	95	9
-	Schmoeckel	Helmut	36	18.12.17	504	802
-	Schnee	Adalbert	34	31.12.13	23	6, 60, 201, 2511
G	Schneewind	Fritz	36	10.04.17	506	511, 183
G	Schneider	Herbert	34	25.06.12	123	552
-	Schneider	Manfred	39	11.12.20	-	4706
-	Schneidewind	Hermann	36	07.03.07	-	1064
G	Schnoor	Heinrich	15	22.06.95	153, 108	U A, 460
-	Schöler	Clemens	36	30.05.15	564	24, 20
G	Schönberg	Adolf	37	07.08.18	-	62, 404
G	Schöneboom	Dietrich	37	04.12.17	205	58, 431
G	Schötzau	Gerhard	36	16.04.17	-	880
-	Scholle	Hans-Ulrich	38	30.09.09	388, 985	2328, 328
-	Scholtz	Klaus	27	22.03.08	-	108
-	Scholz	Günther	38	27.02.19	371	284, UD 2, 1052
-	Scholz	Hans-Ulrich	40	07.05.11	101	4703
N	Scholz	Heinz-Günther	37	12.01.18	172	283
-	Schomburg	Heinz	35	28.09.14	78, 561	145, 561
-	Schomburg	Oskar	-	19.08.97	-	26
G	Schonder	Heinrich	35	23.07.10	51	53, 58, 77, 200
G	Schramm	Joachim	36	03.06.16	109	109
K	Schreiber	Gerd	31	02.04.12	-	3, 95
K	Schreiber	Heinrich	37	30.04.17	-	270
-	Schrein	Herbert	37	30.05.17	UIT 25, 183, 219	UIT 25
G	Schreiner	Wolfgang	37	20.04.17	593	417
-	Schrenk	Heinz	37	18.09.17	593	7, 901
-	Schrenk	Hermann	37	19.06.18	178	3511
G	Schrewe	Peter	34	05.12.13	48, 378	537
G	Schreyer	Hilmar	33	28.08.14	558	987
-	Schrobach	Kurt	35	11.09.14	596	2360
-	Schröder	Gustav	39	06.07.21	184, 311	1056
-	Schröder	Heinrich	36	25.01.16	385, 155	2367
G	Schröder	Hermann	37	07.04.12	751	623
-	Schroeteler	Heinrich	36	10.12.15	-	667, 1023
-	Schroeter	Horst v.	37	10.06.19	123	123, 2506
G	Schroeter	Karl-Ernst	34	03.12.12	9, 78	121, 752
-	Schröter	Karl-Heinz	39	13.03.21	603	1195, 763, 3062 (nicht in D.)
G	Schrott	Karl	32	25.03.11	-	7, 551
-	Schubart	Albrecht	36	19.07.14	-	1002, 2520
-	Schuch	Heinrich	25	28.08.06	-	37, 38, 105, 154
G	Schüler	Philipp	35	17.01.11	100	141, 602
-	Schüler	Wolf-Harald	39	22.08.21	123	720, 2325
G	Schümann	Henning	36	24.11.15	402	392
-	Schünemann	Horst	34	02.01.14	71	62, 621

Schicksal	Familienname	Vorname	Crew	Geburtsdatum	gefahren auf	kommandiert
-	Schütt	Heinz	36	24.11.15	-	135, 294
G	Schütze	Herbert-Victor	35	24.02.17	77	605
-	Schütze	Viktor	25	16.02.06	-	19, 11, 25, 103
G	Schug	Walter	34	22.10.10	74	86
K	Schuhart	Otto	29	01.04.09	-	8 (i.V.), 25, 29
K	Schulte	Max	33	24.09.15	9	9, 13
G	Schulte	Werner	37	07.11.12	-	98, 582
-	Schultz	Dietrich	40	05.11.19	284	4708
-	Schultz	Hermann	38	07.02.20	209	150, 3502
G	Schultz	Karl-Otto	34	09.11.14	22	34, 216
G	Schultze	Heinz-Otto	34	13.09.15	31	4, 141, 432, 849
-	Schultze	Herbert Emil	30	24.07.09	-	5, 2, 48
-	Schultze	Rudolf	39	19.05.22	608	61, 2540
G	Schultze	Wolfgang	30	03.10.10	-	17, 512
-	Schulz	Hermann	34	22.04.13	255	2369, 2327
-	Schulz	Richard	39	20.09.17	636	58
-	Schulz	Werner	30	28.09.19	-	929
-	Schulz	Werner-Karl	28	25.10.10	-	437
-	Schulz	Georg-Wilhelm	32	10.03.06	-	12 (mWdGb), 10, 64, 124
-	Schulze	Wilhelm	28	27.07.09	71	177, 98
-	Schumann-Hindenberg	Friedrich-Wilhelm	32	28.03.13	-	245
-	Schunck	Hans-Norbert	38	31.03.20	554, 660, 377	348, 103, 369
G	Schwaff	Werner	36	03.03.15	654	2, 333 440
-	Schwager	Erwin	37	09.01.17	573, 404	143
-	Schwalbach	Bruno	37	11.09.17	3508	1161
G	Schwantke	Hans-Joachim	36	30.08.18	-	43
G	Schwarting	Bernhard	36	30.01.13	-	1102, 905
G	Schwartzkopf	Volkmar	34	25.04.14	-	520
-	Schwarz	Hans-Joachim	38	28.09.19	-	1105
-	Schwarz	Rudolf	36	19.07.14	471	1056
G	Schwarzenberg	Hans-Dietrich	40	23.05.23	711	579
-	Schwarzkopf	Wolfgang	39	10.01.21	605	2, 21, 704
G	Schwassmann	Heinz	35	03.02.16	753	742
G	Schwebcke	Hans-Joachim	37	22.03.18	-	714
G	Schweichel	Hans-Adolf	36	26.05.15	-	173
-	Schweiger	Friedhelm	37	07.03.17	125	313
-	Schwirley	Ernst-Werner	39	07.06.19	413	982, 3510
-	Seeger	Joachim	39	11.02.12	-	UD 3, 393
-	Seeger	Sigurd	39	06.07.20	560, 382	348, 1203
G	Seehausen	Gerhard	37	29.07.17	518	68, 66
-	Seeliger	Edgar	40	27.07.20	956	4702
G	Seibicke	Günther	32	30.08.11	-	436
G	Seidel	Hans	37	15.05.18	203	203, 361
-	Seiler	Wolfgang	39	04.08.18	-	37
-	Sell	Erwin	40	03.05.15	4	1102
-	Selle	Horst	39	14.02.21	255	795
G	Senkel	Hans	33	04.01.10	-	658
G	Sickel	Herbert	35	30.06.14	73	302
-	Siebold	Karl-Hartwig	36	19.03.17	66, 557(?)	554, 3504
G	Sieder	Heinz	38	28.06.20	440	984
-	Siegmann	Paul	35	24.05.13	-	612, 230, 2507

Schicksal	Familienname	Vorname	Crew	Geburtsdatum	gefahren auf	kommandiert
G	Siemon	Hilmar	34	29.03.15	97	334, 396
-	Simmermacher	Volker	37	01.02.19	-	107, 3013
G*	Singule	Rudolf	01	08.04.83	-	UD 4
-	Sitek	Walter	39	05.01.13	581	17, 981
-	Slevogt	Horst	39	04.07.22	-	62, 3032
G	Sobe	Ernst	24	02.09.04	-	34, 179
G	Soden-Fraunhofen	Ulrich Graf v.	36	02.08.13	552	624
-	Sohler	Herbert	28	25.07.08	-	10, 46, U B(?)
-	Sommer	Helmuth	35	24.08.14	-	139, 78, 853
G	Sons	Friedrich	40	14.08.10	-	479
-	Spahr	Wilhelm	21	04.04.04	47, 178	178
K	Speidel	Hans-Harald	36	20.05.17	81	643
G	Spindlegger	Johann	35	31.07.15	561	616, 411
-	Sporn	Wolfgang	34	12.09.12	-	439
G	Staats	Georg	35	13.03.16	5, U A	80, 508
-	Stähler	Hellmut	37	08.09.16	-	928
G	Stahl	Peter	38	01.08.13	575	648
G	Stark	Günther	36	01.02.17	653	740
G	Staudinger	Oskar	36	13.05.17	-	638
G	Steen	Hans	25	29.09.97	117	233
-	Steffen	Karl	40	16.10.09	1132	2345
G	Steffens	Klaus-Dietrich	37	17.06.18	373	719
-	Stege	Friedrich	39	12.11.20	212	291, 397, 958
G	Stegemann	Hasso	39	30.07.20	1227	367
-	Stegmann	Hans	35	05.03.12 -	779	
G	Stein	Heinz	37	21.08.13	24, 8, 139, 98	8 (i.V.), 554, 620
G	Steinaecker	Walter Freiherr v.	35	25.03.17	130	524
-	Steinbrinck	Erich	38	13.03.19	-	1203, 293 (?), 953
K	Steinert	Hermann	36	10.12.16	155	128
-	Steinfeld	-	-	-	-	UIT 21
-	Steinfeld	Friedrich	40	15.12.14	371	195
-	Steinhaus	Rolf	-	01.04.16	101	8, 802
S*	Steinhoff	Friedrich	35	14.07.09	96(?)	511, 873
G	Steinmetz	Karl-Heinz	39	19.02.21	-	993
G	Stellmacher	Dietrich	39	27.03.15	-	865
-	Stellmann	Ernst-August	35	19.04.15	956	2541
G	Stephan	Karl-Heinz	36	18.09.15	-	1063
G	Sternberg	Heinz	36	16.02.17	659	473
-	Stever	Ehrenreich	37	04.10.18	-	1277
G	Sthamer	Hans-Jürgen	37	26.07.19	593, 604, 91	354
K	Stiebler	Wolf-Harro	32	04.08.07	-	8, 21, 61, 461
-	Stipriaan	Johannes van	40	09.12.13	539	237, 3046 (n. in D.)
G	Stock	Hans	35	02.08.15	96	659
-	Stock	Rupprecht	37	16.02.16	214	214, 218
U	Stockhausen	Hans-Gerrit v.	26	11.08.07	-	13, 65
-	Stoeffler	Otto	39	12.03.10	-	475
-	Stoelker	Gerhard	39	26.05.10	-	825
-	Stolzenburg	Gottfried	38	08.12.12	-	11, 2543
G	Sträter	Wolfgang	35	21.05.16	-	20, 83, 614
G	Straub	Siegfried	39	22.06.18	652	625
-	Strauch	Günter	34	05.12.08	-	1010
-	Strehl	Hugo	39	05.10.21	3507	351

Schicksal	Familienname	Vorname	Crew	Geburtsdatum	gefahren auf	kommandiert
G	Strelow	Siegfried	31	15.04.11	-	435
-	Strenger	Hartmut	36	12.01.17	-	290
-	Strenger	Wolfgang	37	09.02.19	553	10, 1023
V	Striegler	Werner	37	30.06.18	511	UIT 25, UIT 23, 196
-	Struckmeier	Rolf	-	-	205	608
G	Strübing	Werner	42	25.05.07	-	1003
G	Stuckmann	Hermann	39	02.01.21	571	316, 621
G	Studt	Bruno	39	06.04.18	108, 459	488
-	Stührmann	Günter	40	11.03.22	453	904
-	Sturm	Kurt	25	30.01.06	-	410, 167, 547
-	Sürenhagen	Albert	36	25.03.16	593	855
G	Sues	Peter	38	26.09.19	204, 558	388
-	Süß	Walter	40	27.10.08	1210	1304
-	Suhren	Reinhard	35	16.04.16	48	564
-	Sureth	Kurt	39	08.07.22	625	625, 2549
-	Tammen	Renko	41	21.12.22	380, 967	148
-	Taschenmacher	Erich	38	01.11.19	-	775
-	Techand	Werner	37	21.01.19	135	731
G	Teichert	Max-Martin	34	31.01.15	94	456
(-	Thäter	Gerhard	36	18.11.16	-	466, 3506
-	Thiel	Gernot	40	13.05.22	305, 763	152
-	Thienemann	Sven	39	04.12.12	-	682, 1271
-	Thilo	Ulrich	22	04.01.03	-	174
-	Thimme	Jürgen	37	26.09.17	214, 294	276, 716
-	Thomsen	Rolf	36	06.05.15	-	1202
-	Thurmann	Helmut	35	05.01.15	-	1234, 3004
G	Thurmann	Karl	28	04.09.09	-	29, 553
K	Tiesenhausen	Hans-Diedrich Freiherr v.	34	22.02.13	23, 93	331
-	Tiesler	Raimund	37	07.03.19	578	649, 976, 2503
-	Tillessen	Hans-Rutger	34	16.04.13	506	516
-	Timm	Heinrich	33	30.04.10	-	251, 862
-	Tinschert	Otto	35	02.03.15	97	267, 650. 3011, 903
G	Tippelskirch	Helmut v.	37	07.12.17	160	439
G	Todenhagen	Diether	37	22.07.20	703	48, 1008, 365
-	Topp	Erich	34	02.07.14	46	57, 552, 3010, 2513
G	Trojer	Hans	36	22.01.16	34, 67	3, 221
G	Trotha	Claus v.	36	25.03.14	81	554, 306
V	Trotha	Wilhelm v.	36	07.08.16	582	733, 745
G	Trox	Hans-Georg	36	21.01.16	83	97
-	Turre	Eduard	39	31.01.20	530	868
-	Uebel	Johannes	-	15.04.01	-	883
-	Ufermann	Friedrich	38	06.10.12	-	2368
G	Uhl	Georg	39	04.01.15	512, 592	269
K	Uhlig	Herbert	35	27.02.16	105	527
-	Ulber	Max	35	12.10.16	358	680
-	Ulbing	Willibald	39	19.08.20	129	2347
-	Umlauf	Hans-Hugo	37	29.01.18	270	1168
-	Unterhorst	Ernst-Günther	37	05.04.19	403	359, 394, 396
G	Unverzagt	Günter	39	03.05.21	307	965
G	Uphoff	Horst	35	-	46	84
-	Utischill	Karl-Erich	39	25.02.21	37, 565	151, 2548

Schicksal	Familienname	Vorname	Crew	Geburtsdatum	gefahren auf	kommandiert
K	Valentiner	Hans-Guido	37	12.01.19	584	385
G	Varendorff	Amelung v.	35	20.12.13	47	213
-	Venier	Franz	12	15.06.93	UD 3	UD 1, UD 2
I	Verpoorten	Hubert	40	07.09.22	23	19
-	Vieth	Joachim	36	10.01.16	-	3041
G	Vockel	Jürgen	41	19.09.22	198, 969	2336
-	Vöge	Ulrich	38	05.11.19	-	239, 2536
-	Vogel	Hans	37	22.05.18	453	143, 3001, 3025
G	Vogel	Victor	32	22.11.12	-	588
G	Vogelsang	Ernst	31	31.08.11	-	18, 132
G	Vogler	Helmut	35	23.09.16	567	212
K	Voigt	Horst	38	19.10.19	-	1006
-	Voswinkel	Karl-Heinz	38	25.12.15	-	1273, 3509(?)
K	Vowe	Bruno	23	10.07.04	-	462
G	Wächter	Karl-Jürgen	36	02.05.16	576	223, 2503
-	Wagner	Herbert	37	10.01.17	-	1166
-	Wahlen	Rolf-Birger	36	28.07.15	-	23, 2514, 2541
-	Waldschmidt	Herbert	39	10.02.22	564	146, 2347 (n. in D.), 4719(?)
-	Walkerling	Heinz	35	19.5.15	431	91
-	Wallas	Georg	25	11.02.05	-	60, 356
-	Walther	Herbert	33	03.11.12	-	59
K	Wattenberg	Jürgen	21	28.12.00	-	162
-	Weber	Karl-Otto	36	10.10.14	93, 371	709
-	Weber	Klaus	41	20.10.22	1054, 637	637
-	Weber	Paul	37	30.03.13	257	677, 3001 (?), 3022
G	Weber	Werner	25	10.11.07	-	845
-	Wedemeyer	Hilmar	34	22.09.06	66	365
G	Wehrkamp	Helmut	39	29.03.21	629	275
-	Weidner	Friedrich	39	02.10.16	431	UD 1, 1052, 2518
G	Weiher	Horst	36	05.05.10	-	854
V	Weingaertner	Hannes	28	11.07.08	-	4, 16, 851
G	Weitz	Friedrich	38	18.04.20	610	959
G	Wellner	Horst	29	30.08.08	-	14, 16
-	Wendelberger	Erhard	39	19.10.21	516, 450, 309	720
-	Wenden	Eberhard v.	-	03.12.17	-	926, 37
G	Wendt	Karl-Heinz	38	22.02.20	-	1276
G	Wendt	Werner	38	06.02.16	-	765
-	Wengel	Hans	37	15.05.14	-	1164, 3516
-	Wentz	Rolf-Werner	39	01.01.20	380	963
K	Wenzel	Wolfgang	-	29.03.10	-	231
-	Wermuth	Otto	39	28.07.20	530	103, 853, 530
G	Werner	Alfred	38	22.12.18	703	8, 921
-	Werner	Herbert	39	13.05.20	612, 230	415, 953
G	Werr	Arno	39	08.12.20	572	241
-	Westphalen	Otto	38	12.03.20	566	121, 968
G	Wetjen	Eberhard	36	18.12.14	147	147
-	Wex	Dieter	39	05.09.20	67, 109, 515, 30, 554	2354
G	Wichmann	Walter	37	30.04.19	588	639
-	Wicke	Helmuth	39	08.11.20	106	560, 351, 1007, 1231
-	Wiebe	Gerhard	25	24.01.07	-	516
-	Wieboldt	Günter	37	09.02.19	-	295

Schicksal	Familienname	Vorname	Crew	Geburtsdatum	gefahren auf	kommandiert
-	Wiechmann	Arnold	39	31.08.09	-	4701
-	Wieduwilt	Helmut	38	28.11.19	465	718, 262
-	Wieting	Dietrich	32	27.05.13	73	?
-	Wigand	Wolf	39	17.07.20	-	1108
G	Wilamowitz-Moellend.	Georg v.	12	07.11.93	-	2, 459
G	Wilberg	Ernst-August	38	01.09.13	UD 2, 757	666
-	Wilke	Hans-Dietrich	32	11.06.12	579, 89	766, 382(?)
-	Will	Josef	39	30.04.06	-	318
-	Willeke	Klaus	-	16.02.19	3004, 2506	3514(?)
-	Willner	Horst	38	13.10.19	405	58, 96, 3505
-	Wilzer	Wolf-Werner	37	23.09.16	573, 37, 91	363
G	Winkler	Werner	36	14.05.17	569	630
-	Winter	Werner	30	26.03.12	-	22, 103
-	Wintermeyer	Max	34	02.02.14	105	62, 190
-	Wissmann	Friedrich-Wilhelm	35	16.12.15	-	18, 518
-	Witt	Hans	29	25.12.09	-	161, 129, 3524
-	Witte	Erwin	36	17.02.11	47, 43	155
-	Witte	Helmut	34	06.04.15	107	159
G	Witte	Werner	35	05.01.15	109	509
K	Wittenberg	Friedrich	37	28.10.18	UD 1, 460, 506	856
-	Witzendorff	Ernst v.	37	26.06.16	62, 77	121, 46, 101, 650, 267, 2524, 1007(?)
-	Woermann	Germanus	40	16.12.18	-	2339
G	Wörrishoffer	Ulrich	36	21.03.17	-	83
K	Wohlfahrt	Herbert	33	05.06.15	-	14, 137, 556
-	Wolf	Eckehard	37	11.03.18	-	966
G	Wolf	Heinz	34	02.08.14	-	465
G	Wolfbauer	Leo	13	21.07.95	-	463
-	Wolff	Günter	39	31.01.20	441	2550
-	Wolff	Heinz	37	13.03.18	437	974, 985, 3534
-	Wolff	Karl-Heinz	28	16.10.09	-	509
G	Wolfram	Ralf-Reimar	30	31.03.12	-	108, 864
-	Wollschläger	Otto	22	31.03.02	-	17, UC 1, UC 2, 721
-	Wrede	Hans-Christian	39	09.08.20	448	1234
-	Würdemann	Erich	33	15.01.14	-	506
-	Wüst	Helmuth	39	31.07.20	307	146
G	Wulff	Heinrich	40	11.02.08	584	646
K	Wunderlich	Karl	41	28.05.11	106, 29, 628	UIT 22
G	Wysk	Gerhard	38	02.05.20	-	322
-	Zahn	Wilhelm	30	29.07.10	-	56, 69
-	Zahnow	Günter	39	05.06.20	167, 547	747
-	Zander	Hermann	29	28.07.10	-	1205
G	Zander	Joachim	36	20.04.17	201	311
G	Zapf	Werner	36	23.07.15	-	61
-	Zapp	Richard	26	03.04.04	-	66
-	Zaubitzer	Joachim	37	28.04.18	-	974
-	Zech	Alois	25	14.09.07	-	119
*	Zedelius	Günther	35	19.05.15	130	637
-	Zehle	Dietrich	39	19.09.21	360	1009
-	Zeißler	Herbert	38	17.09.20	373, 30, 338	1192, 140, 1194
-	Zenker	Walter	31	02.01.14	17, 553	57, 393, 3535
K	Zeplien	Walter	37	17.09.18	575	971

Schicksal	Familienname	Vorname	Crew	Geburtsdatum	gefahren auf	kommandiert
-	Zetzsche	Hans-Jürgen	34	05.10.15	28, 10	20, 8 (i.V.), 4, 560, 591
G	Ziehm	Ernst	33	20.07.14	-	78, 232
K	Ziesmer	Reimar	37	23.11.17	98, 38	145, 236, 591
-	Zimmermann	Eberhard	37	27.10.16	130	351, 548
G	Zimmermann	Gero	29	28.06.10	124	401
G	Zimmermann	Heinrich	33	27.01.07	-	136
G	Zinke	Armin	33	30.07.08	-	1229
-	Zippel	Rudolf	-	12.09.14	-	2540(?)
G	Zitzewitz	Alexander v.	34	23.03.16	-	706
-	Zoller	Herbert	38	19.05.19	569	3, 315
G	Zorn	Rudolf	37	20.07.17	456	29, 416, 382, 650
S*	Zschech	Peter	36	01.10.18	-	505
G	Zurmühlen	Bernhard	34	23.02.09	331	600
-	Zwarg	Heinz	37	22.11.17	97	416, 276, 3528

Verzeichnis der U-Boote und ihrer Kommandanten

In numerischer Reihenfolge werden die in Dienst gestellten U-Boote wiedergegeben, gefolgt vom Typ des Bootes, dem sich in chronologischer Folge die Kommandanten anschließen, die das Boot geführt haben. Hinter dem Namen des Kommandanten (in der Regel mit dem letzten Dienstgrad bezeichnet) wird mit Monat und Jahr nur der jeweilige Zeitraum während des Krieges erwähnt.

U 1 – II A
FK Ewerth, KL Gelhaar, KL K.-H. Jenisch, KK Jürgen Deecke 7.38-4.40

U 2 – II A
KL Michahelles, FK H. Liebe, KK H. Schultze, KK Rosenbaum 3.39-5.40, KL Heidtmannn 5.40-7.40, KK Wilamowitz-Moellendorf 8.40-10.41, KL Karl Kölzer 10.41-5.42, KL Schwaff 6.42-11.42, OL Herglotz 11.42-12.43, OL Schwarzkopf 12.43-4.44

U 3 – II A
FK Meckel, KK E.-G. Heinicke, KL Schepke 7.38-1.40, KK G. Schreiber 1.40-7.40, KL Franzke 7.40-11.40, KK v.Bülow 11.40-7.41, KL Trojer 7.41-3.42, OL Zoller 3.42-5.43, OL E. Hartmann 5.43-6.44, OL Neumeister 6.44-7.44

U 4 – II A
KK Weingaertner, KL v.Dresky, KL v.Kloth-Heydenfeldt 10.38-1.40, Kl Hinsch 1.40-4.40, KL H.-O. Schultze 4.40-7.40, KL Zetzsche 7.40-2.41, KL Bernbeck 2.41-12.41, Ol Leimkühler 12.41-6.42, OL Marienfeld 6.42-1.43, OL Düppe 1.43-5.43, KL Sander 5.43-8.43, Ol H. Mumm 8.43-4.44, OL E. Rieger 4.44-7.44

U 5 – II A
KK Dau, KK Glattes, KK H. Schultze (i.V.), KK Kutschmann 8.37-12.39, FK Lehmann-Willenbrock 12.39-8.40, Kl Bothe 8.40-1.42, OL Friederich 1.42-3.42, KL Mohs 3.42-9.42, KL Pressel 9.42-11.42, OL H. Rahn 11.42-3.43

U 6 – II A
KK Mathes, KL Heidel, KK Matz 9.38-11.39, KL Michalowski 11.39, KL O. Harms 11.39-1.40, KK Schnee 1.40-4.40, KK Georg Peters 4.40-7.40, KL J. Liebe 7.40-3.41, KK Bopst 3.41-10.41, KL Brüninghaus 10.41-9.42 KL Just 9.42, KL Brüninghaus 10.42, OL Niethmann 10.42-8.43, OL A. König 8.43-4.44, OL Jestel 4.44-8.44

U 7 – II B
KS Freiwald, KK Salman, KL Heidel 7.39-10.39, KL Schrott 10.39-9.40, KL Reeder 9.40-1.41, KL Brüller 1.41-2.41, KL Reeder 2.41-3.41, OL H.-G. Kuhlmann 3.41-5.41, KK H. Schmid 5.41-1.42, KL Koitschka 1.42-10.42, KL Hans Schrenk 10.42-1.44, OL Loeschke 1.44-2.44

U 8 – II B
FK Grosse, KK Georg Peters 10.36-9.39 (KK Schuhart 9.38-10.38 i.V.), KK Stiebler 9.39-10.39, FK Lehmann-Willenbrock 10.39-11.39, KK Michel 11.39-5.40, KK Kentrat 5.40-6.40, KL Stein 6.40 (i.V.), KL Kell 6.40-12.40 (KL Zetzsche 7.40 i.V.), KK Heinsohn 12.40-4.41, KK Borcherdt 4.41-5.41, KL Steinhaus 5.41-7.41, KL Deckert 7.41-5.42, KL R. Hoffmann 5.42-3.43, OL A. Werner 3.43-4.44, OL Iversen 4.44-11.44, OL Kriegshammer 11.44-3.45

U 9 – II B
KK Looff, KK Mathes 10.37-9.39, KL M. Schulte 9.39-12.39 (i.V.), KS W. Lüth 12.39-5.40, KL Kaufmann 5.40-10.40, OL Joachim Deecke 10.40-6.41, KL Schmidt-Weichert 6.41-5.42, a.D., 10.42-9.43, OL Klapdor 9.43-4.44, LT Dehrmann 4.44 (I.WO i.V.), OL Landt-Hayen 4.44 (i.V.), KL Klaus Petersen 4.44-6.44, OL Klapdor 6.44-8.44

U 10 – II B
KK Scheringer, KK Sohler, KK Georg-Wilhelm Schulz 7.38-10.39, KL Lorentz 10.39-1.40 (i.V.), KL J. Preuß 1.40-6.40, KL Mützelburg 6.40-11.40, KL W.-R.v.Rabenau 11.40-6.41, OL Ruwiedel 6.41-11.41, KL Karpf 11.41-6.42, OL Coester 6.42-2.43, OL W. Strenger 2.43-2.44, OL Ahlers 2.44-8.44

U 11 – II B
KS Rösing, KS V. Schütze 9.37-9.39, KK Georg Peters 9.39-3.43, OL Stolzenburg 3.43-7.44, OL Dobenecker 7.44-12.44

U 12 – II B
KK W.v.Schmidt, KK Georg-Wilhelm Schulz (mWdGb), KK W.v.Schmidt, KL v.d.Ropp 10.37-10.39

U 13 – II B
KK v.Stockhausen, KK Daublebsky v.Eichhain 9.37-11.39, KK Scheringer 11.39.-12.39, KS W. Lüth 12.39-1.40 (i. V.), KL M. Schulte 1.40-5.40

U 14 – II B
FK Oehrn, KL Wellner 10.37-10.39, KL Wohlfahrt 10.39-6.40, KL Bigalk 6.40-11.40, KL Heidtmann 11.40-1.41, KL Könenkamp 1.41-5.41, KL Purkhold (Przikling) 5.41-2.42, KL Klaus Petersen 2.42-7.42, KL Köhntopp 7.42-7.43, OL Bortfeldt 7.43-7.44, OL Dierks 7.44-3.45

U 15 – II B
KK W.v.Schmidt, FK Cohausz, KK Buchholz 8.36-10.39, KK Frahm 10.39-1.40

U 16 – II B
KK Beduhn, KK Behrens, KK Weingaertner 9.37-10.39, KL Wellner 10.39

U 17 – II B
KL Fresdorf, KK v.Reiche 10.37-9.39, KK Jeppener-Haltenhoff 9.39-10.39, KK Behrens 10.39-7.40, KL Collmann 7.40-11.40, KL W. Schultze 11.40-10.41, OL E. Heydemann 10.41-5.42, OL Sitek 5.42-3.43, OL K.-H. Schmidt 3.43-5.44, OL Bartsch 5.44-12.44, OL Baumgärtel 12.44-2.45

U 18 – II B
FK Pauckstadt, KK M.-H. Bauer 9.37-12.39, KK Mengersen 12.39-4.40, KK H.-H. Linder 4.40-12.40, KL Vogelsang 12.40-5.41, OL v.Rosenberg-Gruszczynski 5.41-5.42, KL Wissmann 5.42-8.42, a.D., KL Fleige 5.43-5.44, OL Arendt 5.44-6.44 (i.V.), KL Fleige 6.44-8.44

U 19 – II B
KS V. Schütze, FK Meckel 10.37-11.39, KK Müller-Arnecke 11.39-1.40, KL Schepke 1.40-4.40, KK Prellberg 4.40-6.40, KK Lohmeyer 6.40-10.40, KL Kaufmann 10.40-11.40, KK R. Schendel 11.40-5.41, KL Litterscheid 5.41-2.42, KL Gaude 2.42-4.42, a.D., 12.42-12.43, OL Ohlenburg 12.43-9.44, OL Verpoorten 9.44

U 20 – II B
FK Eckermann/FK Pauckstadt i.V., KK Moehle 10.37-1.40, KL v.Kloth-Heydenfeldt 1.40- 3.40, KK Driver 3.40-4.40, KL Zetzsche 4.40, KK Paulshen 4.40-11.40, KK H. Schauenburg 11.40-6.41, KL Sträter 6.41-12.41, KK Nölke 12.41-3.42, a.D., KL Schöler 5.43-11.43, OL Grafen 11.43-9.44

U 21 – II B
FK Frauenheim 8.36-1.40, KK Stiebler 1.40-4.40, a.D., KL Heidtmann 7.40-1.41, KK Lohse 1.41-5.41 (mWdGb), KL Herlschleb 5.41-1.42, OL Döhler 1.42-9.42, OL Geisler 9.42-1.43, OL Kugelberg 1.43-5.44, OL Schwarzkopf 5.44-8.44

U 22 – II B
FK Grosse, KK Winter 11.36-10.39, KL K.-H. Jenisch 10.39-3.40

U 23 – II B
FK Kretschmer 9.36-4.40, KK Driver 4.40 (mWdGb), KK Beduhn 4.40-5.40, KK Driver 5.40-9.40, KL Reichenbach-Klinke 9.40-3.41,KL Brüller 3.41-9.41, KL Gräf 9.41-3.42, KL Wahlen 3.42-5.42, a.D., 6.43-6.44 (OL Land-Hayen 3/44 i.V.), OL Arendt 6.44-9.44

U 24 – II B
KL Hagen, KK Behrens 10.37-10.39, KK Jeppener-Haltenhoff 10.39-11.39, KK U. Heilmannn 11.39-8.40, KK Borchert 8.40.-4.41, KL H. Hennig 4.41-8.41, KL Rodler v.Roithberg 8.41-5.42. a.D., KL Klaus Petersen 10.42-11.42, KL Schöler 11.42-4.43, KL Klaus Petersen 4.43-4.44, OL Landt-Hayen 4.44-7.44, OL Lenzmann 7.44-8.44

U 25 – I A
KA Godt (2x), FK Scheer, KK Lott (2x), KK W.v.Schmidt, KK Schuhart, GenA H.-G.v.Friedeburg, KK Michel 6.39-9.39, KS V. Schütze 9.39-5.40, KK Beduhn 5.40-8.40

U 26 – I A
KS W. Hartmann (2x), KS O. Schomburg (2x) 11.38-8.39, FK Ewerth 8.39-9.39, KK Scheringer 9.39-10.39 i.V., FK Ewerth 10.39-1.40, KK Scheringer 1.40-5.40, FK H.-G.Fischer 5.40-6.40, KK Scheringer 6.40-7.40

U 27 – VII A
KS Ibbeken, KK Franz, KK Looff (i.V.), KK J. Franz 2.39-9.39

U 28 – VII A
FK Ambrosius, KK Kuhnke 11.38-1.41, KL Guggenberger 1.41-2.41, KL Ratsch 2.41-6.41, KL Eckhardt 6.41-3.42, KL Marbach 3.42-11.42, OL U. Christiansen 11.42-6.43, OL Krempl 6.43-12.43, OL Sachse 12.43-3.44

U 29 – VII A
FK H.-G.Fischer, KK Michel, KK Schuhart 4.39-1.41, KK Lassen 1.41-9.41, KL Hasenschar 9.41-5.42, a.D., OL Zorn 11.42-8.43, OL Aust 8.43-11.43, OL Graf von und zu Arco-Zinneberg 11.43-4.44

U 30 – VII A
FK Cohausz, KL Lemp 10.38-10.40, FK Prützmann 10.40-4.41, KL Loeser 4.41, KL Baberg 4.41-3.42, KL H. Bauer 3.42-11.42, OL Saar 11.42-12.42, OL Ernst Fischer 12.42-12.43, OL L. Fabricius 12.43-1.45, OL Schimmel 1.45

U 31 – VII A
KK Dau, KL Habekost 11.38-3.40, a.D., KK Prellberg 7.40-11.40

U 32 – VII A
KK Lott, FK Büchel, KK J. Franz, FK Büchel 2.39-2.40, KL H. Jenisch 2.40-10.40

U 33 – VII A
FK O. Junker, KS Freiwald, KL v.Dresky 10.38-2.40

U 34 – VII A
FK Sobe (2x), FK Grosse, FK Pauckstadt, FK W. Rollmann 10.38-10.40, OL F. Meyer 10.40-5.41, KL K.-O.Schultz 5.41-11.41, KL G. Remus 11.41-7.42, OL Fenski 7.42-2.43, OL Aust 2.43-8.43

U 35 – VII A
KL Michahelles, FK Ewerth, KK Lott 9/38-11.39

U 36 – VII A
FK Ewerth, KK Fröhlich 2.39-12.39

U 37 – IX A
FK Schuch 8.38-9.39, KS W. Hartmann 9.39-5.40, FK Oehrn 5.40-10.40, KK N. Clausen 10.40-4.41, KL Folkers 4.41-11.41 (mWdGb), KL Janssen 11.41-8.42, KL Lauzemis 8.42-1.43, KL Kelling 1.43-12.43, OL P. Gerlach 12.43-1.44, OL Seiler 1.44-1.45, KL v.Wenden 1.45-5.45

U 38 – IX A
FK H. Liebe 10.38-7.41, FK Schuch 7.41-1.42, OL S. Keller 1.42-12.42, KL Laubert 12.42-6.43, OL Kregelin 6.43-8.43 (i.V.), KL v.Möllendorff 8.43-12.43, OL Kühn 12.43-4.44, KK Georg Peters 4.44-5.45

U 39 – IX A
KK Glattes 12.38-9.39

U 40 – IX A
KK W.v.Schmidt 2.39-10.39, KK Barten 10.39

U 41 – IX A
KK Mugler 4.39-2.40

U 42 – IX A
KK Dau 7.39-10.39

U 43 – IX A
FK Ambrosius 8.39-10.40, KS W.Lüth 10.40-3.42, KL Schwantke 3.42-7.43

U 44 – IX A
KK Mathes 11.39-3.40

U 45 – VII B
KL Gelhaar 6.38-10.39

U 46 – VII B
KK Sohler 11.38-4.40, KL Endraß 4.40-8.41, KL P.-O.Grau 8.41-11.41, KL v.Puttkammer 11.41-2.42, KL Neubert 2.42-5.42, KL v.Witzendorff 5.42, OL Saar 5.42-7.42, a.D., KL Knecht 9.42-5.43, OL Jewinski 5.43-10.43

U 47 – VII B
KK Prien 12.38-3.41

U 48 – VII B
KK H. Schultze 4.39-4.40, KS Rösing 4.40-8.40, KK Bleichrodt 8.40-12.40, KK H. Schultze 12.40-6.41, KL Atzinger 6.41-9.42, OL Todenhagen 9.42-9.43

U 49 – VII B
KK v.Goßler 8.39-4.40

U 50 – VII B
KK M.-H.Bauer 12.39-4.40

U 51 – VII B
KK E.-G.Heinicke 8.38-8.39, KL Knorr 8.39-8.40

U 52 – VII B
KK Barten 2.39-9.39, KK Salman 11.39-6.41, KL W.-R.v.Rabenau 6.41-7.41, KL Freiherr v.Freyberg-Eisenberg-Allmendingen 7.41-1.42, KL F. Mumm 1.42-7.42, OL Roßmann 7.42-3.43, OL Racky 3.43-9.43

U 53 – VII B
KL Knorr 6.39-8.39, KK E.-G.Heinicke 8.39-12.39, KK Schonder 12.39-1.40 (mWdGb), FK Grosse 1.40-2.40

U 54 – VII B
KK Michel 9.39-11.39, KK Kutschmann 11.39-2.40

U 55 – VII B
KL Heidel 11.39-1.40

U 56 – II C
KK Zahn 11.38-1.40, KL O. Harms 1.40-10.40, KL Pfeifer 10.40-4.41, KL Römer 4.41-1.42, OL Grave 1.42-11.42, OL Deiring 11.42-2.44, KL Sausmikat 2.44-6.44, LT Miede 6.44-2.45 (Kaeding 1.45-2.45 i. V.), OL Sauerbier 2.45-4.45

U 57 – II C
KK Korth 12.38-6.40, FK Topp 6.40-9.40, a.D., KL Eisele 1.41-5.43, OL Zenker 5.43-7.44, OL Kühl 7.44-5.45

U 58 – II C
KL Kuppisch 2.39-6.40, KK Schonder 6.40-11.40, KL Rahmlow 11.40-4.41, KL Hamm 4.41-9.41, OL Barber 9.41-8.42, OL Schöneboom 8.42-11.42, OL Willner 11.42-2.44, OL Rix 2.44-7.44, OL R. Schulz 7.44-5.45

U 59 – II C
KL Jürst 3.39-6.40, a. D., KK Matz 7.40-11.40, KK Freiherr v. Forstner 11.40-4.41, a.D., OL Gretschel 11.41-12.41, KL Poser 12.41-7.42, OL Sammler 7.42-6.43, OL Schley 6.43-7.44, LT Walther 7.44-4.45

U 60 – II C
KK Schewe 7.39-6.40, KK Schnee 6.40-10.40, KL Wallas 10.40-9.41, KL Pressel 9.41-4.42, KL Mohs 4.42-8.42, LT Hübschen 8.42-9.42 (i. V.) OL Kregelin 9.42-2.44, OL Giesewetter 2.44-2.45, a. D.

U 61 – II C
KK Oesten 8.39.-8.40, KK Stiebler 8.40-11.40, KK Mattke 11.40-5.41, KL Hans Lange 5.41-1.42, OL Geider 1.42-11.42, OL Ley 11.42-9.43, OL R. Schultze 9.43-11.44, OL Zapf 11.44-3.45

U 62 – II C
KL Michalowski 12.39-11.40, OL Forster 11.40-5.41, KL Wintermeyer 5.41-11.41, KK Mehl 11.41, KL Schünemann 11.41-4.42, OL Epp 4.42-9.42, OL Schönberg 9.42-7.43, OL Slevogt 7.43-11.44, OL Augustin 11.44-5.45

U 63 – II C
KL Lorentz 1.40-2.40

U 64 – IX B
KK G.-W. Schulz 12.39-4.40

U 65 – IX B
KK v.Stockhausen 2.40-3.41, KK Hoppe 3.41-4.41

U 66 – IX C
FK Zapp 1.41-6.42, KL Markworth 6.42-8.43, OL Frerks 8.43, a. D., KL Seehausen 1.44-5.44

U 67 – IX C
KK Bleichrodt 1.41-5.41, KL Pfeffer 5.41-7.41 (mWdGb), KK Müller-Stöckheim 7.41-7.43

U 68 – IX C
KS Merten 2.41-1.43, KL Lauzemis 1.43-6.43, KL Seehausen 6.43-7.43 (mWdGb), KL Lauzemis 7.43-4.44

U 69 – VII C
KK Metzler 11.40-8.41, KK Zahn 8.41-3.42, KL Gräf 3.42-2.43

U 70 – VII C
KK Matz 11.40-3.41

U 71 – VII C
KK Flachsenberg 12.40-7.42, KL Rodler v. Roithberg 7.42-7.43, OL Krempl 7.43, OL U. Christiansen 7.43-6.44, OL Ranzau 6.44-2.45

U 72 – VII C
FK H.-W.Neumann 1.41-8.41, KL Köster 8.41-12.41, KK Mehl 12.41-5.42, KL Scheibe 5.42-11.42, OL Helmut Lange 11.42-12.43, KL Sander 12.43-5.44, OL K.-T.Mayer 5.44-3.45

U 73 – VII B
KK Rosenbaum 9.40-9.42, KL Deckert 9.42-12.43

U 74 – VII B
KK Kentrat 10.40-3.42, OL Friederich 3.42-5.42

U 75 – VII B
KL Ringelmann 12.40-12.41

U 76 – VII B
KL v.Hippel 12.40-4.41

U 77 – VII C
KK Schonder 1.41-9.42, KL O. Hartmann 9.42-3.43

U 78 – VII C
KK Dumrese 2.41-7.41, OL Makowski 7.41-2.42, KL Dieterich 2.42-7.42, KL Ziehm 7.42-11.42, KL Sommer 11.42-5.43, KL Eisele 5.43-11.44, OL Hübsch 11.44-4.45

U 79 – VII C
KL Kaufmann 3.41-12.41

U 80 – VII C
KL Staats 4.41-10.41, KL Benker 10.41-5.42, KL Curio 5.42-11.42, OL Isermeyer 11.42-10.43, KL Keerl 12.43-11.44

U 81 – VII C
KL Guggenberger 4.41-12.42, OL J.O.Krieg 12.42-1.44

U 82 – VII C
KL S. Rollmann 5.41-2.42

U 83 – VII B
KL Kraus 2.41-9.42, (KL Sträter 12.41-1.42 i. V.), a.D., KL Wörrisshoffer 11.42-3.43

U 84 – VII B
KL Uphoff 4.41-8.43

U 85 – VII B
OL Greger 6.41-4.42

U 86 – VII B
KL Schug 7.41-11.43

U 87 – VII B
KL Berger 8.41-3.43

U 88 – VII C
KL Bohmann 10.41-9.42

U 89 – VII C
KK Lohmann 11.41-5.43

U 90 – VII C
KL Öldörp 12.41-7.42

U 91 – VII C
KL Walkerling 1.42-4.43, KL H. Hungershausen 4.43-2.44

U 92 – VII C
KL Oelrich 3.42-6.43 a. D., KL Queck 8.43-6.44, KL Brauel 6.44-10.44

U 93 – VII C
KK Korth 7.40-9.41, KL Elfe 9.41-1.42

U 94 – VII C
KL Kuppisch 8.40-9.41, KL O. Ites 9.41-8.42

U 95 – VII C
KK G. Schreiber 8.40-11.41

U 96 – VII C
FK Lehmann-Willenbrock 9.40-4.42, KL Hellriegel 4.42-3.43, KL W. Peters 3.43-10.43, a.D., OL Willner 2.44-7.44, OL Rix 7.44-3.45

U 97 – VII C
KK U. Heilmann 9.40-5.42, KL Bürgel 5.42-8.42, a.D., KL Trox 2.43-6.43

U 98 – VII C
KK Gysae 10.40-4.41 (KK W. Schulte 4.41-6.41 i.V.), KK Gysae 6.41-3.42, KK W. Schulze 3.42-10.42, OL Eichmann 10.42-11.42

U 99 – VII B
FK Kretschmer 4.40-3.41

U 100 – VII B
KL Schepke 5.40-3.41

U 101 – VII B
FK Frauenheim 3.40-11.40, KK Mengersen 11.40-12.41, KL Marbach 12.41-1.42, KL Bothe 1.42-5.42, KL v. Witzendorff 5.42-9.42, KL Münster 9.42-10.43

U 102 – VII B
KL v.Kloth-Heydenfeld 4.40-6.40

U 103 – IX B
KS V. Schütze 7.40-8.41, KK Winter 8.41-7.42, KL Janssen 7.42-1.44, a.D., OL Schunck 3.45-4.45

U 104 – IX B
KL Jürst 8.40-11.40

U 105 – IX B
KK Schewe 9.40-1.42, FK Schuch 1.42-10.42, KL Nissen 10.42-6.43

U 106 – IX B
KK Oesten 9.40-10.41, KL H. Rasch 10.41-3.43, a.D., OL Damerow 6.43-8.43

U 107 – IX B
FK Heßler 10.40-11.41, KL Gelhaus 11.41-6.43, KL Simmermacher 6.43-8.44, LT K.-H.Fritz 8.44

U 108 – IX B
FK K. Scholtz 10.40-10.42, KL Hilsenitz 10.42, KK Wolfram 10.42-10.43, OL Brünig 10.43-4.44

U 109 – IX B
FK H.-G.Fischer 12.40-6.41, KK Bleichrodt 6.41-2.43, OL Schramm 2.43-5.43

U 110 – IX B
KL Lemp 11.40-5.41

U 111 – IX B
KL Kleinschmidt 12.40-10.41

U 112 - U 115 – XI
Große U-Kreuzer, die im Januar 1939 bei der Deschimag in Bremen in Auftrag gegeben worden waren. Die Bauaufträge wurden jedoch nach Kriegsbeginn annulliert.

U 116 – X B
KK W.v.Schmidt 7.41-9.42, KL Grimme 9.42-10.42

U 117 – X B
FK H.-W.Neumann 10.41-8.43

U 118 – X B
KK Czygan 12.41-6.43

U 119 – X B
KK Zech 4.42-4.43, KL v.Kameke 4.43-6.43

U 120 – II B
KK E. Bauer 4.40-11.40, KK Heyda 11.40-5.41, KL Körner 5.41-2.42, KL Fiedler 2.42-9.42, OL Radermacher 9.42-5.43, a.D., OL Sauerbier 7.43-9.44, OL Bensel 9.44-5.45

U 121 – II B
KK K.-E.Schroeter 5.40-10.40, KL O. Harms 10.40-11.40 (i.V.), KK K.-E.Schroeter 11.40-3.41, KK Freiherr v. Schlippenbach 3.41-7.41, KK Hetschko 7.41-3.42, KL v.Witzendorff 3.42-4.42, OL Westphalen 4.42-2.43, OL Hülsenbeck 2.43-2.44, OL Horst 2.44-5.45

U 122 – IX B
KK Looff 3.40-6.40

U 123 – IX B
KK Moehle 5.40-5.41, KK Hardegen 5.41-7.42, KL H.v.Schroeter 7.42-6.44

U 124 – IX B
KK G.-W. Schulz 6.40-9.41, KK J. Mohr 9.41-4.43

U 125 – IX C
KK Kuhnke 3.41-1.42, KL Folkers 1.42-5.43

U 126 – IX C
KK E. Bauer 3.41-3.43, OL Kietz 3.43-7.43

U 127 – IX C
KK Hansmann 4.41-12.41

U 128 – IX C
KK Heyse 5.41-2.43, KL Steinert 2.43-5.43

U 129 – IX C
KK N. Clausen 5.41-5.42, KK Witt 5.42-7.43, KL v.Harpe 7.43-7.44

U 130 – IX C
KS Kals 6.41.-1.43, OL S. Keller 1.43-3.43

U 131 – IX C
FK A. Baumann 7.41-12.41

U 132 - VII C
KL Vogelsang 5.41-11.42

U 133 – VII C
KL H. Hesse 7.41-2.42, KL E. Mohr 2.42-3.42

U 134 – VII C
KK R. Schendel 7.41-3.43, KL Brosin 3.43-8.43

U 135 – VII C
KL Praetorius 8.41-11.42, OL Schütt 11.42-6.43, OL Luther 6.43-7.43

U 136 – VII C
KL H. Zimmermann 8.41-7.42

U 137 – II D
KL Wohlfahrt 6.40-12.40, KL Maßmann 12.40-12.41, KL Brüning 12.41-8.42, OL Gemeiner 8.42-12.43, OL Schimmel 12.43-1.45, OL Erich Fischer 1.45-2.45, OL Dierks 3.45-5.45

U 138 – II D
KS W. Lüth 6.40-10.40, KK Lohmeyer 10.40-12.40, KL Gramitzky 12.40-6.41

U 139 – II D
KK Bartels 7.40-12.40, KL Elfe 12.40-9.41, KL Fenn 9.41-5.42, KL Lauzemis 5.42-7.42, KL Sommer 7.42-10.42, OL Böttcher 10.42-9.43, OL Korndörfer 9.43-12.43, OL Lube 12.43-7.44, OL Kimmelmann 7.44-5.45

U 140 – II D
KL Hinsch 8.40-4.41, KL Hellriegel 4.41-1.42, KL Popp 1.42-8.42, OL Markert 8.42-7.44, OL Zeißler 7.44-11.44, OL Scherfling 11.44-5.45

U 141 – II D
KL H.-O.Schultze 8.40-3.41, KL P. Schüler 3.41-11.41, OL J.Krüger 11.41-6.42, OL Möller 6.42-2.43, KL Rauch 2.43-7.43, OL Luttmann 7.43-11.44, OL H.-D.Hoffmann 11.44-5.45

U 142 – II D
KK N. Clausen 9.40-10.40, KK Kettner 10.40-10.41, KL Lindke 10.41-3.42, KL Bertelsmann 3.42-9.42, OL J.O.Krieg 9.42-12.42, KL Laudahn 12.42-6.44, OL Schauroth 6.44-2.45, OL Baumgärtel 2.45-5.45

U 143 – II D
KK Mengersen 9.40-11.40, KK Möhlmann 11.40-3.41, KL v. Rosenstiel 3.41-5.41, KL Gelhaus 5.41-11.41, KL Manseck 11.41-4.42, KL Groth 4.42-12.42, KL Schwager 12.42-2.43, KL H. Vogel 2.43-5.44, OL Kasparek 5.44-6.45

U 144 – II D
KL v. Hippel 10.40-11.40, KL v. Mittelstaedt 11.40-8.41

U 145 – II D
KK Driver 10.40-12.40, KK Franzius 12.40-10.41, KL H. Schomburg 10.41-11.41, KL Ziesmer 11.41-12.42, OL Hübschen 12.42-3.44, OL Hübsch 3.44-11.44, OL Görner 11.44-6.45

U 146 – II D
KK Eberhard Hoffmann 10.40-4.41, KL O. Ites 4.41-8.41, OL Hülsenbeck 8.41-10.41, KL Grimme 10.41-6.42, OL Gemeiner 6.42-7.42, a.D., KL Nissen 9.42-10.42, KL Hilsenitz 10.42-7.43, OL Waldschmidt 7.43-12.44, OL Wüst 12.44-4.45, OL Schauroth 4.45-5.45

U 147 – II D
KK Hardegen 12.40-5.41, OL Wetjen 5.41-6.41

U 148 – II D
OL Radke 12.40.-9.41, KL E. Mohr 9.41-2.42, KL H. Franke 2.42-10.42, KL Brüninghaus 10.42-3.43, KL v.Möllendorff 3.43-8.43, a.D., OL H. Schaeffer 12.43-12.44, OL Tammen 12.44-5.45

U 149 – II D
KL Höltring 11.40-8.41, a.D., KL Borchers 11.41-7.42, KL Freiherr v.Hammerstein-Equord 7.42-5.44, OL Plohr 5.44-5.45

U 150 – II D
KL Kelling 11.40-8.42, a.D., OL H. Schultz 10.42-5.44, OL Ranzau 5.44-6.44, OL v.Ahlefeld 6.44-12.44, OL Anschütz 12.44-4.45, OL Kriegshammer 4.45-6.45

U 151 – II D
KL Oestermann 1.41-7.41, KL Janssen 7.41-11.41, OL Eichmann 11.41-9.42, KL Just 9.42-5.43, OL Utischill 5.43-9.44, OL F. Graf v.Arco 9.44-5.45

U 152 – II D
KK Cremer 1.41-7.41, KL Benker-7.41-9.41, KL Hildebrandt 9.41-8.42, OL Geisler 8.42-9.42, KL Nonn 9.42-7.43, OL Bergemann 7.43-10.44, OL Thiel 10.44-5.45

U 153 – IX C
FK Reichmann 7.41-7.42

U 154 – IX C
FK Kölle 8.41-9.42, FK Schuch 9.42-2.43, OL Kusch 2.43-1.44, OL Gemeiner 1.44-7.44

U 155 – IX C
KK Piening 8.41-2.44, KL Rudolph 2.44-8.44, OL L.F.v.Friedeburg 8.44-10.44, KL Rudolph 10.44-12.44, KL E. Witte 12.44-3.45, OL Altmeier 3.45-6.45

U 156 – IX C
KK Hartenstein 9.41-3.43

U 157 – IX C
KK Henne 9.41-6.42

U 158 – IX C
KK Rostin 9.41-6.42

U 159 – IX C
KL H. Witte 10.41-6.43, OL Heinz Beckmann 6.43-7.43

U 160 – IX C
KK Lassen 10.41-6.43, OL v.Pommer-Esche 6.43-7.43

U 161 – IX C
KK Witt 7.41-12.41, KK Achilles 12.41-9.43

U 162 – IX C
KS Wattenberg 9.41-9.42

U 163 - IX C
KK Engelmann 10.41-3.43

U 164 – IX C
KK Fechner 11.41-1.43

U 165 – IX C
FK Eberhard Hoffmann 2.42-9.42

U 166 – IX C
OL H.-G.Kuhlmann 3.42-8.42

U 167 – IX C/40
KL Neubert 7.42-2.43, FK Sturm 2.43-4.43

U 168 – IX C/40
KL Pich 9.42-10.44

U 169 – IX C/40
KL H. Bauer 11.42-3.43

U 170 – IX C/40
KL Pfeffer 1.43-7.44, OL Hauber 7.44-5.45

U 171 – IX C
KL Pfeffer 10.41-10.42

U 172 – IX C
KK Emmermann 11.41-10.43, OL H. Hoffmann 10.43-12.43

U 173 – IX C
KS Beucke 11.41-9.42, OL Schweichel 9.42-11.42

U 174 – IX C
KS Thilo 11.41-9.43, OL Grandefeld 3.43-4.43

U 175 – IX C
KK Bruns 12.41-4.43

U 176 – IX C
KK Dierksen 12.41-5.43

U 177 – IX D_2
KK W. Schulze 3.42, KK Gysae 3.42-11.43, KK Buchholz 11.43-2.44

U 178 – IX D_2
KS Ibbeken 2.42-2.43, FK Dommes 2.43-11.43, KL Spahr 11.43-8.44

U 179 – IX D_2
FK Sobe 3.42-10.42

U 180 – IX D_1
KS Musenberg 5.42-10.43, OL Harald Lange 10.43-11.43, a.D., OL Riesen 4.44-8.44

U 181 – IX D_2
KS W. Lüth 5.42-10.43, KS Freiwald 10.43-5.45 (Boot von Japan übernommen)

U 182 – IX D_2
KK N. Clausen 6.42-5.43

U 183 – IX C/40
FK H. Schäfer 4.42-11.43, KL Schneewind 11.43-4.45

U 184 – IX C/40
KL Dangschat 5.42-11.42

U 185 – IX C/40
KL Maus 6.42-8.43

U 186 – IX C/40
KK Hesemann 7.42-5.43

U 187 – IX C/40
KL Münnich 7.42-2.43

U 188 – IX C/40
KK Lüdden 8.42-8.44

U 189 – IX C/40
KK Kurrer 8.42-4.43

U 190 – IX C/40
KL Wintermeyer 9.42-9.44, OL Reith 9.44-5.45

U 191 – IX C/40
KL Fiehn 10.42-4.43

U 192 – IX C/40
OL Happe 11.42-5.43

U 193 – IX C/40
FK Paukstadt 12.42-3.44, OL Dr. Abel 3.44-4.44

U 194 – IX C/40
KL H. Hesse 1.43-6.43

U 195 – IX D_1
KK Buchholz 9.42-10.43, OL Steinfeld 10.43-5.45 (Boot von Briten versenkt; Högel *Embleme*, S. 72)

U 196 – IX D_2
KK Kentrat 9.42-9.44, KL Striegler 9.44-11.44

U 197 – IX D_2
KK Bartels 10.42-8.43

U 198 – IX D_2
KS W. Hartmann 11.42-1.44, OL Heusinger v. Waldegg 1.44-8.44

U 199 – IX D_2
KL Kraus 11.42-7.43

U 200 – IX D_2
KK Schonder 12.42-6.43

U 201 – VII C
KK Schnee 1.41-7.42, OL Rosenberg 7.42-2.43

U 202 – VII C
KK H.H. Linder 3.41-9.42, KL Poser 9.42-6.43

U 203 – VII C
KL Mützelburg 2.41-9.42, KL Seidel 9.42, KL Kottmann 9.42-4.43

U 204 – VII C
KL Kell 3.41-10.41

U 205 – VII C
KK Reschke 5.41-10.42, KL Bürgel 10.42-2.43

U 206 – VII C
KL Opitz 5.41-11.41

U 207 – VII C
OL F. Meyer 6.41-9.41

U 208 – VII C
KL Schlieper 7.41-12.41

U 209 – VII C
KL Brodda 10.41-5.43

U 210 – VII C
KK R. Lemcke 2.42-8.42

U 211 – VII C
KK Hause 3.42-11.43

U 212 – VII C
KL Vogler 4.42-7.44

U 213 – VII D
OL v.Varendorff 8.41-7.42

U 214 – VII D
KL Reeder 11.41-5.43, OL Fischler Graf v. Treuberg 5.43-7.43, KL R. Stock 7.43-7.44, OL Conrad 7.44

U 215 – VII D
KK Hoeckner 11.41-7.42

U 216 – VII D
KL K.-O.Schultz 12.41-10.42

U 217 – VII D
KL Reichenbach-Klinke 1.42-6.43

U 218 – VII D
KL R. Becker 1.42-9.44, KL R. Stock 9.44-5.45

U 219 – X B
KK Burghagen 12.42-5.45 (Boot von Japan übernommen)

U 220 – X B
OL Barber 3.43-10.43

U 221 – VII C
KL Trojer 5.42-9.43

U 222 – VII C
KL v. Jessen 5.42-9.42

U 223 – VII C
KL Wächter 6.42-1.44, OL P. Gerlach 1.44-3.44

U 224 – VII C
OL Kosbadt 6.42-1.43

U 225 – VII C
OL Leimkühler 7.42-2.43

U 226 – VII C
KL Borchers 8.42-8.43, OL Gänge 8.43-11.43

U 227 – VII C
KL Kuntze 8.42-4.43

U 228 – VII C
KL Christophersen 9.42-9.44, KL Herbert Engel 9.44-10.44

U 229 – VII C
OL Schetelig 10.42-9.43

U 230 – VII C
KL Siegmann 10.42-8.44, OL Eberbach 8.44

U 231 – VII C
KL Wenzel 11.42-1.44

U 232 – VII C
KL Ziehm 11.42-7.43

U 233 – X B
KL Steen 9.43-7.44

U 234 – X B
KL Fehler 3.44-5.45

U 235 – VII C
KL v. Möllendorff 12.42-1.43, KL Klaus Becker 1.43-5.43, a.D., OL Kummetz 10.43-3.45, KL Huisgen 3.45-4.45

U 236 – VII C
KL Ziesmer 1.43-5.43, a.D., OL C. Hartmann 9.43-7.44, OL H. Mumm 7.44-5.45

U 237 – VII C
KL Nordheimer 1.43-5.43, a.D., OL L.König 10.43-9.44, OL van Stipriaan 9.44-10.44, KL Menard 10.44-4.45

U 238 – VII C
KL Hepp 2.43-2.44

U 239 – VII C
OL Vöge 3.43-7.44

U 240 – VII C
OL Link 4.43-5.44

U 241 – VII C
OL Werr 7.43-5.44

U 242 – VII C
OL Pancke 8.43-2.45, OL Riedel 2.45-4.45

U 243 – VII C
KL Märtens 10.43-7.44

U 244 – VII C
KL R. Fischer 10.43-4.45, OL Mackeprang 4.45-5.45

U 245 – VII C
KK Schumann-Hindenberg 12.43-5.45

U 246 – VII C
KL E. Raabe 1.44-3.45

U 247 – VII C
OL Matschulat 10.43-9.44

U 248 – VII C
OL Emde 11.43-10.44, OL Loos 10.44-1.45

U 249 – VII C
OL Lindschau 11.43-7.44, KL Kock 7.44-5.45

U 250 – VII C
KL W.-K. Schmidt 12.43-7.44

U 251 – VII C
KK Timm 9.41-9.43, a.D., OL Säck 11.43-4.45, (zu OL Sauerbier s. Högel *Embleme,* S. 80)

U 252 – VII C
KK Schiebusch 10.41-12.41, KL Lerchen 12.41-4.42

U 253 – VII C
KL Friedrichs 10.41—9.42

U 254 – VII C
KL Gilardone 11.41-9.42, KL O. Loewe 9.42-10.42 (i.V.), KL Gilardone 10.42-12.42

U 255 – VII C
KL Reche 11.41-6.43, OL E. Harms 6.43-8.44, LT Brischke 8.44-9.44, a.D., OL H. Heinrich 3.45-5.45

U 256 – VII C
KL O. Loewe 12.41.-9.42, a.D., KL. O. Loewe 10.42-11.42, a.D. (Umbau zu »U-Flak 2«), KL Brauel 8.43-6.44, KL Gilardone 6.44-8.44 (i.V.), FK Lehmann-Willenbrock 8.44-10.44

U 257 – VII C
KL Rahe 1.42-2.44

U 258 – VII C
KL v. Mässenhausen 2.42-10.42, OL L. Koch 10.42-3.43, KL v. Mässenhausen 3.43-5.43

U 259 – VII C
KL Köpke 2.42-11.42

U 260 – VII C
KL Purkhold 3.42-4.44, OL Klaus Becker 4.44-3.45

U 261 – VII C
KL Hans Lange 3.42-9.42

U 262 – VII C
KK Schiebusch 4.42-10.42, KL H. Franke 10.42-2.44, OL Wieduwilt 2.44-11.44, KL Laudahn 11.44-4.45

U 263 – VII C
KK Nölke 5.42-1.44

U 264 – VII C
KL Looks 5.42-2.44

U 265 – VII C
OL Auffhammer 6.42-2.43

U 266 – VII C
KL Leinemann 6.42-9.42, KL v. Jessen 9.42-5.43

U 267 – VII C
KL Tinschert 7.42-7.43, OL v.Witzendorff 7.43-11.43, KL Tinschert 11.43-7.44, OL Knieper 7.44-5.45

U 268 – VII C
OL E. Heydemann 7.42-2.43

U 269 – VII C
KL Harlfinger 8.42-6.43, KL O. Hansen 6.43-9.43, KL Harlfinger 9.43-3.44, OL Uhl 3.44-6.44

U 270 – VII C
KL P.-F. Otto 9.42-7.44, OL H. Schreiber 7.44-8.44

U 271 – VII C
KL Barleben 9.42-1.44

U 272 – VII C
KL Hepp 10.42-11.42

U 273 – VII C
KL Hans Engel 10.42-3.43, OL Roßmann 3.43-5.43

U 274 – VII C
KL Jordan 11.42-10.43

U 275 – VII C
OL Bork 11.42-7.44, OL Wehrkamp 7.44-3.45

U 276 – VII C
OL Thimme 12.42-10.43, KL Borchers 10.43-7.44, KL Zwarg 7.44-9.44

U 277 – VII C
KL Lübsen 12.42-5.44

U 278 – VII C
KL Franze 1.43-5.45

U 279 – VII C
KL Finke 2.43-10.43

U 280 – VII C
OL W. Hungershausen 2.43-11.43

U 281 – VII C
KL v. Davidson 2.43-5.45

U 282 – VII C
OL R. Müller 3.43-10.43

U 283 – VII C
OL H.-G. Scholz 3.43-8.43, OL G. Ney 8.43-2.44

U 284 – VII C
OL G. Scholz 4.43-12.43

U 285 – VII C
KL W. Otto 5.43-4.44, KL Bornhaupt 4.44-4.45

U 286 – VII C
OL Dietrich 6.43-4.45

U 287 – VII C
OL Heinrich Meyer 9.43-5.45

U 288 – VII C
OL W. Meyer 6.43-4.44

U 289 – VII C
KL Hellwig 7.43-5.44

U 290 – VII C
KL H. Strenger 7.43-12.43, OL Herglotz 12.43-4.45, OL Baum 4.45-5.45

U 291 – VII C
KL Keerl 8.43-11.43, OL Stege 11.43-6.44, OL Neumeister 6.44-6.45

U 292 – VII C/41
OL W. Schmidt 8.43-5.44

U 293 – VII C/41
KL Klingspor 9.43-5.45

U 294 – VII C/41
OL Schütt 10.43-5.45

U 295 – VII C/41
KL Wieboldt 10.43-5.45

U 296 – VII C/41
KL K.-H. Rasch 11.43-3.45

U 297 – VII C/41
OL Aldegarmann 11.43-12.44

U 298 – VII C/41
OL Hohmann 12.43-7.44, OL Gehrken 7.44-5.45

U 299 – VII C/41
OL H. Heinrich 12.43-12.44, OL Emde 12.44-5.45

U 300 – VII C/41
OL Hein 12.43-2.45

U 301 – VII C
KL Körner 5.42-1.43

U 302 – VII C
KL Sickel 6.42-4.44

U 303 – VII C
KL Heine 7.42-5.43

U 304 – VII C
OL H. Koch 8.42-5.43

U 305 – VII C
KL Bahr 9.42-1.44

U 306 – VII C
KL C.v.Trotha 10.42-10.43

U 307 – VII C
OL Herrle 11.42-12.44, OL E. Krüger 12.44-4.45

U 308 – VII C
OL Mühlenpfordt 12.42-6.43

U 309 – VII C
OL Mahrholz 1.43-9.44, OL Loeder 9.44-2.45

U 310 – VII C
OL Friedland 2.43-9.43, OL Ley 9.43-5.45

U 311 – VII C
KL J. Zander 3.43-4.44

U 312 – VII C
KL Nicolay 4.43-12.44, OL Herrle 12.44-2.45, OL v.Gaza 2.45-5.45

U 313 – VII C
KL Schweiger 5.43-5.45

U 314 – VII C
KL Basse 6.43-1.44

U 315 – VII C
OL Zoller 7.43-5.45

U 316 – VII C
OL Stuckmann 8.43-5.44, OL G. König 5.44-5.45

U 317 – VII C/41
OL Rahlf 10.43-6.44

U 318 – VII C/41
OL Will 11.43-5.45

U 319 – VII C/41
OL Clemens 12.43-7.44

U 320 – VII C/41
OL Breinlinger 12.43-7.44, OL Emmrich 7.44-5.45

U 321 – VII C/41
KL Drews 1.44-8.44, OL Berends 8.44-4.45

U 322 – VII C/41
OL Wysk 2.44-11.44

U 323 – VII C/41
KL Bokelberg 3.44-7.44, KL Pregel 7.44-2.45, OL Dobinsky 2.45-5.45

U 324 – VII C/41
OL Edelhoff 4.44-5.45. OL Sauerbier sollte das Boot übernehmen, fiel aber vorher (19.4.45).

U 325 – VII C/41
OL Dohrn 5.44-4.45

U 326 – VII C/41
KL Matthes 6.44-4.45

U 327 – VII C/41
KL H. Lemcke 7.44- 2.45

U 328 – VII C/41
OL Lawrence 9.44-12.44, a.D., OL Scholle 2.45-5.45

U 329, U 330 – VII C/41
30.9.43 annulliert

U 331 – VII C
KL Freiherr v. Tiesenhausen 3.41-11.42

U 332 – VII C
KL J. Liebe 6.41-1.43, OL Hüttemann 1.43-5.43

U 333 – VII C
KK Cremer 8.41-10.42, KL Schwaff 11.42-5.43. KK Cremer 5.43-7.44, KL Fiedler 7.44

U 334 – VII C
KL Siemon 10.41-4.43, OL Ehrich 4.43-6.43

U 335 – VII C
KL Pelkner 12.41-8.42

U 336 – VII Cv
KL Hunger 2.42-10.43

U 337 – VII C
OL Ruwiedel 5.42-1.43

U 338 – VII C
KL Kinzel 6.42-9.43

U 339 – VII C
KL Basse 8.42-5.43, OL W. Remus 5.43-2.45

U 340 – VII C
KL Klaus 10.42-11.43

U 341 – VII C
OL Epp 11.42-9.43

U 342 – VII C
OL Hossenfelder 1.43-4.44

U 343 – VII C
OL W. Rahn 2.43-3.44

U 344 – VII C
KL U. Pietsch 3.43-8.44

U 345 – VII C
OL Knackfuß 5.43-12.43

U 346 – VII C
OL Leisten 6.43-9.43

U 347 – VII C
OL de Buhr 7.43-7.44

U 348 – VII C
OL Schunck 8.43-6.44, OL S. Seeger 6.44-7.44, OL Schunck 7.44-3.45

U 349 – VII C
OL Lottner 9.43-12.43, OL Dähne 12.43-5.45

U 350 – VII C
OL Niester 10.43-3.45

U 351 – VII C
KK Hause 6.41-12.41, OL Rosenberg 12.41-7.42, KL E. Zimmermann 7.42-5.43, OL Roth 5.43-9.43, a.D., OL Wicke 12.43-6.44, OL Schley 6.44-3.45, OL Strehl 3.45-5.45

U 352 – VII C
KK Rathke 8.41-5.42

U 353 – VII C
KL Römer 3.42-10.42

U 354 – VII C
KL Herbschleb 4.42-2.44, OL Stahmer 2.44-8.44

U 355 – VII C
KK La Baume 10.41-4.44

U 356 – VII C
KL Wallas 12.41-11.42, OL Ruppelt 11.42-12.42

U 357 – VII C
KL Kellner 6.42-12.42

U 358 – VII C
KL Manke 8.42-3.44

U 359 – VII C
OL Heinz Förster 10.42-7.43

U 360 – VII C
OL Bühring 11.42-5.43, KL Klaus Becker 5.43-4.44

U 361 – VII C
KL Seidel 12.42-7.44

U 362 – VII C
OL Franz 2.43-9.44

U 363 – VII C
KL Wilzer 3.43-8.43, KL Nees 8.43-5.45

U 364 – VII C
OL P.-H. Sass 5.43-1.44

U 365 – VII C
KL Wedemeyer 6.43-12.44, OL Todenhagen 12.44

U 366 – VII C
OL Langenberg 7.43-3.44

U 367 – VII C
OL Klaus Becker 8.43-3.44, OL Stegemann 3.44-3.45

U 368 – VII C
OL Schaiper gen. Schäfer 1.44-1.45, OL Giesewetter 1.45-6.45

U 369 – VII C
KL Schaafhausen 10.43-4.45, OL Schunck 4.45-5.45

U 370 - VII C
OL Nielsen 11.43-5.45

U 371 – VII C
KK Driver 3.41-4.42, KK H.-J. Neumann 4.42-5.42, KK Mehl 5.42-3.44, OL Fenski 3.44-5.44

U 372 – VII C
KK H.-J. Neumann 4.41-4.42, a.D.(?), KK H.-J. Neumann 5.42-8.42

U 373 – VII C
KL Loeser 5.41-9.43, KL v.Lehsten 9.43-6.44

U 374 – VII C
OL v.Fischel 6.41- 1.42

U 375 – VII C
KL Könenkamp 7.41-7.43

U 376 – VII C
KL Marks 8.41-4.43

U 377 – VII C
KK Köhler 10.41-8.43, OL Kluth 8.43-1.44

U 378 – VII C
KK Hoschatt 10.41-10.42, KL Mäder 10.42-10.43

U 379 – VII C
KK Kettner 11.41-8.42

U 380 – VII C
KL Röther 12.41-11-43, a.D., FK Brandi 1.44-3.44

U 381 – VII C
KL Graf v.Pückler und Limpurg 2.42-5.43

U 382 – VII C
KL Juli 4.42-5.43, OL L. Koch 5.43-11.43, OL Zorn 11.43-5.44, OL Gerke 5.44-7.44 (i.V. von Zorn), a.D.(?), OL Schimmel 1.45-3.45

U 383 – VII C
KL Kremser 6.42-8.43

U 384 – VII C
OL v.Rosenberg-Gruszczynski 7.42-3.43

U 385 – VII C
KL Valentiner 8.42-8.44

U 386 – VII C
OL Kandler 10.42-6.43, OL F. Albrecht 6.43-2.44

U 387 – VII C
KK Büchler 11.42-12.44

U 388 – VII C
OL Sues 12.42-6.43

U 389 – VII C
KL S. Heilmann 2.43-10.43

U 390 – VII C
OL Geißler 3.43-7.44

U 391 – VII C
OL Dültgen 4.43-12.43

U 392 – VII C
OL Schümann 5.43-3.44

U 393 – VII C
Ol Radermacher 7.43-9.44, OL Zenker 9.44-1.45, OL J. Seeger 1.45-3.45, OL Herrle 3.45-5.45

U 394 – VII C
KL Borger 8.43-8.43, KL Unterhorst 8.43-9.43 (i.V.), KL Borger 9.43-9.44

U 395 – VII C
Nicht fertig gestellt, zerstört durch Luftangriff

U 396 – VII C
KL Unterhorst 10.43-3.45, KL Siemon 3.45-4.45

U 397 – VII C
OL Kallipke 11.43-7.44, a.D., OL Stege 9.44-4.45, KL Groth 4.45-5.45

U 398 – VII C
KK Reckhoff 12.43-11.44, OL Cranz 11.44-4.45

U 399 – VII C
OL van Meeteren 1.44-7.44, OL Buhse 7.44-3.45

U 400 – VII C
KL Creutz 3.44-12.44

U 401 – VII C
KL G. Zimmermann 4.41-8.41

U 402 – VII C
KK S. Freiherr v.Forstner 5.41-10.43

U 403 – VII C
KL H.-E. Clausen 6.41-6.43, KL K.-F. Heine 6.43-8.43

U 404 – VII C
KK v.Bülow 8.41-7.43, OL Schönberg 7.43

U 405 – VII C
FK Hopmann 9.41-11.43

U 406 – VII C
KL Dieterichs 10.41-2.44

U 407 – VII C
KL Brüller 12.41-1.44, OL Korndörfer 1.44-9.44, OL Kolbus 9.44

U 408 – VII C
KK v.Hymmen 11.41-11.42

U 409 – VII C
KL Maßmann 1.42-7.43

U 410 – VII C
FK Sturm 2.42-2.43, OL Fenski 2.43-3.44

U 411 – VII C
KL Litterscheid 3.42-10.42, KL Spindlegger 10.42-11.42

U 412 – VII C
KL Jahrmärker 4.42-10.42

U 413 – VII C
KL Poel 6.42-4.44, OL Sachse 4.44-8.44

U 414 – VII C
OL Huth 7.42-5.43

U 415 – VII C
KL Neide 8.42-4.44, OL H.Werner 4.44-7.44

U 416 – VII C
KL Reich 11.42-4.43, a.D. OL Zorn 10.43-11.43, KL Zwarg 11.43-5.44, a.D., OL E. Rieger 7.44-12.44

U 417 – VII C
OL Schreiner 9.42-6.43

U 418 – VII C
OL Gerhard Lange 10.42-6.43

U 419 – VII C
KL Giersberg 11.42-10.43

U 420 – VII C
OL Reese 12.42-10.43

U 421 – VII C
OL Kolbus 1.43-4.44

U 422 – VII C
OL Poeschel 2.43-10.43

U 423 – VII C
OL Methner 3.43-9.43, KL Kelling 9.43-10.43, OL K. Hackländer 10.43-6.44

U 424 – VII C
OL G. Lüders 4.43-2.44

U 425 – VII C
KL Bentzien 4.43-2.45

U 426 – VII C
KL Reich 5.43-1.44

U 427 – VII C
OL Graf v.Gudenus 6.43-5.45

U 428 – VII C
S 1 (ital.): 6.43-9.43, U 428: KL Münster 9.43-5.44, OL Hanitsch 5.44-5.45

U 429 – VII C
S 4 (ital.): 7.43-9.43, U 429: OL Racky 9.43-5.44, a.D., OL Kuttkat 10.44-3.45

U 430 – VII C
S 6 (ital.): 8.43-9.43, U 430: OL Nachtigall 9.43-1.44, OL Hammer 1.44-3.45

U 431 – VII C
FK Dommes 4.41-12.42, OL Schöneboom 12.42-10.43

U 432 – VII C
KL H.-O. Schultze 4.41-1.43, KL Eckhardt 1.43-3.43

U 433 – VII C
KL Ey 5.41-11.41

U 434 – VII C
KK Heyda 6.41-12.41

U 435 – VII C
KL Strelow 8.41-7.43

U 436 – VII C
KK Seibicke 9.41-5.43

U 437 – VII C
KK W.-K. Schulz 10.41-12.42, KL Lamby 12.42-10.44

U 438 – VII C
KK Franzius 11.41-3.43, KK Heinsohn 3.43-5.43

U 439 – VII C
KL Sporn 12.41-2.43, OL v.Tippelskirch 2.43-5.43

U 440 – VII C
KL Hans Geissler 1.42-5.43, KL Schwaff 5.43

U 441 – VII C
KL K. Hartmann 2.42-5.43, KL v.Hartmann 5.43-8.43 (Umbau zu »U-Flak 1«), KL K. Hartmann 8.43-6.44

U 442 – VII C
KK H.-J. Hesse 3.42-2.43

U 443 – VII C
KL v.Puttkammer 4.42-2.43

U 444 – VII C
OL Langfeld 5.42-3.43

U 445 – VII C
KL Fenn 5.42-1.44, OL Fischler Graf v. Treuberg 1.44-8.44

U 446 – VII C
OL Richard 6.42- 9.42

U 447 – VII C
KL Bothe 7.42-5.43

U 448 – VII C
OL Dauter 8.42-4.44

U 449 – VII C
KL H. Otto 8.42-6.43

U 450 – VII C
KL Böhme 9.42-3.44

U 451 – VII C
KK Eberhard Hoffmann 5.41-12.41

U 452 – VII C
KL March 5.41-8.41

U 453 – VII C
KK Hetschko 6.41-7.41, KK Freiherr v.Schlippenbach 7.41-12.43, OL Lührs 12.43-5.44

U 454 – VII C
KL B. Hackländer 7.41-8.43

U 455 – VII C
KK Giessler 8.41-12.42, KL Scheibe 12.42-4.44

U 456 – VII C
KL Teichert 9.41-5.43

U 457 – VII C
FK Brandenburg 11.41-9.42

U 458 – VII C
KL Diggins 12.41-8.43

U 459 – XIV
KK v. Wilamowitz-Moellendorf 11.41-7.43

U 460 – XIV
KK F. Schäfer 12.41-8.42, KL Schnoor 8.42-10.43

U 461 – XIV
KL Bernbeck 1.42-4.42, KK Stiebler 4.42-7.43

U 462 – XIV
KL Vowe 3.42-7.43

U 463 – XIV
KK Wolfbauer 4.42-5.43

U 464 – XIV
KL O. Harms 4.42-8.42

U 465 – VII C
KL H. Wolf 5.42-5.43

U 466 – VII C
KL Thäter 6.42-8.44

U 467 – VII C
KL Kummer 7.42-5.43

U 468 – VII C
KL Schamong 8.42-8.43

U 469 – VII C
OL E. Claussen 10.42-3.43

vU 470 – VII C
OL Grave 1.43-10.43

U 471 – VII C
KL Kloevekorn 5.43-8.44

U 472 – VII C
KL W.-F. Freiherr v.Forstner 5.43-3.44

U 473 – VII C
KL Sternberg 6.43-5.44

U 474 – VII C
Nicht fertig gestellt, beschädigt bei Luftangriff

U 475 – VII C
KL Stoeffler 7.43-5.45

U 476 – VII C
OL Niethmann 7.43-5.44

U 477 – VII C
OL Jenssen 8.43-6.44

vU 478 – VII C
OL R. Rademacher 9.43-6.44

U 479 – VII C
OL Sons 10.43-12.44

U 480 – VII C
OL H.-J. Förster 10.43-2.45

U 481 – VII C
OL Pick 11.43-3.44, KL Andersen 3.44-5.45

U 482 – VII C
KL Graf v. Matuschka 12.43-1.45

U 483 – VII C
KL v. Morstein 12.43-5.45

U 484 – VII C
KK W.-A. Schaefer 1.44-9.44

U 485 – VII C
KL Lutz 2.44-5.45

U 486 – VII C
OL G. Meyer 3.44-4.45

U 487 – XIV
OL Metz 12.42-7.43

U 488 – XIV
OL Bartke 2.43-2.44, OL Studt 2.44-4.44

U 489 – XIV
OL Schmandt 3.43-8.43

U 490 – VIV
OL W. Gerlach 3.43-6.44

U 491 - U 493 – XIV
Zwischen 7.43 und 9.43 auf Kiel gelegt, Bau 1944 gestoppt.

U 494 - U 500 – XIV
Aufträge im Mai 1944 annulliert.

U 501 – IX C/40
KK Hugo Förster 4.41—9.41

U 502 – IX C/40
KL v. Rosenstiel 5.41-7.42

U 503 – IX C/40
KK Gericke 7.41- 3.42

U 504 – IX C/40
KS Poske 7.41-1.43, KK Luis 1.43-7.43

U 505 – IX C/40
KK A.-O. Loewe 8.41-9.42, KL Zschech 9.42-10.43, OL P. Meyer 10.43-11.43, OL Harald Lange 11.43-6.44

U 506 – IX C/40
KL Würdemann 9.41-7.43

U 507 – IX C/40
FK Schacht 10.41-1.43

U 508 – IX C/40
KL Staats 10.41-11.43

U 509 – IX C/40
FK K.-H. Wolff 11.41-10.42, KK W. Witte 10.42-7.43

U 510 – IX C/40
KS Neitzel 11.41-5.43, KL Eick 5.43-5.45

U 511 – IX C/40
KL Steinhoff 12.41-12.42, KL Schneewind 12.42-9.43 (an Japan)

U 512 – IX C/40
KL W. Schultze 12.41-10.42

U 513 – IX C/40
FK Rüggeberg 1.42-5.43, KL Guggenberger 5.43-7.43

U 514 – IX C/40
KL Auffermann 1.42-7.43

U 515 – IX C/40
KK Henke 2.42-4.44

U 516 – IX C/40
FK Wiebe 3.42-6.43, KL Kuppisch 6.43-7.43, KL Tillessen 7.43-12.44, OL Petran 12.44-5.45

U 517 – IX C/40
KL Hartwig 3.42-11.42

U 518 – IX C/40
KS Brachmann 4.42-8.42, KL Wissmann 8.42-1.44, OL Offermann 1.44-4.45

U 519 – IX C/40
KL Eppen 5.42-2.43

U 520 – IX C/40
KL Schwartzkopf 5.42-10.42

U 521 – IX C/40
KL Bargsten 6.42-6.43

U 522 – IX C/40
KL H. Schneider 6.42-2.43

U 523 – IX C/40
KL Pietzsch 6.42-8.43

U 524 – IX C/40
KL Freiherr v.Steinaecker 7.42-3.43

U 525 – IX C/40
KK Drewitz 7.42-8.43

U 526 – IX C/40
KL Möglich 8.42-4.43

U 527 – IX C/40
KL Uhlig 9.42-7.43

U 528 – IX C/40
KL G. v.Rabenau 9.42-5.43

U 529 – IX C/40
KK Fraatz 9.42-2.43

U 530 – IX C/40
KL Kurt Lange 10.42-1.45, OL Wermuth 1.45-7.45

U 531 – IX C/40
KL Neckel 10.42-5.43

U 532 – IX C/40
FK O. Junker 11.42-5.45

U 533 – IX C/40
KL H. Hennig 11.42-10.43

U 534 – IX C/40
KL Nollau 12.42-5.45

U 535 – IX C/40
KL Ellmenreich 12.42-7.43

U 536 – IX C/40
KL R. Schauenburg 1.43-11.43

U 537 – IX C/40
KL Schrewe 1.43-11.44

U 538 – IX C/40
KL Gossler 2.43-11.43

U 539 – IX C/40
KL Lauterbach-Emden 2.43-5.45

U 540 – IX C/40
KL Kasch 3.43-10.43

U 541 – IX C/40
KL Kurt Petersen 3.43-5.45

U 542 – IX C/40
OL Coester 4.43-11.43

U 543 – IX C/40
KL Hellriegel 4.43-7.44

U 544 – IX C/40
KK Mattke 5.43-1.44

U 545 – IX C/40
KL Mannesmann 5.43-2.44

U 546 – IX C/40
KL Just 6.43-4.45

U 547 – IX C/40
FK Sturm 6.43-4.44, OL Niemeyer 4.44-12.44

U 548 – IX C/40
KL E. Zimmermann 6.43-8.44, KL Pfeffer 8.44-11.44 (i.V.), KL E. Zimmermann 11.44-2.45 OL Krempl 2.45-4.45

U 549 – IX C/40
KL Krankenhagen 7.43-5.44

U 550 – IX C/40
KL Hänert 7.43-4.44

U 551 – VII C
KL Schrott 11.40-3.41

U 552 – VII C
FK Topp 12.40-8.42, KL Popp 8.42-7.44, OL Lube 7.44-5.45

U 553 – VII C
KK K. Thurmann 12.40-1.43

U 554 – VII C
KK Lohmann 1.41-4.41, a.D., KL Stein 6.41-3.42, KL C.v.Trotha 3.42-9.42, a.D., KL Siebold 11.42-6.44, OL C. Hartmann 6.44 (i.V.), KL Siebold 6.44-9.44, KL Rave 9.44-3.45, OL W. Remus 3.45-5.45

U 555 – VII C
KK Horrer 1.41-8.41, KL v.Hartmann 8.41-2.42, KL Rendtel 2.42-8.42, OL Saar 8.42-10.42, OL Erdmann 10.42-11.43, OL D. Fritz 11.43-3.45

U 556 – VII C
KL Wohlfahrt 2.41-6.41

U 557 – VII C
KK Paulshen 2.41-12.41

U 558 – VII C
KL Krech 2.41-7.43

U 559 – VII C
KL Heidtmann 2.41-10.42

U 560 – VII C
KL Zetzsche 3.41-8.41, KL Cordes 8.41-(a.D.?)-7.42, KL v. Rappard 7.42-8.43, OL Wicke 8.43-12.43, OL Jacobs 12.43-5.45

U 561 – VII C
KK Bartels 3.41-7.42, KL H. Schomburg 7.42-7.43, KL F. Henning 7.43

U 562 – VII C
KL Collmann 3.41-9.41, KL Hamm 9.41-2.43

U 563 – VII C
KL Bargsten 3.41-3.42, KL v.Hartmann 3.42-5.43, OL Borchardt 5.43

U 564 – VII C
FK Suhren 4.41.10.42, KL Fiedler 10.42-6.43

U 565 – VII C
KL Jebsen 4.41-4.42, KK Franken 4.42-10.43, KL F. Henning 10.43-9.44

U 566 – VII C
KK Borchert 4.41-7.42, KL G. Remus 7.42-1.43, KL Hornkohl 1.43-10.43

U 567 – VII C
KK Fahr 4.41-10.41, KL Endraß 10.41-12.41

U 568 – VII C
KL J. Preuß 5.41-5.42

U 569 – VII C
KL Hinsch 5.41-2.43, OL Johannsen 2.43-5.43

U 570 – VII C
KL Rahmlow 5.41-8.41

U 571 – VII C
KK Möhlmann 5.41-5.43, OL Lüssow 5.43-1.44

U 572 – VII C
KL Hirsacker 5.41-12.42, OL Kummetat 12.42-8.43

U 573 – VII C
KK Heinsohn 6.41-5.42 (an Spanien)

U 574 – VII C
KL Gengelbach 6.41-12.41

U 575 – VII C
KL G.Heydemann 6.41-7.43, a.D.(?), OL Boehmer 9.43-3.44

U 576 – VII C
KL H.-D. Heinicke 6.41-7.42

U 577 – VII C
KK H. Schauenburg 7.41-1.42

U 578 – VII C
FK Rehwinkel 7.41-8.42

U 579 – VII C
KK Lohmann 7.41-10.41, a.D., OL Ruppelt 5.42-10.42, OL G. Linder 10.42-9.44, OL Schwarzenberg 9.44-5.45

U 580 – VII C
OL H.-G. Kuhlmann 7.41-11.41

U 581 – VII C
KL Pfeiffer 7.41-2.42

U 582 – VII C
KK W. Schulte 8.41-10.42

U 583 – VII C
KL Ratsch 8.41-11.41

U 584 – VII C
OL Joachim Deecke 8.41-10.43

U 585 – VII C
KK Lohse 8.41-3.42

U 586 – VII C
KL von der Esch 9.41-9.43, OL Götze 9.43-7.44

U 587 – VII C
KK Borcherdt 9.41-3.42

U 588 – VII C
KK V. Vogel 9.41-7.42

U 589 – VII C
KK Horrer 9.41-9.42

U 590 – VII C
KK Müller-Edzards 10.41-6.43, OL Krüer 6.43-7.43

U 591 – VII C
KL Zetzsche 10.41-6.43, KL Ziesmer 6.43-7.43

U 592 – VII C
KL Borm 10.41-7.43, a.D., OL Jaschke 9.43-1.44

U 593 – VII C
KL Kelbling 10.41-12.43

U 594 – VII C
KK D. Hoffmann 10.41-7.42, KL F. Mumm 7.42-6.43

U 595 – VII C
KL Quaet-Faslem 11.41-11.42

U 596 – VII C
KK Jahn 11.41-7.43, KL Nonn 7.43-7.44, OL Kolbus 7.44-9.44

U 597 – VII C
KK Bopst 11.41-10.42

U 598 – VII C
KK Holtorf 11.41-7.43

U 599 – VII C
KL Breithaupt 12.41-10.42

U 600 – VII C
KK Zurmühlen 12.41-11.43

U 601 – VII C
KL P.-O. Grau 12.41-11.43, KL O. Hansen 11.43-2.44

U 602 – VII C
KL P. Schüler 12.41-4.43

U 603 – VII C
KK Kurt Kölzer 1.42-9.42, KL Bertelsmann 9.42-5.43, OL Baltz 5.43-1.44, KL Bertelsmann 1.44-3.44

U 604 – VII C
KL Höltring 1.42-8.43

U 605 – VII C
KL H.-V. Schütze 1.42-11.42

U 606 – VII C
KL Klatt 1.42-10.42, OL Döhler 10.42-2.43

U 607 – VII C
KK Mengersen 1.42-5.43, OL Jeschonnek 5.43-7.43

U 608 – VII C
KL Struckmeier 2.42-1.44, OL Reisener 1.44-8.44

U 609 – VII C
KL Rudloff 2.42-2.43

U 610 – VII C
KL Freiherr v.Freyberg-Eisenberg-Allmendingen 2.42-10.43

U 611 – VII C
KK v. Jacobs 2.42-12.42

U 612 – VII C
KL Siegmann 3.42-8.42, a.D., OL T. Petersen 5.43-2.44, OL Dick 2.44-5.45

U 613 – VII C
KK Köppe 3.42-7.43

U 614 – VII C
KL Sträter 3.42-7.43

U 615 – VII C
KL Kapitzky 3.42-8.43

U 616 – VII C
KL Spindlegger 4.42-10.42, KL Koitschka 10.42-5.44

U 617 – VII C
FK Brandi 4.42-9.43

U 618 – VII C
KL Baberg 4.42-5.44, OL Faust 5.44-8.44

U 619 – VII C
OL Makowski 4.42-10.42

U 620 – VII C
KL Stein 4.42-2.43

U 621 – VII C
KL Schünemann 5.42-12.42, KL Kruschka 12.42-5.44 (Umbau zu »U-Flak 3«), OL Stuckmann 5.44-8.44

U 622 – VII C
KL Queck 5.42-7.43

U 623 – VII C
OL Hermann Schröder 5.42-2.43

U 624 – VII C
KL Graf v.Soden-Fraunhofen 5.42-2.43

U 625 – VII C
KL Benker 6.42-1.44, OL Sureth 1.44, OL Straub 1.44-3.44

U 626 – VII C
LT Bade 6.42-12.42

U 627 – VII C
KL Kindelbacher 6.42-10.42

U 628 – VII C
KL Hasenschar 6.42-7.43

U 629 – VII C
OL Bugs 7.42-6.44

U 630 – VII C
OL Winkler 7.42-5.43

U 631 – VII C
OL J. Krüger 7.42-10.43

U 632 – VII C
KL Karpf 7.42-4.43

U 633 – VII C
OL B. Müller 7.42-3.43

U 634 – VII C
KL Brosin 8.42-2.43, OL Dahlhaus 2.43-8.43

U 635 – VII C
OL Eckelmann 8.42-4.43

U 636 – VII C
KL Hildebrandt 8.42-2.44, OL E. Schendel 2.44-4.45

U 637 – VII C
KL Dieterich 8.42-2.43, KL Zedelius 2.43-7.44, KL F. Fabricius 7.44-9.44, KL Riekeberg 9.44-4.45, OL (Ing.) K. Weber 4.45-5.45

U 638 – VII C
KL Staudinger 9.42-12.42, KL Bernbeck 12.42-3.43, KL Staudinger 3.43-5.43

U 639 – VII C
OL Wichmann 9.42-8.43

U 640 – VII C
OL Nagel 9.42-5.43

U 641 – VII C
KL Rendtel 9.42-1.44

U 642 – VII C
KL Brünning 10.42-7.44

U 643 – VII C
KL Speidel 10.42-10.43

U 644 – VII C
OL Jensen 10.42-4.43

U 645 – VII C
OL Ferro 10.42-12.43

U 646 – VII C
OL Wulff 10.42-5.43

U 647 – VII C
KL Hertin 11.42-8.43

U 648 – VII C
OL Stahl 11.42-11.43

U 649 – VII C
KL Tiesler 11.42-2.43

U 650 – VII C
KL v. Witzendorff 11.42-8.43, KL Tinschert 8.43-11.43 (i.V.), KL v.Witzendorff 11.43-7.44, OL Zorn 7.44-1.45

U 651 – VII C
KK Lohmeyer 2.41-6.41

U 652 – VII C
KK Fraatz 4.41-6.42

U 653 – VII C
KK Feiler 5.41-9.43, OL Kandler 9.43-3.44

U 654 – VII C
KK H.-J. Hesse 7.41-11.41, OL Forster 11.41-8.42

U 655 – VII C
KK Dumrese 8.41-3.42

U 656 – VII C
KK Kröning 9.41-3.42

U 657 – VII C
OL Radke 10.41-12.41, KK Göllnitz 12.41-5.43

U 658 – VII C
KK Senkel 11.41-10.42

U 659 – VII C
KK H. Stock 12.41-5.43

U 660 – VII C
KL Baur 1.42-11.42

U 661 – VII C
OL v. Lilienfeld 2.42-10.42

U 662 – VII C
KK Hermann 4.42-2.43, KL H.-E. Müller 2.43-7.43

U 663 – VII C
KK H. Schmid 5.42-5.43

U 664 – VII C
KL Graef 6.42-8.43

U 665 – VII C
OL Haupt 7.42-3.43

U 666 – VII C
KL Herbert Engel 8.42-12.43, OL Wilberg 12.43-2.44

U 667 – VII C
KL Schroeteler 10.42-7.44, KL K.-H. Lange 8.44

U 668 – VII C
KL v. Eickstedt 11.42-4.45, KL F. Henning 4.45-5.45

U 669 – VII C
OL Köhl 12.42-9.43

U 670 – VII C
OL Hyronimus 1.43-8.43

U 671 – VII C
OL Hewicker 3.43-5.43, KL Hegewald 5.43-8.44

U 672 – VII C
OL Lawaetz 4.43-7.44

U 673 – VII C
KL Haelbich 5.43-10.43, OL Sauer 10.43-7.44, OL Gerke 7.44-10.44

U 674 – VII C
OL Muhs 6.43-5.44

U 675 – VII C
OL Sammler 7.43-5.44

U 676 – VII C
KL W. Sass 8.43-2.45

U 677 – VII C
KL P. Weber 9.43-8.44, OL Ady 8.44-4.45

U 678 – VII C
OL Hyronimus 10.43-7.44

U 679 – VII C
OL Breckwoldt 11.43-10.44, OL Aust 10.44-1.45

U 680 – VII C
OL Ulber 12.43-6.45

U 681 – VII C
KL H. Bach 2.44-8.44, OL Gebauer 8.44-3.45

U 682 – VII C
OL Thienemann 4.44-3.45

U 683 – VII C
KL Günter Keller 5.44-3.45

U 684 - U 686 – VII C
Baustopp im November 1943.

U 687 - U 698 – VII C/41
Bauaufträge im September 1943 gestoppt bzw. annulliert.

U 699, U 700 – VII C/42
Bauaufträge im September 1943 annulliert.

U 701 – VII C
KL Degen 7.41-7.42

U 702 – VII C
KL W.-R. v.Rabenau 9.41-4.42

U 703 – VII C
KL Bielfeld 10.41-7.43, OL Brünner 7.43-9.44

U 704 – VII C
KL Kessler 11.44-4.43, KL Hagenau 4.43-6.44, OL Ady 6.44-8.44, OL Schwarzkopf 8.44-12.44, OL Nolte 12.44-5.45

U 705 – VII C
KL Horn 12.41-9.42

U 706 – VII C
KK v.Zitzewitz 3.42-8.43

U 707 – VII C
OL Gretschel 7.42-11.43

U 708 – VII C
KL Heintze 7.42-6.43, KL Andersen 6.43-2.44, a.D., OL Kühn 5.44-5.45

U 709 – VII C
KL K.-O. Weber 8.42-12.43, OL R. Ites 12.43-3.44

U 710 – VII C
OL v.Carlowitz 9.42-4.43

U 711 – VII C
KL H.-G. Lange 9.42-5.45

U 712 – VII C
OL Pietschmann 11.42-12.43, OL W.-E. Koch 12.43-6.44, OL Freiherr v.Ketelhodt 6.44-5.45

U 713 – VII C
OL Gosejakob 12.42-2.44

U 714 – VII C
KL Schwebcke 2.43-3.45

U 715 – VII C
KL Röttger 3.43-6.44

U 716 – VII C
OL Dunkelberg 4.43-1.45, OL Thimme 1.45-5.45

U 717 – VII C
OL v.Rothkirch und Panthen 5.43-5.45

U 718 – VII C
OL Wieduwilt 6.43-11.43

U 719 – VII C
KL Steffens 7.43-6.44

U 720 – VII C
OL W.-H. Schüler 9.43-5.44, OL Boldt 5.44-11.44, OL Wendelberger 11.44-6.45

U 721 – VII C
KL Wollschläger 11.43-12.44, OL L. Fabricius 12.44-5.45

U 722 – VII C
OL Reimers 12.43-3.45

U 723 - U 730 – VII C/41
Bauaufträge 1943 gestoppt bzw. annulliert.

U 731 – VII C
KL Techand 10.42-11.43, OL Graf v. Keller 11.43-5.44

U 732 – VII C
OL Carlsen 10.42-10.43

U 733 – VII Cv
KL W.v.Trotha 11.42-4.43, a.D., OL Hellmann 12.43-3.45, OL Hammer 4.45-5.45

U 734 – VII C
OL Blauert 12.42-2.44

U 735 – VII C
KL Börner 12.42-12.44

U 736 – VII C
OL Reff 1.43-8.44

U 737 – VII C
OL Poeschel 1.43-2.43, KL Brasack 2.43-11.44, OL Gréus 11.44-12.44

U 738 – VII C
OL E.-M. Hoffmann 2.43-2.44

U 739 – VII C
OL Mangold 3.43-2.45, OL J. Ney 2.45-3.45, OL Kosnick 2.45-6.45

U 740 – VII C
KL Stark 3.43-6.44

U 741 – VII C
OL Palmgren 4.43-8.44

U 742 – VII C
KL Schwassmann 5.43-7.44

U 743 - VII C
OL Kandzior 5.43-9.44

U 744 – VII C
OL Blischke 6.43-3.44

U 745 – VII C
S 11 (ital.): 6.43-9.43, U 745: KL W.v.Trotha 9.43-2.45

U 746 – VII C
S 2 (ital.): 7.43-9.43, U 746: OL Kaschke 10.43-1.44, OL Lottner 1.44-5.45

U 747 – VII C
S 3 (ital.): 7.43-9.43, U 747: OL Jewinski 10.43-5.44, OL Zahnow 5.44-4.45

U 748 – VII C
S 5 (ital.): 7.43-9.43, U 748: OL Roth 9.43-9.44, KL Knecht 9.44-11.44, a.D., OL Dingler 4.45-5.45

U 749 – VII C
S 7 (ital.): 8.43-9.43, U 749: OL Fischler Graf v.Treuberg 9.43-12.43, OL Ernst Fischer 12.43-11.44, KL Huisgen 11.44-4.45

U 750 – VII C
S 9 (ital.): 8.43-9.43, U 750: OL v.Bitter 9.43-8.44, OL Grawert 8.44-5.45

U 751 – VII C
KL Bigalk 1.41-7.42

U 752 – VII C
KK K.-E. Schroeter 5.41-5.43

U 753 – VII C
KK Manhardt v.Mannstein 6.41-5.43

U 754 – VII C
KL Oestermann 8.41-7.42

U 755 – VII C
KL Göing 11.41-5.43

U 756 – VII C
KL Harney 12.41-9.42

U 757 – VII C
KK Deetz 2.42-1.44

U 758 – VII C
KL Manseck 5.42-3.44, OL Feindt 3.44-3.45

U 759 – VII C
KL Friedrich 8.42-7.43

U 760 – VII C
KL Blum 10.42-9.43

U 761 – VII C
OL Geider 12.42-2.44

U 762 – VII C
KL Hille 1.43-12.43, OL Pietschmann 12.43-2.44

U 763 – VII C
KL Cordes 3.43-10.44, OL Braun 8.44-10.44, OL K.-H. Schröter 10.44-1.45

U 764 – VII C
OL v.Bremen 5.43-5.45

U 765 – VII C
OL W. Wendt 6.43-5.44

U 766 – VII C
OL Wilke 7.43-8.44

U 767 – VII C
OL Dankleff 9.43-6.44

U 768 – VII C
KL Buttjer 10.43-11.43

U 769, U 770 – VII C
Januar 1943 bei Luftangriff beschädigt, nicht fertig gestellt.

U 771 – VII C
OL Block 11.43-11.44

U 772 – VII C
KL E. Rademacher 12.43-12.44

U 773 – VII Cv
OL R. Lange 1.44-4.44, OL Baldus 4.44-5.45

U 774 – VII C
KL Buttjer 2.44-10.44, KL Sausmikat 10.44-4.45

U 775 – VII C
OL Taschenmacher 3.44-5.45

U 776 – VII C
KL Martin 4.44-5.45

U 777 – VII C
KL Ruperti 5.44-10.44

U 778 – VII C
KL Jürs 7.44-5.45

U 779 – VII C
OL Stegmann 8.44-6.45

U 780 - U 782 – VII C
Bauaufträge gestoppt.

U 783 - U 790 – VII C/42
Bauaufträge im September 1943 annulliert.

U 791 – Typ V 300 (Versuchsboot)
Bauauftrag vom Februar 1942 Mitte 1942 gestoppt.

U 792 – XVII A (Wa 201: Versuchsboot)
OL Heitz 11.43-10.44, OL Duis 10.44-5.45

U 793 – XVII A (Wa 201: Versuchsboot)
OL G. Schauenburg 4.44-1.45, OL F. Schmidt 1.45-5.45

U 794 – XVII A (Wk 202: Versuchsboot)
OL Klug 11.43-9.44, OL P. Becker 9.44-5.45

U 795 – XVII A (Wk 202: Versuchsboot)
OL Selle 4.44-5.45

U 796, U 797 – XVIII
Ähnlich Typ XXI, aber mit Walter-Turbine. Bauaufträge im März 1944 gestoppt

U 798 – XVII K (Versuchsboot)
Nicht mehr fertig gestellt.

U 799, U 800:
Nrn. nicht vergeben.

U 801 – IX C/40
KL Brans 3.43-3.44

U 802 – IX C/40
KL Steinhaus 6.43-12.43, KL Schmoeckel 12.43-5.45

U 803 – IX C/40
KL Schimpf 9.43-4.44

U 804 – IX C/40
OL Herbert Meyer 12.43-4.45

U 805 – IX C/40
KK Bernardelli 2.44-5.45

U 806 – IX C/40
KL Hornbostel 4.44-6.45

U 807 - U 816 – IX C/40
Bauaufträge 1943 gestoppt bzw. annulliert.

U 817 - U 820:
Nrn. nicht vergeben.

U 821 – VII C
OL L. Fabricius 10.43-11.43, OL Ernst Fischer 11.43-12.43, OL Knackfuß 12.43-6.44

U 822 – VII C
OL Elsinghorst 7.44-5.45

U 823, U 824 – VII C
Bauaufträge gestoppt.

U 825 – VII C
OL Stoelker 5.44-5.45

U 826 – VII C
KL Lübcke 5.44-5.45

U 827 – VII C
KL Hunck 5.44-4.45, KL Baberg 4.45-5.45

U 828 – VII C
OL John 6.44-5.45

U 829 - U 840 – VII C/41
Bauaufträge im September 1943 gestoppt.

U 841 – IX C/40
KL Bender 2.43-10.43

U 842 – IX C/40
KK Heller 3.43-11.43

U 843 – IX C/40
KL O. Herwartz 3.43-4.45

U 844 – IX C/40v
OL Möller 4.43-10.43

U 845 – IX C/40
KK Behrens 5.43-7.43, KL R. Hoffmann 7.43-10.43, KK W. Weber 10.43-3.44

U 846 – IX C/40
OL Hashagen 5.43-5.44

U 847 – IX D_2
KL Guggenberger 1.43-2.43, KK Metzler 2.43-7.43, KL Kuppisch 7.43-8.43

U 848 – IX D_2
FK W. Rollmann 2.43-11.43

U 849 – IX D_2
KL H.-O. Schultze 3.43-11.43

U 850 – IX D_2
FK Ewerth 4.43-12.43

U 851 – IX D_2
KK Weingaertner 5.43-3.44

U 852 – IX D_2
KL Eck 6.43-5.44

U 853 – IX C/40
KL Sommer 6.43-7.44, OL Wermuth 7.44-8.44, OL v. Frömsdorf 8.44-5.45

U 854 – IX C/40
KL Weiher 7.43-2.44

U 855 – IX C/40
KL Sürenhagen 8.43-4.44, OL Ohlsen 4.44-9.44

U 856 – IX C/40
OL Wittenberg 8.43-4.44

U 857 – IX C/40
KL Premauer 9.43-4.45

U 858 – IX C/40
KL Bode 9.43-5.45

U 859 – IX D_2
KL Jebsen 7.43-9.44

U 860 – IX D_2
FK Büchel 8.43-6.44

U 861 – IX D_2
KK Oesten 9.43-5.45

U 862 – IX D_2
KK Timm 10.43-5.45 (Boot von Japan übernommen)

U 863 – IX D_2
KL von der Esch 11.43-9.44

U 864 – IX D_2
KK Wolfram 12.43-2.45

U 865 – IX C/40
OL Stellmacher 10.43-9.44

U 866 – IX C/40
KK Pommerehne 11.43-12.44, OL Rogowsky 12.44-3.45

U 867 – IX C/40
KS v. Mühlendahl 12.43-9.44

U 868 – IX C/40
KL Rauch 12.43-7.44, OL Turre 7.44-5.45

U 869 – IX C/40
KL Neuerburg 1.44-2.45

U 870 – IX C/40
KK Hechler 2.44-3.45

U 871 – IX D_2
KL Ganzer 1.44-9.44

U 872 – IX D_2
KL P.-O. Grau 2.44-8.44

U 873 – IX D_2
KL Steinhoff 3.44-5.45

U 874 – IX D_2
OL T. Petersen 4.44-5.45

U 875 – IX D_2
KL G. Preuß 4.44-5.45

U 876 – IX D_2
KL Bahn 5.44-5.45

U 877 – IX C/40
KL Findeisen 3.44-12.44

U 878 – IX C/40
KL Rodig 4.44-4.45

U 879 – IX C/40
KL Manchen 4.44-4.45

U 880 – IX C/40
KL Schötzau 5.44-4.45

U 881 – IX C/40
KL Dr. Frischke 5.44-5.45

U 882 – IX C/40
Nicht fertig gestellt.

U 883 – IX D/42
OL Uebel 3.45-6.45

U 884 – IX D/42
OL Brünig – Boot wurde vor der Fertigstellung bei einem Luftangriff vernichtet.

U 885 - U 888 – IX D/42
Bauaufträge im September 1943 gestoppt bzw. annulliert.

U 889 – IX C/40
KL Braeucker 8.44-5.45

U 890, U 891 – IX C/40
Im Juli 1944 nach Beschädigungen durch Luftangriff nicht fertig gestellt.

U 892 - U 894 - IX C/40
Bauaufträge im September 1943 gestoppt.

U 895 - U 900 – IX D/42
Bauaufträge im September 1943 annulliert.

U 901 – VII C
KL Hans Schrenk 4.44-5.45

U 902 – VII C
Baustopp nach Beschädigung durch Luftangriff.

U 903 – VII C
OL Hellmann 9.43-12.43, OL Fränzel 12.43-4.45, KL Tinschert 4.45-5.45

U 904 – VII C
OL D. Fritz 9.43-11.43, OL Erdmann 11.43-6.44, OL Stührmann 6.44-5.45

U 905 – VII C
OL Brüllau 3.44-6.44, OL Schwarting 6.44-3.45

U 906 – VII C
Kommandant ? 15.7.44-12.44

U 907 – VII C
OL Cabolet 5.44-5.45

U 908 – VII C
1944 bei einem Luftangriff beschädigt, nicht fertig gestellt.

U 909 - U 912 – VII C/41
Bauaufträge im September 1943 gestoppt.

U 913 - U 918 – VII C/42
Bauaufträge im September 1943 annulliert.

U 919, U 920:
Nrn. nicht vergeben.

U 921 – VII C
OL Leu 5.43-5.44, OL A. Werner 5.44-9.44

U 922 – VII C
OL Graf von und zu Arco-Zinneberg 8.43-11.43, OL Aust 11.43-1.44, a.D., OL Käselau 10.44-5.45

U 923 – VII Cv
OL Frömmer 10.43-2.45

U 924 – VII C
OL Schild 11.43-5.45

U 925 – VII C
OL Knoke 12.43-9.44

U 926 – VII C
KL v.Wenden 2.44-7.44, OL Roost 7.44-2.45, OL Rehren 2.45-5.45

U 927 – VII C
KL J. Ebert 6.44-2.45

U 928 – VII C
KL Stähler 7.44-5.45

U 929 – VII C
OL Werner Schulz 9.44-5.45

U 930 – VII C
OL K. Mohr 12.44-5.45

U 931 - U 936 – VII C/41
Bauaufträge im September 1943 gestoppt.

U 937 - U 942 – VII C/42
Bauaufträge im September 1943 annulliert.

U 943 - U 950:
Nrn. nicht vergeben.

U 951 – VII C
KL Pressel 12.42-7.43

U 952 – VII C
KL Curio 12.42-8.44

U 953 – VII C
KL Marbach 12.42-9.44, OL H. Werner 9.44-3.45, OL Steinbrinck 3.45-5.45

U 954 – VII C
KL O. Loewe 12.42-5.43

U 955 – VII C
OL Baden 12.42-6.44

U 956 – VII C
KL Mohs 1.43-5.45

U 957 – VII C
OL Saar 1.43-3.44, KL Schaar 3.44-10.44

U 958 – VII C
KL Groth 1.43-4.45, OL Stege 4.45-5.45

U 959 – VII C
OL Duppel 1.43-7.43, OL Weitz 7.43-5.44

U 960 – VII C
OL G. Heinrich 1.43-5.44

U 961 – VII C
OL K. Fischer 2.43-3.44

U 962 – VII C
OL Liesberg 2.43-4.44

U 963 – VII C
OL Boddenberg 2.43-12.44, OL Wentz 12.44-3.45

U 964 – VII C
OL Hummerjohann 2.43-10.43

U 965 – VII C
KL Ohling 2.43-6.44, OL Unverzagt 6.44-3.45

U 966 – VII C
KL E. Wolf 3.43-11.43

U 967 – VII C
OL Loeder 3.43-3.44, FK Brandi 3.44-7.44, OL Eberbach 7.44-8.44

U 968 – VII C
OL Westphalen 3.43-5.45

U 969 – VII C
OL Dobbert 3.43-8.44

U 970 – VII C
KL Ketels 3.43-6.44

U 971 – VII C
OL Zeplien 4.43-6.44

U 972 – VII C
OL K.-D. König 4.43-1.44

U 973 – VII C
OL Paepenmöller 4.43-3.44

U 974 – VII C
KL Zaubitzer 4.43-11.43, KL H. Wolff 11.43-4.44

U 975 – VII C
KL Ebersbach 4.43-11.43, OL Frerks 11.43-3.44, OL Jeschke 3.44-7.44, OL W.E. Koch 7.44-4.45, KL Brauel 4.45-5.45

U 976 – VII C
KL Tiesler 5.43-3.44

U 977 – VII C
KL Leilich 5.43-3.45, OL H. Schaeffer 3.45-8.45

U 978 – VII C
KL Pulst 5.43-5.45

U 979 – VII C
KL Meermeier 5.43-5.45

U 980 – VII C
KL Dahms 5.43-6.44

U 981 – VII C
OL Sitek 6.43-6.44, OL Günther Keller 6.44-8.44

U 982 – VII C
KL Groschowiak 6.43-4.44, Ol Schwirley 4.44-7.44, OL C. Hartmann 7.44-4.45

U 983 – VII C
OL Reimers 6.43-9.43

U 984 – VII C
OL Sieder 6.43-8.44

U 985 – VII C
KL Kessler 6.43-4.44, KL H. Wolff 4.44-11.44

U 986 – VII C
OL K.-E. Kaiser 7.43-4.44

U 987 – VII C
OL Schreyer 7.43-6.44

U 988 – VII C
OL Dobberstein 7.43-6.44

U 989 – VII C
KL Rodler v.Roithberg 7.43-2.45

U 990 – VII C
KL Nordheimer 7.43-5.44

U 991 – VII C
KL Balke 7.43-5.45

U 992 – VII C
OL Hans Falke 8.43-5.45

U 993 – VII C
OL K. Hilbig 8.43-9.44, OL Steinmetz 9.44-10.44

U 994 – VII C
OL W. Ackermann 9.43-3.44, OL Melzer 3.44-5.45

U 995 – VII C/41
KL Köhntopp 9.43-10.44, OL Heß 10.44-5.45

U 996 – VII C/41
Bei einem Luftangriff beschädigt, nicht fertig gestellt.

U 997 – VII C/41
KL Lehmann 9.43-5.45

U 998 – VII C/41
KL Fiedler 10.43-6.44

U 999 – VII C/41
OL H. Hansen 10.43-7.44, KL W. Peters 7.44-11.44, OL Heibges 11.45-5.45

U 1000 – VII C/41
OL Willi Müller 11.43-8.44

U 1001 – VII C/41
KL Blaudow 11.43-4.45

U 1002 – VII C/41
OL Schubart 11.43-7.44, OL Boos 7.44-5.45

U 1003 – VII C/41
OL Strübing 12.43-3.45

U 1004 – VII C/41
OL Schimmelpfennig 12.43-1.45, OL Hinz 1.45-5.45

U 1005 – VII C/41
OL Methner 12.43-7.44, OL Lauth 7.44-5.45

U 1006 – VII C/41
OL Voigt 1.44-10.44

U 1007 – VII C
KL Hornkohl 1.44-7.44, OL Wicke 7.44-3.45, KL v.Witzendorff (?: vgl.U 2524, vermutl. OL K.-H. Raabe 2.45) 3.45-5.45

U 1008 – VII C
OL Todenhagen 2.44-11.44, OL Geßner 11.44-5.45

U 1009 – VII C
OL Hilgendorf 2.44-11.44, OL Zehle 11.44-5.45 (i.V.)

U 1010 – VII C
KL Bitter 2.44-7.44, KL Strauch 7.44-5.45

U 1011, 1012 – VII C
Im Juli 1943 bei einem Luftangriff beschädigt, nicht fertig gestellt.

U 1013 – VII C
OL Linck 3.44

U 1014 – VII C
OL Glaser 3.44-2.45

U 1015 – VII C
OL Boos 3.44-5.44

U 1016 – VII C
OL Ehrhardt 4.44-5.45

U 1017 – VII C
OL Riecken 4.44-4.45

U 1018 – VII C
KL Faber 4.44-12.44, KL Burmeister 12.44-2.45

U 1019 – VII C
OL Rinck 5.44-5.45

U 1020 – VII C
OL Eberlein 5.44-1.45

U 1021 – VII C
OL Holpert 5.44-3.45

U 1022 – VII C
KL Ernst 6.44-5.45

U 1023 – VII C
OL W. Strenger 6.44-3.45, KL Schroeteler 3.45-5.45

U 1024 – VII C
KL Gutteck 6.44-4.45

U 1025 – VII C
OL Pick 4.45-5.45

U 1026 - U 1032 – VII C
Boote nicht mehr fertig gestellt, teilweise durch Baustopp.

U 1031 - U 1050 – VII C
Bauaufträge im September 1943 gestoppt bzw. annulliert.

U 1051 – VII C
OL v.Holleben 3.44-1.45

U 1052 – VII C
KL Weidner 1.44-7.44, OL G. Scholz 7.44-5.45

U 1053 – VII C
OL Helmut Lange 2.44-2.45

U 1054 – VII C
KL Riekeberg 3.44-9.44

U 1055 – VII C
OL R. Meyer 4.44-4.45

U 1056 – VII C
OL R. Schwarz 4.44-1.45, OL G. Schröder 1.45-5.45

U 1057 – VII C
OL G. Lüth 5.44-5.45

U 1058 – VII C
OL Bruder 6.44-5.45

U 1059 – VII F
KL Brüninghaus 5.43-9.43, OL Leupold 9.43-3.44

U 1060 – VII F
OL Brammer 5.43-10.44

U 1061 – VII F
OL O. Hinrichs 8.43-3.45, OL Jäger 3.45-5.45

U 1062 – VII F
OL K. Albrecht 6.43-9.44

U 1063 – VII C
KL Stephan 7.44-4.45

U 1064 – VII C
KK Schneidewind 7.44-5.45

U 1065 – VII C
OL Panitz 9.44-4.45

U 1066 - U 1068 – VII C/41
Bauaufträge im September 1943 gestoppt.

U 1069 - U 1080 – VII C/42
Bauaufträge im September 1943 annulliert.

U 1081 - U 1092 – XVII G
Bauaufträge im September 1943 annulliert.

U 1093 - U 1100 – VII C/42
Bauaufträge im September 1943 annulliert.

U 1101 – VII C
OL Dübler 11.43-5.45

U 1102 – VII C
OL Schwarting 2.44-4.44, a.D., OL Sell 8.44-5.45

U 1103 – VII C
KL Bungards 1.44-7.44, KL Sausmikat 7.44-10.44, OL K.-H. Schmidt 10.44-11.44, OL Iversen 11.44-2.45, KL Eisele 2.45-6.45

U 1104 – VII C
OL Perleberg 3.44-5.45

U 1105 – VII C
OL H.-J. Schwarz 6.44-5.45

U 1106 – VII C
OL Bartke 7.44-3.45

U 1107 – VII C/41
KL Parduhn 8.44-4.45

U 1108 – VII C/41
OL Wigand 11.44-5.45

U 1109 – VII C/41
OL van Riesen 8.44-5.45

U 1110 – VII C/41
OL J.-W. Bach 9.44-6.45

U 1111 - U 1114 – VII C/41
Bauaufträge im September 1943 gestoppt bzw. annulliert.

U 1115 – U 1120 – VII C/42
Bauaufträge im September 1943 annulliert.

U 1121 - U 1130:
Nrn. nicht vergeben.

U 1131 – VII C
OL Fiebig 5.44-5.45

U 1132 – VII C
OL W. Koch 6.44-5.45

U 1133 - U 1146 VII C/41
Bauaufträge im September 1943 gestoppt bzw. annulliert.

U 1147 - U 1152 – VII C/42
Bauaufträge im September 1943 annulliert.

U 1153 - U 1154 – XXII
(kleine Walter-Boote)
Bauaufträge Ende 1943 gestoppt bzw. annulliert.

U 1155 - U 1160:
Aufträge nicht vergeben.

U 1161 – VII C
S 8 (ital.): 8.43-9.43, U 1161: OL K.-H. Raabe 9.43-1.45, KL Schwalbach 1.45-5.45

U 1162 – VII C
S 10 (ital.): 9.43-9.43, U 1162: OL Sachse 9.43-12.43, OL Krempl 12.43-1.45, KL Euler 1.45-4.45, KL Ketels 4.45-5.45

U 1163 – VII C/41
OL Balduhn 10.43-5.45

U 1164 – VII C/41
KL Schlömer 10.43-6.44, KL Wengel 6.44-7.44

U 1165 – VII C/41
OL Homann 11.43-5.45

U 1166 – VII C/41
KL Wagner 12.43-4.44, KL S. Ballert 4.44-7.44

U 1167 – VII C/41
KL Roeder-Pesch 12.43-8.44, OL Bortfeldt 8.44-3.45

U 1168 – VII C/41
OL Grasse 1.44-7.44, KL Umlauf 7.44-5.45

U 1169 – VII C/41
OL Goldbeck 2.44-4.45

U 1170 – VII C/41
KL Justi 3.44-5.45

U 1171 – VII C/41
OL Nachtigall 3.44-7.44, OL Koopmann 7.44-5.45

U 1172 – VII C/41
OL J. Kuhlmann 4.44-1.45

U 1173 - U 1179 – VII C/41
Ende 1943 Baustopp.

U 1180 - U 1190 – VII C/41
Bauaufträge im September 1943 gestoppt bzw. annulliert.

U 1191 – VII C
OL P. Grau 9.43-6.44

U 1192 – VII C
OL Zeißler 9.43-7.44, OL Jewinski 7.44-12.44, OL Meenen 12.44-5.45

U 1193 – VII C
OL Guse 10.43-5.45

U 1194 – VII C
OL Nolte 10.43-10.44, KL Laudahn 10.44-11.44, OL Zeißler 11.44-5.45

U 1195 – VII C
OL K.-H. Schröter 11.43-10.44, KL Cordes 10.44-4.45

U 1196 – VII C
OL Brand 11.43-2.44, 2.44-?

U 1197 – VII C
OL Baum 12.43-3.44, OL Lau 3.44-4.45

U 1198 – VII C
OL Gerhard Peters 12.43-6.45

U 1199 – VII C
KL Nollmann 12.43-1.45

U 1200 – VII C
OL Mangels 1.44-11.44

U 1201 – VII C
OL E. Ebert 1.44-7.44, OL Ahlers 8.44-10.44, OL Merkle 10.44-5.45

U 1202 – VII C
KL Thomsen 1.44-5.45

U 1203 – VII C
OL Steinbrinck 2.44-7.44, OL S. Seeger 7.44-5.45

U 1204 – VII C
OL Jestel 2.44 (?: vgl. U 6) -5.45

U 1205 – VII C
KL H. Zander 3.44-5.45

U 1206 – VII C
OL Fritze 3.44-7.44, KL Schlitt 7.44-4.45

U 1207 – VII C
OL Lindemann 3.44-5.45

U 1208 – VII C
KK Hagene 4.44-2.45

U 1209 – VII C
OL Hülsenbeck 4.44-12.44

U 1210 – VII C
KL Gabert 4.44-5.45

U 1211 – U 1214 – VII C/41
Bauaufträge im September 1943 gestoppt.

U 1215 – U 1220 – VII C/42
Bauaufträge im September 1943 annulliert.

U 1221 – IX C/40
KL Karl Kölzer 8.43-1.44, OL P. Ackermann 1.44-4.45

U 1222 – IX C/40
KL Bielfeld 9.43-7.44

U 1223 – IX C/40
KL Bosüner 10.43-3.44, OL Kneip 3.44-4.45

U 1224 – IX C/40
KL G. Preuß 10.43-2.44 (Boot von Japan übernommen)

U 1225 – IX C/40
OL Sauerberg 11.43-6.44

U 1226 – IX C/40
KL A.-W. Claußen 11.43-10.44

U 1227 – IX C/40
OL Altmeier 12.43-4.45

U 1228 – IX C/40
OL Marienfeld 12.43-5.45

U 1229 – IX C/40
KK Zinke 1.44-8.44

U 1230 – IX C/40
KL H. Hilbig 1.44-6.45

U 1231 – IX C/40
KS Lessing 2.44-3.45, OL Wicke 3.45-5.45

U 1232 – IX C/40
KS Dobratz 3.44-3.45, OL Roth 3.45-6.45 (i.V.)

U 1233 – IX C/40
KK Kuhn 3,44-4.45, OL Niemeyer 4.45-6.45

U 1234 – IX C/40
KL H. Thurmann 4.44-5.44, a.D., OL Wrede 10.44-5.45

U 1235 – IX C/40
KL Barsch 5.44-4.45

U 1236 - U 1238 – IX C/40
Im Februar 1944 Baustopp.

U 1239 - U 1262 – IX C/40
Bauaufträge im September 1943 gestoppt bzw. annulliert.

U 1263 - U 1270:
Aufträge nicht vergeben.

U 1271 – VII C/41
OL Knipping 1.44-4.45, OL Thienemann 4.45-5.45

U 1272 – VII C/41
OL Meentzen 1.44-7.44, OL Schatteburg 7.44-5.45

U 1273 – VII C/41
KL Voswinkel 2.44-7.44, KL Knollmann 7.44-2.45

U 1274 – VII C/41
OL Kuscher 3.44-7.44, OL Fitting 7.44-4.45, LT Miede (?)

U 1275 – VII C/41
KL Niß 3.44-7.44, OL Frohberg 7.44-5.45

U 1276 – VII C/41
OL K.-H. Wendt 4.44-4.45

U 1277 – VII C/41
KL Stever 5.44-6.45

U 1278 – VII C/41
KL Müller-Bethke 5.44-2.45

U 1279 – VII C/41
OL.d.R. Hans Falke 7.44-2.45

U 1280 - U 1285 – VII C/41
Ende 1943 Baustopp bzw. Bauaufträge gestoppt und annulliert.

U 1286 - U 1291 – VII C/42 S
Ende 1943 Baustopp bzw. Bauaufträge gestoppt und annulliert.

U 1292 - U 1297 – VII C/42
Ende 1943 Baustopp bzw. Bauaufträge gestoppt und annulliert.

U 1298 - U 1300 :
Aufträge nicht vergeben.

U 1301 – VII C/41
OL Feufel 2.44-7.44, KL Lenkeit 7.44-5.45

U 1302 – VII C/41
KL W. Herwartz 5.44-3.45

U 1303 – VII C/41
OL Baum 4.44-4.45, OL Herglotz 4.45-5.45

U 1304 – VII C/41
OL Süß 9.44-5.45

U 1305 – VII C/41
OL H. Christiansen 9.44-5.45

U 1306 – VII C/41
OL Kießling 12.44-5.45

U 1307 – VII C/41
OL Buscher 11.44-5.45

U 1308 – VII C/41
OL Besold 1.45-5.45

U 1309 - U 1312 – VII C/41:
Bauaufträge gestoppt bzw. annulliert.

U 1313 - U 1318 – VII C/42:
Bauaufträge gestoppt bzw. annulliert.

U 1319 - U 1330:
Aufträge nicht vergeben.

U 1331 - U 1338 – VII C/41:
Bauaufträge gestoppt bzw. annulliert.

U 1339 - U 1350 – VII C/42:
Bauaufträge gestoppt bzw. annulliert.

U 1351 – U 1400:
Aufträge nicht vergeben.

U 1401 – U 1404 – VII C/41:
Bauaufträge gestoppt bzw. annulliert.

U 1405 – XVII B (Walter-Boote)
OL W. Rex 12.44-5.45

U 1406 – XVII B
OL Klug 2.45-5.45

U 1407 – XVII B
OL Heitz 3.45-5.45

U 1408 - U 1416 – XVII B:
Baustopp bzw. Bauaufträge gestoppt oder annulliert.

U 1417 - U 1422 – VII C/41:
Bauaufträge gestoppt bzw. annulliert.

U 1423 - U 1434 – VII C/42:
Bauaufträge gestoppt bzw. annulliert.

U 1435 - U 1439 – VII C/41:
Bauaufträge gestoppt bzw. annulliert.

U 1440 - U 1463 – VII C/42:
Bauaufträge gestoppt bzw. annulliert.

U 1464 - U 1500:
Aufträge nicht vergeben.

U 1501 - U 1530 – IX C/40:
Bauaufträge gestoppt bzw. annulliert.

U 1531 - U 1542 – IX D/42:
Bauaufträge gestoppt bzw. annulliert.

U 1543 - U 1600:
Aufträge nicht vergeben.

U 1601 - U 1800 – XIX/XX
(U-Frachtschiffe):
Bauaufträge annulliert bzw. nicht erteilt.

U 1801 - U 1804 – VII C/41:
Bauaufträge gestoppt bzw. annulliert.

U 1805 - U 1822 – VII C/42:
Bauaufträge gestoppt bzw. annulliert.

U 1823 - U 1828 – VII C/41:
Bauaufträge gestoppt bzw. annulliert.

U 1829 - U 1900:
Aufträge nicht vergeben.

U 1901 - U 1904 – VII C/42:
Aufträge nicht vergeben.

U 1905 - U 2000:
Aufträge nicht vergeben.

U 2001 - U 2004 – VII C/42:
Aufträge nicht vergeben.

U 2005 - U 2100:
Aufträge nicht vergeben.

U 2101 - U 2104 – VII C/42:
Aufträge nicht vergeben.

U 2105 - U 2110:
Aufträge nicht vergeben.

U 2111 - U 2113 – XXVII
(Klein-U-Boot »Hecht«): K-Verband

U 2114 - U 2200 – XXVII:
Aufträge nicht vergeben.

U 2201 - U 2204 – XIV-XVI:
Aufträge nicht vergeben.

U 2205 - U 2250:
Aufträge nicht vergeben.

U 2251 - U 2300 – XXVII
(Klein-U-Boot »Hecht«): K-Verband

U 2301 – U 2320:
Aufträge nicht vergeben.

U 2321 – XXIII
OL Barschkis 6.44-5.45

U 2322 – XXIII
OL Heckel 7.44-5.45

U 2323 – XXIII
OL Angermann 7.44

U 2324 – XXIII
OL Hass 7.44-2.45, KL v.Rappard 2.45-5.45

U 2325 – XXIII
OL W.-H. Schüler 8.44-4.45, OL Eckel 4.45-5.45

U 2326 – XXIII
OL Jobst 8.44-5.45

U 2327 – XXIII
OL Mürl 8.44-2.45, OL Werner Müller 2.45-3.45, OL Pahl 3.45-4.45, OL H. Schulz 4.45-5.45

U 2328 – XXIII
OL Scholle 8.44-11.44, OL Lawrence 11.44-5.45

U 2329 – XXIII
OL Schlott 9.44-6.45

U 2330 – XXIII
OL Hans Beckmann 9.44-5.45

U 2331 – XXIII
OL Pahl 9.44-10.44

U 2332 – XXIII
OL Bornkessel 11.44-4.45, OL H.-J. Junker 4.45-5.45

U 2333 – XXIII
OL H. Baumann 12.44-5.45

U 2334 – XXIII
OL Angermann 9.44-5.45

U 2335 – XXIII
OL Benthin 9.44-5.45

U 2336 – XXIII
OL Vockel 9.44-3.45, KL Klusmeier 3.45-6.45

U 2337 – XXIII
OL Behnisch 10.44-5.45

U 2338 – XXIII
OL H.-D. Kaiser 10.44-5.45

U 2339 – XXIII
OL Woermann 11.44-5.45

U 2340 – XXIII
KL Klusmeier 10.44-3.45

U 2341 – XXIII
OL Böhm 10.44-6.45

U 2342 – XXIII
OL Schad v.Mittelbiberach 11.44-12.44

U 2343 – XXIII
OL Fuhlendorf 11.44-4.45, KL Gaude 4.45-5.45

U 2344 – XXIII
OL Ellerlage 11.44-2.45

U 2345 – XXIII
OL Steffen 11.44-6.45

U 2346 – XXIII
OL von der Höh 11.45-5.45

U 2347 – XXIII
OL Ulbing 12.44-5.45

U 2348 – XXIII
OL Goschzik 12.44-6.45

U 2349 – XXIII
OL H.-G. Müller 12.44-5.45

U 2350 – XXIII
OL Schauer 12.44-5.45

U 2351 – XXIII
OL Brückner 12.44-4.45

U 2352 – XXIII
OL Budzyn 1.45-5.45

U 2353 – XXIII
OL Hillmann 1.45-5.45

U 2354 – XXIII
OL Wex 1.45-5.45

U 2355 – XXIII
OL H.-H. Franke 1.45-5.45

U 2356 – XXIII
OL Hartel 1.45-6.45

U 2357 – XXIII
OL E. Heinrich 1.45-5.45

U 2358 – XXIII
OL Breun 1.45-5.45

U 2359 – XXIII
OL Bischoff 1.45-5.45

U 2360 – XXIII
OL Schrobach 1.45-5.45

U 2361 – XXIII
OL H.v.Hennig 2.45-5.45

U 2362 – XXIII
Ol Czekowski 2.45-5.45

U 2363 – XXIII
OL K. Frahm 2.45-5.45

U 2364 – XXIII
OL Hengen 2.45-4.45, KL G. Remus 4.45-5.45

U 2365 – XXIII
OL Korfmann 3.45-5.45, OL U. Christiansen 5.45

U 2366 – XXIII
OL Jäckel 3.45-5.45

U 2367 – XXIII
OL Heinrich Schröder 3.45-5.45

U 2368 – XXIII
OL Ufermann 4.45-5.45

U 2369 – XXIII
OL H. Schulz 3.45-4.45, OL Pahl 4.45-5.45

U 2370 – XXIII
OL Bornkessel 4.45-5.45

U 2371 – XXIII
OL Kühne 4.45-5.45

U 2372 - U 2500 – XXIII:
Boote nicht mehr fertig gestellt (U 2374: OL Waldschmidt als Kommandant vorgesehen) oder begonnen bzw. Baustopp bzw. Aufträge annulliert oder nicht vergeben.

U 2501 – XXI
OL Hübschen 6.44-11.44, ohne Kommandant: 11.44-5.45

U 2502 – XXI
KL Mannesmann 7.44-4.45, KL Hornkohl 4.45, KL H. Franke 4.45-5.45

U 2503 – XXI
KL Tiesler 8.44-10.44, KL R. Becker 10.44-11.44, KL Wächter 11.44-5.45

U 2504 – XXI
OL Günther 8.44-11.44, ohne Kommandant: 11.44-5.45

U 2505 – XXI
OL Düppe 11.44-5.45

U 2506 – XXI
KL v.Schroeter 8.44-5.45

U 2507 – XXI
KL Siegmann 9.44-5.45

U 2508 – XXI
OL U. Christiansen 9.44-5.45

U 2509 – XXI
KK R. Schendel 9.44-4.45

U 2510 – XXI
OL W. Herrmann 9.44-5.45

U 2511 – XXI
KK Schnee 9.44-5.45

U 2512 – XXI
KL Nordheimer 10.44-5.45

U 2513 – XXI
KL Bungards 10.44-4.45, FK Topp 4.45-5.45

U 2514 – XXI
KL Wahlen 10.44-4.45

U 2515 – XXI
OL G. Linder 10.44-2.45

U 2516 – XXI
OL Kallipke 10.44-4.45

U 2517 – XXI
OL H. Hansen 10.44-5.45

U 2518 – XXI
KL Weidner 11.44-5.45

U 2519 – XXI
KK Cremer 11.44-5.45

U 2520 – XXI
OL Schubart 10.44-5.45

U 2521 – XXI
OL Methner 10.44-5.45

U 2522 – XXI
KL Queck 11.44-5.45

U 2523 – XXI
KL Ketels 12.44-1.45

U 2524 – XXI
KL v.Witzendorff 1.45-5.45 (?: vgl. U 1007)

U 2525 – XXI
KL P.-F. Otto 12.44-5.45

U 2526 – XXI
OL Hohmann 12.44-5.45

U 2527 – XXI
OL Götze 12.44-5.45

U 2528 – XXI
KL Curio 12.44-5.45

U 2529 – XXI
OL Feufel 2.45-4.45, OL Kallipke 4.45-5.45

U 2530 – XXI
KL Bokelberg 12.44-2.45

U 2531 – XXI
KL Niß 1.45-5.45

U 2532 – XXI
Nicht in Dienst gestellt, da am 31.12.44 und am 17.1.45 durch Luftangriffe schwer beschädigt.

U 2533 – XXI
OL Günther 1.45-5.45

U 2534 – XXI
KL Drews 1.45-5.45

U 2535 – XXI
KL Bitter 1.45-5.45

U 2536 – XXI
OL Vöge 2.45-5.45

U 2537 – XXI
OL Dobbert 3.45-4.45

U 2538 – XXI
OL Klapdor 2.45-5.45

U 2539 – XXI
OL Jewinski 2.45-4.45, OL Johann 4.45-5.45

U 2540 – XXI
OL R. Schultze 2.45-5.45

U 2541 – XXI
OL Stellmann 3.45-4.45, KL Wahlen 4.45-5.45

U 2542 – XXI
OL Hübschen 3.45-4.45

U 2543 – XXI
OL Stolzenburg 3.45-5.45

U 2544 – XXI
OL Meinlschmidt 3.45-5.45

U 2545 – XXI
OL Freiherr v.Müffling 3.45-5.45

U 2546 – XXI
OL Dobbert 2.45-5.45

U 2547 – XXI
OL Richter: Infolge Beschädigungen durch Luftangriff nicht in Dienst gestellt.

U 2548 – XXI
OL Utischill 3.45-5.45

U 2549 (OL Sureth) und U 2550 (OL G. Wolff) – XXI
infolge Beschädigungen durch Luftangriff nicht in Dienst gestellt.

U 2551 – XXI
KL Schaar 4.45-5.45

U 2552 – XXI
KL Rudolph 4.45-5.45

U 2553 - U 2608 – XXI:
Nicht mehr fertig gestellt.

U 2609 - U 2762 – XXI:
Aufträge Ende 1944 gestoppt bzw. annulliert.

U 2763 - U 3000:
Aufträge nicht vergeben.

U 3001 – XXI
KL H. Vogel 7.44-11.44, a.D., KL W. Peters 4.45-5.45

U 3002 – XXI
KL Manseck 8.44-9.44, FK H. Kaiser 9.44-5.45

U 3003 – XXI
OL Kregelin 8.44-4.45

U 3004 – XXI
KL H. Thurmann 8.44-2.45, KL Peschel 2.45-4.45, ohne Kommandant: 5.45

U 3005 – XXI
KL J. Hinrichs 9.44-5.45

U 3006 – XXI
OL Geisler 10.44-12.44, OL G. Linder 12.44-2.45 (?: vgl. U 2515), OL Ernst Fischer 3.45-5.45

U 3007 – XXI
KL Manseck 10.44-2.45

U 3008 – XXI
KL Schlömer 10.44-2.45, KL Manseck 2.45-5.45

U 3009 – XXI
KL Schimpf 11.44-5.45

U 3010 – XXI
OL E. Ebert 11.44-3.45, FK Topp 3.45-4.45, KL Bungards 4.45-5.45

U 3011 – XXI
KL Tinschert 12.44-4.45, OL Fränzel 4.45-5.45

U 3012 – XXI
KL Kloevekorn 12.44-5.45

U 3013 – XXI
KL Simmermacher 11.44-5.45

U 3014 – XXI
KL Marbach 12.44-5.45

U 3015 – XXI
KL P.-O. Grau 12.44-5.45

U 3016 – XXI
OL Meentzen 1.45-5.45

U 3017 – XXI
OL Lindschau 1.45-5.45

U 3018 – XXI
OL Breinlinger 1.45-5.45

U 3019 – XXI
OL Racky 12.44-5.45

U 3020 – XXI
OL Mäueler 12.44-5.45

U 3021 – XXI
OL van Meeteren 1.45-5.45

U 3022 – XXI
KL P. Weber 1.45-5.45

U 3023 – XXI
OL E. Harms 1.45-5.45

U 3024 – XXI
OL Blaich 1.45-5.45

U 3025 – XXI
KL H. Vogel 1.45-5.45

U 3026 – XXI
OL Drescher 1.45-5.45

U 3027 – XXI
KL Mehne 1.45-5.45

U 3028 – XXI
KL Christophersen 1.45-5.45

U 3029 – XXI
KL Lamby 2.45-5.45

U 3030 – XXI
OL Luttmann 2.45-5.45

U 3031 – XXI
OL Sach 2.45-5.45

U 3032 – XXI
OL Slevogt 2.45-5.45

U 3033 – XXI
OL Callsen 2.45-5.45

U 3034 – XXI
OL Prehn 3.45-5.45

U 3035 – XXI
OL Gerke 3.45-5.45

U 3036 – XXI
KL Knecht: 2.45 (Werftablieferung) - 3.45 (durch Luftangriff in der Werft vernichtet – Indienststellung?).

U 3037 – XXI
KK Emmermann 3.45-4.45, KL Janssen 4.45-5.45

U 3038 – XXI
OL Brünig 3.45-5.45

U 3039 – XXI
KL Ruperti 3.45-5.45

U 3040 – XXI
OL Robbert 3.45-5.45

U 3041 – XXI
OL Vieth 3.45-4.45, KL Hornkohl 4.45-5.45

U 3042
(KL Klaus Petersen), infolge Beschädigungen durch Luftangriff nicht in Dienst gestellt.

U 3043 (Kommandant ?) – XXI:
Infolge Beschädigungen durch Luftangriff nicht in Dienst gestellt.

U 3044 – XXI
KL Jaek 3.45-4.45, KL v.Lehsten 4.45-5.45

U 3045 – XXI
(KL W. Peters),
Infolge Beschädigungen durch Luftangriff nicht in Dienst gestellt.

U 3046 – XXI
(OL v. Stipriaan), dto.

U 3047 – XXI
(Kommandant ?), dto.

U 3048 – XXI
(KL Laubert ?), dto.

U 3049 – XXI
(OL Geisler), dto.

U 3050 – XXI
(OL Reimann), dto.

U 3051 – XXI
(KL Beck, OL Müller-Koebl ?) – XXI:
Infolge Beschädigungen durch Luftangriff nicht in Dienst gestellt.

U 3052 - U 3500 – XXI:
Boote nicht mehr fertig gestellt oder begonnen bzw. Aufträge nicht mehr erteilt.

U 3501 – XXI
KL Münster 7.44-10.44, ohne Kommandant: 10.44-5.45

U 3502 – XXI
OL H. Schultz 8.44-5.45

U 3503 – XXI
OL Deiring 9.44-5.45

U 3504 – XXI
KL Siebold 9.44-5.45

U 3505 – XXI
OL Willner 10.44-4.45

U 3506 – XXI
KL Thäter 10.44-5.45

U 3507 – XXI
OL Niethmann 10.44-3.45, OL Schley 3.45-5.45

U 3508 – XXI
KL v.Lehsten 11.44-3.45

U 3509 – XXI
KL H. Franke 1.45-4.45, OL Neitzsch 4.45-5.45

U 3510 – XXI
OL Schwirley 11.44-5.45

U 3511 – XXI
OL Grasse 11.44-1.45, KL Ketels 1.45-3.45, KL Hermann Schrenk 3.45-5.45

U 3512 – XXI
KL Hornkohl 11.44-4.45 (?)

U 3513 – XXI
OL Nachtigall 12.44-5.45

U 3514 – XXI
OL Fritze 12.44-5.45

U 3515 – XXI
OL Kuscher 12.44-5.45

U 3516 – XXI
KL Wengel 12.44-3.45, OL Grote 3.45-5.45

U 3517 – XXI
KL Münster 12.44-4.45, ohne Kommandant: 5.45

U 3518 – XXI
KL Brünning 12.44-5.45

U 3519 – XXI
KL v.Harpe 12.44-3.45

U 3520 – XXI
KL S. Ballert 12.44-1.45

U 3521 – XXI
OL Günther Keller 1.45-5.45

U 3522 – XXI
OL Lenzmann 1.45-5.45

U 3523 – XXI
OL Willi Müller 1.45-5.45

U 3524 – XXI
KK Witt 1.45-5.45

U 3525 – XXI
KL Gaude 1.45-4.45, KL Kranich 4.45-5.45

U 3526 – XXI
OL K. Hilbig 3.45-5.45

U 3527 – XXI
KL Kronenbitter 3.45-5.45

U 3528 – XXI
KL Zwarg 3.45-5.45

U 3529 – XXI
OL K.-H. Schmidt 3.45-5.45

U 3530 – XXI
KL Brauel 3.45-4.45, ohne Kommandant: 5.45

U 3531 – XXI
(Kommandant ?), Boote nicht mehr fertig gestellt oder begonnen bzw. Aufträge nicht mehr erteilt.

U 3532 – XXI
(OL Niemeyer ?), Boote nicht mehr fertig gestellt oder begonnen bzw. Aufträge nicht mehr erteilt.

U 3533 – XXI
(OL Jaenicke)

U 3534 – XXI
(OL G. Wolff)

U 3535 – XXI
(OL Zenker)

U 3536 – XXI
(OL Gode)

U 3537 – XXI
(OL Korndörfer)

U 3538 - U 4000 – XXI:
Boote nicht mehr fertig gestellt oder begonnen bzw. Aufträge nicht mehr erteilt.

U 4001 - U 4500 – XXIII:
Bauaufträge nicht mehr vergeben.

U 4501 - U 4600 – XXVI
(Walter-Boote): Bauaufträge nicht mehr vergeben.

U 4601 – U 4700:
Nicht bekannt.

U 4701 – XXIII
OL Wiechmann 1.45-5.45

U 4702 – XXIII
OL Seeliger 1.45-5.45

U 4703 – XXIII
OL H.-U. Scholz 1.45-5.45

U 4704 – XXIII
OL Franceschi 3.45-5.45

U 4705 - XXIII
OL Landt-Hayen 2.45-5.45

U 4706 – XXIII
OL M. Schneider 2.45-5.45

U 4707 – XXIII
OL Leder 2.45-5.45

U 4708 – XXIII
OL D. Schultz: Infolge Beschädigung durch Luftangriff nicht in Dienst gestellt.

U 4709 – XXIII
OL Berkemann 3.45-5.45

U 4710 – XXIII
OL L.-F.v.Friedeburg 5.45

U 4711 – XXIII
OL Endler 3.45-5.45

U 4712 – XXIII
OL Rohlfing 4.45-5.45, KL Fleige 5.45

U 4713, U 4714
(LT Kaeding, OL v.Ahlefeld),

U 4715 - U 4718, U 4719
(OL Waldschmidt),

U 4720 - U 5000 – XXIII:
Boote nicht mehr fertig gestellt oder begonnen bzw. Bauaufträge nicht mehr vergeben.
Ab U 5001 Klein-U-Boote vom Typ XXVII B »Seehund«: K-Verband.

Ausländische U-Boote

U A
(ex-türk. BATIRAY)
Übernommen 1.9.39, FK Cohausz 9.39-11.40, FK Eckermann 11.40-1.42, FK Cohausz 1.42-5.42, KL Schnoor 5.42-8.42, a.D., KK F. Schäfer 10.42-3.43, a.D.(?), OL Graf von und zu Arco-Zinneberg 4.44-3.45, ohne Kommandant: 3.45-5.45

U B
(ex-brit. SEAL)
Erbeutet 4.5.40, KS Mahn 11.40-7.41

UC 1
(ex-norweg. B 5)
Erbeutet 9.4.40, FK Kiesewetter 11.40-10.41, KL Wollschläger 10.41-11.41, KK Georg Lange 11.41-3.42 (LT Brockmann ? i.V.)

UC 2
(ex-norweg. B 6)
Erbeutet 4.5.40, Kommandant ? 11.40.-11.41, KL Wollschläger 11.41-11.43

UD 1
(ex-niederl. O 8)
Erbeutet 14.5.40, FK Rigele 11.40-5.41, KK F. Schäfer 5.41-11.41, KK Venier 11.41-12.42, KL Ketelsen 12.42-5.43, KL Weidner 5.43-11.43

UD 2
(ex-niederl. O 12)
Erbeutet 14.5.40, KK Venier 1.43-4.44, OL G. Scholz 4.44-7.44

UD 3
(ex-niederl. O 25)
Erbeutet 14.5.40, FK Rigele 6.41-7.41, FK Kölle 7.41-9.42 (?: vgl. U 154), OL J. Seeger ?-10.44

UD 4
(ex-niederl. O 26)
Erbeutet 14.5.40, FK Brümmer-Patzig 1.41-10.41, KK Singule 10.41-4.42, KL Bernbeck 4.42-10.42, a.D., KK F. Schäfer 4.43-11.44, KL Bart 11.44-3.45, ohne Kommandant: 3-45-5.45

UD 5
(ex-niederl. O 27)
Erbeutet 14.5.40, KS Mahn 11.41-1.43, KL v.Kameke 1.43-4.43, KL Scheltz 4.43-5.45

UF 2
(ex-frz. LA FAVORITE)
Erbeutet im Juni 1940, KK Georg Lange 11.42-10.43, OL Gehrken 10.43-7.44

UIT 21
(ex-ital. GIUSEPPE FINZI)
Erbeutet 9.9.43, Ol Steinfeld 10.43-4.44

UIT 22
(ex-ital. ALPINO BAGNOLINI)
Erbeutet 10.9.43, OL Wunderlich 10.43-3.44

UIT 23
(ex-ital. REGINALDO GIULIANI)
Erbeutet 10.9.43, FK H. Schäfer 12.43-1.44, KL Striegler 1.44-2.44 (?: vgl. UIT 25)

UIT 24
(ex-ital. COMMANDANTE CAPPELINI)
Erbeutet 10.9.43, OL Pals 12.43-5.45

UIT 25
(ex-ital. LUIGI TORELLI)
Erbeutet 10.9.43, KL Striegler 12.43-9.44 (?: vgl. UIT 23), KL Schrein 9.44-11.44, OL A. Meier 11.44-5.45

Die Dienstzeit der einzelnen U-Boote im Kriege

Diese Tabelle zeigt – vielleicht nicht auf den ersten Blick, aber mit Hilfe eines Lineals –, welche Boote an jedem Tag des Zweiten Weltkrieges in Dienst waren. Die Spalten weisen von links nach rechts, beginnend mit dem September 1939, jeden Monat des Krieges bis zum Mai 1945 aus. Zur besseren Handhabung der Tabelle sind die Kriegsjahre mit den Anfangsbuchstaben der Monate auf jeder Seite sowohl am oberen wie auch am unteren Rand angegeben.

Das Datum der Indienststellung steht für das jeweilige U-Boot in seiner waagerechten Rubrik links am Anfang seiner »Lebenslinie«, wobei die Ziffer(n) des Tages in der vertikalen Spalte des betreffenden Monats beginnt. Bei den U-Booten, die zu Kriegsbeginn bereits vorhanden waren, fehlt dieses Datum. Rechts am Ende dieser »Lebenslinie« des Bootes befindet sich das Datum seiner Versenkung bzw. Außerdienststellung, wobei die Ziffer(n) des Tages in der betreffenden Monatsspalte endet.

So ist z.B. das bereits am 1. September 1939 vorhanden gewesene *U 1* am 15. April 1940 gesunken. *U 65* wurde am 15. Februar 1940 in Dienst gestellt und am 28. April 1941 versenkt. Für *U 107* lauten diese Daten 8. Oktober 1940 und 18. August 1944.

Dieses System in der Tabelle wird durch eine kleine Anzahl von Booten gestört, die so rasch versenkt wurden, dass der vorhandene Raum für die »Lebenslnie« in der beschriebenen Weise nicht ausreichte. In diesen Fällen wurden stattdessen die Daten in ausgeschriebener Form angegeben, wie z.B. bei *U 63*: 1825/2/40, d.h. am 18. Februar 1940 in Dienst gestellt und am 25. desselben Monats versenkt.

Boote, deren »Lebenslinie« nicht mit einem Datum endet, aber den Mai 1945 erreicht, überdauerten die Krieg. Generaladmiral Hans-Georg v. Friedeburg unterzeichnete am 4. Mai 1945 an der Spitze einer deutschen Delegation in Lüneburg die Kapitulation an der britischen Front, die am Samstag, dem 5. Mai, um 08.00 britischer Sommerzeit in Kraft trat. Einige Boote, die an diesem Tag noch in See standen, liefen lieber in den Stützpunkt ein, statt in See zu kapitulieren. Andere Boote wurden noch nach dem Eintritt des Waffenstillstandes angegriffen und versenkt. In diesen Fällen wurde das Versenkungsdatum hinzugefügt. Die Mehrheit der U-Boote ohne Datum am Ende ihrer »Lebenslinie« befanden sich um den 5. Mai in heimischen Gewässern.

Diese Tabelle ist von Hand erstellt worden und ich entschuldige mich für etwaige Fehler. Im Allgemeinen habe ich die Daten des U-Boot-Archivs wiedergegeben, die durch spätere Angaben von Axel Niestlé, Bob Coppock, Paul Kemp und des Verfassers ergänzt worden sind.

```
---- 19391940        1941        1942        1943        1944        1945
     SONDJFMAMJJASONDJFMAMJJASONDJFMAMJJASONDJFMAMJJASONDJFMAMJJASONDJFMAM
     ----|-----------|-----------|-----------|-----------|-----------|----
  U1 ++++++15
  U2 +++++++++++++++++++++++++++++++++++++++++++++++++++++++8
  U3 +++++++++++++++++++++++++++++++++++++++++++++++++++++++++++1
  U4 +++++++++++++++++++++++++++++++++++++++++++++++++++++++++++1
  U5 +++++++++++++++++++++++++++++++++++++++++19
  U6 +++++++++++++++++++++++++++++++++++++++++++++++++++++++++++7
  U7 ++++++++++++++++++++++++++++++++++++++++++++++++++++18
  U8 ++++++++++++++++++++++++++++++++++++++++++++++++++++++++++++++++++++2
  U9 ++++++++++++++++++++++++++++++++++++++++++++++++++++++++++20
 U10 +++++++++++++++++++++++++++++++++++++++++++++++++++++++++++1
 U11 ++++++++++++++++++++++++++++++++++++++++++++++++++++++++++++++++++++3
 U12 +8
 U13 +++++++31
 U14 ++++++++++++++++++++++++++++++++++++++++++++++++++++++++++++++++++++2
 U15 +++31
 U16 24
 U17 ++++++++++++++++++++++++++++++++++++++++++++++++++++++++++++++++++++2
 U18 ++++++++++++++++++++++++++++++++++++++++++++++++++++++++++25
 U19 +++++++++++++++++++++++++++++++++++++++++++++++++++++++++++11
 U20 +++++++++++++++++++++++++++++++++++++++++++++++++++++++++++10
 U21 +++++279+++++++++++++++++++++++++++++++++++++++++++++++++++5
 U22 ++++++?
 U23 +++++++++++++++++++++++++++++++++++++++++++++++++++++++++++10
 U24 ++++++++++++++++++++++++++++++++++++++++++++++++++++++++++25
 U25 +++++++++++3
 U26 ++++++++++1
 U27 20* (20/9/39)
 U28 +++++++++++++++++++++++++++++++++++++++++++++++++++++17

     ----|-----------|-----------|-----------|-----------|-----------|----
     SONDJFMAMJJASONDJFMAMJJASONDJFMAMJJASONDJFMAMJJASONDJFMAMJJASONDJFMAM
---- 19391940        1941        1942        1943        1944        1945
```

```
---- 19391940        1941        1942        1943        1944        1945
     SONDJFMAMJJASONDJFMAMJJASONDJFMAMJJASONDJFMAMJJASONDJFMAMJJASONDJFMAM
     ----|-----------|-----------|-----------|-----------|-----------|----

 U29 ++++++++++++++++++++++++++++++++++++++++++++++++++++++17
 U30 +++++++++++++++++++++++++++++++++++++++++++++++++++++++++++++++++
 U31 +++++11   ++++2
 U32 ++++++++++++30
 U33 ++++12
 U34 +++++++++++++++++++++++++++++++++++++++++++++++5
 U35 +29
 U36 +++4
 U37 ++++++++++++++++++++++++++++++++++++++++++++++++++++++++++++++++++++8
 U38 ++++++++++++++++++++++++++++++++++++++++++++++++++++++++++++++++++++5
 U39 14*
 U40 13
 U41 +++++5
 U42 13
 U43 +++++++++++++++++++++++++++++++++++++++++++++30
 U44 +++++20
 U45 14
 U46 ++++++++++++++++++++++++++++++++++++++++++++++++++
 U47 ++++++++++++++++++?
 U48 ++++++++++++++++++++++++++++++++++++++++++++++++++
 U49 ++++++15
 U50 ++++++10
 U51 ++++++++++20
 U52 ++++++++++++++++++++++++++++++++++++++++++++++++++
 U53 ++++23
 U54 +++++?
U55    21+++++++++++30
U56  ++++++++++++++++++++++++++++++++++++++++++++++++++++++++++++++++++28
U57  ++++++++++++3
U58  ++++++++++++++++++++++++++++++++++++++++++++++++++++++++++++++++++++
U59  ++++++++++++++++++++++++++++++++++++++++++++++++++++++++++++++++++++
U60  +++++++++++++++++++++++++++++++++++++++++++++++++++++++++++++++++++++
U61  ++++++++++++++++++++++++++++++++++++++++++++++++++++++++++++++++++
U62     21++++++++++++++++++++++++++++++++++++++++++++++++++++++++++++++++
U63      1825/2/40
U64     16+13
U65       15+++++++++++28
U66                  2++++++++++++++++++++++++++++++++++++++6
U67                  22+++++++++++++++++++++++++++16
U68                   11+++++++++++++++++++++++++++++++++++10
U69                2+++++++++++++++++++++++++17
U70                23++7
U71                 14+++++++++++++++++++++++++++++++++++++++++++++++++
U72                  4++++++++++++++++++++++++++++++++++++++++++++++++30
U73              30++++++++++++++++++++++++++++++++++++16
U74               31+++++++++++++++++2
U75                 19+++++++++28
U76                 3+++5
U77                  18+++++++++++++++++++++++18
U78                   15+++++++++++++++++++++++++++++++++++++++++++++++16
U79                    13++++++23
U80                     8+++++++++++++++++++++++++++++++++++++++++28
U81                     26+++++++++++++++++++++++++++++++9
U82                      14+++++++7
U83                   8++++++++++++++++++++++++9
U84                     29+++++++++++++++++++++++++24
U85                       7++++++++14
U86                        8++++++++++++++++++++++++++29
U87                         19+++++++++++++++++4
U88                           15++++++++12
U89                            19+++++++++++++++14
U90                             20++++24

     ----|-----------|-----------|-----------|-----------|-----------|----
     SONDJFMAMJJASONDJFMAMJJASONDJFMAMJJASONDJFMAMJJASONDJFMAMJJASONDJFMAM
---- 19391940        1941        1942        1943        1944        1945
```

```
---- 19391940        1941        1942        1943        1944        1945
     SONDJFMAMJJASONDJFMAMJJASONDJFMAMJJASONDJFMAMJJASONDJFMAMJJASONDJFMAM
     ----|-----------|-----------|-----------|-----------|-----------|----

U91                               28++++++++++++++++++++++25
U92                                 3++++++++++++++++++++++++++++++4
U93             30+++++++++++++++15
U94              10+++++++++++++++++++++28
U95              31++++++++++++28
U96               14++++++++++++++++++++++++++++++++++++++++++++++++++++
U97               28++++++++++++++++++++++++++++++16
U98                12++++++++++++++++++++++19
U99          18++++++++17
U100          30+++++++17
U101        11++++++++++++++++++++++++++++++++++++++++21
U102         2730/6/40
U103            5++++++++++++++++++++++++++++++++++++++++++
U104            19+?
U105             10+++++++++++++++++++++++++++++++2
U106             24+++++++++++++++++++++++++++++++++2
U107              8++++++++++++++++++++++++++++++++++++++++++++18
U108              22+++++++++++++++++++++++++++++++++++++++11
U109                5++++++++++++++++++++++++++++5
U110               21++++9
U111                19++++++++4
U116                        26++++++++++++?
U117                          25++++++++++++++++++++7
U118                            6++++++++++++++++12
U119                                2++++++++++++24
U120         20++++++++++++++++++++++++++++++++++++++++++++++++++++++++++++
U121         20++++++++++++++++++++++++++++++++++++++++++++++++++++++++++++
U122        30+?
U123          30++++++++++++++++++++++++++++++++++++++++++++++17
U124           11++++++++++++++++++++++++++++++++2
U125                    3+++++++++++++++++++++++++6
U126                    22++++++++++++++++++++++++++3
U127                     24+++++15
U128                      12+++++++++++++++++++++17
U129                      21++++++++++++++++++++++++++++++++++++4
U130                       11++++++++++++++++++12
U131                        1+++17
U132                      29++++++++++++++++5
U133                        5++++++14
U134                        26++++++++++24
U135                         16+++++++++++++++++++15
U136                         30++++++++11
U137           15++++++++++++++++++++++++++++++++++++++++++++++++++++++++++
U138           27+++++++++18
U139            24+++++++++++++++++++++++++++++++++++++++++++++++++++++++++
U140             7+++++++++++++++++++++++++++++++++++++++++++++++++++++++++
U141             21++++++++++++++++++++++++++++++++++++++++++++++++++++++++
U142           4+++++++++++++++++++++++++++++++++++++++++++++++++++++++++++
U143              18+++++++++++++++++++++++++++++++++++++++++++++++++++++++
U144               2+++++++++9
U145               16++++++++++++++++++++++++++++++++++++++++++++++++++++++
U146               30++++++++++++++++++++++++++++++++++++++++++++++++++++++
U147       11++++++++++++++2
U148                18++++++++++++++++++++++++++++++++++++++++++++++++++++
U149               13+++++++++++++++++++++++++++++++++++++++++++++++++++++
U150               27+++++++++++++++++++++++++++++++++++++++++++++++++++++
U151                 15+++++++++++++++++++++++++++++++++++++++++++++++++++
U152                 29+++++++++++++++++++++++++++++++++++++++++++++++++++
U153                       19+++++++++13
U154                        2++++++++++++++++++++++++++++++++++3
U155                        23++++++++++++++++++++++++++++++++++++++++++++
U156                         4+++++++++++++++++8

     ----|-----------|-----------|-----------|-----------|-----------|----
     SONDJFMAMJJASONDJFMAMJJASONDJFMAMJJASONDJFMAMJJASONDJFMAMJJASONDJFMAM
---- 19391940        1941        1942        1943        1944        1945
```

```
---- 19391940        1941        1942        1943        1944        1945
     SONDJFMAMJJASONDJFMAMJJASONDJFMAMJJASONDJFMAMJJASONDJFMAMJJASONDJFMAM
     ----|-----------|-----------|-----------|-----------|-----------|----

U157                         15++++++13
U158                         25++++++30
U159                          4+++++++++++++++++++15
U160                          16++++++++++++++++++14
U161                       18+++++++++++++++++++++++27
U162                         9+++++++++++3
U163                          21++++++++++++++13
U164                           28++++++++++++6
U165                              3+++++27
U166                               23+++1
U167                                   4++++++++6
U168                                     10+++++++++++++++++++++++6
U169                                       16+27
U170                                         19+++++++++++++++++++++++++++
U171                          25++++++++++9
U172                           5+++++++++++++++++++++++12
U173                           15+++++++++16
U174                           26++++++++++++++27
U175                            5++++++++++++++17
U176                            15++++++++++++++15
U177                               14+++++++++++++++++++++6
U178                              14+++++++++++++++20
U179                               7++++++8
U180                                 16++++++++++++++++++++++++22
U181                                 9++++++++++++++++++++++++++++++++++++
U182                                 30+++++++++16
U183                                1++++++++++++++++++++++++++++++++++23
U184                                 29+++20
U185                                  13+++++++++++24
U186                                   10+++++++13
U187                                   23+++++4
U188                                    5++++++++++++++++++++++20
U189                                    15+++++24
U190                                     24+++++++++++++++++++++++++++++14
U191                                      20+++23
U192                                       16++++5
U193                                        10+++++++++++++28
U194                                         8+++24
U195                                     5++++++++++++++++++++++++++++++++
U196                                     11++++++++++++++++++++++?
U197                                      10+++++++20
U198                                       3++++++++++++++++++12
U199                                       28+++++31
U200                                        22+++24
U201                 25++++++++++++++++++++++17
U202                   22+++++++++++++++++++++++++2
U203                 18++++++++++++++++++++++++25
U204                   8+++++19
U205                     3+++++++++++++++++++17
U206                     17+++30
U207                      7+11
U208                       5++++7
U209                          11+++++++++++++++++?
U210                              21++++6
U211                               7++++++++++++++++++19
U212                                25++++++++++++++++++++++++21
U213                        30+++++++++31
U214                           1++++++++++++++++++++++++++++++26
U215                           22++++++3
U216                            15+++++++20
U217                             31+++++++++++++++5
U218                             24+++++++++++++++++++++++++++++++++++++++

     ----|-----------|-----------|-----------|-----------|-----------|----
     SONDJFMAMJJASONDJFMAMJJASONDJFMAMJJASONDJFMAMJJASONDJFMAMJJASONDJFMAM
---- 19391940        1941        1942        1943        1944        1945
```

```
---- 19391940        1941        1942        1943        1944        1945
     SONDJFMAMJJASONDJFMAMJJASONDJFMAMJJASONDJFMAMJJASONDJFMAMJJASONDJFMAM
     ----|-----------|-----------|-----------|-----------|-----------|----

U219                                        12++++++++++++++++++++++++++++
U220                                           27++++27
U221                                     9++++++++++++++27
U222                                     23++2
U223                                      6+++++++++++++++++++30
U224                                      20++++13
U225                                       11++++21
U226                                        1++++++++++++++6
U227                                        22+++++30
U228                                         12+++++++++++++++++++++++4
U229                                          3+++++++++22
U230                                          24+++++++++++++++++++21
U231                                           14+++++++++++13
U232                                           28++++++8
U233                                                     22++++++++6
U234                                                           2++++++++++++16
U235                                        19++14  }All  three boats
U236                                         9++14  }raised and used
U237                                         30+14  }non-operationally
U238                                          20++++++++++9
U239                                           13+++++++++++++24
U240                                            3+++++++++++16
U241                                               3++++++++18
U242                                                14+++++++++++++++++30
U243                                                  2++++++++8
U244                                                  9+++++++++++++++++++
U245                                                    18++++++++++++++++
U246                                                     11+++++++++++29
U247                                                  23+++++++++1
U248                                                   6++++++++++++16
U249                                                   20+++++++++++++++++
U250                                                    12++++30
U251                             20++++++++++++++++++++++++++++++++++++++++19
U252                              4++++14
U253                              21++++++++23
U254                               8++++++++++++8
U255                               29+++++++++++++++++++++++++++++++++++++++++
U256                                18++++++++++++++++23 used as Flak trap
U257                                 14++++++++++++++++++++++24
U258                                  4+++++++++++++21
U259                                  18++++++15
U260                                   14+++++++++++++++++++++++++++++++++12
U261                                   28+++15
U262                                    15++++++++++++++++++++++++++++++?
U263                                     6++++++++++++++++++20
U264                                     22++++++++++++++++++19
U265                                      6+++++++3
U266                                      24++++++++14
U267                                       11+++++++++++++++++++++++++++++++++
U268                                       29++++19
U269                                        16++++++++++++++++++27
U270                                         5+++++++++++++++++++++12
U271                                         23+++++++++++++28
U272                                          712*
U273                                          21++++19
U274                                           7+++++++++23
U275                                           25+++++++++++++++++++++++++10
U276                                            9+++++++++++++++++++29
U277                                            21+++++++++++++++1
U278                                             16+++++++++++++++++++++++++++
U279                                               2++++++4
U280                                              13++++++16

     ----|-----------|-----------|-----------|-----------|-----------|----
     SONDJFMAMJJASONDJFMAMJJASONDJFMAMJJASONDJFMAMJJASONDJFMAMJJASONDJFMAM
---- 19391940        1941        1942        1943        1944        1945
```

```
---- 19391940        1941        1942        1943        1944        1945
     SONDJFMAMJJASONDJFMAMJJASONDJFMAMJJASONDJFMAMJJASONDJFMAMJJASONDJFMAM
     ----|-----------|-----------|-----------|-----------|-----------|----
U281                                         27++++++++++++++++++++++++++
U282                                          13++++29
U283                                          31++++++++11
U284                                           14+++++21
U285                                            15++++++++++++++++++++15
U286                                             5++++++++++++++++++++29
U287                                                22+++++++++++++++++16
U288                                             26++++++++4
U289                                              10+++++++31
U290                                              24+++++++++++++++++++++
U291                                               4+++++++++++++++++++++
U292                                               25++++++27
U293                                                8++++++++++++++++++++
U294                                                 6+++++++++++++++++++
U295                                                 20++++++++++++++++++
U296                                                  3++++++++++++++22
U297                                                  17+++++++++++6
U298                                                   1+++++++++++++++++
U299                                                   15++++++++++++++++
U300                                                   29+++++++++++22
U301                                9++++++21
U302                                 16++++++++++++++++++++6
U303                                  7++++++++21
U304                                   5+++++++28
U305                                    17+++++++++++++17
U306                                     21+++++++++31
U307                                      18++++++++++++++++++++++++++29
U308                                       23++++4
U309                                        27++++++++++++++++++++++16
U310                                         24++++++++++++++++++++++++++
U311                                          23++++++++++22
U312                                           21++++++++++++++++++++++++
U313                                            20+++++++++++++++++++++++
U314                                             10++++30
U315                                              10+++++++++++++++++++++
U316                                               5++++++++++++++++++++2
U317                                                 23+++++26
U318                                                  13+++++++++++++++++
U319                                                   4+++++15
U320                                                   30+++++++++++++++7
U321                                                    20+++++++++++++2
U322                                                     5+++++++25
U323                                                      2++++++++++++++
U324                                                       5+++++++++++++
U325                                                        6+++++++++30
U326                                                         6+++++++++?
U327                                                          18++++27
U328                                                            19+++++++
U329                                                             ?+++30
U331                       31+++++++++++++++++17
U332                          7++++++++++++++++++++29
U333                            25+++++++++++++++++++++++++++++++31
U334                              9++++++++++++++++++14
U335                                17++++++3
U336                                  14++++++++++++++++++4
U337                                     6++++++15
U338                                      25++++++++++++20
U339                                        25++++++++++++++++++++++++++++++++
U340                                          16+++++++++++1
U341                                           28+++++++19
U342                                             12++++++++++++17
U343                                              18++++++++++10
U344                                               26++++++++++++++22
     ----|-----------|-----------|-----------|-----------|-----------|----
     SONDJFMAMJJASONDJFMAMJJASONDJFMAMJJASONDJFMAMJJASONDJFMAMJJASONDJFMAM
---- 19391940        1941        1942        1943        1944        1945
```

```
---- 19391940        1941        1942        1943        1944        1945
     SONDJFMAMJJASONDJFMAMJJASONDJFMAMJJASONDJFMAMJJASONDJFMAMJJASONDJFMAM
     ----|-----------|-----------|-----------|-----------|-----------|----

U345                                             4+++++13
U346                                              7+20
U347                                               7++++++++++17
U348                                                10++++++++++++++++30
U349                                                 8++++++++++++++++++++
U350                                                  7+++++++++++++++30
U351                      20++++++++++++++++++++++++++++++++++++++++++++++
U352                        28+++++++9
U353                                   31++++16
U354                                    22+++++++++++++++++++++++++24
U355                              29++++++++++++++++++++++++++++1
U356                                20+++++++++27
U357                                      18+++26
U358                                        15+++++++++++++++++1
U359                                          5+++++++28
U360                                           12+++++++++++++++2
U361                                            18++++++++++++++++17
U362                                              4++++++++++++++++++5
U363                                               18+++++++++++++++++++++++++
U364                                             3++++++30
U365                                              8++++++++++++++++13
U366                                               16++++++5
U367                                                27++++++++++++++++15
U368                                                     7++++++++++++++++
U369                                                      15++++++++++++++++++
U370                                                       19+++++++++++++++++
U371                   15++++++++++++++++++++++++++++++++++++4
U372                    19++++++++++++++4
U373                     22+++++++++++++++++++++++++++++++++++8
U374                      21++++12
U375                       19+++++++++++++++++++++30
U376                        21+++++++++++++++++10
U377                          2+++++++++++++++++++++++++15
U378                          30+++++++++++++++++++++20
U379                           29+++++++8
U380                            22++++++++++++++++++++++++13
U381                              25++++++++++++19
U382                                25++++++++++++++++++++++++++++++12
U383                                  6+++++++++++++1
U384                                   18+++++19
U385                                    29+++++++++++++++++++++11
U386                                      10+++++++++++++19
U387                                       24+++++++++++++++++++++++9
U388                                        31+++20
U389                                          6+++++++5
U390                                           13++++++++++++++5
U391                                            24+++++13
U392                                             29+++++++16
U393                                               3+++++++++++++++++++++4
U394                                                7++++++++++++2
U396                                                  16+++++++++++++++23
U397                                                   20+++++++++++++++++
U398                                                    18++++++++++++++?
U399                                                     22+++++++++++26
U400                                                       18++++++17
U401                    10++3
U402                     21++++++++++++++++++++++++++13
U403                      25+++++++++++++++++++++++17
U404                        6+++++++++++++++++++++28
U405                         17+++++++++++++++++++++++1
U406                          22+++++++++++++++++++++++++18
U407                            18++++++++++++++++++++++++++++++19
U408                           19++++++++++5
     ----|-----------|-----------|-----------|-----------|-----------|----
     SONDJFMAMJJASONDJFMAMJJASONDJFMAMJJASONDJFMAMJJASONDJFMAMJJASONDJFMAM
---- 19391940        1941        1942        1943        1944        1945
```

```
---- 19391940        1941        1942        1943        1944        1945
     SONDJFMAMJJASONDJFMAMJJASONDJFMAMJJASONDJFMAMJJASONDJFMAMJJASONDJFMAM
     ----|-----------|-----------|-----------|-----------|-----------|----

U409                             21+++++++++++++++16
U410                              23++++++++++++++++++++++11
U411                               18+++++28
U412                                29+++22
U413                                  3++++++++++++++++++++++++20
U414                                   1++++++++25
U415                                    5+++++++++++++++++++++14
U416                                       4++30      4++++++++++++12
U417                                     26++++++11
U418                                      21++++++1
U419                                       18+++++++++8
U420                                        16++++++++17
U421                                         13++++++++++++29
U422                                          10++++++4
U423                                           3+++++++++++++17
U424                                            7++++++++11
U425                                            21+++++++++++++++++++17
U426                                             12++++++8
U427                                              2+++++++++++++++++++++++
U428                                              26++++++++++++++++++++++
U429                                               14++++++++++++++++++?
U430                                                4+++++++++++++++++30
U431                    5++++++++++++++++++++++++++++21
U432                    26++++++++++++++++++++11
U433                     24+++16
U434                      21+++18
U435                        30+++++++++++++++++++++9
U436                         27+++++++++++++++++26
U437                          25+++++++++++++++++++++++++++++++++4
U438                           22++++++++++++++++6
U439                            20+++++++++++++++3
U440                             24+++++++++++++31
U441                              21+++++++++++++++++++++++++18
U442                               21++++++++12
U443                                18+++++++23
U444                                 9++++++++11
U445                                 30++++++++++++++++++++++++24
U446                                  2021
U447                                   11++++++++7
U448                                    1++++++++++++++++++14
U449                                    22+++++++24
U450                                     12+++++++++++++++10
U451                     3+++++21
U452                     2925
U453                      26++++++++++++++++++++++++++++++++21
U454                       24+++++++++++++++++++++++1
U455                        21++++++++++++++++++++++++++++++6
U456                         18+++++++++++++++++13
U457                           5++++++++16
U458                            12+++++++++++++++++22
U459                           15+++++++++++++++++27
U460                            24++++++++++++++++++++4
U461                             30+++++++++++++++30
U462                               5++++++++++++++30
U463                                2+++++++++++15
U464                                30+20
U465                                 20++++++++++5
U466                                  17+++++++++++++++++++++++19
U467                                   15+++++++29
U468                                    12+++++++++11
U469                                      7+++25
U470                                         7+++++++16

     ----|-----------|-----------|-----------|-----------|-----------|----
     SONDJFMAMJJASONDJFMAMJJASONDJFMAMJJASONDJFMAMJJASONDJFMAMJJASONDJFMAM
---- 19391940        1941        1942        1943        1944        1945
```

```
---- 19391940        1941        1942        1943        1944        1945
     SONDJFMAMJJASONDJFMAMJJASONDJFMAMJJASONDJFMAMJJASONDJFMAMJJASONDJFMAM
     ----|-----------|-----------|-----------|-----------|-----------|----
U468                                    12+++++++++11
U469                                      7+++25
U470                                         7+++++++16
U471                                             5++++++++++++++6
U472                                             26++++++++4
U473                                              16+++++++++5
U475                                               7+++++++++++++++++++++3
U476                                               28+++++++24
U477                                                18++++++++3
U478                                                 8+++++++30
U479                                                 27+++++++++++12
U480                                                 6++++++++++++++24
U481                                                  10+++++++++++++++++
U482                                                   1+++++++++++16
U483                                                   22++++++++++++++++
U484                                                    19++++++9
U485                                                     23+++++++++++++8
U486                                                      22++++++++++12
U487                                        21++++13
U488                                          1+++++++++++26
U489                                           8++++4
U490                                           27++++++++++++11
U501                    30++10
U502                     31++++++++++++5
U503                       10+++++15
U504                       30++++++++++++++++++++30
U505                        26+++++++++++++++++++++++++++++++++4
U506                         15++++++++++++++++++12
U507                          8+++++++++++++13
U508                          20+++++++++++++++++++++12
U509                           4++++++++++++++++++15
U510                           25++++++++++++++++++++++++++++++++++++++++8
U511                            12+++++++++++++++++16
U512                            20++++++++2
U513                             10++++++++++++++++19
U514                             24++++++++++++++++8
U515                              21++++++++++++++++++++++++9
U516                               10++++++++++++++++++++++++++++++++++++14
U517                               21++++21
U518                                25+++++++++++++++++++++++++++++++++22
U519                                 7++++++10
U520                                 19++30
U521                                  3+++++++++++2
U522                                  11+++++23
U523                                  25+++++++++++25
U524                                   8++++++22
U525                                   30++++++++++11
U526                                    12+++++14
U527                                     2++++++++23
U528                                     16+++++11
U529                                     30++15
U530                                      14+++++++++++++10/7/45 La Plata
U531                                      28+++++6
U532                                       11++++++++++++++++++++++++++++10
U533                                       25++++++++16
U534                                        23++++++++++++++++++++++++++++5
U535                                        23+++++5
U536                                         13+++++++20
U537                                         27++++++++++++++++++++9
U538                                          10++++++21
U539                                          24+++++++++++++++++++++++++++
U540                                           10++++18

     ----|-----------|-----------|-----------|-----------|-----------|----
     SONDJFMAMJJASONDJFMAMJJASONDJFMAMJJASONDJFMAMJJASONDJFMAMJJASONDJFMAM
---- 19391940        1941        1942        1943        1944        1945
```

```
---- 19391940        1941        1942        1943        1944        1945
     SONDJFMAMJJASONDJFMAMJJASONDJFMAMJJASONDJFMAMJJASONDJFMAMJJASONDJFMAM
     ----|-----------|-----------|-----------|-----------|-----------|----
U541                                           24+++++++++++++++++++++++++
U542                                            7+++++28
U543                                            21+++++++++++++2
U544                                             5++++++17
U545                                             19++++++11
U546                                              2++++++++++++++++++++24
U547                                              16+++++++++++++++31
U548                                              30++++++++++++++++?
U549                                               10+++++++29
U550                                               28++++++16
U551                7++23
U552                 4++++++++++++++++++++++++++++++++++++++++++++++++++++2
U553                 23++++++++++++++++++++++28
U554                  15++++++++++++++++++++++++++++++++++++++++++++++++++3
U555                  30++++++++++++++++++++++++++++++++++++++++++++++++?
U556                   6++27
U557                   13+++++++16
U558                   20++++++++++++++++++++++++++20
U559                   27+++++++++++++++++30
U560                    6+++++++++++++++++++++++++++++++++++++++++++++++++3
U561                    13+++++++++++++++++++++++++12
U562                    20++++++++++++++++++++19
U563                    27+++++++++++++++++++++++31
U564                     3++++++++++++++++++++++++14
U565                     10++++++++++++++++++++++++++++++++++++++24
U566                     19+++++++++++++++++++++++++++24
U567                     24+++++21
U568                      1++++++++++28
U569                      8++++++++++++++++++++++22
U570                      1527
U571                      22+++++++++++++++++++++++++++++28
U572                      29+++++++++++++++++++++++++3
U573                       5+++++++++29
U574                       12+++19
U575                       19++++++++++++++++++13
U576                       24++++++++++15
U577                        3+++++9
U578                        10++++++++++10
U579                        17+?      ?+++++++++++++++++++++++++++++++++++5
U580                        24+11
U581                        31+++++2
U582                         7+++++++++++++5
U583                         1415
U584                         21+++++++++++++++++++++++31
U585                         28++++29
U586                          4+++++++++++++++++++++++++++++++++5
U587                          11+++27
U588                          18+++++++31
U589                          25+++++++++12
U590                           2++++++++++++++++++++9
U591                           9+++++++++++++++++++30
U592                           16++++++++++++++++++++++++31
U593                           23+++++++++++++++++++++++13
U594                           30++++++++++++++++++7
U595                            6++++++++++14
U596                            13+++++++++++++++++++++++++++++++15
U597                            20++++++++12
U598                            27+++++++++++++++++26
U599                             4++++++++24
U600                             11++++++++++++++++++++25
U601                             18+++++++++++++++++++++++25
U602                             29+++++++++++++23
U603                              2+++++++++++++++++++++++++1
     ----|-----------|-----------|-----------|-----------|-----------|----
     SONDJFMAMJJASONDJFMAMJJASONDJFMAMJJASONDJFMAMJJASONDJFMAMJJASONDJFMAM
---- 19391940        1941        1942        1943        1944        1945
```

```
---- 19391940        1941        1942        1943        1944        1945
     SONDJFMAMJJASONDJFMAMJJASONDJFMAMJJASONDJFMAMJJASONDJFMAMJJASONDJFMAM
     ----|-----------|-----------|-----------|-----------|-----------|----
U604                             8+++++++++++++++++11
U605                             15+++++++13
U606                             22++++++++++22
U607                             29+++++++++++++++13
U608                              5++++++++++++++++++++++++++++10
U609                              12++++++++++7
U610                              19++++++++++++++++++8
U611                              26+++++++10
U612                               5+++24
U613                               12+++++++++++++23
U614                               19+++++++++++++29
U615                               26+++++++++++++++6
U616                                2+++++++++++++++++++++++14
U617                                9+++++++++++++++12
U618                                16+++++++++++++++++++++++++14
U619                                23++++5
U620                                30+++++++14
U621                                 7+++++++++++++++++++++++++18
U622                                 14+++++++++++24
U623                                 21++++++21
U624                                 28+++++++7
U625                                  4+++++++++++++++++++10
U626                                  11+++15
U627                                  18+27
U628                                  25+++++++++++3
U629                                   7++++++++++++++++++++++8
U630                                   9+++++++++4
U631                                   16++++++++++++18
U632                                   23+++++++6
U633                                   30++++++7
U634                                    6++++++++++30
U635                                    13++++++6
U636                                    20+++++++++++++++++++++++++++++21
U637                                    27+++++++++++++++++++++++++++++26
U638                                     3+++++++5
U639                                     10++++++++26
U640                                     17+++++17
U641                                     24+++++++++++++19
U642                                      1++++++++++++++++++++5
U643                                      8+++++++++++8
U644                                      15++++7
U645                                      22+++++++++++24
U646                                      29++++17
U647                                       5+++++++?3
U648                                       12+++++++++23
U649                                       1924
U650                                       26+++++++++++++++++++++++?7
U651                  12+29
U652                    3+++++++++++++2
U653                   25+++++++++++++++++++++++++++++++++15
U654                       5+++++++++++22
U655                        11++++24
U656                         17++++1
U657                          8+++++++++++++++++14
U658                           5+++++++++30
U659                            9++++++++++++++++3
U660                             8++++++++12
U661                              12+++++15
U662                                9+++++++++++++21
U663                                 14++++++++++7
U664                                  17++++++++++++9
U665                                   22+++++22
U666                                    26+++++++++++++++10
     ----|-----------|-----------|-----------|-----------|-----------|----
     SONDJFMAMJJASONDJFMAMJJASONDJFMAMJJASONDJFMAMJJASONDJFMAMJJASONDJFMAM
---- 19391940        1941        1942        1943        1944        1945
```

```
---- 19391940        1941        1942        1943        1944        1945
     SONDJFMAMJJASONDJFMAMJJASONDJFMAMJJASONDJFMAMJJASONDJFMAMJJASONDJFMAM
     ----|-----------|-----------|-----------|-----------|-----------|----

U667                                      20+++++++++++++++++++25
U668                                       16+++++++++++++++++++++++++++++
U669                                        12+++++++7
U670                                         26++++20
U671                                           3++++++++++++++++4
U672                                            6+++++++++++++18
U673                                             8+++++++++++++++24
U674                                              15+++++++++2
U675                                               14+++++++24
U676                                                6++++++++++++++++19
U677                                                 20++++++++++++++++8
U678                                                  25+++++++6
U679                                                   29+++++++++++10
U680                                                    23++++++++++++++++
U681                                                      3+++++++++++11
U682                                                        17+++++29
U683                                                         30+++++++12
U701                       16++++++++++7
U702                         3++++++4
U703                          16+++++++++++++++++++++++++++++++++?
U704                           18++++++++++++++++++++++++++++++++++++++++3
U705                            30+++++++3
U706                               16+++++++++++++++2
U707                                   1+++++++++++++++9
U708                                   24++++++++++++++++++++++++++++++++3
U709                                    12+++++++++++++++++1
U710                                     2+++++24
U711                                     26++++++++++++++++++++++++++++++5
U712                                       5++++++++++++++++++++++++++++++
U713                                        29+++++++++++24
U714                                          10++++++++++++++++++++++14
U715                                           17++++++++++++12
U716                                            14++++++++++++++++++++++++
U717                                             19+++++++++++++++++++++++
U718                                              25++18
U719                                               17++++++++26
U720                                                 17+++++++++++++++++++
U721                                               22+++++++++++++++++++++
U722                                                    15++++++++++++27
U731                                      3+++++++++++++++++15
U732                                      24+++++++++31
U733                                       14++++++++++++++++++++++++++++4
U734                                        5+++++++++++++9
U735                                        28+++++++++++++++++++++28
U736                                         16+++++++++++++++++6
U737                                         30++++++++++++++++++++19
U738                                          20+++++++++14
U739                                           6++++++++++++++++++++++++++
U740                                           27+++++++++++++9
U741                                            10+++++++++++++15
U742                                             1++++++++++++19
U743                                             15++++++++++++++9
U744                                              5++++++++6
U745                                              19++++++++++++++++++6
U746                                               4+++++++++++++++++++++4
U747                                               17+++++++++++++++++++1
U748                                               31++++++++++++++++++++3
U749                                                14++++++++++++++++++4
U750                                                26++++++++++++++++++++
U751                 31+++++++++++++++17
U752                     24+++++++++++++++++++++23
U753                      18++++++++++++++++++++15

     ----|-----------|-----------|-----------|-----------|-----------|----
     SONDJFMAMJJASONDJFMAMJJASONDJFMAMJJASONDJFMAMJJASONDJFMAMJJASONDJFMAM
---- 19391940        1941        1942        1943        1944        1945
```

```
---- 19391940        1941        1942        1943        1944        1945
     SONDJFMAMJJASONDJFMAMJJASONDJFMAMJJASONDJFMAMJJASONDJFMAMJJASONDJFMAM
     ----|-----------|-----------|-----------|-----------|-----------|----

U754                        28++++++++31
U755                           3++++++++++++++++28
U756                            30+++++++1
U757                              28+++++++++++++++++++++8
U758                                 5++++++++++++++++++++++++++++++++11
U759                                    10++++++++26
U760                                      15+++++++++8
U761                                        3++++++++++++24
U762                                         30+++++++++++8
U763                                           13+++++++++++++++++++24
U764                                             6++++++++++++++++++++++++
U765                                              16+++++++++6
U766                                               30++++++++++21
U767                                                 11++++++18
U768                                                  1420/11/43
U771                                                   18+++++++++11
U772                                                    23+++++++++30
U773                                                     20+++++++++++++++
U774                                                      17+++++++++++18
U775                                                       23+++++++++++++
U776                                                        13++++++++++20
U777                                                         9+++15
U778                                                           7++++++++++
U779                                                            24++++++++
U801                                           24+++++++++17
U802                                              12++++++++++++++++++++11
U803                                                 7+++++27
U804                                                    4+++++++++++++++9
U805                                                      12++++++++++++14
U806                                                        29++++++++++++
U821                                                  11+++++10
U822                                                           1+++++++++3
U825                                                         4++++++++++++
U826                                                         11+++++++++11
U827                                                         25++++++++++4
U828                                                          17+++++++++3
U841                                          6++++++17
U842                                           1+++++++6
U843                                           24+++++++++++++++++++++++9
U844                                            7++++16
U845                                             1++++++++10
U846                                             29++++++++++4
U847                                         23++++27
U848                                          20+++++++5
U849                                           11+++++25
U850                                            17+++++20
U851                                             21+++++++++3
U852                                              15+++++++++3
U853                                              25+++++++++++++++++++++6
U854                                               19+++++4
U855                                                2++++++++++++?
U856                                                19++++++7
U857                                                 16+++++++++++++++++7
U858                                                 30+++++++++++++++++14
U859                                               8++++++++++++23
U860                                                12+++++++15
U861                                                 2+++++++++++August 45
U862                                                  7+++++++++++++++++++
U863                                                   3++++++++29
U864                                                    9+++++++++++++9
U865                                                  25+++++++++?
U866                                                   17+++++++++++++18

     ----|-----------|-----------|-----------|-----------|-----------|----
     SONDJFMAMJJASONDJFMAMJJASONDJFMAMJJASONDJFMAMJJASONDJFMAMJJASONDJFMAM
---- 19391940        1941        1942        1943        1944        1945
```

```
---- 19391940        1941        1942        1943        1944        1945
     SONDJFMAMJJASONDJFMAMJJASONDJFMAMJJASONDJFMAMJJASONDJFMAMJJASONDJFMAM
     ----|-----------|-----------|-----------|-----------|-----------|----

U867                                                    11++++++19
U868                                                    23++++++++++++++++
U869                                                     26++++++++++28
U870                                                      3+++++++++++30
U871                                                     15+++++26
U872                                                      10+++10
U873                                                       1++++++++++++16
U874                                                        8+++++++++++++
U875                                                        21++++++++++++
U876                                                         24++++++++++4
U877                                                       24++++++27
U878                                                        14+++++++++10
U879                                                        19+++++++++19
U880                                                         11++++++++16
U881                                                         27++++++++++6
U883                                                                   27+
U889                                                                4+++++++15
U901                                                        29++++++++++15
U903                                                     4+++++++++++++++++++3
U904                                                     25++++++++++++++++++4
U905                                                       8++++++++++20
U906                                                           15++31
U907                                                         8++++++++++++
U921                                             30+++++++++++++30
U922                                                    1++++++++++++++++++++3
U923                                                      4+++++++++++++++9
U925                                                    30++++++18
U926                                                      29++++++++++++++
U927                                                          26+++++24
U928                                                           10+++++++++
U929                                                             6+++++++3
U930                                                                6+++++
U951                                        3++++++7
U952                                        10++++++++++++++++++6
U953                                        17++++++++++++++++++++++++++++
U954                                        23++19
U955                                        31++++++++++++++++7
U956                                         6++++++++++++++++++++++++++++
U957                                         7+++++++19
U958                                         14+++++?
U959                                         21++++++++++++++2
U960                                         28+++++++++++++19
U961                                          4+++++++++++29
U962                                          11++++++++++++8
U963                                          17++++++++++++++++++++++++20
U964                                          18+++++16
U965                                          25++++++++++++++++++++++27
U966                                           4++++++10
U967                                           11++++++++++++++11
U968                                           18+++++++++++++++++++++++++
U969                                           24+++++++++++++++6
U970                                           25+++++++++++++7
U971                                            1++++++++++++24
U972                                            8++++++++?
U973                                            15+++++++++6
U974                                            22+++++++++19
U975                                            29+++++++++++++++August 45
U976                                             5++++++++25
U977                                             6++++++++++++++++++++++++
U978                                             12+++++++++++++++++++++++
U979                                             20++++++++++++++++++++++3
U980                                             27++++++++++11

     ----|-----------|-----------|-----------|-----------|-----------|----
     SONDJFMAMJJASONDJFMAMJJASONDJFMAMJJASONDJFMAMJJASONDJFMAMJJASONDJFMAM
---- 19391940        1941        1942        1943        1944        1945
```

```
---- 19391940        1941        1942        1943        1944        1945
     SONDJFMAMJJASONDJFMAMJJASONDJFMAMJJASONDJFMAMJJASONDJFMAMJJASONDJFMAM
     ----|-----------|-----------|-----------|-----------|-----------|----

U981                                              3++++++++++++12
U982                                              10++++++++++++++++++++8
U983                                              16+8
U984                                              17+++++++++++20
U985                                              24+++++++++++++23
U986                                               1+++++++17
U987                                               8+++++++++15
U988                                               15++++++++29
U989                                               22+++++++++++++++14
U990                                               28+++++++25
U991                                               29+++++++++++++++++++++
U992                                                2+++++++++++++++++++++
U993                                                19++++++++++++4
U994                                                 2++++++++++++++++++++
U995                                                 16+++++++++++++++++8
U997                                                 23+++++++++++++++++++
U998                                                  7++++++27
U999                                                  21++++++++++++++++++
U1000                                                  4+++++++15
U1001                                                  18++++++++++++++8
U1002                                                  30+++++++++++++++++
U1003                                                   9++++++++++++23
U1004                                                   16++++++++++++++++
U1005                                                   30++++++++++++++++
U1006                                                    11++++++16
U1007                                                    18+++++++++++++2
U1008                                                     1+++++++++++++6
U1009                                                     10++++++++++++10
U1010                                                     22++++++++++++14
U1013                                                      217/3/44
U1014                                                      14+++++++++4
U1015                                                      2319/5/44
U1016                                                       4+++++++++++++
U1017                                                      1+++++++++++29
U1018                                                      1+++++++++27
U1019                                                        4++++++++++++
U1020                                                        17++++++?
U1021                                                        25+++++++30
U1022                                                         7+++++++++++
U1023                                                         15++++++++10
U1024                                                         28+++++++12
U1025                                                         12++++++++++
U1051                                                      4++++++++26
U1052                                                    20+++++++++++++++
U1053                                                     12+++++++++15
U1054                                                      25+++16
U1055                                                       8++++++++++30
U1056                                                       29++++++++++++
U1057                                                        20+++++++++++
U1058                                                         10++++++++++
U1059                                            1++++++++19
U1060                                            15++++++++++++++27
U1061                                               25++++++++++++++++++++
U1062                                             19+++++++++++30
U1063                                                          8+++++++15
U1064                                                          29+++++++++
U1065                                                            23+++++9
U1101                                                  10+++++++++++++++++
U1102                                                     22++++++++++++++
U1103                                                    8++++++++++++++++
U1104                                                      15+++++++++++++
U1105                                                         3+++++++++++

     ----|-----------|-----------|-----------|-----------|-----------|----
     SONDJFMAMJJASONDJFMAMJJASONDJFMAMJJASONDJFMAMJJASONDJFMAMJJASONDJFMAM
---- 19391940        1941        1942        1943        1944        1945
```

```
---- 19391940        1941        1942        1943        1944        1945
     SONDJFMAMJJASONDJFMAMJJASONDJFMAMJJASONDJFMAMJJASONDJFMAMJJASONDJFMAM
     ----|-----------|-----------|-----------|-----------|-----------|----
U1106                                                         5++++++29
U1107                                                          8++++++25
U1108                                                             18+++++
U1109                                                          31++++++++
U1110                                                           24+++++++
U1131                                                       20+++++++11
U1132                                                        24++++++++++
U1161                                                   25++++++++++++++++++++
U1162                                                    15+++++++++++++++++++
U1163                                                     6+++++++++++++++++++
U1164                                                     27++++++23
U1165                                                      17+++++++++++++++++
U1166                                                       8+++++28
U1167                                                       29++++++++++++30
U1168                                                        19+++++++++++++++
U1169                                                         9+++++++++++++++
U1170                                                          1+++++++++++++3
U1171                                                          22+++++++++++++
U1172                                                           20++++++27
U1191                                                    9+++++++25
U1192                                                    23+++++++++++++++++9
U1193                                                     7+++++++++++++++++++
U1194                                                     21++++++++++++++++++
U1195                                                      4++++++++++++++++6
U1196                                                      18+++++++?
U1197                                                       2++++++++++++++25
U1198                                                       9+++++++++++++++++
U1199                                                       23++++++++++21
U1200                                                        5++++++++11
U1201                                                        13++++++++++++++3
U1202                                                        27+++++++++++++10
U1203                                                         10++++++++++++++
U1204                                                         17++++++++++++++
U1205                                                          2+++++++++++++3
U1206                                                          16++++++++++14
U1207                                                          23+++++++++++++
U1208                                                           6++++++++?
U1209                                                           13+++++18
U1210                                                           22+++++++++++3
U1221                                                   11++++++++++++++++++3
U1222                                                    1++++++++11
U1223                                                     6++++++++++++++++23
U1224                                                     20++++13 Japanese c
U1225                                                      10++++24
U1226                                                      24++++++++28
U1227                                                       8+++++++++++++++9
U1228                                                       22++++++++++++++++
U1229                                                        13++++20
U1230                                                        26+++++++++++++++
U1231                                                         9+++++++++++++14
U1232                                                           8+++++++++3
U1233                                                          22+++++++++++++
U1234                                                           19sunk17+++++
U1235                                                            17++++++++15
U1271                                                        12+++++++++++++++
U1272                                                        28+++++++++++++++
U1273                                                         16+++++++++17
U1274                                                          1+++++++++++16
U1275                                                          22+++++++++++++
U1276                                                           6++++++++20
U1277                                                            3++++++++++++
U1278                                                            31++++++17

     ----|-----------|-----------|-----------|-----------|-----------|----
     SONDJFMAMJJASONDJFMAMJJASONDJFMAMJJASONDJFMAMJJASONDJFMAMJJASONDJFMAM
---- 19391940        1941        1942        1943        1944        1945
```

```
---- 19391940        1941        1942        1943        1944        1945
     SONDJFMAMJJASONDJFMAMJJASONDJFMAMJJASONDJFMAMJJASONDJFMAMJJASONDJFMAM
     ----|-----------|-----------|-----------|-----------|-----------|----
U1279                                                         5++++++3
U1301                                                    11++++++++++++++
U1302                                                       25++++++++7
U1303                                                      5+++++++++++++
U1304                                                           6++++++++
U1305                                                           13+++++++
U1306                                                              20++++
U1307                                                             17+++++
U1308                                                               17++2
---- ----|-----------|-----------|-----------|-----------|-----------|----
---- SONDJFMAMJJASONDJFMAMJJASONDJFMAMJJASONDJFMAMJJASONDJFMAMJJASONDJFMAM
---- 19391940        1941        1942        1943        1944        1945
```

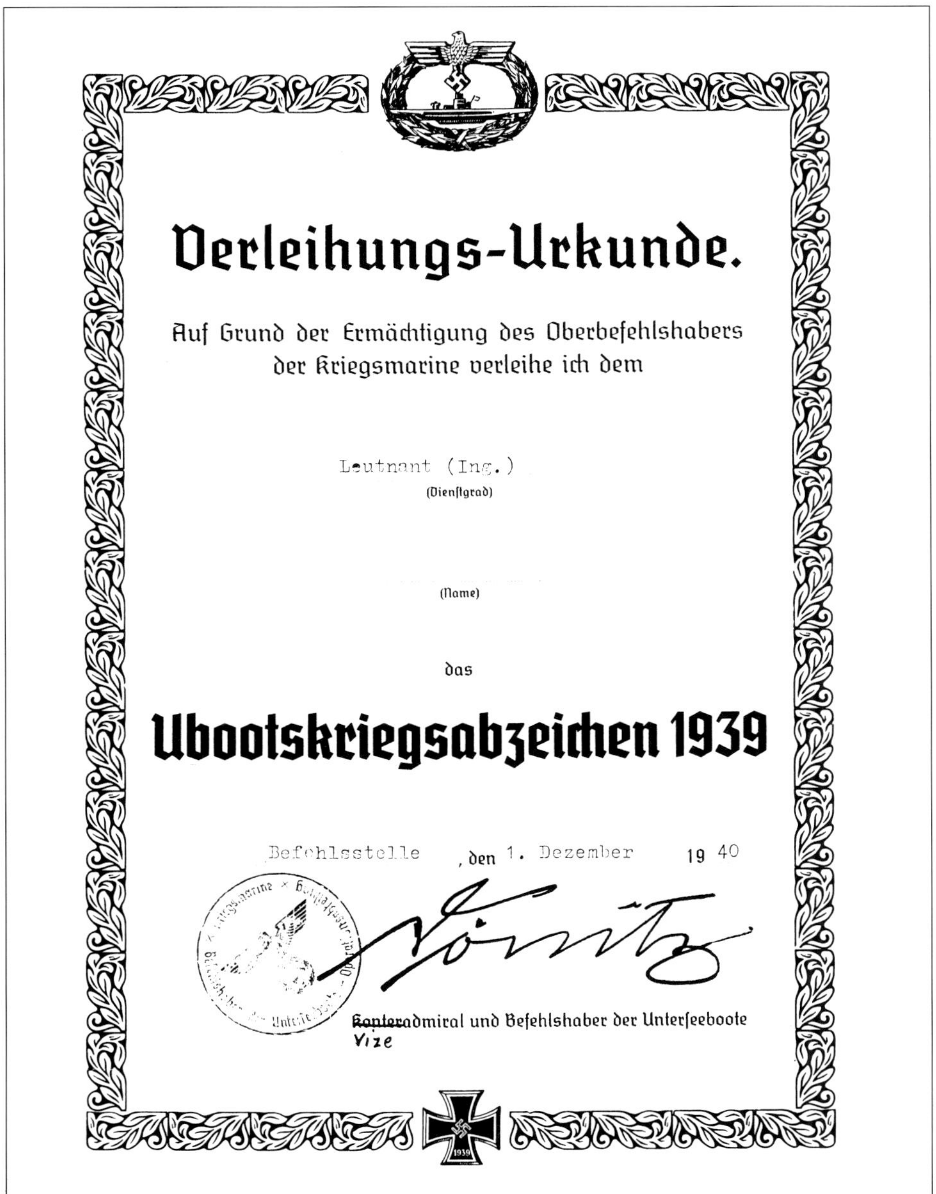

Verleihungs-Urkunde.

Auf Grund der Ermächtigung des Oberbefehlshabers
der Kriegsmarine verleihe ich dem

Leutnant (Ing.)
(Dienstgrad)

(Name)

das

Ubootskriegsabzeichen 1939

Befehlsstelle, den 1. Dezember 19 40

~~Kontera~~dmiral und Befehlshaber der Unterseeboote
Vize

Ausgewählte Bibliografie

Beaver, Paul: *U-boats in the Atlantic: A Selection of German Wartime Photographs from the Bundesarchiv, Koblenz*, Patrick Stephens Ltd., Cambridge 1979

Bekker, Cajus: *Flucht übers Meer*, Ullstein, Frankfurt a.M. 1959

Brennecke, Jochen: *Jäger – Gejagte! Deutsche U-Boote 1939 - 1945*, Koehlers, Jugenheim 1956

Breyer, Siegfried: *Handbuch für U-Bootkommandanten*, Podzun-Pallas, Wölfersheim-Berstadt 1997

Brustat-Naval, Fritz, und Peter »Ali« Cremer: *Ali Cremer: U 333*, Ullstein, Berlin 1982

Brustat-Naval, Fritz, und Reinhard »Teddy« Suhren: *Nasses Eichenlaub*, Koehlers/Mittler, Herford 1983

Busch, Harald: *So war der U-Bootkrieg*, Deutscher Heimatverlag, Bielefeld 1954

Busch, Rainer, und Hans-Joachim Röll: *Der U-Bootkrieg 1939 - 1945*, Band 1: *Die deutschen U-Bootkommandanten*, Mittler, Hamburg 1996

Caram, Ed: *U 352 – The Sunken German U-boat in the Graveyard of the Atlantic*, Caram 1987

Compton-Hall, Richard: *The Underwater War 1939-1945*, Blandford Press, Poole/Dorset 1982

Davis, Brian, und Kevin Lyles: *U-boat Uniforms*, »Military Illustrated«, Nr.4, 5 und 7, London 1987

Davis, Brian Leigh: *German Uniforms of the Third Reich 1933-1945*, Blandford Press, Poole/Dorset 1980

Deutscher Marinebund: *U-Boot-Museum U 995*, Laboe

Deutsches Marineinstitut: *Marineschule Mürwick*, E.S.Mittler & Sohn, Herford

Dönitz, Karl: *Zehn Jahre und zwanzig Tage. Erinnerungen 1935 - 1945*, Athenäum-Verlag, Bonn 1958; 11. Neuauflage: Bernard & Graefe, Bonn/Koblenz 1997

Dönitz, Karl: *Mein wechselvolles Leben*, Musterschmidt, Göttingen 1968

Drummond, John D.: *H.M. U-boat (U-570)*, W.H.Allen, London 1958

Ellenbeck, Major Dr. Hans: *Die Verantwortung des deutschen Offiziers*, Tornister-Schrift des Oberkommandos der Wehrmacht, Berlin 1941

Frank, Wolfgang: *Die Wölfe und der Admiral: Triumph und Tragik der U-Boote*, Gerhard Stalling, Oldenburg 1953

– *Prien greift an*, Deutsche Hausbücherei, Köhler-Verlag, Hamburg 1941, 1942

Gadow, R.: *Jahrbuch der deutschen Kriegsmarine*, Breitkopf & Härtel, Leipzig 1937 - 1944

Gasaway, Elizabeth B.: *Grey Wolf, Grey Sea (U-124)*, Arthur Baker, London 1972

Giese, Fritz: *Die deutsche Marine 1920 - 1945*, Verlag f. Wehrwesen Bernard & Graefe, Frankfurt a.M. 1956

Giese, Otto, und Capt. James E. Wise jr.: *Shooting the War*, Naval Institute Press, Annapolis 1994

Gretton, Peter: *Crisis Convoy: The Story of HX 231*, Purnell Book Services, London 1974; dt. Übersetzung: *Atlantik 1943. Wende im U-Bootkrieg*, Gerhard Stalling, Oldenburg 1975

– *Convoy Escort Commander*, Cassell & Co. Ltd., London 1964

Gröner, Erich: *Die Handesflotten der Welt*, J.F. Lehmanns, München 1976

– sowie Dieter Jung und Martin Maass: *Die deutschen Kriegsschiffe von 1815 bis 1945*, Band 3: *U-Boote, Hilfskreuzer, Minenschiffe, Netzleger und Sperrbrecher*, Bernard & Graefe, Koblenz 1985

Güth, Rolf: *Die Marine des Deutschen Reiches 1919 - 1939*, Verlag für Wehrwesen Bernard & Graefe, Frankfurt a.M. 1972

Hadley, Michael L.: *U-boats Against Canada*, McGill: Queen's University Press, Kingston und Montreal 1985; dt. Übersetzung: *U-Boote gegen Kanada. Unternehmungen deutscher U-Boote in kanadischen Gewässern*, E.S.Mittler & Sohn, Herford 1990

– *Count Not the Dead*, McGill: Quen's University Press, Kinston und Montreal 1995

Hahn, F.: *Führer durch das Wehrgeschichtliche Ausbildungszentrum der Marineschule Mürwick*, Flensburg 1978

Harlinghausen, C. Harald: *Ein Junge geht zur Kriegsmarine*, Wilhelm Köhler, Minden 1942

Hering, Robert: *Chronik der Crew 37 A*, Gärtringen 1987

Herwig, Holger H.: *Das Elitekorps des Kaisers*, H. Christian-Verlag, Hamburg 1977

Herzog, Bodo: *60 Jahre deutsche U-Boote 1906 - 1966*, J.F. Lehmanns, München 1968

Herzog, Bodo: *U-Boote im Einsatz*, Podzun-Verlag, Dorheim 1970

Hirschberg, Johannes und Hedwig: *Ein deutscher Seeoffizier*, Hedwig Hirschberg, Wiesbaden 1987

Hirschfeld, Wolfgang: *Feindfahrten. Das Logbuch eines U-Boot Funkers*, Paul Neff, Wien 1982; übersetzt und erweitert von Geoffrey Brooks unter dem Titel *Hirschfeld: The Story of an U-boat NCO. 1940-1946*, Naval Institute Press, Annapolis 1996

– *Das letzte Boot. Atlantik Farewell*, Universitas, München 1989

Högel, Georg: *Embleme, Wappen, Malings deutscher U Boote 1939 - 1945*, 3. A., Koehlers Verlags GmbH, Hamburg 1996

Hoffmann, Rudolf: *50 Jahre Olympia Crew*, Hoffmann, Hamburg 1986 und 1988

Howard, Stephen, und Derek Law (Hsrg.): *The Battle of the Atlantic 1939-1945*, (50th Anniversary International Naval Conference in Liverpool), Greenhill Books, London 1994

Hutson, Harry C.: *Grimsby's Fighting Fleet*, Hutton Press, Beverley 1990

Jones, Geoffrey Patrick: *The Month of the Lost U-boats*, William Kimber, London 1977

– *Atumn of the U-boats*, William Kimber, London 1984

– *Defeat of the Wolf Packs*, William Kimber, London 1988

– *Submarines Versus U-boats*, William Kimber, London 1986

Keatts, Henry C., und George C. Farr: *Dive into History: U boats*, American Merchant Marine Museum Press, New York 1986

Keatts, Henry: *Field Reference to Sunken U-boats*, American Merchant Marine Museum Press, New York 1987

Kemp, Paul: *U-boats Destroyed. German Submarine Losses in the World Wars*. Arms & Armour Press, London 1997; dt. Übersetzung: *Die deutschen und österreichischen U-Boot Verluste in beiden Weltkriegen*, Ubres, Gräfelfing 1998

Kieler Lehrthemen: *Geschichte der deutschen Kriegsmarine*, Verlag Alfred Burckhardt, Kiel 1943

Köhl, Fritz, und Axel Niestlé: *Vom Original zum Modell: U-Boottyp VII C*, Bernard & Graefe, Koblenz 1989

– *Vom Original zum Modell: U-Boottyp IX C*, Bernard & Graefe. Koblenz 1990

Köhl, Fritz, und Eberhard Rössler: *Vom Original zum Modell: U-Boottyp XXI*, Bernard & Graefe, Koblenz 1988

Koop, Gerhard, und Erich Mulitze: *Die Marine in Wilhelmshaven*, Bernard & Graefe, Koblenz 1987

Kurowski, Franz: *Knight's Cross Holders of the U-boat Service*, Schiffer Publishing Ltd., Pennsylvania 1995

Lohmann, Walter, und Hans H. Hildebrand: *Die deutsche Kriegsmarine 1939 - 1945*, 3 Bde., Podzun-Verlag, Bad Nauheim 1956 - 1964

Lüth, Wolfgang, und Claus Korth: *Boot greift wieder an!* in der Reihe »Ritterkreuzträger erzählen«, Erich Klinghammer, Berlin 1943

Lumsden, R.A.: *Collector's Guide to Third Reich Militaria*, Ian Allen Ltd., Shepperton 1987

MacIntyre, Donald: *U-boat Killer*, Weidenfeld & Nicolson, London 1956

– *The Battle of the Atlantic*, Batsford, London 1961

Merten, Karl-Friedrich, und Kurt Baberg: *Wir U-Bootfahrer sagen: »Nein – so war das nicht!«*, Verlag J. Reiß, Großsaitingen 1986

Metzler, Jost: *Sehrohr südwärts!*, William Limpert, Berlin 1943, und unter dem Titel *Die lachende Kuh*, Erich Pabel, Rastatt 1954

Militärgeschichtliches Forschungsamt der Bundeswehr: *Menschenführung in der Marine* in »Vorträge zur Militärgeschichte«, Bd. 2, E.S. Mittler & Sohn, Herford 1981

Ministry of Defence: *The U-boat War in the Atlantic 1939-1945*, HMSO, London 1989. (Dies ist die deutsche Ansicht des U-Bootkrieges, unmittelbar nach dem Kriege von Günter Heßler, Alfred Hoschatt u.a. geschrieben.)

Moore, Arthur R.A.: *A Careless Word … A Needless Sinking* (Verlustliste der amerikanischen Handelsschiffe), American Merchant Marine Museum, New York 1988

Mulligan, Timothy P.: *Lone Wolf: The Life and Death of U-boat Ace Werner Henke*, Praeger, Westport/Conn. 1993

National Archives and Records Administration: *Records Relating to U-boat Warfare 1939-1945*, Washington/DC 1985

Navy Department: *Axis Submarine Manual*, U.S. Naval Intelligence 1942

Oberkommando der Kriegsmarine: *Rangliste der deutschen Kriegsmarine*, E.S. Mittler & Sohn, Berlin (jährlich bis 1944 veröffentlicht)

Oberkommando der Kriegsmarine: *Bekleidungs- und Anzugsbestimmungen für die Kriegsmarine*, Verlag Bernard & Graefe, Berlin 1935

Plottke, Herbert: *Fächer Loos! U 172 im Einsatz*, Podzun-Pallas, Wölfersheim-Berstadt 1997, und unter dem Titel *Ein U-Boot-Drama. Die letzten Feindfahrten von U 172*, Erich Pabel, Rastatt 1987

Preston, Antony: *U-boats*, Bison Books, London 1978

Prochnow, Günther: *Deutsche Kriegsschiffe in zwei Jahrhunderten*, Band 4: *U-Boote*, Verlag Ernst Gades, Preetz/Holstein 1969

Range Clemens: *Die Ritterkreuzträger der Kriegsmarine*, Motorbuch-Verlag, Stuttgart 1974

Robertson, Terence: *Der Wolf im Atlantik. Die Kriegserlebnisse Otto Kretschmers*, Welsermühl, Wels 1969

Rössler, Eberhard: *Geschichte des deutschen U-Boot-Baus*, 2 Bde., Bernard & Graefe, Koblenz 1986/87

- *Die deutschen U-Boote und ihre Werften. Eine Bilddokumentation über den deutschen U-Boot-Bau von 1935 bis heute*, Bernard & Graefe, Koblenz 1990

Rohwer, Prof. Dr. Jürgen: *Axis Submarine Successes 1939-1945*, Greenhill Books, London 1998

- *U-Boote. Eine Chronik in Bildern*, Gerhard Stalling, Oldenburg 1962
- *U 107*, Profile Publications, Windsor 1971
- *Der Krieg zur See 1939 - 1945*, Urbes-Verlag, M Gräfelfing 1992
- und Gerhard Hümmelchen: *Chronology of the War at Sea 1939-1945. The Naval History of World War Two*, Greenhill Books, London 1992

Ruge, Friedrich: *In vier Marinen*, Bernard & Graefe, München 1979

Schaeffer, Heinz: *U 977. 66 Tage unter Wasser*, Limes Verlag, Wiesbaden 1950

Schenk, Robert: *What it was Like to be a Sailor in World War II* (Anthologie mit Beiträgen verschiedener Autoren über den Dienst auf Schiffen aller Art), Naval Institute Press, Annapolis ?

Schmoeckel, Helmut: *Menschlichkeit im Seekrieg?*, E.S. Mittler & Sohn, Herford 1987

Showell, Jak P. Mallmann: *U-boats under the Swastika*, Ian Allen, London 1973; dt. Übersetzung: *U-Boote gegen England. Kampf und Untergang der deutschen U-Bootwaffe 1939 - 1945*, Motorbuch-Verlag, Stuttgart 1974

- *U-boats under the Swastika*, 2. erweiterte Auflage, Ian Allen, London 1987; nicht ins Deutsche übersetzt
- *The German Navy in World War Two*, Arms & Armour Press, London 1979 und 1990: dt. Übersetzung: *Das Buch der deutschen Kriegsmarine*, Motorbuch-Verlag, Stuttgart 1982
- *U-boat Command and the Battle of the Atlantic*, Conway Maritime Press Ltd., London 1989
- *German Navy: Handbook 1939-1945, ...*; dt. Übersetzung: *Die deutsche Marine der Kriegsjahre 1939 - 1945. Ein Wegweiser*, Motorbuch-Verlag, Stuttgart 2000
- *The U-boat which sank itself* in »World War II Investigator«, Mai 1988
- *Germania International*, Mitteilungsblatt der »The German Navy Study Group«, Telford

Sorge, Siegfried: *Der Marineoffizier als Führer und Erzieher*, E.S. Mittler & Sohn, Berlin 1943

Stärk, Hans: *Marineunteroffiziersschule Plön*, Plön/Holstein 1974

Stern, Robert C.: *U-boats in Action* (Aufsatz), Squadron/Signal Publications Inc., Warren/Michigan 1977

Tarrant, V.E.: *The U-boat Offensive 1914-1945*, Arms & Armour Press, London 1989; dt. Übersetzung: *Kurs West! Die deutschen U-Boot-Offensiven 1914 - 1945*, Motorbuch-Verlag, Stuttgart 1993

Verband Deutscher U-Bootfahrer e.V.: *Schaltung Küste!*, monatlich erscheinendes Mitteilungsblatt

Vincent, C.R.: *Consolidated Liberator & Boeing Fortress*, Bd. 2, Canada Wings, Ontario 1975

Wagner, Gerhard (Hrsg.): *Lagevorträge des Oberbefehlshabers der Kriegsmarine vor Hitler 1939 - 1945*, J.F. Lehmanns, München 1972

Watts, Anthony John: *Axis Submarines*, MacDonald & Janes, London 1977

Werner, Herbert A.: *Die eisernen Särge*, Deutscher Bücherbund, Stuttgart 1974

Westwood, David: *The Type VII U-boat*, Conway Maritime Press, London 1984

Wetzel, Eckard: *U 995*, Paschke-Verlag, Kiel 1985

Whinney, Reginald (Bob): *The U-boat Peril: An Anti-submarine Commander's War*, Blandford Press, Poole 1986

Williamson, Gordon: *The Iron Cross*, Blandford Press, Poole 1984

Williamson, Gordon: *Knight's Cross of the Iron Cross*, Blandford Press, Poole 1987

Williamson, Gordon, und Darko Pavlovic: *U-boat Crews 1914-45*, Osprey Publishing Co., London 1995

Witthöft, Hans-Jürgen: *Lexikon zur deutschen Marinegeschichte*, 2 Bde., Koehlers, Herford 1977

Young, George: *The Short Triangle*, Lunenburg County Print, Nova Scotia 1982

Zienert, J.: *Unsere Marineuniform*, Helmuth Gerhard Schulz, Hamburg 1970

Andere Quellen

Viele Angaben dieses Buches beruhen auf unveröffentlichem Material aus den Sammlungen des U-Boot-Archivs in Cuxhaven-Altenbruch und des Royal Navy Submarine Museum (HMS »Dolphin«) in Gosport. Die wichtigsten unveröffentlichten Dokumente, die für die Forschungsarbeit benutzt wurden, waren:

- B.d.U.: Verzeichnis der U-Boote und Kommandanten
- B.d.U.: Kriegstagebuch
- Kriegstagebücher verschiedener U-Boote
- Sammelmappen des U-Boot-Archivs mit Informationen zu verschiedenen U-Booten
- Lüdde-Neurath, Walter: Sammlung von Papieren über Dönitz
- Merten, Karl-Friedrich: dto.
- Fels Maximilian: »Dönitz in Nürnberg und danach«, 1966
- Royal Navy: Monatliche U-Abwehr-Berichte, laufend veröffentlicht während des Krieges
- Helgasohn, Gudmundur: Veröffentlichung umfangreicher Informationen im Internet unter »http./ uboat.net. Contact pages, gummi..((s. Original S.144))..europe.is«.

Glossar – Abkürzungen

Agru-Front Technische Ausbildungsgruppe für Front-U Boote in Hela. Hier erfolgte während des Krieges die Ausbildung der U-Bootbesatzungen unter Frontbedingungen.

AK-Fahrt Fahrt mit äußerster Kraft.

Akku-Bank Die in den Batterieräumen eines U-Bootes in Bänken untergebrachten Kästen mit je zwei bis 4 Batterien (Akkumulatoren), wobei diese Teilbatterien in Reihe oder parallel geschaltet sein konnten.

Asdic (Allied Submarine Detecting Investigation Committee). Aktive Unterwasser-Schallortungsanlage zur Feststellung getauchter Unterseeboote (brit.). Dt. S(onder)-Anlage, am. Sonar-Anlage.

Asto Admiralstabsoffizier.

Bb. Backbord (bei Blick zum Bug des Schiffes linke Schiffsseite).

BBC (British Broadcasting Corporation). Öffentlich rechtlicher Rundfunk Großbritanniens.

bbl. (British Barrel). Britisches Hohlmaß (1 bbl. = 36 Gallons = 163.656 l).

B-Dienst Funkbeobachtungsdienst. Die Funkaufklärung gehörte zur III. Abteilung (MND III) des Marinenachrichtendienstes (3./Skl.). Sie bediente sich der Funkverkehrsanalyse, der Funkpeilung sowie der Funkentschlüsselung und -entzifferung. Ein Teilbereich von MND III war der Marine-Funkentzifferungsdienst (xB-Dienst). Ihm gelangen beachtli che Einbrüche in den alliierten Funkverkehr.

B.d.U. Befehlshaber der Unterseeboote, entstanden am 17. Oktober 1939 aus dem F.d.U. Der B.d.U. war zu gleich eine Dienststelle wie auch eine Dienststellung. Auch als Ob.d.M. blieb GAdm. Dönitz bis Kriegsende in dieser Dienststellung. Die Dienststelle gliederte sich in die Operationsabteilung – B.d.U. op. – mit KAdm. Eberhard Godt an der Spitze (ab Juni 1944 U Bootführungsabteilung – 2./Skl. B.d.U.op.) und in die Organisationsabteilung – B.d.U. org. – unter GenAdm. v. Friedeburg als 2. Admiral (später Kommandierender Admiral) der Unterseeboote.

Betasom Abkürzung - Beta: Basis, som: sommergibili (U-Boote des italienischen U-Boot-Kommandos für die Atlantikkriegsführung, gebildet am 1. September 1940 in Bordeaux.

Biskaya-Kreuz Im Marinejargon die Antenne des FuMB 1 der Kriegsmarine (»Metox« im Wellenbereich 1,8-4 m), eingeführt im August 1942. Die Kabel der Antenne (ein primitives Holzkreuz) führten durch das Turmluk. Sie musstevor jedem Tauchen abgebaut und ins Boot verbracht werden.

BRT Bruttoregistertonne (Vermessungsmaß: 1 BRT = 100 Kubikfuß = 2,83 m^3.

Col. (Colonel) Oberst (brit./am.).

Crew In der deutschen Marine der jeweilige Jahrgang der Offizieranwärter, z.B. Crew 34 (1934).

D-Day X-Tag, im engeren Sinne der 6. Juni 1944, der Tag der alliierten Landung in der Normandie.

Deschimag Deutsche Schiffs- und Maschinenbau A.G., ein Werftkonzern in Bremen, zu dem auch die A.G. »Weser« gehörte.

d.R. …der Reserve.

DSO (Distinguished Service Order). Britische Tapferkeitsauszeichnung.

E- a) Elektro…, z.B. E-Motor; b) Entfernungs…, z.B. E-Meßgerät.

EK I, EK II Eisernes Kreuz I. und II. Klasse.

ES: Erkennungssignal.

FAT Federapparat-Torpedo. Eine Zusatzeinrichtung veranlasste, dass der Torpedo nach einer vorher eingestellten geraden Vorlaufstrecke in einen Schleifen- oder Zickzacklauf überging, um nach einem Fehlschuss gegen ein Schiff in einem Geleitzug doch noch einen Treffer zu erzielen.

F.d.U. Führer der Unterseeboote. Dienststelle und zugleich Dienststellung für die Führung der Unterseeboote vom 1. Januar 1936 bis 17. Oktober 1939 unter KptzS. und Kommodore Karl Dönitz (danach siehe B.d.U.). Im Laufe des Krieges wurden gebildet: Die F.d.U. Italien/Mittelmeer (November 1941), West (Juli 1942), Norwegen/Nordmeer (Januar 1943), Ausbildung (März 1943), Ost (März 1943) und Mitte (Mai - August 1944).

Fliebo Fliegerbombe.

FuMB, FuMO »Funkmess« war die deutsche Bezeichnung für Radar. Ein FuMB ist ein Funkmessbeobachtungs- oder Radarwarngerät mit passiver Arbeitsweise, während ein FuMO ein Funkmessortungs- oder Radargerät mit aktiver Impulsaussendung (Ortungsstrahl) darstellt.

FT Funk(en)-Telegrafie (Funkspruch).

Fw 200: Focke-Wulf Fw 200 »Condor«, deutscher viermotoriger Langstreckenaufklärer und -bomber.

G7a, G7e, G7u Torpedobezeichnungen, wobei G das Kaliber 53,3 cm, 7 die Länge von 7 m und ein Buchstabe den Antrieb (a = Pressluft, e = elektrisch und u = Walter bzw. Ingolin bzw. H_2O_2) bezeichnete.

GA-Ruder Geradlaufapparat-Ruder des Torpedos.

GF Große Fahrt.

GHG Gruppenhorchgerät, d.h. eine Anzahl (Gruppe) in der Regel beiderseits des U-Bootbuges bogenförmig angeordnete Mikrofone zur passiven Unterwasser-Schallortung.

He 111 Heinkel He 111, deutscher zweimotoriger Mittelstreckenbomber.

»Hedgehog« Dieser Wasserbombenmörser (dt. Igel) funktionierte nach dem Stielgranaten-Prinzip (Umkehrung des Granatwerfer-Prinzips). Der entscheidende Vorteil ergab sich aus dem Vorausfeuern. Dadurch blieb das getauchte U-Boot in der Ortung, während vorher beim Wabo-Angriff das U-Boot überlaufen und damit die Ortung unterbrochen werden musste. Erfahrene U Bootkommandanten hatten diese Unterbrechung im richtigen Augenblick oft ausgenutzt.

HF/DF (High Frequency/Direction Finding). Kurzwellenpeilgerät an Bord der alliierten U-Jagdeinheiten, um den Standort der U-Boote bei der Abgabe von Funksprüchen (auch Kurzsignalen) durch Einpeilen festzustellen.

HG-Geleit (Home from Gibraltar). Geleitzug von Gibraltar nach Großbritannien.

HMCS (Her/His Majesty Canadian Ship). Ihrer/Seiner Majestät Kanadisches Schiff (brit.).

HMS (Her/His Majesty Ship/Submarine). Ihrer/Seiner Majestät Schiff/Unterseeboot (brit.).

HSO Handelsschiffsoffizier.

HX-Geleit (Home from Halifax). Geleitzug von Halifax/Kanada nach Großbritannien.

(Ing.) An den Dienstgrad angehängt, bezeichnete diese Abkürzung die Marine-Ingenieuroffiziers-Laufbahn.

IRA (Irish Republican Army). Von den Engländern ver botene terroristische Organisation zur Befreiung Nordirlands.

I.v.S. (Ingenieurskantoor voor Scheepsbouw). 1922 im niederländischen Den Haag von deutschen Werften unter Leitung von Dr.-Ing. Techel und KKpt.a.D. Blum mit Unterstützung der Reichsmarine (KptzS. Lohmann) gegründetes Konstruktionsbüro zur geheimen Entwicklung von U-Booten für Deutschland.

Kmdt. Kommandant.

kn Knoten: 1 Seemeile (1853 m) pro Stunde.

KNiedM Königlich Niederländische Marine.

KTB Kriegstagebuch.

K-Verkand Kleinkampfverband. Aus ihm entstand das im April 1944 gebildete Kommando der Kleinkampfverbände unter VAdm Heye für den Einsatz der Kleinkampfmittel – bemannte Torpedos, Klein-U-Boote, Sprengboote – und Marine-Einsatzkommandos.

KVK I. KVK II Kriegsverdienstkreuz I. und II. Klasse.

L.I. Leitender Ingenieur, d. h. der leitende Ingenieuroffizier eines U-Bootes.

Lt.(S) Sonderführer im Range eines Leutnants z.S. Sonderführer wurden für eine bestimmte Verwendung (z.B. Handelsschiffskapitäne als Prisenoffiziere, Journalisten als Propaganda-Kriegsberichterstatter) und auf Widerruf mit einer »Kriegsstelle« beliehen, um ihnen den Kombattanten-Status zu gewähren.

M.A.A. Marineartillerieabteilung.

M.A.E.A Marineartillerie-Ersatzabteilung.

M-Boot Minensuchboot.

M.E.A. Marine-Ersatzabteilung.

M-Flottille Minensuchflottille.

Mil. Siehe RSHA.

MKS-Geleit Langsamer Geleitzug vom Mittelmeer nach Großbritannien.

M.L.A./MLA a) Marineunteroffizierlehrabteilung, b) ab 1.1.44 Marinelehrabteilung.

MOK Marineoberkommando.

MS-Typ Mobilmachungs-Typ, ein U-Boottyp des Ersten Weltkrieges.

mWdGb ... mit der Wahrnehmung der Geschäfte beauftragt.

N Nord.

NIC (Non-Intervention Committee). Der 1936 von Frankreich, Großbritannien, Italien, Schweden, Belgien, Dänemark, der Tschechoslowakei, den Niederlanden und dem Deutschen Reich geschaf fene Ausschuss zur Durchführung der Inter-nationalen Seekontrolle vor Spanien und Spanisch-Marokko im Spanischen Bürgerkrieg.

NNO Nordnordost.

NO Nordost.

NS Nationalsozialistisch.

NSDAP Nationalsozialistische Deutsche Arbeiterpartei.

NW Nordwest.

O Ost

Ob.d.M. Oberbefehlshaber der Kriegsmarine.

OKM Oberkommando der Kriegsmarine.

OKW Oberkommando der Wehrmacht.

Op.-Gebiet Operationsgebiet.

OSO Ostsüdost.

PUO Portepee-Unteroffizier.

RAAF (Royal Australian Air Force). Königlich Australische Luftwaffe.

RAF (Royal Air Force). Königliche Luftwaffe (brit.).

R-Boot Räumboot, ein kleines Minensuchboot.

RCAF (Royal Canadian Air Force). Königlich Kanadische Luftwaffe.

»Regenbogen« Stichwort für die Selbstversenkung aller Einheiten der Kriegsmarine im Falle der Niederlage. Der Befehl wurde am 3. Mai 1945 bestätigt, aber einen Tag später befahl Dönitz der Skl., den Befehl nicht in Kraft zu setzen.

RM Reichsmark (Währung).

RSHA Reichssicherheitshauptamt, gebildet bei Kriegsbeginn 1939 aus dem Hauptamt für den Sicherheitsdienst der SS (SD) sowie aus den *staatlichen Institutionen* des Geheimen Staatspolizei-Amtes und des Reichskriminalpolizei- Amtes. Nach der Auflösung des »Amtes Ausland/Abwehr« im OKW (Admiral Canaris) im Februar 1944 wurden Teile der Abwehr, darunter auch die »Abwehr II« (Insurgierung und Sabotage) als neues »Amt Mil.« der Abt. VI (SD- Ausland) im RSHA angegliedert.

S Süd.

s Sekunde.

S-Boot Schnellboot.

SC-Geleit Langsamer Geleitzug von Sydney/Canada nach Großbritannien.

Sek. Sekunde.

SG (Support Group). Unterstützungsgruppe: selbständige Kriegsschiffgruppe zur Unterstützung der am Geleitzug stehenden Geleitsicherungsgruppe (Escort Group) bei U-Bootangriffen.

Skl. Seekriegsleitung. Die Skl im OKM plante und führte den Seekrieg und lenkte die Kräfteverteilung. Die operative Führung des Seekrieges oblag - der Skl. in den außerheimischen Gewässern, - den Marinegruppenkommandos West (August 1939 - Oktober 1944), Ost (November 1938 - August 1940),

	Nord (August 1949 - Juli 1944) und Süd (März 1941 - Dezember 1944) in den heimischen bzw. besonders zugewiesenen Gewässern sowie - der B.d.U. op. hinsichtlich der U-Boote bis zur Eingliederung der Operationsabteilung in die Skl. (2./Skl. B.d.U.op.) im Juni 1944.
SL-Geleit	Schneller Geleitzug von Sierra Leone/Freetown nach Großbritannien.
sm	Seemeile (1 sm = 1853 m).
SMA	Schachtmine Typ A, eine große Seemine, die von speziellen Minen-U-Booten (Typ X mit Minenschächten) gelegt wurde.
SO	Südost.
Sonderführer	Siehe Lt.(S).
Squ.Ldr.	(Squadron Leader). Major der Luftwaffe (brit.).
SS	a) (Steam Ship) Dampfer, b) Schutzstaffel, Gliederung der NSDAP.
SSO	Südsüdost.
S.St.A.	Schiffsstammabteilung.
S.St.Rgt.	Schiffsstammregiment.
Stb.	Steuerbord (bei Blick zum Bug des Schiffes rechte Schiffsseite).
SSW	Südsüdwest.
SW	Südwest.
T-Boot	Torpedoboot.
T.E.K.	Torpedoerprobungskommando.
TMA, TMB, TMC	Torpedominen Typ A, B und C, von U-Booten aus ihren Torpedorohren zu legende Seeminen.
Torpex	Hochexplosiver Sprengstoff zur Füllung von Wasserbomben und Torpedo-Gefechtsköpfen.
U	Unterseeboot.
U.A.A.	Unterseebootausbildungsabteilung. Diese Einheiten nahmen ab Februar 1940 die ausgebildeten Mannschaften auf und hielten sie zur Abkommandierung auf die einzelnen U-Boote bereit.
u.Ä.	und Ähnliches.
U.A.K.	U-Boot-Abnahmekommando.
UB	U-Bootstyp des 1. Weltkrieges.
UC	Minen-U-Bootstyp des 1. Weltkrieges.
U-Flottille	Unterseebootsflottille.
U.L.D.	U-Bootlehrdivision. Ab Mai 1940 änderte sich die Bezeichnung der 1938 gegründeten U-Bootschule in Neustadt i.H. in 1. U-Bootschule und ab Juni 1940 in 1. U.L.D. mit gleichzeitiger Verlagerung des Schulbetriebes nach Pillau. Der Standort blieb zunächst jedoch Neustadt i.H, später Hamburg. Es folgten im November 1940 die 2. U.L.D. in Gotenhafen und im September 1943 die 3. U.L.D. wieder in Neustadt i.H. sowie von Februar - November 1944 die 4. U.L.D. in Memel.
USAAF	(U.S. Army Air Force). US-Heeresluftwaffe, z.B. 8. USAAF: 8. Luftflotte der US-Heeresluftwaffe.
UZO	U-Boot-Zieloptik, d.h. ein Torpedozielgerät im Turm für den Überwasserschuss.
(V)	An den Dienstgrad angehängt, bezeichnet diese Abkürzung die Verwaltungsoffizier-Laufbahn.
W	West.
(W)	An den Dienstgrad angehängt, bezeichnete diese Abkürzung die Waffenoffizier-Laufbahn.
Wabo	Wasserbombe.
W.Anz.g.	Wellenanzeigegerät, ein FuMO oder Radarwarngerät der Fa. Hagenuk (FuMB8 »ZYpern«).
WNW	Westnordwest.
I.W.O., II.W.O.	I. bzw. II. Wachoffizier. Fahrzeuge der Kriegsmarine, die keinen etatmäßigen Ersten Offizier (I.O.) hatten, wurden nicht als Schiffe sondern als Boote bezeichnet und hatten Wachoffiziere.
WSW	Westsüdwest.
Z	Zerstörer.
Z-Schiff	Behelfsmäßig als U-Bootversorger hergerichtete Motorfrachtschiffe, wie z.B. die PYTHON.
z.V.	...zur Verwendung.